Axel Tüting

Webseiten erstellen mit Joomla! 2.5

Axel Tüting

Webseiten erstellen mit Joomla! 2.5

Alle Features • Templates • SEO

Mit 224 Abbildungen

Bibliografische Information der Deutschen Bibliothek

Die Deutsche Bibliothek verzeichnet diese Publikation in der Deutschen Nationalbibliografie;
detaillierte Daten sind im Internet über http://dnb.ddb.de abrufbar.

Alle Angaben in diesem Buch wurden vom Autor mit größter Sorgfalt erarbeitet bzw. zusammengestellt und unter Einschaltung wirksamer Kontrollmaßnahmen reproduziert. Trotzdem sind Fehler nicht ganz auszuschließen. Der Verlag und der Autor sehen sich deshalb gezwungen, darauf hinzuweisen, dass sie weder eine Garantie noch die juristische Verantwortung oder irgendeine Haftung für Folgen, die auf fehlerhafte Angaben zurückgehen, übernehmen können. Für die Mitteilung etwaiger Fehler sind Verlag und Autor jederzeit dankbar. Internetadressen oder Versionsnummern stellen den bei Redaktionsschluss verfügbaren Informationsstand dar. Verlag und Autor übernehmen keinerlei Verantwortung oder Haftung für Veränderungen, die sich aus nicht von ihnen zu vertretenden Umständen ergeben. Evtl. beigefügte oder zum Download angebotene Dateien und Informationen dienen ausschließlich der nicht gewerblichen Nutzung. Eine gewerbliche Nutzung ist nur mit Zustimmung des Lizenzinhabers möglich.

Lektorat: Anton Schmid
Satz: DTP-Satz A. Kugge, München
art & design: www.ideehoch2.de
Druck: Bercker, 47623 Kevelaer
Printed in Germany

ISBN 978-3-645-60164-1

Vorwort

Wenn mir vorher jemand erzählt hätte, wie anstrengend es ist, ein Buch zu schreiben, hätte ich mir das vermutlich noch mal sehr genau überlegt. Aber so wie ich mich kenne, hätte ich es dennoch geschrieben. Das Anstrengendste war, dass so ziemlich alles ausprobiert werden musste. Jede noch so kleine Einstellung musste überprüft, oft genug recherchiert und einfach nachgeschaut werden, was denn da eigentlich genau passiert. Und manchmal musste auch erstmal etwas entdeckt werden.

Immerhin kann ich in diesem Buch ruhigen Gewissens behaupten: Alles wurde überprüft. Und nicht zuletzt dadurch sind viele praktische Beispiele und Screenshots enthalten.

So ist ein Buch entstanden, das einerseits für den Einsteiger in Joomla geschrieben ist und so genau wie möglich erklärt, was wie und warum funktioniert. Aber auch der Umsteiger von Joomla 1.5 oder früheren Versionen wird mit Sicherheit viel Neues entdecken und von diesem Buch profitieren. Wir Profis benutzen ja ohnehin sehr selten Bücher. Dennoch denke ich, dass auch der eine oder andere Profi das eine oder andere finden wird, was für ihn interessant ist.

Das Kapitel über die Installation wurde von Marcus Riedewald geschrieben. Marcus und ich haben mal gemeinsam angefangen. Damals hieß Joomla noch Mambo und war eine recht frühe Version des CMS. Während ich mich auf die Webentwicklung konzentrierte, hat sich Marcus dem Hosting zugewandt. Im Anschluss an dieses Vorwort gibt es einen Gutschein von Marcus Riedewald und seiner Firma *Joomlahosting.de*. Den Kassenbon für dieses Buch gut aufheben!

Ursprünglich sollte in diesem Buch auch ein Kapitel über *Programmierung* untergebracht werden. Aber im Laufe des Buches entschieden wir uns, ein eigenes Buch daraus zu machen und darin ausführlich auf die Komponenten-, Modul- und Plugin-Entwicklung in Joomla einzugehen. Dieses Buch wird in Zusammenarbeit mit Christiane Maier-Stadtherr entstehen und ich freue mich schon sehr darauf. Geplanter Erscheinungstermin ist der Sommer 2012.

Nun wird es aber endlich Zeit für die obligatorischen Dankesreden im Vorwort:

Zunächst will ich mich bei Ihnen, dem Leser, bedanken. Einerlei ob Sie das Buch bereits gekauft haben oder noch in der Buchhandlung sitzen und überlegen. Was wären Bücher ohne Leser! Dann geht ein großer Dank an die Joomla-Community weltweit und ganz besonders im deutschsprachigen Raum. Das Core-Team schließe ich da einfach mal mit ein. Ohne diese Community würde es dieses Buch nicht geben.

Und dann gibt es ein paar ganz besondere Menschen um dieses Buch herum:

Da ist *René Serradeil* ganz besonders zu erwähnen, der oft genug in den Katakomben des Joomla-Quellcodes nach irgendwelchen Erklärungen geforscht hat und der mich ein wenig an seinem enormen Wissen teilhaben ließ. Großer Dank auch an *Christiane Maier-Stadtherr*, die ganz besonders immer wieder auf die Formulierungen hinwies. *Ursula Reeber-Isariuk*, die anfangs noch gar nicht wusste, was Joomla eigentlich ist, und jetzt schon fast zur Expertin wurde. Und *Markus Quintus*, der mich immer wieder mit seinen Rückmeldungen motivierte.

Im Laufe der Zeit und der mittlerweile dritten Auflage dieses Buches hat sich der Kontakt zu Teilen der Joomla-Community vertieft. Insbesondere die Zusammenarbeit mit dem jGerman-Team ist hier zu erwähnen, die immer wieder Anregungen von mir in ihren Sprachübersetzungen übernommen haben. Und den Tipp zu den »Versteckten ACL-Überblicken« habe ich denn auch *Jan Erik Zassenhaus*, der das *Joomla-German-Team* leitet, zu verdanken. Übrigens sucht das German-Team stets eifrige Mithelfer. Wer also seine englischen Kenntnisse einbringen möchte, der melde sich einfach mal beim Joomla-German-Team[1]

Und ganz am Schluss sind unbedingt noch mein Lektoren *Franz Graser* und *Anton Schmid* vom Franzis Verlag, für ihre enorme Geduld mit mir zu erwähnen. Anregungen, Kritik, Verbesserungsvorschläge für spätere Bücher oder Auflagen und natürlich Lob(!) können Sie auf meiner kostenlosen Tutorialseite zu Joomla loswerden oder indem Sie mir einfach schreiben:

Axel Tüting
tueting@time4mambo.de
http://www.time4mambo.de
http://www.time4joomla.de

Exklusiver Gutschein

Joomlahosting.de stellt für alle Käufer dieses Buches einen exklusiven Hosting-Gutschein in Höhe von 25,– € zur Verfügung, der, exklusive Domainneuregistrierung, uneingeschränkt genutzt werden kann. Für Domainumzüge kann der Gutschein selbstverständlich genutzt werden. Faxen oder mailen Sie hierzu einfach Ihren Kassenbon oder Ihre Rechnung nach Kauf dieses Buches an:

Marcus Riedewald Internetdienstleistungen
Römerstraße 18
58239 Schwerte
tel:+49 2304 2538690 | fax: +49 2304 2538688
email: *hallo@joomlahosting.de* | web: *http://joomlahosting.de*

Sie erhalten Ihren Gutschein nach Prüfung innerhalb weniger Stunden per E-Mail.

Der Gutschein ist nicht übertragbar und kann nicht mit anderen Vergünstigungen kombiniert werden, eine Barauszahlung ist leider ausgeschlossen. Sofern Sie bereits Kunde von *joomlahosting.de* sind, erhalten Sie eine einmalige Gutschrift von 15,– € auf Ihr Kundenkonto.

Joomlahosting.de ist ein seit 2005 auf Joomla spezialisierter Hostinganbieter für den privaten wie auch den geschäftlichen Bereich. Derzeit arbeiten wir mit ca. 1900 Kunden aus Europa, den USA und Mexiko. Wir verwalten ca. 4000 Domains auf 26 Servern in Deutschland.

---

1 http://www.jgerman.de

Inhaltsverzeichnis

1 Etwas Theorie

Joomla! – Englisch ausgesprochen: *dschuumbla*, seltener in der deutschen Aussprache *juumla* oder *joomla* – ist ein *Open-Source-Web-Content-Management-System (CMS).*

Joomla! leitet sich von dem Suaheli-Wort *Jumla* ab und lässt sich mit »alle zusammen« oder »in der Gesamtheit« übersetzen.

Der Vorläufer von Joomla! hieß *Mambo* und kam bereits im Jahre 2000 auf den Markt. Die australische Firma *Miro International* entwickelte ein CMS namens Mambo und veröffentlichte bereits sehr früh den Quellcode als Open Source. Ab 2002 entstand parallel zum Open-Source-Projekt auch eine kommerzielle Version mit dem Namen *Mambo.*

Miro International unterstützte fünf Jahre das Projekt, unter anderem auch, um die eigene kommerzielle Entwicklung besser vorantreiben zu können.

2005 kam es zu Streitigkeiten, weil *Miro International* offenbar den Open-Source-Gedanken verlassen wollte. Daraufhin trennten sich die Open-Source-Entwickler von *Miro International*, und es wurde *Joomla!* ins Leben gerufen. Größere Teile des Mambo-Codes wurden übernommen und nun in Eigenregie und unter dem Open-Source-Gedanken weiter entwickelt.

Joomla! 1.0 kam im September 2005 auf den Markt und war eigentlich mehr noch ein Open-Source-Mambo mit einigen kleineren Erweiterungen.

Joomla! 1.5 kam im Januar 2008 heraus und konnte von nun an als eigenständige Entwicklung betrachtet werden. Das neue Framework *MVC (Model View Controller),* das komplett objektorientiert war und eine neue API (Application Programming Interface – Programmierschnittstelle) hervorbrachte, war die wichtigste Neuerung.

Im Januar 2011 begann der neue Zyklus von Joomla, startend mit der Version 1.6. Allerdings waren die Versionen 1.6 und 1.7 eher als Übergänge zur Version 2.5 zu betrachten. Mit der Version 1.6 begann eine neue Ära von Joomla, mit Entwicklungen im Inneren, im System: der rigorose Schritt hin zum MVC, das in 1.5 zwar entwickelt wurde, aber damals noch etwas halbherzig in Joomla umgesetzt wurde. Damit ist eine wesentlich stärkere Objektorientierung innerhalb der Programmierung von Joomla zu finden. Zudem soll Joomla in Zukunft als eigenständiges System laufen, womit sich dann dieses System auf unterschiedliche Hardware-Systeme portieren lässt. Denkbar ist also, dass demnächst auf Handys Joomla läuft.

Außerdem sind nun in Joomla einige CMS-Standards, umgesetzt, beispielsweise ein erweitertes Rechtesystem und Barrierefreiheit.

Die Zyklen der Versionen 1.6 und 1.7 waren jeweils sehr kurz und hielten nur ein knappes Jahr. Allerdings sind diese Versionen, bis hin zur Version 2.5, miteinander kompatibel und lassen sich durch ein relativ einfaches Backup auf den neuesten Stand bringen.

Die Version 2.5 ist ein sogenanntes *Long Life Release.* Das bedeutet, dass diese Version mindestens 18 Monate gültig sein wird.

In Zukunft wird es so sein, dass alle *Long Life Releases* am Ende der Versionsnummer eine .5 stehen haben werden und Versionen dazwischen, um Übergänge zu schaffen oder neue Features bereits anzubieten, werden eine .0 oder .1 am Ende haben. Die nächste »Übergangs-Version« wäre dann die Version 3.0 oder 3.1 und das nächste *Long Life Release* die Version 3.5.

Joomla! selbst ist komplett kostenlos und untersteht der GNU-GPL-Lizenz. Das bedeutet unter anderem, dass Joomla! eine freie Software ist, der Quellcode einsehbar ist und frei verändert werden darf. Dieses gilt auch für Erweiterungen von Drittanbietern.

Allerdings bedeutet die GNU-GPL-Lizenz nicht, dass alles kostenlos sein muss!

Joomla! darf sowohl für private Zwecke als auch kommerziell ohne Einschränkungen benutzt werden.

Die Joomla!-Community weltweit ist relativ groß. Es werden regelmäßig Erweiterungen entwickelt oder weiterentwickelt, es findet ein reger Austausch zu verschiedenen Themen statt, es gibt viele Tutorial- und Supportseiten und teilweise auch Joomla-Gruppen, die sich regelmäßig treffen. Auch Joomla-Tage finden regelmäßig bundesweit statt.

1.1 Web-Content-Management-System

Joomla ist ein webbasiertes Content-Management-System (WCMS) und dient damit der Verwaltung von Inhalten und der gemeinschaftlichen Arbeit daran. Als Inhalte werden Texte, Bilder, Audio und Video etc. betrachtet.

Für die Verwaltung und Bearbeitung von Inhalten stehen verschiedene Tools, wie beispielsweise Text- oder Bildeditoren, zur Verfügung. Ein Rechtesystem ermöglicht differenzierte Zugriffs- und Bearbeitungsmöglichkeiten. Außerdem gibt es Mechanismen, die gleichzeitige Zugriffe auf gleiche Daten vermeiden. Neben der Einzelverlinkung von Inhalten gibt es auch Möglichkeiten, unterschiedliche Listen oder Blöcke anzuzeigen, was bedeutet, dass der Autor sich keinerlei Gedanken über die Menüführung zu machen braucht. Er schreibt, veröffentlicht (oder eine andere Person muss den Beitrag erst genehmigen), und der Beitrag ist dann automatisch im Menüsystem eingebunden.

Ein Web-Content-Management-System ist auf die Dynamik von Inhalten, die im Internet veröffentlicht werden, ausgerichtet.

Joomla bietet vielfältige Möglichkeiten der Templategestaltung, die allesamt weitgehend per *Cascading Style Sheets (CSS)* formatiert werden.

Ist Joomla einmal komplett eingerichtet, erweist sich die Bedienung als relativ einfach. Sie erfordert keinerlei Kenntnisse über Webtechnologien wie HTML, CSS oder PHP.

Die Einrichtung allerdings erfordert weitaus mehr an Kenntnissen. Zumindest dann, wenn man höhere Ansprüche hat. Dennoch kann man bereits mit den mitgelieferten und einfach zu installierenden Erweiterungen und zahlreichen Templates, die oft sogar kostenfrei sind, beachtliche Webseiten erstellen.

Eine Erwartung kann Joomla allerdings nicht erfüllen: Joomla ist kein Homepage-Baukasten!

Ein paar Mausklicks, eine Erweiterung installieren, ein Template einfügen und schon ist die Homepage fertig – das wird mit Joomla so nicht klappen. Joomla ist im Kern immer ein CMS und hat nicht primär das Ziel, schnell und einfach eine Website zu erstellen.

Zwar eignet sich Joomla auch für einfache Seiten, es ist jedoch ausgelegt auf Webseiten, die häufig wechselnde Inhalte haben, für Communitys mit Userverwaltung, Autorensysteme, Wissensdatenbanken, Bilderseiten oder ähnlichen Webseiten, die einem gewissen dynamischen Umfang unterliegen.

1.1.1 Kosten

Wie bereits erwähnt, ist Joomla komplett kostenlos. Die allermeisten Erweiterungen sind es auch. Es gibt aber einige Erweiterungen, die Geld kosten. Manche sind für einen kleinen Obolus von 5,– Euro zu haben, manche kosten aber auch bis in den vierstelligen Bereich.

Es gibt Tausende oder sogar noch mehr fertige Templates für Joomla. Auch hier sind sehr viele kostenlos, aber es gibt auch kostenpflichtige. Auch sogenannte Templateclubs werden angeboten, die eine günstige Mitgliedschaft für ein paar Monate anbieten und dem Benutzer erlauben, in dieser Zeit Templates downzuladen und auch nach Ende der Mitgliedschaft zu benutzen.

1.2 Systemvoraussetzungen

Joomla benötigt nicht sehr viel, um zu laufen. Jeder brauchbare Hoster sollte diese Minimalvoraussetzungen eigentlich erfüllen können. Dennoch hat sich in der Vergangenheit stets gezeigt, dass Hoster, die sich auf Joomla spezialisiert haben, am besten geeignet sind. Einige Großhoster versprechen zwar stets vollmundig, dass Joomla auch auf ihren Webservern problemlos läuft, aber die Tücke liegt oftmals im Detail. Ebenso haben sich Billighoster in der Vergangenheit als schwierig erwiesen.

Joomla benötigt:

Einen Webserver *Apache* ab Version 2.x

Microsoft IIS ab Version 7

Eine *MySQL*-Datenbank ab Version 5.04

PHP ab Version 5.2.4

Und mindestens 50 MB Festplattenplatz. Allerdings sollte hier bedacht werden, dass viele Erweiterungen und Grafiken entsprechend mehr Festplattenplatz benötigen. Allerdings reicht der Platz, den Webhoster anbieten, in aller Regel aus. Es dauert eine Weile, bis man hier an seine Grenzen stößt, zumindest bei »normalen« Webseiten.

1.3 Sicherheit

So viele Entwickler, Open Source, kostenlos – das kann doch eigentlich gar nicht sicher scin!

Oder vielleicht doch?

Joomla ist erstaunlich sicher. Eben gerade wegen der Open-Source-Philosophie und wegen der vielen Entwickler. Da werden etwaige Sicherheitslücken schnell gefunden, sofern vorhanden.

Allerdings ist Joomla selbst in den letzten Jahren zu einem der beliebtesten Open-Source-Content-Management-Systeme aufgestiegen und hat Konkurrenten wie *Drupal* oder *TYPO3* weit hinter sich gelassen. Das führt dazu, dass sich kriminelle Energie eher auf Joomla konzentriert.

Wenn es doch zu Sicherheitslücken kommt, liegt das sehr oft an Erweiterungen von Drittanbietern.

Eine »beliebte« Sicherheitslücke sind sogenannte *Code-* oder *SQL-Injections*. Das bedeutet, dass über Eingabefelder »böser Code« eingeschmuggelt wird.

Eigentlich handelt es sich um eine relativ einfach zu schließende Sicherheitslücke, weil Eingabefelder lediglich entsprechend abgefragt werden müssen, was aber leider manchmal nicht ausreichend getan wird.

Aber es gibt für Joomla öffentlich zugängliche Seiten, wo unsichere Erweiterungen genannt werden, und im Backend informiert ein Modul über etwaige Joomla-Updates. Wer sein System aktuell hält, hat in aller Regel keine Probleme.

Aktuell halten macht aber viel Arbeit, mögen jetzt einige denken. Wer Windows benutzt, wird regelmäßig an Updates erinnert, die meist sehr häufig stattfinden. Software wird ebenso regelmäßig erneuert, Patches aufgespielt und vielerlei mehr gemacht. Viele Anwender haben aber ein merkwürdiges Bild vom Internet. Zumindest kommt mir persönlich das manchmal so vor. Das, was überall ständig gemacht wird und eine Selbstverständlichkeit ist, ist im Internet plötzlich etwas ganz anderes.

Wer seinen Rechner nicht mit Anti-Viren-Software schützt und nicht darauf achtet, dass diese regelmäßig upgedatet wird, darf sich nicht wundern, wenn eines Tages sein Rechner verseucht ist. Das Internet und Joomla sind da keine Ausnahmen.

Joomla 2.5 bietet aber hier neue Mechanismen, um das Ganze komfortabler zu gestalten und sein System sauber zu halten.

1.4 Begrifflichkeiten

Es gibt einige Begrifflichkeiten, die man kennen sollte. Zum einen, damit man dieses oder andere Bücher versteht, zum anderen, damit man die richtigen Erweiterungen findet und vernünftig einsetzen kann. Aber auch wenn man nicht mehr weiter kommt und in ein Supportforum geht, sollte man wissen, wie man die Frage so stellt, dass möglichst viele verstehen, was man möchte.

Steigt man in Joomla ein, wird man zunächst mit einer Menge Begriffe konfrontiert, die sich zwar gar nicht kompliziert anhören, man versteht trotzdem nicht so recht, was sie bedeuten.

1.4.1 Joomla! oder Joomla

Eigentlich hat Joomla ein Ausrufezeichen hinter seinem Namen, also *Joomla!*

In diesem Buch verwende ich die einfache Schreibweise ohne Ausrufezeichen. Der besseren Lesbarkeit wegen und weil es für den Autor schneller zu schreiben ist ...

1.4.2 Backend und Frontend

Mit Backend wird der Administrationsbereich bezeichnet, also der Teil, der mit der Adresse

```
http://www.MeineDomain.de/administrator
```

erreicht wird.

Das Frontend ist dann der Bereich, der von den Usern einsehbar ist. Wobei der gesamte Bereich damit gemeint ist. Also sowohl der öffentlich zugängliche als auch der, der nur für registrierte User zugänglich ist. Das heißt alles, was direkt über die Hauptdomain und deren Menüpunkte erreichbar ist.

1.4.3 Module, Komponenten und Plugins

Plugins sind meist kleinere Skripte, die im Hintergrund laufen und auf Ereignisse (Events) reagieren. Ereignisse sind zum Beispiel das vollständige Laden eines Beitrags. Ein Ereignis tritt auch ein, wenn sich ein neuer User erstmals einloggt oder ein anderer sich ausloggt. Ebenso kann ein Ereignis eintreten, wenn ein Beitrag angezeigt wird und sich in diesem Beitrag ein ganz bestimmter Platzhalter befindet und damit ein ganz bestimmtes Plugin veranlasst wird, an eben diesem Platzhalter etwas Dynamisches auszugeben. So gibt es bestimmte Platzhalter, die in aller Regel mittels geschweifter Klammern im Beitrag direkt eingegeben werden, und ein Plugin sorgt dafür, dass stattdessen etwas Bestimmtes gemacht wird.

```
{loadposition user9}
```

... könnte beispielsweise im Beitrag stehen, und zur Laufzeit sorgt ein Plugin dafür, dass an dieser Stelle ein Modul ausgegeben wird.

Zusammengefasst: Ein Plugin läuft immer im Hintergrund und reagiert auf bestimmte Ereignisse.

Komponenten werden stets dort angezeigt, wo der Hauptinhalt ausgegeben wird. So ist ein Beitrag beispielsweise Bestandteil einer Komponente: der Beitragskomponente.

Im Backend findet sich meist ein umfangreicher Verwaltungsbereich wieder. Die meisten Komponenten leben davon, dass man Daten erzeugt, die durch die Komponenten gespeichert und dann entsprechend im Frontend ausgegeben werden.

Viele Komponenten haben oftmals auch unterschiedliche Ansichten – Ausgaben –, die man durch Menüpunkte ansprechen kann. So wie es auch bei Beiträgen ist, die man auf sehr vielfältige Art im Frontend ausgeben kann.

Komponenten können neben den bereits erwähnten Beiträgen beispielsweise auch Galerien oder die Banner-Werbung-Verwaltung oder Weblinks oder Formulare oder vielerlei mehr sein.

Module stehen auf einer Website meist neben, über oder unter den Komponenten und zeigen Inhalte aus der Datenbank entsprechend an.

Beispielsweise sind die Menüs in einem (oder mehreren) Modulen zusammengefasst. Ein Menü entspricht mindestens einem Modul, welches Daten aus der Datenbank ausliest und zur Anzeige bringt.

Beim Menü mag es zunächst nicht nachvollziehbar sein, aber Module arbeiten mit bereits vorhandenen Daten, wohingegen Komponenten erst Daten erzeugen. Betrachtet man das nun logisch, kommt man zu dem Schluss, dass die Erzeugung der Menüs eine Komponente sein muss und das Menümodul die vorhandenen Daten außerhalb des eigentlichen Inhaltsbereichs anzeigt.

Module können auch Informationen über das Wetter enthalten oder Katastrophenwarnungen ausgeben. Oder sie führen eine Umfrage durch oder zeigen zufallsgesteuert ein Bild aus einem bestimmten Ordner an. Module geben also Zusatzinformationen oder erlauben stark eingegrenzte Aktionen, die aber stets mit bereits vorhandenen Daten arbeiten.

Es gibt natürlich überall Ausnahmen. So gibt es beispielsweise ein Plugin, das als Galerie arbeitet und Bilder aus einem Ordner anzeigt. Es gibt Module, in denen man Daten eingeben muss, und Komponenten, die lediglich bereits Vorhandenes anzeigen.

Aber das sind Ausnahmen und nicht die Regel und folgen bei genauer Betrachtung letztlich doch wieder der hier genannten Beschreibung.

1.4.4 Templates

Ein Template ist das Design der Website. Man unterscheidet zwischen dem Backend- und dem Frontend-Template.

Ist vom Template die Rede, ist damit allerdings immer das Frontend-Template gemeint, also das, was der User sieht, wenn er die Website ansurft.

Das Template ist aber nicht nur einfach das Aussehen der Website. Dazu gehören auch die weiteren Dateien, die das Template benötigt. Das sind immer die *index.php*, mindestens eine CSS-Datei und die Installationsdatei *templateDetails.xml*.

Das können zusätzlich noch Grafiken oder auch weitere CSS-Dateien sein. Zu manchen Templates gehören auch weitere PHP-Dateien, die unterschiedliche Aufgaben haben.

Zu einem Template gehören also alle Dateien, die dieses Template benötigt.

1.4.5 Content

Content = *Inhalt*, oft auch *Main* oder *Hauptinhalt* genannt.

Dieser Begriff ist etwas verwirrend auf den ersten Blick, da ja eigentlich alles Inhalt ist, was auf der Website zu sehen ist. Gemeint ist damit aber der Hauptbereich, in dem die Beiträge angezeigt werden oder Komponenten ihre Ausgaben machen, also beispielsweise die Galerie angezeigt wird oder die Profile der User, wenn man eine Profil-Komponente installiert hat.

Ich selber verwende diesen Begriff ab und an in diesem Buch und beziehe mich dann stets auf den Hauptinhalt.

1.4.6 WYSIWYG-Editor

WYSIWYG steht für What You See Is What You Get. Also anders ausgedrückt: Was man im Editor eingibt, wird auch genauso im Frontend ausgegeben.

Damit kann man die Editoren, die Joomla benutzt, schon fast als Textverarbeitung, wie man sie beispielsweise von MS-Word her kennt, betrachten. Fast.

1.4.7 Core

Core, Core-Dateien, Core-Team – Damit ist in aller Regel das Joomla gemeint, welches man direkt nach der Installation auf der Festplatte liegen hat, also bevor man beginnt, damit zu arbeiten und Erweiterungen zu installieren. Der *Core* (zu deutsch: Kern) sind denn auch die Dateien, die man möglichst nicht verändern sollte, da es sein kann, dass Joomla danach nicht mehr sauber läuft oder aber nach dem nächsten Update die individuellen Änderungen wieder weg sind, da die *Core-Dateien* überspielt wurden.

Und Joomla selber wurde natürlich vom *Core-Team* entwickelt. Wer wissen möchte, wer das ist, kann ihre Namen auf *Joomla.org* finden.

2 Das neue Gesicht

Wer von Joonmla 1.5 auf 2.5 umsteigt, dem fällt sofort das neue Gewand des Backends auf: Größere Icons, alles ist etwas besser gegliedert und aufgebaut. Nicht viel, eher dezent, dennoch erscheint das neue Backend angenehmer und übersichtlicher.

Der nachfolgende Überblick ist nach den einzelnen Versionen sortiert. Mir erschien es bei diesem Überblick sinnvoll. Im restlichen Buch wird dann nur noch von der Version 2.5 ausgegangen.

2.1 Was ist neu?

Die Menüführung ist geringfügig verbessert worden und präsentiert sich logischer im Aufbau.

So findet man nun die relevanten Punkte, die die ganze Website betreffen, wie das *Check in* oder das Leeren des *Cache*, unter dem Menüpunkt *Site* und nicht mehr unter *Werkzeuge*. Auch sind die Systeminformationen in den ersten Menüpunkt gewandert, und das Hilfemenü ist jetzt ein echtes *Hilfe*-Menü geworden.

Das Menü *Werkzeuge* ist dagegen komplett verschwunden. Dafür ist der Menüpunkt *Benutzer* neu hinzugekommen. Hier findet sich die bekannte Benutzerverwaltung, aber auch das neue Rechtesystem, das umfangreiche neue Menüpunkte mit sich bringt.

So ist es nicht verwunderlich, dass in der *Konfiguration* ebenfalls die Rechteverwaltung auftaucht und umfangreiche individuelle Einstellmöglichkeiten erlaubt. Die neue Rechteverwaltung taucht in allen relevanten Bereichen immer wieder auf, und damit lassen sich Benutzerrechte sehr individuell vergeben.

Bereiche gibt es im neuen Joomla nicht mehr. Stattdessen wird jetzt alles über die *Kategorien* gemacht, was im Endeffekt viel mehr Möglichkeiten bietet und beliebige Verschachtelungen erlaubt. Zudem war die Untergliederung in Bereiche und Kategorien in früheren Joomla-Versionen nie sehr logisch und gerade Einsteigern nur schwer zu vermitteln.

Für die Suchmaschinen gibt es ein paar mehr Einstellmöglichkeiten und verbesserte Template-Möglichkeiten: zum Beispiel das bequeme Zuweisen verschiedener Templates direkt beim Beitrag, und den Menüpunkten kann man nun auch direkt individuelle CSS-Angaben zuweisen.

Sehr hübsch gelöst ist auch, dass man ab jetzt direkt beim Menüpunkt *Module* zuweisen kann.

Sehr angenehm ist, dass man jederzeit in verwandte Bereiche wechseln kann, ohne erst über das Menü gehen zu müssen. Befindet man sich beispielsweise in den Beiträgen, kann man direkt über einen Tab in die Kategorien oder die Startseite, die jetzt *Hauptbeiträge* heißt, wechseln.

Neu sind auch einige Icons. Wenn man beispielsweise neue Kategorien oder Beiträge anlegen möchte, gibt es dort das Icon *Speichern und Neu* – man speichert also und erhält dann gleich eine neue Eingabemaske, ohne dass man erst wieder in den Manager kommt und *Neu* anklicken muss.

In jedem Beitrag und jedem Menüpunkt kann direkt die Sprache eingestellt werden. Somit sind mehrsprachige Seiten sehr einfach geworden.

Insgesamt ist alles übersichtlicher angeordnet, besser gegliedert, und was zusammengehört, ist nun auch zusammengefasst worden.

Seit Joomla 1.6 ist das System vollständig auf das Framework, welches in Joomla 1.5 entwickelt wurde, aufgesetzt. Damit gibt es den Legacy-Modus, der unter Joomla 1.5 alte Komponenten, Module und Plugins benutzbar machte, nicht mehr. Seit 1.6 laufen also nur noch »moderne« Komponenten.

Einige Erweiterungen, die bislang zusätzlich installiert werden mussten, sind jetzt fester Bestandteil in Joomla. Dazu gehören die Mehrsprachigkeit, die bislang mit Komponenten wie beispielsweise *JoomFish* integriert wurde, und natürlich das umfangreiche neue Rechtesystem, das in der Vergangenheit nur mit meist schwer zu handhabenden Komponenten umgesetzt werden konnte.

Insgesamt gibt es zum Thema Design und Layout zahlreiche individuelle Einstellmöglichkeiten für Module, einzelne Menüpunkte, Komponenten und Beiträge.

2.1.1 Neu ab Joomla 1.7

Das Datenbank-Präfix wird jetzt beim Installationsvorgang dynamisch erzeugt.

Open Search ist hinzugekommen.

Man kann jetzt die Hauptbeiträge nach Kategorien auswählen.

Der Seitenname kann jetzt wahlweise vor oder nach dem Seitentitel gesetzt werden.

Die *menuID* ist in der CSS-Datei wieder von ID auf Klasse zurückgestuft worden. Das Vorzeichen hat sich also verändert: Statt Raute (#) jetzt wieder ein Punkt (.).

Ein neues Recht ist hinzugekommen: Man kann nun auch einstellen, wer sich auf einer offline geschalteten Seite anmelden darf.

In einer Website, die Mehrsprachigkeit benutzt, können Menüpunkte nach Sprache einem bestehenden Menüpunkt zugewiesen werden. Damit hat man noch mehr Flexibilität bei mehrsprachigen Seiten.

Die Default-Sprachen können nun für Frontend und Backend gesondert definiert werden.

Seit Joomla 1.7 gibt es kein »Framework« mehr. Der eigentliche Kern wird nun »platform« (englisch geschrieben und gesprochen) genannt. Die erste platform-Version ist 11.2. Die Bezeichnung richtet sich nach dem Jahr und dem Quartal der Entwicklung (2011, 2. Quartal). Der entscheidende Unterschied ist, dass der programmiertechnische Kern vom eigentlichen CMS losgelöst wird und somit auch anderen Anwendungen außerhalb des CMS zur Verfügung stehen kann. Diese Entwicklung ist aber hauptsächlich relevant für Programmierer. Für Administratoren und Endanwender wird an dieser Stelle kein nennenswerter Unterschied feststellbar sein.

2.1.2 Neu in Joomla 2.5

Man kann nun zu den Benutzern Hinweise anlegen und diese in verschiedenen Kategorien sortieren.

Der Textfilter wurde verlegt in die Konfiguration.

Man kann bei einzelnen Beiträgen, die im Frontend editierbar sind, zusätzliche Angaben für den Editor angeben. Beispielsweise kann man den Zugang zu dem Bildverzeichnis damit etwas differenzieren.

Endlich ist es auch möglich, den einzelnen Beiträgen Bilder in der Überschrift mitzugeben, und einige weitere Einstellungen für Bilder und Verweise sind hier dazugekommen.

Die Suche ist komplett überarbeitet worden und bietet jetzt zusätzlich einen Suchindex und erweiterte Suchmöglichkeiten an.

Neben der MySQL-Datenbank kann man nun auch weitere Datenbanksysteme einbinden.

Bei der Benutzerregistrierung lässt sich jetzt ein Captcha dazuschalten. Somit bietet Joomla noch mehr an Sicherheit.

Die Sprachoverrides sind noch einfacher geworden, und Joomla bietet nun auch eine hervorragende Möglichkeit, die Sprach-Zeichenketten zu finden.

Das Updaten einer neuen Joomla-Version funktioniert jetzt auch direkt aus Joomla heraus, nachdem es in den Versionen 1.6 und 1.7 diesbezüglich noch so einige Schwierigkeiten gab.

2.2 Der schnelle Überblick

Die Menüs und die Struktur sind insgesamt sehr logisch aufgebaut. Damit sie sich grundsätzlich besser in Joomla zurechtfinden und wissen, wo genau was passiert, will ich hier einen kleinen Überblick aufzeigen.

Bei fast allen relevanten Punkten finden sich Angaben zum Rechtesystem. Im globalen Bereich sind diese Angaben grundsätzlicher Art, bei den einzelnen Punkten (Menüs,

Beiträge, Module, Plugins, Templates und auch Komponenten, soweit vorgesehen) steht das Rechtesystem jeweils in Bezug zum ausgewählten Punkt.

Loggt man sich frisch ein, findet man die größeren Icons auf der linken Bildschirmseite, um schnell zu den wichtigsten Punkten springen zu können. Zu dieser Startseite kommt man immer zurück, wenn man im Menü *Site: Kontrollzentrum* auswählt.

Tipp: Man erreicht alle Punkte auch über das Menü – und das jederzeit. Deshalb rate ich dazu, sich mit dem Menü möglichst schnell vertraut zu machen und weniger über das Kontrollzentrum zu gehen.

Die rechte Bildschirmseite enthält einige Module als Accordionmenü[2], die einen schnellen Überblick über unterschiedliche Dinge geben.

Tipp: Man findet auf den einschlägigen Download-Seiten (siehe Anhang) auch Module für den Administrationsbereich und kann sich hier zusätzliche Informationen ausgeben lassen. Zum Beispiel über die meisten oder neuesten Downloads, wenn man so etwas auf seiner Website anbietet, oder ein »ToDo«-Modul, damit man sich ein paar Notizen machen kann, wenn man umfangreiche Webseiten erstellt. Mein Rat: Einfach mal bei den zahlreichen Erweiterungen schauen gehen. Wie sie genau eingebunden werden, steht im Kapitel über Module.

2.2.1 Menü: Site

Unter diesem Menüpunkt findet man die globalen Punkte, die für die ganze Website gelten. Dazu gehören die globale Konfiguration, das Checkin, das den Sinn hat, Beiträge und Module, die man nicht ordnungsgemäß verlassen hat, wieder zugänglich zu machen, der Cache – also der Zwischenspeicher – und die Systeminformationen.

In den Systeminformationen erfährt man unter anderem auch, welche PHP- und MySQL-Version man benutzt. Dies kann wichtig sein, wenn man Supportanfragen stellt. Zumindest wird häufiger danach gefragt. Und man kann sich auch über dieses Menü ausloggen.

2.2.2 Menü: Users

Sowohl die Userverwaltung als auch das Rechtesystem finden sich unter diesem Menüpunkt. Umsteiger, die von der Joomla-Version 1.5x kommen, kennen das Usermenü als Bestandteil des Menüpunktes *Site*. Durch die neue Rechteverwaltung ist dieser Menüpunkt umfassender geworden und hat ein eigenes Menü erhalten.

---

2 Als *Accordion* bezeichnet man die Technik, bei der die einzelnen Beiträge (Menüpunkte, Kapitel, Module) aufklappen, sobald man auf einen Titel geklickt hat, und die anderen einklappen. Es gibt hier einige unterschiedliche Effekte: Manchmal bleibt alles offen, und es klappt nur auf, was man anklickt, oder eben das andere klappt zu, so wie im Kontrollzentrum von Joomla.

Die Hinweise, die man zu den einzelnen Benutzern erstellen kann finden sich ebenfalls in diesem Menü und lassen sich auch direkt aufrufen, wenn man sich in der Benutzerübersicht befindet.

Zu den *Usern* hat sich jetzt auch der Menüpunkt *Massenmail* gesellt, den man im alten Joomla unter dem Menüpunkt *Werkzeuge* fand. Da aber Mails bekannterweise an User gesendet werden, ist dieser Punkt hier wesentlich logischer. Zumal der Menüpunkt *Werkzeuge* auch komplett weggefallen ist.

2.2.3 Menü: Menüs

Alles, was mit Menüs zu tun hat, findet sich hier. Startet man ein Joomla ohne irgendwelche Inhalte, findet sich an dieser Stelle zunächst nur der *Menü Manager.* Erst wenn man ein Menü neu erstellt hat, findet man es hier auch unter den erstellten Namen, um dann darüber einzelne Menüpunkte hinzufügen zu können.

2.2.4 Menü: Inhalt

Mit Inhalt sind an dieser Stelle Beiträge gemeint. Und um einen Beitrag sinnvoll zu kategorisieren, findet sich unter diesem Menüpunkt nicht nur der Beitragsmanager, sondern auch der Kategoriemanager.

Ebenso findet sich hier auch der Überblick über die Hauptbeiträge, die im Vergleich zur alten Startseite einen erweiterten Funktionsumfang haben.

An dieser Stelle steht nun auch der Mediamanager. Im alten Joomla fand man ihn beim Menü *Site.*

2.2.5 Menü: Komponenten

Joomla bringt einige wenige Komponenten bereits mit, die man unter diesem Menü findet. Jede Komponente hat meist eigene zusätzliche Einstellungsmöglichkeiten (Konfiguration) und bietet meist weitreichende Möglichkeiten zu bestimmten Themenbereichen.

2.2.6 Menü: Erweiterungen

Erweiterungen sind Module, Plugins, Templates, Sprachen und natürlich auch die Komponenten. Die Komponenten werden in diesem Menü jedoch lediglich installiert oder deinstalliert. Desgleichen gilt auch für die anderen Erweiterungen, die aber zusätzlich an dieser Stelle auch per Überblick angezeigt und editiert werden können.

Installation/Deinstallation findet sich im Erweiterungsmanager, wo man auch den Überblick über Updates bekommt oder Hinweise, wenn etwas im System nicht mehr stimmt.

2.2.7 Menü: Hilfe

Ein Hilfemenü gab es schon immer in Joomla. Jetzt ist es aber ein umfangreicher Menüpunkt geworden, der auch wirklich Hilfe anbietet.

2.2.8 Der schnelle Wechsel ohne Menü

Bei den Beiträgen kann man direkt zwischen den Kategorien, der Startseite und den Beiträgen wechseln, ohne über das Menü auswählen zu müssen.

Desgleichen findet sich auch bei den einzelnen Menüs, wo zwischen dem Menümanager und den Menüpunkten gewechselt werden kann.

Auch bei den Benutzern kann man so bequem zwischen den Benutzergruppen, Zugriffsleveln und Benutzerhinweisen wechseln.

Bei den Beiträgen, Menüs, Plugins und Modulen findet sich auch ein Checkin. Somit braucht nicht mehr global, sondern es kann auch gezielt eingecheckt werden. Wenn mehrere Administratoren und User mit entsprechenden Rechten im Backend arbeiten, kann somit wesentlich sicherer gearbeitet werden.

3 Installation von Joomla

Entgegen der vielfach herrschenden Meinung ist eine Joomla-Installation kein Hexenwerk, sondern – sofern man die Grundvoraussetzungen beachtet – in drei Minuten (exklusive der Übertragungszeit) erledigt. An dieser Stelle soll auf einige der Voraussetzungen für die Installation und den Betrieb von Joomla kurz eingegangen werden. Zudem erhalten Sie Entscheidungshilfen für die Auswahl Ihres Installationsmediums.

Aber zunächst sollten Sie sich fragen, was Sie mit der Installation von Joomla bezwecken möchten.

Erste Variante: Reinschnuppern

Hierzu empfehlen wir die Nutzung von XAMPP. XAMPP ist eine Distribution des Webservers Apache, der Datenbanksoftware MySQL sowie der Programmiersprachen PHP und Perl. XAMPP erlaubt es, all diese Programme auf sehr einfache Weise zu installieren.

XAMPP liegt für eine Reihe von Betriebssystemen vor: Linux, Windows, Mac OS X sowie Solaris.

▣ Lesezeichen

http://www.apachefriends.org/de/xampp.html
Weitere Informationen zu XAMPP

Zweite Variante: Joomla als Basis für eine neue Webpräsenz

Auch hier empfehle ich die vorrangige Nutzung vom XAMPP zur Entwicklung Ihrer Webpräsenz. Wer diesen Schritt übergehen möchte, kann natürlich auch sofort auf einem Online-Host arbeiten. Ob Sie diesen Schritt wagen wollen, sollten Sie aber unter anderem abhängig von Ihrer verfügbaren Netzanbindung entscheiden. Alle Anwender, die mit einer Netzanbindung unter DSL 2000 im Internet unterwegs sind, sollten die Offline-Variante mittels XAMPP zum Entwickeln bevorzugen.

3.1 Voraussetzungen für die Installation

Software	*Version*	*Weitere Informationen*
PHP-Interpreter[3]	5.2 und höher	*http://www.php.net*
MySQL-Datenbankserver[4]	5.0.4	*http://www.mysql.com*
Apache Webserver[5] (mit `mod_mysql`, `mod_xml`, `mod_zlib`)	2.x	*http://www.apache.org*
Microsoft IIS[6] (Internet Information Server)	7	*http://www.iis.net*

3.2 Die lokale Installation

Laden Sie sich von der Website *apachefriends.org* (*http://www.apachefriends.org/de/xampp.html*) die für Ihre Arbeitsumgebung benötigte Version von XAMPP herunter und installieren Sie sie gemäß den Anweisungen auf Ihrem Bildschirm. XAMPP sollten Sie der Einfachheit halber immer im Verzeichnis *C:\xampp* installieren.

Die Installation dauert nur ein paar Minuten. Damit Sie unter Ihrer lokalen Umgebung schon suchmaschinenfreundliche URLs nutzen können, ist nach Abschluss der Installation noch die folgende Einstellung vorzunehmen:

Öffnen Sie mit einem Texteditor, beispielsweise dem Microsoft Editor, besser noch mit dem Programm Notepad++, die Datei *httpd.conf*. Sie finden sie im Verzeichnis *C:\xampp\apache\conf*.

▣ Lesezeichen

http://notepad-plus-plus.org/
Download-Adresse für den Texteditor Notepad++

Suchen Sie die Zeile

```
#LoadModule rewrite_module modules/mod_rewrite.so
```

und ändern Sie sie in

```
LoadModule rewrite_module
```

Speichern Sie die Datei unter ihrem ursprünglichen Dateinamen.

3 Die PHP-Versionen 4.3.9, 4.4.2 sowie 5.0.4 sollten aufgrund bestehender Bugs nicht verwendet werden. Ebenso sollte auf den Einsatz des ZendOptimizers in Version 5.2.10 verzichtet werden.

4 Joomla in der Version 1.6 ist nicht mit der Version 6 der Datenbank MySQL kompatibel.

5 Zur Nutzung suchmaschinenfreundlicher URLs muss die Apache-Erweiterung `mod_rewrite` installiert sein.

6 Diese Anleitung berücksichtigt lediglich die lokale Installation von Joomla unter Windows 7 beziehungsweise die Online-Installation unter Linux. Auf die Einrichtung von Joomla auf Basis des Microsoft IIS wird nicht eingegangen. Sie ist ein eher seltenes Szenario.

Damit sollten Sie nun die Installation Ihres lokalen Apache-Webservers mit PHP und MySQL abgeschlossen haben.

Starten Sie nun über die Menüfolge *Windows-Taste* → *Start* → *Alle Programme* → *XAMPP für Windows* → *XAMPP Control Panel* das Kontrollmenü von XAMPP. Aktivieren Sie dort über die START-Knöpfe jeweils den Apache- und den MySQL-Server.

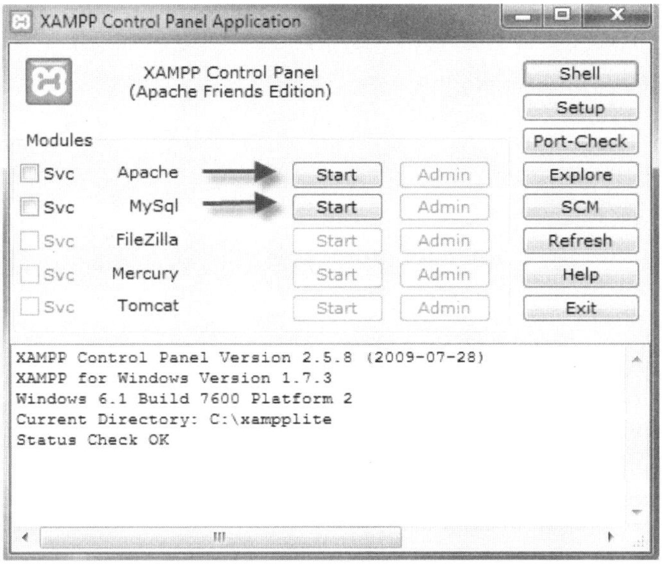

Bild 3.1: Mit den beiden Start-Buttons im XAMPP-Kontrollzentrum starten Sie den Webserver und die Datenbank.

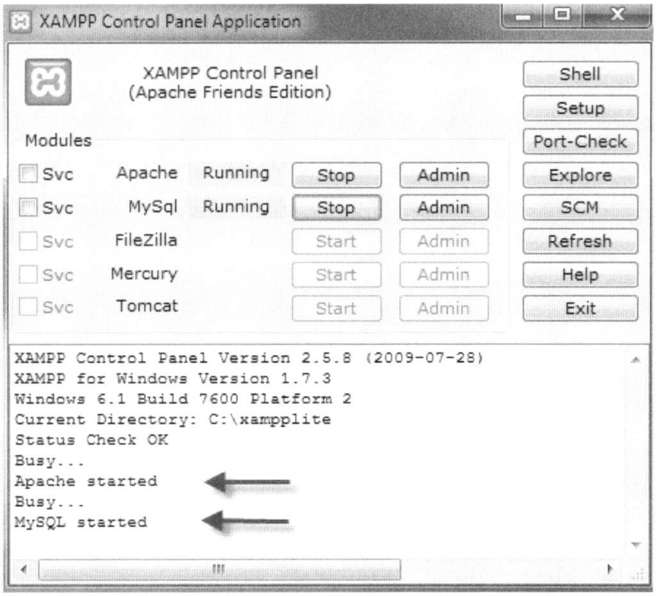

Bild 3.2: Die Rückmeldungen *Running* sowie *Apache started* und *MySQL started* geben Ihnen die Bestätigung, dass der Webserver und die Datenbank aktiv sind.

Rufen Sie nun in Ihrem Browser die Seite *http://localhost* auf. Sofern Ihre Installation korrekt verlaufen ist, sehen Sie nun die Willkommensseite von XAMPP.

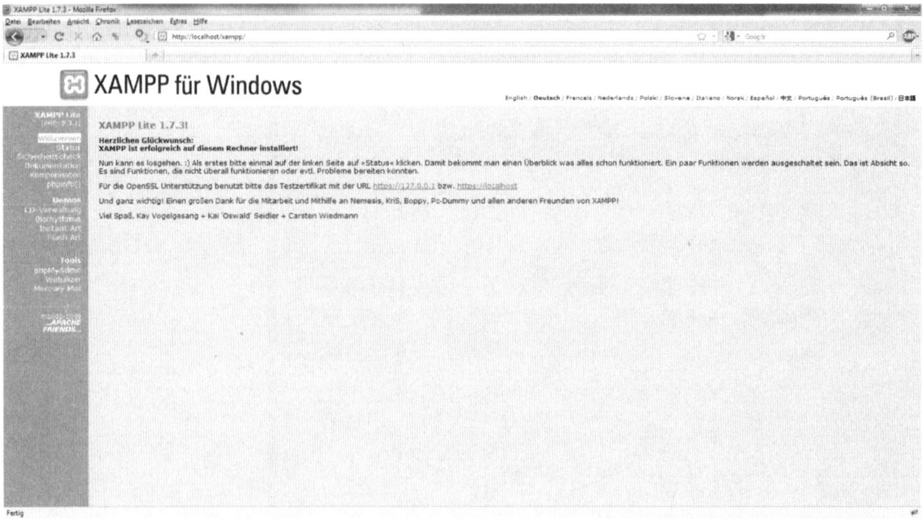

Bild 3.3: Die Willkommensseite von XAMPP

Damit haben wir die erforderlichen Vorbereitungen abgeschlossen und kommen nun zu Joomla 2.5.

Den offiziellen Download der englischen Version finden Sie unter *http://joomla.org,* eine Version mit bereits verfügbaren deutschen Sprachfiles finden Sie unter *http://jgerman.de.*

Starten Sie den gewünschten Download. Nach Abschluss entpacken Sie die Datei auf Ihre lokale Windows-Festplatte. Verschieben oder kopieren Sie den dabei entstandenen Ordner in ein neues Verzeichnis *C:\xampp\htdocs\joomla.*

Ist das erledigt, sind wir fast bereit zur Installation von Joomla auf Ihrem lokalen Arbeitsplatzrechner. Wechseln Sie nun in Ihrem Browser wieder auf die Seite *http://localhost* und wählen Sie dort den Menüpunkt *phpMyAdmin* aus.

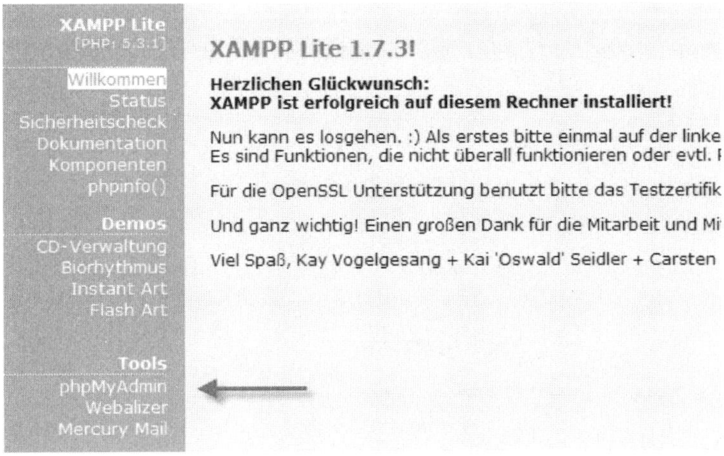

Bild 3.4: Über diesen Link erhalten Sie Zugang zum Datenbankwerkzeug phpMyAdmin.

In dem geöffneten Tab / Fenster vergeben Sie bitte einen entsprechenden Datenbanknamen. Im Beispiel wird *joomla* verwendet. Klicken Sie danach auf *Anlegen.*

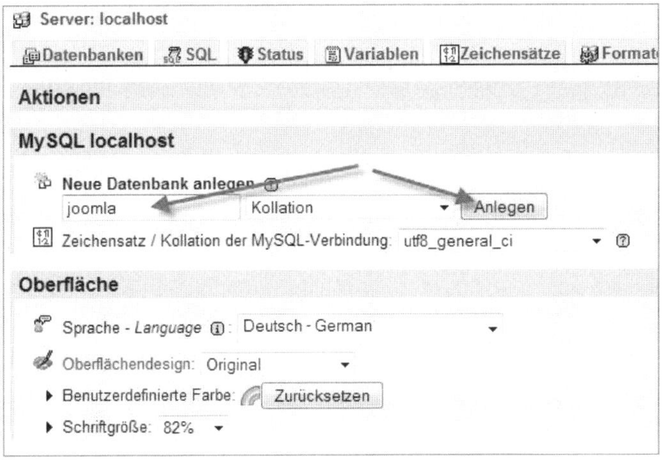

Bild 3.5: Diese beiden Einstellungen genügen, um in phpMyAdmin eine neue Datenbank anzulegen.

Mit diesen wenigen Schritten haben wir eine Datenbank für unsere Installation von Joomla, die wir nun verwenden.

Öffnen Sie im Browser nun die Seite *http://localhost/joomla* (wobei »joomla« der Name des Verzeichnisses ist, in das wir Joomla entpackt haben, und somit auch anders lauten kann, falls Sie es anders benannt haben). Nun sollte die folgende Seite mit der Aufforderung zur Auswahl der Installationssprache angezeigt werden.

Bild 3.6: Im ersten Schritt bietet Joomla verschiedene Installationssprachen zur Auswahl an.

Wählen Sie die von Ihnen gewünschte Installationssprache aus und fahren Sie mit einem Klick auf *Weiter* fort.

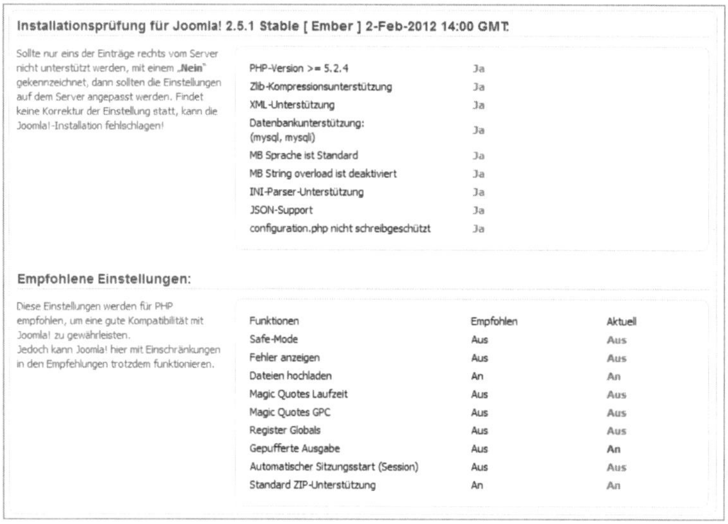

Bild 3.7: Bei der Installationsprüfung sollten alle Pflicht-Einstellungen auf »Ja« stehen und in der Farbe Grün angezeigt werden.

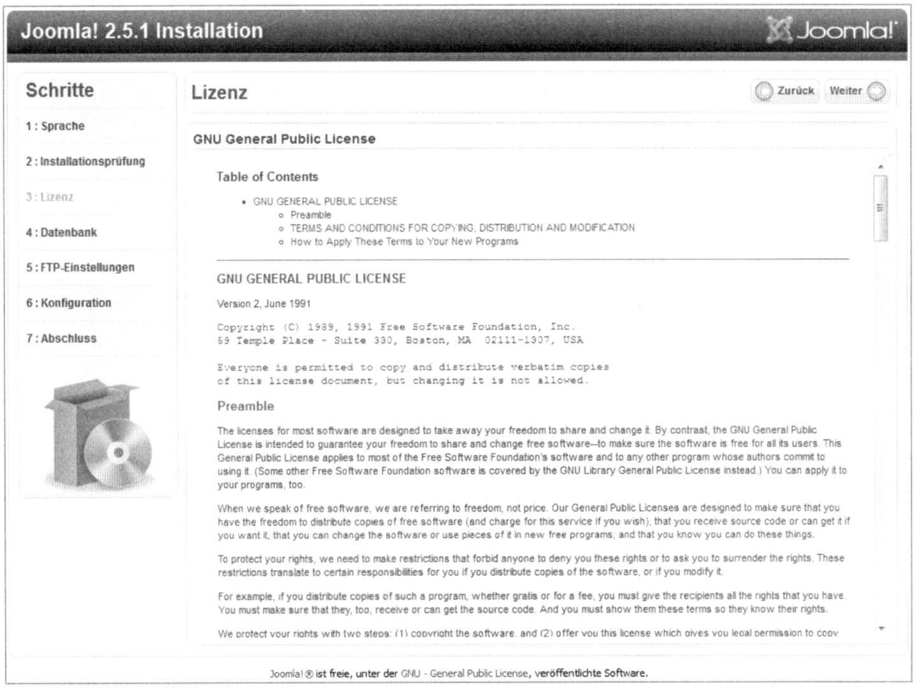

Bild 3.8: Bestätigen Sie im dritten Installationsschritt die Lizenzbedingungen der GNU General Public License. Eine deutsche Übersetzung steht unter *http://www.gnu.de/documents/gpl.de.html* bereit.

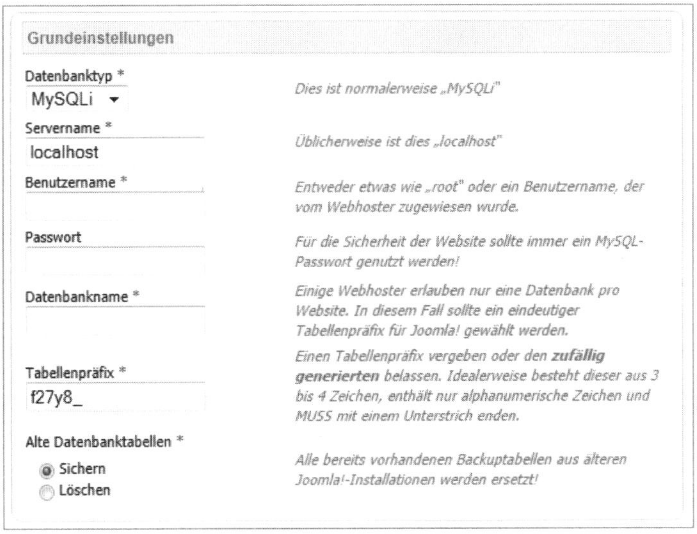

Bild 3.9: Im vierten Installationsschritt werden die Datenbank-Verbindungsdaten (Benutzername und – falls eingestellt – Passwort) eingetragen.

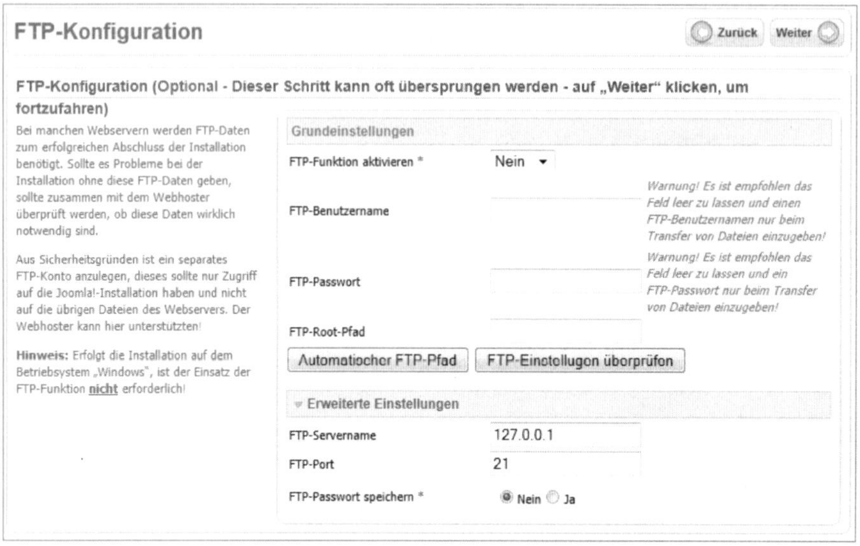

Bild 3.10: Bei einer lokalen Testinstallation kann der fünfte Schritt – der Eintrag der FTP-Verbindungsdaten – übersprungen werden.

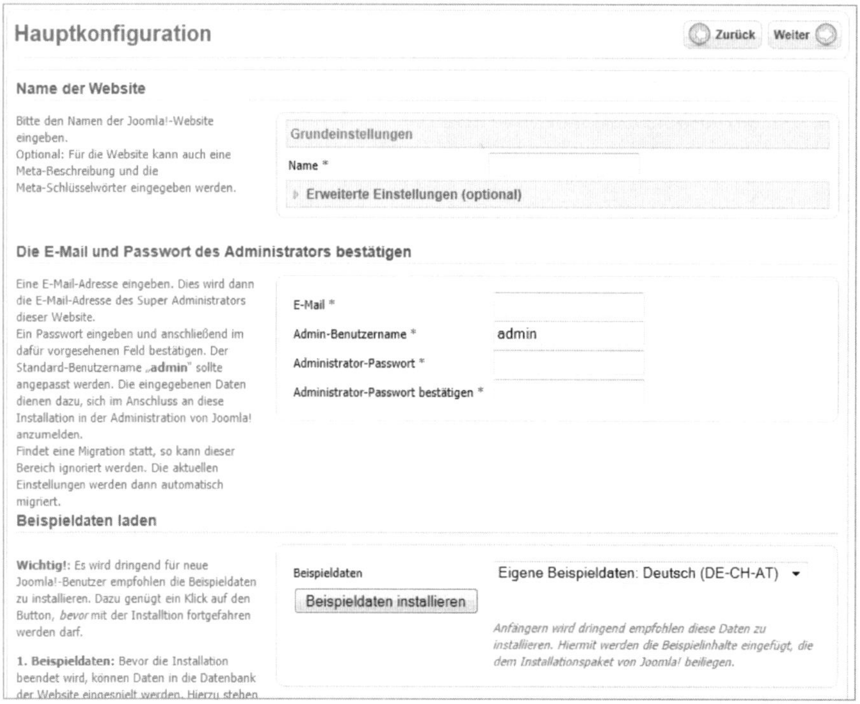

Bild 3.11: Es ist fast geschafft – im sechsten Schritt tragen Sie den Namen der Joomla-Website und Ihre E-Mail-Adresse sowie Ihren gewünschten Admin-Benutzernamen und das Zugangspasswort ein. Optional können Sie Beispieldateien installieren.

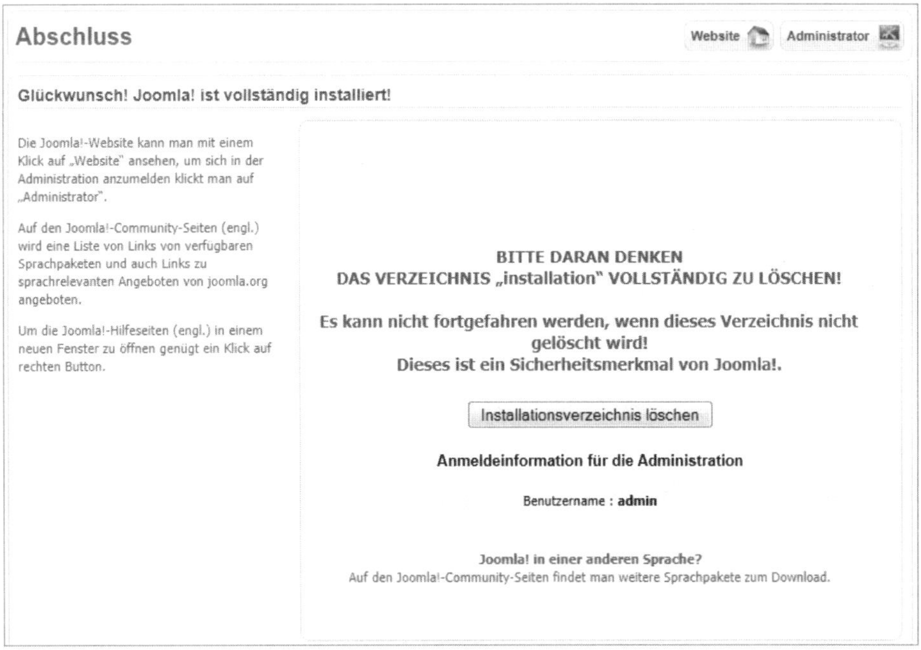

Bild 3.12: Das Installationsverfahren ist abgeschlossen. Jetzt müssen Sie nur noch den Unterordner *Installation* in Ihrem lokalen Joomla-Verzeichnis löschen.

3.3 Joomla online installieren

Vor der Wahl eines geeigneten Hosters steht letztlich für alle die Frage nach einem passenden Domainnamen. Domainnamen sind einer der wichtigsten Bestandteile Ihrer Webseite und können einen erheblichen Einfluss auf den Erfolg Ihrer Webpräsenz haben. Auch hier spielt natürlich das Ziel Ihrer Webseite eine ganz entscheidende Rolle. Wenn Sie eine Seite »just for fun« oder eine Hobbywebsite betreiben, kann der Name vernachlässigt werden. Gehen Sie jedoch ernsthaft an das Geschehen heran, sollten Sie gut überlegen, welchen Namen Ihr Kind trägt. Nicht alles, was für Sie einen Sinn als Domainname ergibt, ist auch für Ihre späteren Besucher oder Kunden sinnvoll.

3.3.1 Vorüberlegungen

Fragen Sie ruhig in Ihrem Mitarbeiter- , Freundes- und Bekanntenkreis, möglichst auch Menschen, die recht wenig mit der Materie vertraut sind, ob der Name der Domain für sie einprägsam ist und im Optimalfall eine Verbindung zu Ihrem Unternehmen herstellt. Grenzen sind Ihnen hier eigentlich keine gesetzt, jedoch sollten Sie die folgenden Regeln zur Domainauswahl beachten, um sich nicht plötzlich mit dem Gesetz konfrontiert zu sehen. Das kann bis zu Abmahnungen und zu Verstößen gegen das Gesetz gegen unlauteren Wettbewerb führen. Dies hat neben den nicht zu unterschätzenden Kosten zur Folge, dass Sie die Domain herausgeben müssen oder Ihnen die Nutzung dieser Domain untersagt wird.

Beachten Sie daher die folgenden Punkte:

- Keine »Tippfehler-Domains« verwenden (z. B. *speigel.de*).
- Keine Namen bestehender Zeitungen, Zeitschriften oder Bücher verwenden (z. B. *harrypotterband8.de*).
- Keine Namen von Personen des öffentlichen Lebens benutzen.
- Keine Unternehmensnamen verwenden.
- Auch Namen von Städten, Ländern und Behörden sollten tabu sein.
- Ebenso ist davor zu warnen, eingetragene Markennamen im Domainnamen zu verwenden.

Ob der von Ihnen gewünschte Domainname noch frei ist, erfahren Sie entweder bei Ihrem Hostinganbieter oder für deutsche Domains (also solche mit der Endung *.de*) bei der zentralen Registrierungsstelle DENIC (das Kürzel steht für Deutsches Network Informations Center). Hier finden Sie außerdem eine hilfreiche Zusammenstellung häufig gestellter Fragen zur Registrierung von Domains.

▣ Lesezeichen

http://www.denic.de/hintergrund/whois-service/webwhois.html
Adresse für die Abfrage verfügbarer Domains mit der Endung .de

http://www.denic.de/de/faqs-fuer-domainanmelder.html
Antworten auf häufig gestellte Fragen zur Domain-Registrierung

3.3.2 Einen geeigneten Webhoster auswählen

Hostinganbieter gibt es wie Sand am Meer. Und genauso wie sich Ostsee-, Nordsee- und Karibiksand qualitativ unterscheiden, so unterscheiden sich auch Hostinganbieter. Für Ihr Joomla-Hosting sollte der Preis bei der Auswahl erst einmal eine untergeordnete Rolle spielen. Bedenken Sie bitte: Je größer der Hoster, desto mehr werden Sie als Kunde zur verwalteten Kundennummer. Viel wichtiger ist: Wie verhält es sich im Fall, dass Sie einmal Hilfe benötigen? Kann dies Ihr Hoster leisten, oder haben Sie Zeit und Lust, sich durch die zahlreichen Foren zu hangeln? Sicherlich spielt die vorwiegende Nutzung Ihrer Website auch eine gewisse Rolle. So sollten z. B. Betreiber von Shops oder Firmenwebseiten kritischer an die Auswahl des Hosters herangehen als Betreiber privater Hobbyseiten. Aus unserer jahrelangen Erfahrung und aus Gesprächen mit Kunden kann jedoch ein Fazit gezogen werden: Den Service und Support, den Ihnen spezialisierte Hoster bieten, kann Ihnen kein Massenhoster bieten und das rechtfertigt den eventuell etwas höheren Preis auf jeden Fall.

3.3.3 Die Online-Installation

Die Online-Installation unterscheidet sich nicht wesentlich von der lokalen Installation, jedoch sind einige Besonderheiten zu beachten, auf die wir nachfolgend eingehen möchten.

Für die Online-Installation benötigen Sie, zusätzlich zu den unter Abschnitt *3.1 Voraussetzungen für die Installation* genannten Voraussetzungen, einen FTP-Zugang zu Ihrem Host.

Ob Ihr Hoster alle Voraussetzungen erfüllt, können Sie mittels eines kleinen PHP-Skripts selber feststellen. Öffnen Sie hierzu einen beliebigen Texteditor Ihrer Wahl und tragen Sie dort die folgende Zeile ein:

```
<?php phpinfo();  ?>
```

Speichern Sie diese Datei unter dem Dateinamen *info.php* und laden Sie sie auf Ihren Onlinehost. In Ihrem Browser rufen Sie diese Datei dann auf:

http://meineDomain.de/info.php

(Nach Verwendung sollten Sie diese Datei aus Sicherheitsgründen wieder löschen, da die dort angezeigten Inhalte nicht nur Ihnen wertvolle Informationen liefern.)

Wenn Ihr Hostinganbieter Ihnen keine bereits vorinstallierte Joomla-Version anbieten kann oder die Installation nur kostenpflichtig vornimmt, finden Sie nachfolgend die Schritt-für-Schritt-Vorgehensweise.

Wir nutzen beispielhaft das FTP-Plugin (FireFTP) für den Firefox-Browser, für alle anderen verwendeten FTP-Programme gelten prinzipiell die gleichen Einstellungen.

Bevor wir beginnen, sollten Sie die folgenden Daten zur Hand haben:

- FTP-Zugangsdaten zu Ihrem Host inklusive Benutzername und Passwort.
- MySQL-Zugangsdaten (für die Datenbank), inkl. Benutzernamen, Passwort sowie dem Datenbanknamen. Abhängig von Ihrem Hostinganbieter benötigen Sie ggf. noch eine Host-Adresse des Datenbankservers. Konsultieren Sie hierzu die FAQ-Liste Ihres Anbieters.
- Joomla-Installationspaket.

Entpacken Sie Joomla in ein Verzeichnis Ihrer Wahl auf Ihrem lokalen Arbeitsplatzrechner. Im Anschluss daran öffnen Sie Ihr FTP-Programm, tragen Ihre Zugangsdaten ein und verbinden sich mit dem Host. Wenn Sie nach einem Port gefragt werden, lautet dieser im Normalfall 21, als Verbindungstyp wählen Sie *passive mode,* die Datenübertragung erfolgt im *Binary Modus.*

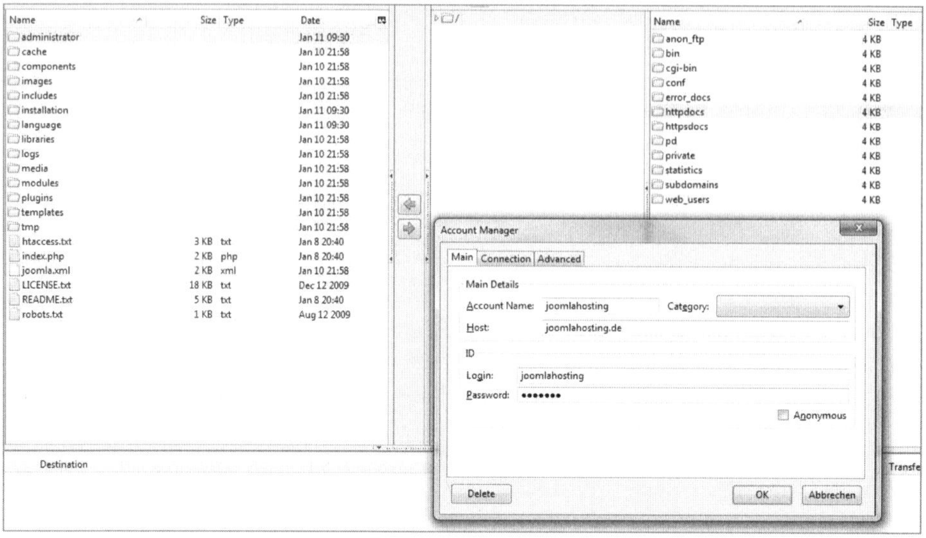

Bild 3.13: Bereiten Sie den Datei-Upload mit Ihrem FTP-Programm vor.

Im rechten Fenster des FTP-Programms wählen Sie nun das Verzeichnis aus, das von Ihrem Hostinganbieter vorgegeben wurde. Dieses lautet normalerweise */httpdocs* oder */htdocs* (Abkürzung für html (ht) documents (docs)). Eventuell werden Sie nach Ihrem Login auf dem FTP-Server auch direkt in dieses Verzeichnis weitergeleitet. Falls nicht, öffnen Sie Ihr */httpdocs* oder */htdocs*-Verzeichnis mittels Doppelklick.

Wenn Ihr Zielverzeichnis auf dem Server nicht leer ist, entfernen Sie vor dem Transfer alle dort befindlichen Dateien.

Vorsicht! Falls Sie bereits über eine Homepage verfügen, gehen dort alle Daten verloren. In diesem Falle erstellen Sie vorher ein Unterverzeichnis auf Ihrem Host und laden dann alle Dateien in dieses Unterverzeichnis. Die späteren Pfadangaben erweitern Sie dann um den Namen des Unterverzeichnisses.

Im linken Fenster wählen Sie nun Ihr Verzeichnis aus, in das Sie zuvor Joomla entpackt haben. Markieren Sie entsprechend alle Files innerhalb des Verzeichnisses und starten Sie den Datentransfer / *Upload.*

Da der Upload mit einer durchschnittlichen Internetverbindung ungefähr 20 Minuten in Anspruch nimmt, können wir uns nun in Ruhe einen Kaffee kochen.

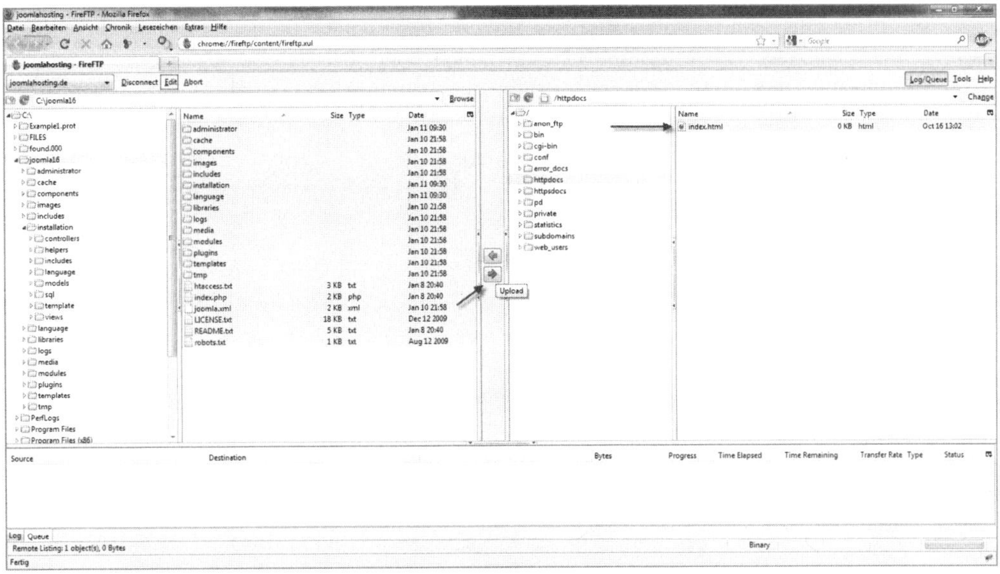

Bild 3.14: Der Klick auf das Upload-Symbol leitet den Dateientransfer ein.

Sofern alles korrekt verlaufen ist, finden wir die nachstehende Struktur nun auf unserem Webhost wieder. Hierbei fallen uns dann sogleich neue, merkwürdige Zeichen im Format `drwxr-xr-x [0755]` für unsere Verzeichnisse sowie – `-rw-r- -r- -[0644]` für unsere Dateien unter *Attribute* auf. Dabei handelt es sich um die Dateiberechtigungen unter Linux.

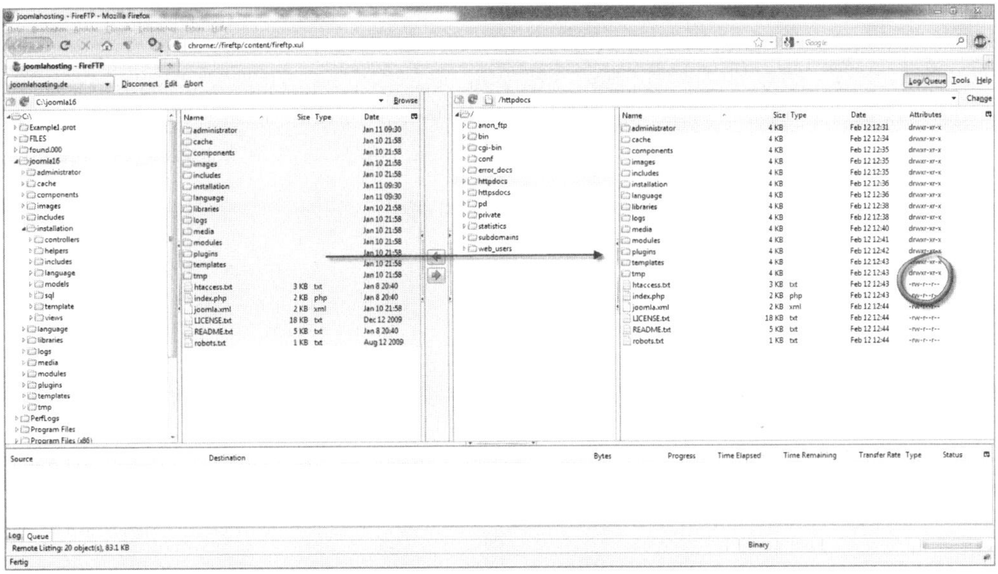

Bild 3.15: In der rechten Spalte des Installationsverzeichnisses finden Sie die Kürzel für die Dateiberechtigungen.

Öffnen Sie nun in Ihrem Browser die Joomla-Installationsroutine via *http://IhrDomainname.de/installation/index.php*. Wie bei der lokalen Installation wählen Sie nun Ihre bevorzugte Sprache aus und bestätigen diese mittels der Schaltfläche =>*Weiter*.

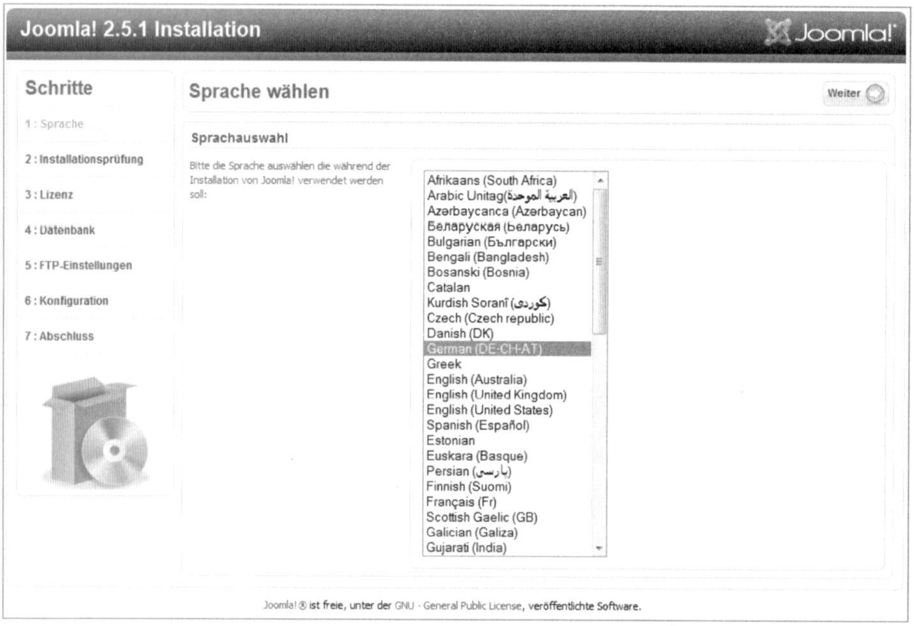

Bild 3.16: Auch bei der Online-Installation erhalten Sie zunächst die zur Verfügung stehenden Installationssprachen angeboten.

Der Installationsprüfung sollten Sie anders als bei der lokalen Installation diesmal besondere Aufmerksamkeit schenken. Hier sollte alles auf Grün stehen. Sofern dies nicht der Fall ist, kann Ihre Installation fehlschlagen oder eventuell nicht fortgesetzt werden. Da Sie selber in der Regel nicht eingreifen können, wenden Sie sich hierzu an Ihren Hostinganbieter.

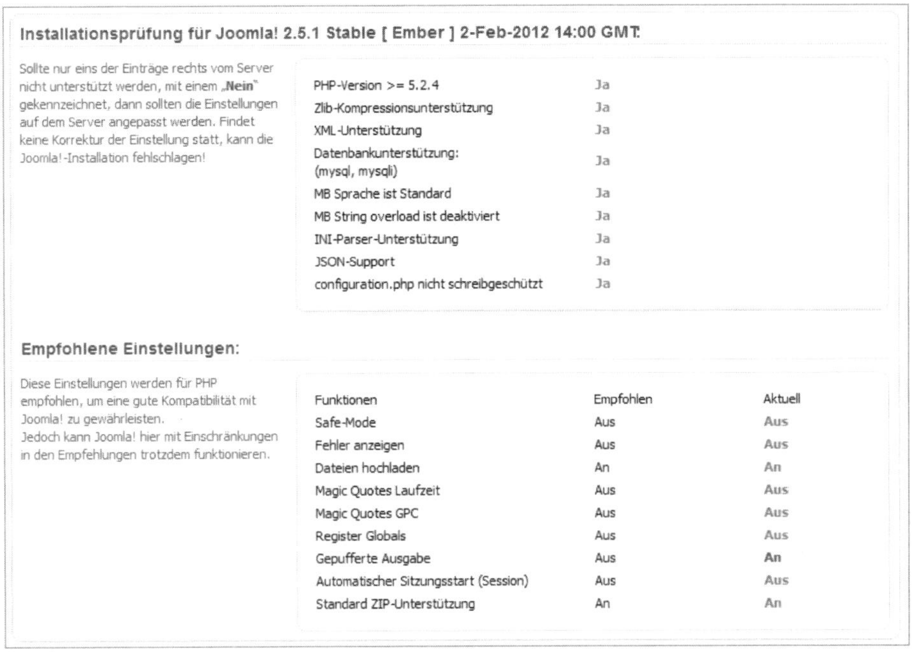

Installationsprüfung für Joomla! 2.5.1 Stable [Ember] 2-Feb-2012 14:00 GMT

Sollte nur eins der Einträge rechts vom Server nicht unterstützt werden, mit einem „**Nein**" gekennzeichnet, dann sollten die Einstellungen auf dem Server angepasst werden. Findet keine Korrektur der Einstellung statt, kann die Joomla!-Installation fehlschlagen!

PHP-Version >= 5.2.4	Ja
Zlib-Kompressionsunterstützung	Ja
XML-Unterstützung	Ja
Datenbankunterstützung: (mysql, mysqli)	Ja
MB Sprache ist Standard	Ja
MB String overload ist deaktiviert	Ja
INI-Parser-Unterstützung	Ja
JSON-Support	Ja
configuration.php nicht schreibgeschützt	Ja

Empfohlene Einstellungen:

Diese Einstellungen werden für PHP empfohlen, um eine gute Kompatibilität mit Joomla! zu gewährleisten.
Jedoch kann Joomla! hier mit Einschränkungen in den Empfehlungen trotzdem funktionieren.

Funktionen	Empfohlen	Aktuell
Safe-Mode	Aus	Aus
Fehler anzeigen	Aus	Aus
Dateien hochladen	An	An
Magic Quotes Laufzeit	Aus	Aus
Magic Quotes GPC	Aus	Aus
Register Globals	Aus	Aus
Gepufferte Ausgabe	Aus	An
Automatischer Sitzungsstart (Session)	Aus	Aus
Standard ZIP-Unterstützung	An	An

Bild 3.17: Die Installationsprüfung ist bei der Online-Installation noch bedeutsamer als bei der lokalen Einrichtung von Joomla. Achten Sie darauf, dass die Pflicht-Einstellungen allesamt auf Grün stehen.

Die *empfohlenen Einstellungen* sind Kann-Einstellungen, also nicht unbedingt verpflichtend, um Joomla 2.5 zu betreiben. Wir empfehlen jedoch, auch hier darauf zu achten, dass alles auf Grün steht[7].

Safe Mode*

Der Safe Mode in PHP ist der Versuch, Sicherheitsprobleme bei gemeinsam genutzten Servern zu lösen. Wenn der Safe Mode innerhalb von PHP aktiviert ist, prüft PHP, ob der Eigentümer des laufenden Scripts gleich dem Eigentümer der Datei ist.

Diese Einstellung führt oftmals zu Problemen bei der späteren Nutzung. Wenn diese Einstellung bei Ihnen aktiviert ist, sollten Sie die FTP-Layer-Funktion bei der FTP-Konfiguration von Joomla aktivieren.

Da es letztlich der falsche Ansatz ist, diese Problematik innerhalb der PHP-Ausführungsschicht zu lösen, sollten Sie bei der Hosterwahl darauf achten, dass PHP via *suPHP* oder *FastCGI* ausgeführt wird.

Empfohlene Einstellung = AUS / OFF

7 Funktionen, die mit einem Sternchen (*) versehen sind, werden ab der PHP-Version 6 entfallen.

Fehler anzeigen / Error Reporting

Wenn Sie Ihre Seite entwickeln, bspw. lokal unter XAMPP, ist das Error Reporting von PHP ein unerlässlicher Helfer, der Ihnen hilft, Fehler in der Syntax zu erkennen. Auf einem produktiven System haben diese Meldungen jedoch nichts mehr verloren, da sie ggf. von Dritten gegen uns verwendet werden können.

Empfohlene Einstellung = AUS / OFF

Dateien hochladen

Erlaubt den Upload von Dateien via http.

Empfohlene Einstellung = AN / ON

Magic Quotes*

Magic Quotes sorgen dafür, dass Anführungszeichen wie " und ' bei Einträgen in eine Datenbank automatisch mit einem Rückschlag (Backslash) versehen werden. In der Datenbank stehen dann Zeichenfolgen wie \" oder \'. Dies kann zu unerwünschten Effekten führen

Empfohlene Einstellung = AUS / OFF

Register Globals*

Eigentlich eine praktische Funktion, da sie PHP-Programmierern Tipparbeit erspart. In der Praxis führt sie aber zu Sicherheitslücken. Daher ist darauf zu verzichten.

Empfohlene Einstellung = AUS / OFF

Gepufferte Ausgabe

Webseiteninhalte werden erst ausgeliefert, wenn ein bestimmter Scriptteil verarbeitet wurde.

Empfohlene Einstellung = AUS / OFF

Automatischer Sitzungsstart

Die Sitzung / Session wird automatisch mit dem Öffnen der Seite gestartet.

Empfohlene Einstellung = AUS / OFF

Im nächsten Schritt müssen Sie bestätigen, dass Sie mit den Joomla-Lizenzrichtlinien einverstanden sind. Joomla unterliegt der GPL, das bedeutet, dass Sie diese Software unentgeltlich nutzen und verändern dürfen.

Eine vollständige Übersetzung der Lizenz ist unter der Internetadresse *http://www.gnu.de/documents/gpl.de.html* zu finden.

Datenbanktyp

MySQLi: Das »i« in MySQLi steht für *improved* – also für verbessert. Diese erst seit der Version 5 von PHP existierende Erweiterung bringt tatsächlich einige Verbesserungen mit sich. Bisher waren die Erweiterungen für MySQL in PHP ein bunter Haufen von

Funktionen. Nun sind sie in einem Klassenpaket zusammengefasst. Zusammenfassend ist zu sagen, dass es nun möglich ist, objektorientiert zu arbeiten.

Einige der Vorteile, die sich daraus ergeben: Höhere Geschwindigkeit, bessere Debugging- und Tracing-Funktionen, Multi-Queries, erhöhte Sicherheitsstandards.

Sofern Ihr Hoster also MySQLi unterstützt (dies können Sie mittels der bereits vorher genannten Datei *info.php* testen), sollten Sie dieses auch nutzen.

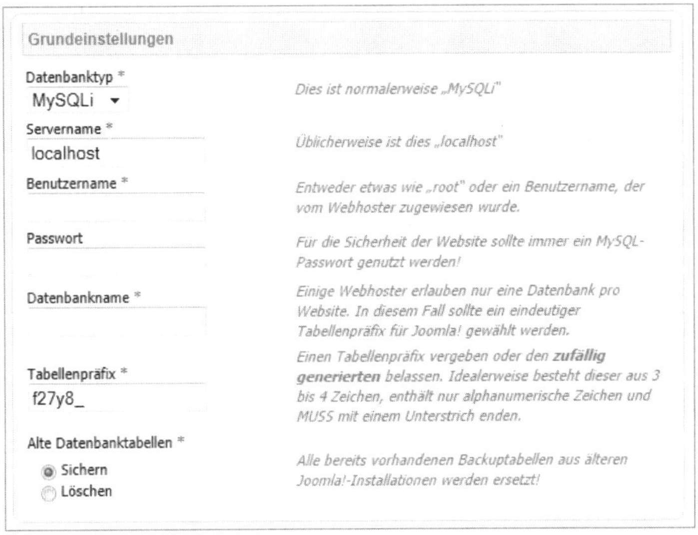

Bild 3.18: Achten Sie darauf, dass die Datenbank-Einstellungen korrekt eingetragen werden.

Servername

Der Servername lautet oftmals *localhost*, kann allerdings auch abweichen. Dies trifft z. B. dann zu, wenn sich Ihre verwendete MySQL-Datenbank auf einem entfernten Datenbankserver befindet. Über abweichende Einstellungen zu *localhost* werden Sie aber in der Regel von Ihrem Hostinganbieter informiert.

Unter *Benutzername*, *Passwort* und *Datenbankname* tragen Sie die Ihnen bekannten Daten ein.

Tabellenpräfix

Das Präfix wird verwendet, um unterschiedliche Anwendungen oder unterschiedliche Joomla-Installationen mit nur einer Datenbank zu betreiben. Wenn Sie also bereits eine Joomla-Installation in der gleichen Datenbank verwenden, ändern Sie das Präfix nach Ihren Wünschen, beispielsweise in `jos2`.

Wobei das Präfix dynamisch und zufällig von Joomla ausgewählt wird. Das ist ein Sicherheitsaspekt. Denn damit können potenzielle Angreifer nicht so ohne weiteres Zugriff auf die Datenbank nehmen, da sie nicht wissen, wie genau die einzelnen Datenbanktabellen namentlich heißen. Beispielsweise gibt es eine Datenbanktabelle mit dem Namen *content.* Mit einem zufällig erzeugten Präfix ändert sich der Name beispielsweise auf *rps7g_content.*

Den Schritt der FTP-Konfiguration können Sie überspringen, wenn bei Ihnen der Safe Mode deaktiviert ist. Ist er aktiviert, sollten Sie hier Ihre FTP-Zugangsdaten zum Host eintragen.

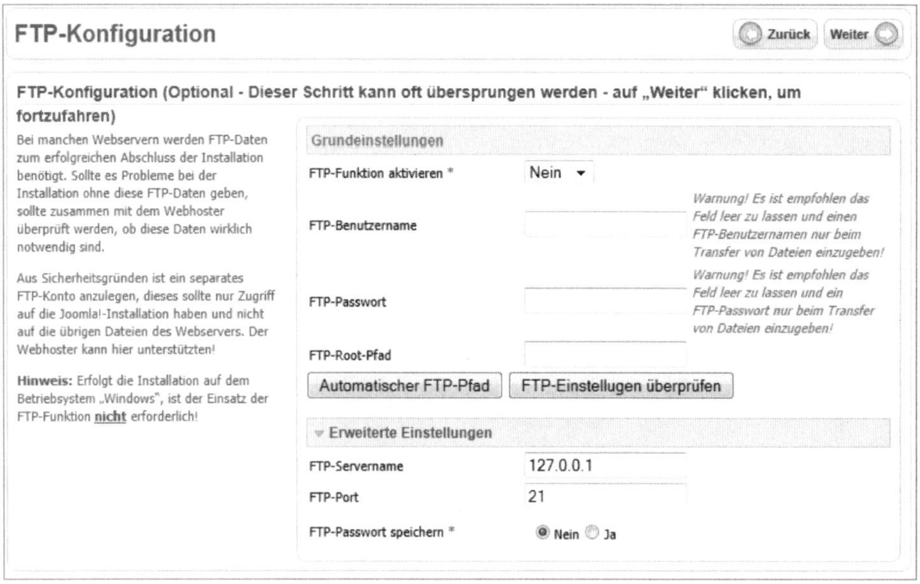

Bild 3.19: In dieser Bildschirmmaske tragen Sie Ihre FTP-Verbindungsdaten ein.

Tragen Sie nun Ihre gewünschten Nutzerdaten in die entsprechenden Felder ein. Die unter den *Erweiterten Einstellungen* befindlichen Daten können Sie jederzeit später im Joomla-Konfigurationsmenü nachholen.

Ihren Benutzernamen und Ihr Passwort sollten Sie mit Bedacht wählen, Ihr eigener Name oder *Admin* ist Tabu, ebenso Passwörter unter einer Länge von acht Zeichen und mit einer Zeichenfolge von z. B. 123456.

Wenn gewünscht, installieren Sie zusätzlich die Beispieldaten. Diese sind gerade für Anfänger besonders hilfreich, um Einstellungen auszuprobieren oder Verknüpfungen innerhalb der Struktur von Joomla nachzuvollziehen.

Damit ist Ihre Installation abgeschlossen. Um Joomla 2.5 verwenden zu können, löschen Sie nun via FTP den Ordner */Installation* im Verzeichnis */httpdocs/* bzw. */htdocs.*

Ihre Joomla-Installation kann nun verwendet werden.

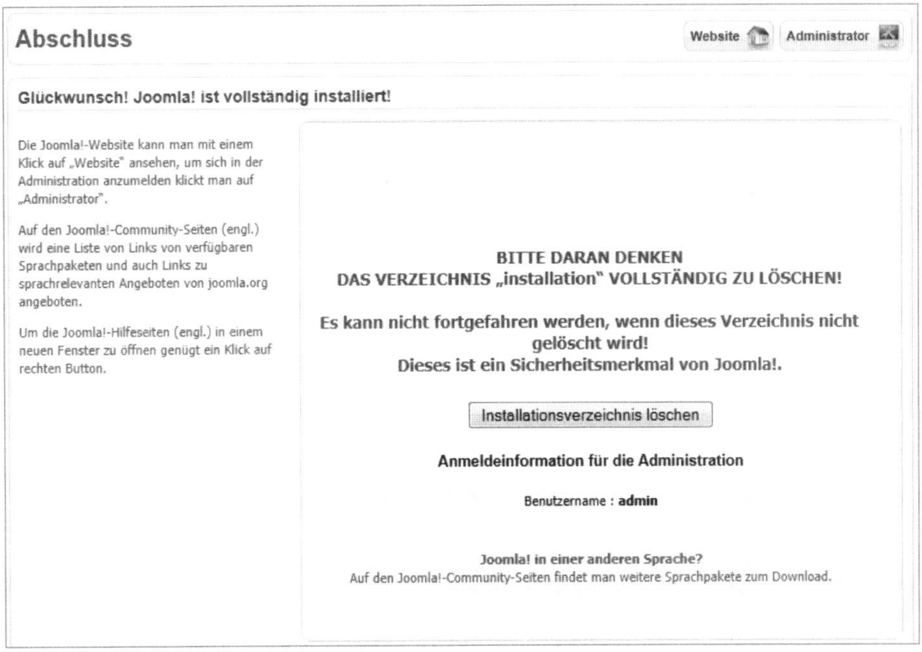

Bild 3.20: Zum Abschluss Ihrer Online-Installation müssen Sie den Ordner *Installation* Ihres Joomla-Verzeichnisses löschen.

Das Frontend Ihres Joomla-Systems erreichen Sie unter *http://IhreDomain.de/index.php*, den Administrationsbereich unter *http://IhreDomain.de/administrator* oder über eine der beiden Schaltflächen oben rechts in der Ecke.

3.3.4 Von Lokal auf Online

Derzeit existieren zwei Möglichkeiten, mit denen Sie Ihre lokal unter XAMPP erstellte Webpräsenz auf einen Server im Internet laden. Beide sind relativ simpel, wobei die erste ein wenig mehr Handarbeit erfordert und die zweite mehr Komfort bietet. Beide Varianten wollen wir uns hier anschauen.

Backup & Restore mittels FTP und phpMyAdmin

Blättern Sie ein paar Seiten nach hinten und beachten Sie den Abschnitt *4.2 Von lokal auf den Webserver*. Der Abschnitt erklärt Schritt für Schritt, wie Sie mit phpMyAdmin ein Datenbank-Backup herstellen, das Backup auf den Hosting-Server übertragen und dann Ihre lokale Joomla-Installation auf den Webhosting-Server bringen.

Backup & Restore mittels Akeeba Backup und Kickstart

Akeeba Backup (*http://akeebabackup.com*) ist eine Drittanbieter-Erweiterung für Joomla, die es Ihnen erlaubt, Ihre komplette Webseite mit einem Klick zu sichern und sie schnell wieder herzustellen. Dabei werden alle auf Ihrem Localhost / Host befindlichen Daten inklusive Ihrer Datenbank gesichert. Übrig bleibt letztlich eine Datei. Akeeba Backup können Sie lokal wie auch online auf Ihrem Host verwenden.

Installieren Sie Akeeba Backup gemäß Anleitung via *Joomla* → *Erweiterungen* und rufen Sie die Anwendung dann über *Komponenten* → *Akeeba Backup* auf.

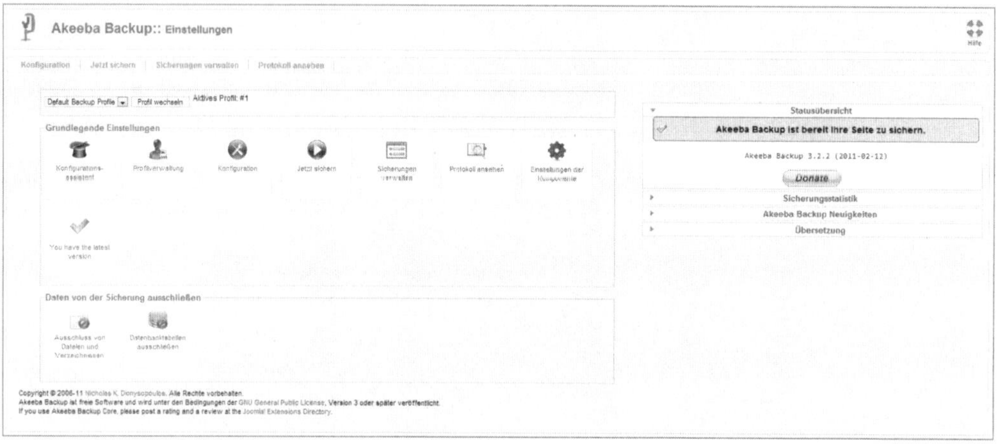

Bild 3.21: Das Startmenü von Akeeba Backup

Starten Sie die Sicherung mittels => *Jetzt Sichern*

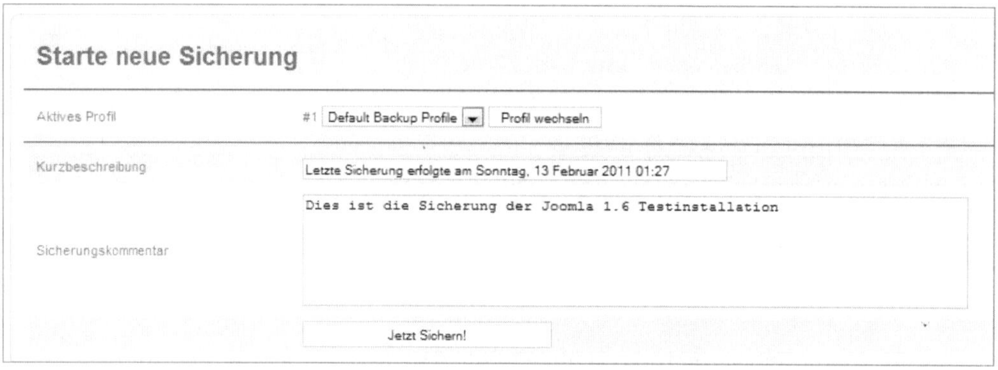

Bild 3.22: Akeeba Backup ist bereit, Ihre lokale Joomla-Installation zu sichern.

Unter *Sicherungen verwalten* finden Sie nun Ihre aktuelle Datensicherung, diese Datei hat das Format *.JPA* erhalten. Dieses Format benötigt das kleine Hilfsprogramm *Kickstart*, um die Datei auf Ihrem Host zu entpacken und den Wiederherstellungsprozess zu starten. Sie finden Kickstart unter der Webadresse *http://www.akeebabackup.com/download/akeeba-kickstart.html.*

Bild 3.23: Akeeba hat die Joomla-Installation erfolgreich gespeichert.

Um die Wiederherstellung auf Ihrem Host zu starten, laden Sie die JPA Backup-Datei und die Kickstart-Dateien via FTP auf Ihren Webspace. Wechseln Sie dann in Ihren Browser und rufen Sie die Kickstart-Datei auf: *http://IhreDomainname.de/kickstart.php*

3.4 Tipps und Hinweise

Es gibt einige grundlegende Tipps und Hinweise, die zwar immer wieder genannt, jedoch kaum beachtet werden. Daher seien an dieser Stelle folgende Hinweise erlaubt:

Halten Sie Ihren Heimrechner / Arbeitsplatzrechner sauber! Dazu gehören regelmäßige Updates sowie regelmäßiges Scans mittels eines aktuellen Antivirenprogramms.

Auch wenn es teilweise nervig ist: Speichern Sie **wichtige** Passwörter niemals in Ihrem Browser oder FTP-Programm.

Laden Sie niemals Erweiterungen, Templates usw. aus dem Internet herunter, deren Quellen Ihnen dubios erscheinen. Wenden Sie sich im Zweifel an Ihren Hostinganbieter. Er kann und wird Ihnen schon im eigenen Interesse behilflich sein.

Lesen Sie und klicken Sie nicht wahllos! Nehmen Sie Sicherheitswarnungen Ihres Systems ernst. Wenn Sie der angebotenen Sprache nicht mächtig sind, fragen Sie Freunde oder Bekannte.

Erstellen Sie regelmäßige Backups Ihrer Seite, nicht nur bevor Sie an Ihrer Seite arbeiten oder Backups einspielen. Laden Sie sich diese auf Ihren Arbeitsplatzrechner, so dass Sie für den Notfall immer ein Backup zur Hand haben.

Halten Sie Ihre Joomla-Installation stets aktuell. Dies gilt insbesondere auch für die von Ihnen verwendeten Komponenten, Module, Plugins oder Templates. **Löschen Sie stets alle nicht benötigten Drittanbieter-Erweiterungen wieder.** In diesem Zusammenhang ist es durchaus sinnvoll, sich für Joomla und die genutzten Erweiterungen in einem Newsletter / Newsfeed zu registrieren, der über Neuigkeiten und Updates informiert.

▣ Lesezeichen

http://feeds.joomla.org/JoomlaSecurityNews
Joomla-Sicherheit-Newsfeed

Nutzen Sie, sofern möglich, immer die Joomla-eigenen SEF/SEO-Funktionen.

Alle in diesem Kapitel angesprochenen Programme haben wir auf einer Download-Seite zusammengefasst. Diese erreichen Sie unter *http://joomla16.joomlahosting.de*

4 Migration und Update

Ein Update ist in aller Regel schnell und einfach gemacht. Bei einer Migration muss man jedoch etwas mehr Aufwand betreiben. Kommen Sie von Joomla 1.0, wird die ganze Sache etwas aufwendiger, da Sie erst zu 1.5 migrieren müssen und dann von dort nach der Version 2.5. Und Sie müssen etwas Handarbeit leisten, aber insgesamt geht auch das.

4.1 Bevor Sie anfangen

Bevor Sie damit beginnen, die neue Joomla-Version auf den Webserver zu spielen, machen Sie bitte unbedingt eine Sicherungskopie der bestehenden Installation! Falls trotz aller Sorgfalt bei der Migration etwas schief geht, können Sie so zumindest jederzeit den alten Zustand wieder herstellen.

Normalerweise sollte Ihr Hoster auch ein Backup Ihrer Website gemacht haben – zumindest wenn Sie nicht bei einem Billighoster sind. Aber das Zurückspielen vom Hoster ist meist kostenpflichtig.

Zum Sichern spielen Sie das gesamte Joomla-Verzeichnis mittels Ihres FTP-Programms auf Ihre Festplatte und machen ein Datenbank-Backup, wie weiter unten beschrieben.

4.2 Datenbank-Backup

Wechseln Sie dazu in Ihre Domainverwaltung. Die ist bei jedem Hoster ein wenig anders aufgebaut, bzw. es werden unterschiedliche Programme zur Domainverwaltung benutzt, weshalb ich Ihnen hier nicht genau sagen kann, wie Sie dort hinkommen. Im Zweifelsfalle fragen Sie aber einfach Ihren Webhoster, der Ihnen da sicherlich gern helfen wird. Dort wählen Sie Ihre Datenbank aus und gelangen so in die Übersicht Ihrer Datenbank. Nun wählen Sie links *Joomla-Datenbank* aus; rechts tauchen dann die Joomla-Tabellen auf.

Bild 4.1: Auszug aus der Joomla-Datenbank

Oben in der horizontalen Menüleiste wählen Sie bitte *Exportieren* aus. Vermutlich sind bereits alle Tabellen markiert. Wenn nicht, bitte *Alle auswählen* anklicken. *SQL* sollte ebenfalls voreingestellt sein. Alle weiteren Einstellungen belassen Sie am besten so, und ganz unten rechts klicken Sie beherzt auf *OK*. Sie erhalten dann den *Speichern*-Dialog Ihres Browsers. Speichern Sie die Datei.

Das Zurückspielen funktioniert sehr ähnlich, falls Sie Probleme haben sollten und wieder alles zurückspielen müssen. Gehen Sie zunächst wieder in Ihre Datenbank, wie bereits beschrieben. Nun wählen Sie in der Datenbankansicht den Menüpunkt *Importieren* aus und klicken den Button *Durchsuchen* an. Wählen Sie die zuvor gespeicherte Datei aus und klicken Sie anschließend noch einmal unten rechts auf *OK*.

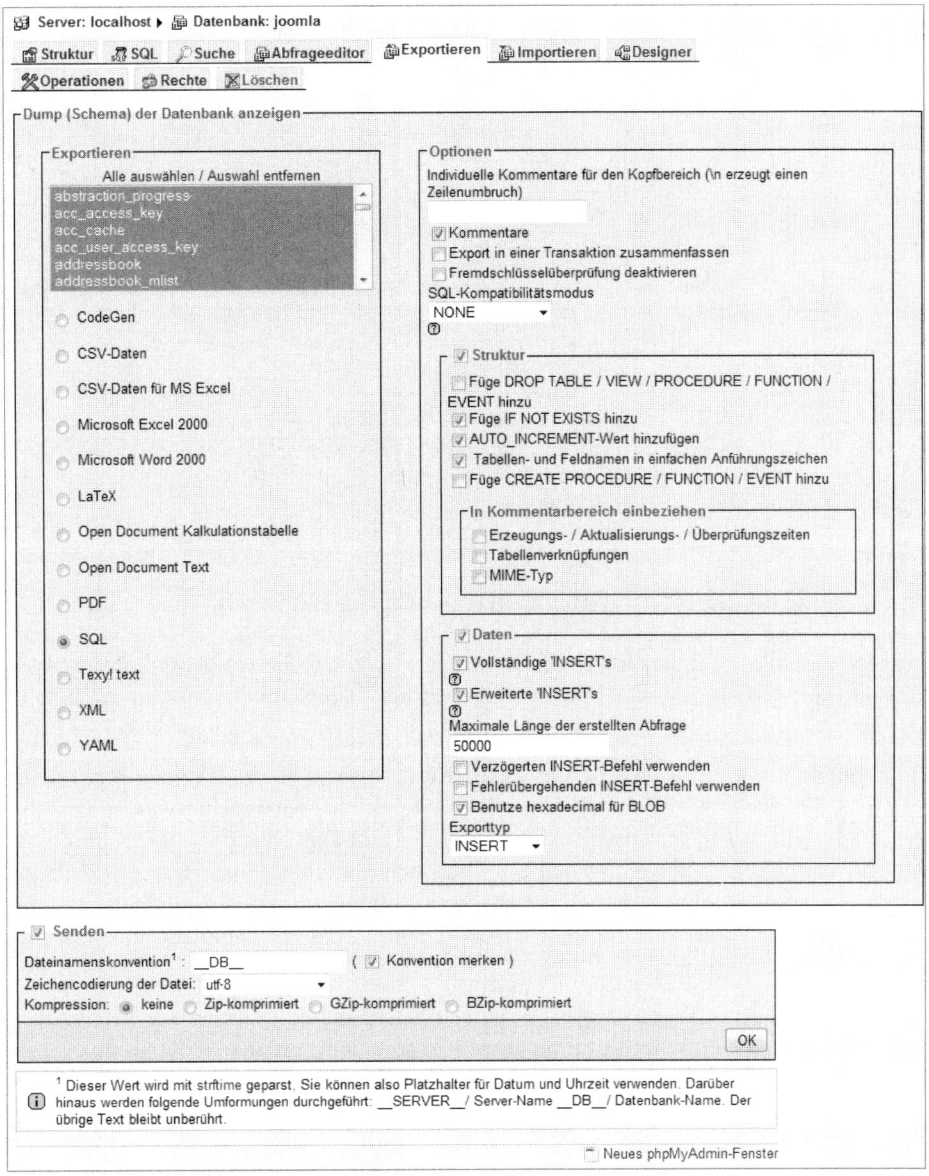

Bild 4.2: Ein Datenbank-Backup erstellen

Jetzt haben Sie die Datentabellen und Inhalte von Ihrer Sicherungsdatei wieder zurückgespielt.

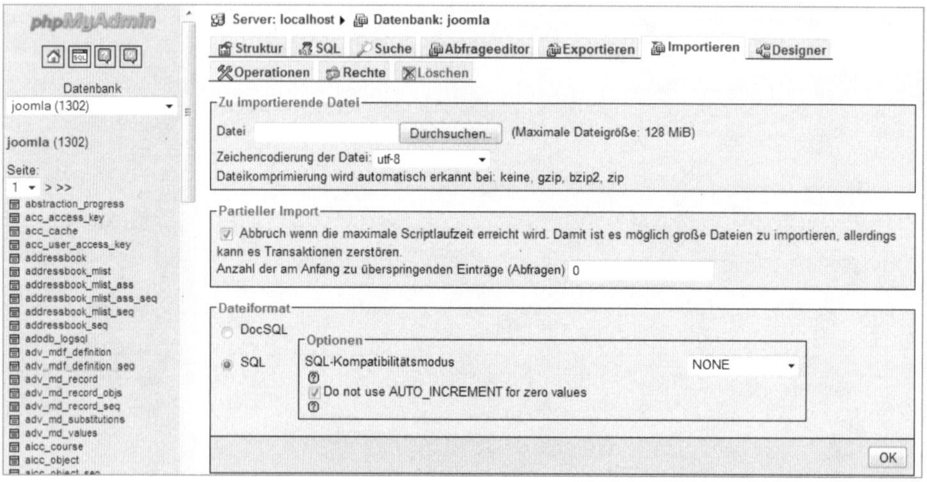

Bild 4.3: Datenbank-Backup importieren

4.3 Backup-Alternative mit Akeeba Backup

Mit der kostenlosen Erweiterung *Akeeba Backup*[8] können Sie ein recht komfortables Backup Ihrer Joomla-Installation, einschließlich der Datenbank, auf Ihrem Webserver erstellen.

Sie können zwar einiges einstellen in dieser Komponente, die im Übrigen regelmäßig weiterentwickelt wird, aber letztlich reicht ein Klick auf »jetzt sichern«, um sich die aktuelle Installation zu speichern. Akeeba legt dabei eine Datei mit der Endung *jpa* an, in der sich sowohl Ihr Joomla als auch die Datenbank befindet. Sollte nun etwas schief gehen und Sie möchten die Sicherung wieder zurückspielen, benötigen Sie die *kickstart.php* von Akeeba. Diese stellt mittels der jpa-Datei Ihr komplettes Joomla und die Datenbank wieder her.

Akeeba Backup und Kickstart gibt es auch mit deutscher Sprache und ein Video-Tutorial, auch in deutscher Sprache, liegt vor, mit dem Sie sich weiter informieren können, wenn Sie sich für diese wirklich sehr gute Alternative entscheiden.

Tipp: Achten Sie dabei ein wenig auf Ihren Webspace. Insbesondere, wenn Sie mehrere Updates anfertigen. Besser ist es, nach einem Backup die Datei per FTP auf Ihre Festplatte zu überspielen. Das spart Speicher und ist auch sicherer.

[8] https://www.akeebabackup.com

4.4 Migration von Joomla 1.0 auf Joomla 2.5

Installieren Sie zunächst ein Joomla 1.5 auf Ihrem Webspace und benutzen Sie unbedingt die gleiche Datenbank, allerdings mit einem anderen Präfix. Danach installieren Sie die Erweiterung *mtwMigrator*[9]. Mit dieser Erweiterung können Sie alte Datenbankeinträge in die neue übernehmen und können damit Ihre Daten übernehmen. Sie haben aber natürlich auch hier das Problem mit den Erweiterungen. Wenn es die Erweiterung, die Sie in der Version 1.0 benutzten, in der 1.5 nicht mehr gibt, dann können Sie vermutlich auch die Daten nicht übernehmen. Mit etwas Glück gibt es Kompromisse, wenn es z.B. neue Erweiterungen gibt, die die alten Daten übernehmen. Diese Möglichkeit bietet sich beim alten *FireBoard*-Forum, wenn Sie die Weiterentwicklung *Kunena* installieren. Wenn Sie nun Joomla 1.5 laufen haben, können Sie mit dem nächsten Abschnitt weitermachen und Joomla auf 2.5 migrieren.

4.5 Migration von Joomla 1.5 auf Joomla 2.5

Reicht es denn nicht, Joomla 2.5 einfach über Joomla 1.5 zu installieren?

Leider funktioniert das so nicht. Joomla 2.5 hat eine neue platform (ehemals Framework) und ist in weiten Teilen komplett umprogrammiert worden – eben an die neue platform angepasst. Hinzu kommen völlig neue Eigenschaften, die es in Joomla 1.5 überhaupt noch nicht gegeben hat – beispielsweise das Rechtesystem –, und dafür sind ergo die Voraussetzungen in Joomla 1.5 nicht einmal ansatzweise vorhanden, weshalb ein einfaches Darüberkopieren nicht möglich ist. Hinzu kommen neue Datenbank-Tabellen und Strukturen.

Wir halten fest: Einfach die alte Version mit der neuen zu überspielen funktioniert nicht.

4.5.1 Migration mit jUpgrade

Neben der Möglichkeit, alles per Hand zu migrieren, gibt es eine Erweiterung namens *jUpgrade*[10].

Die Erweiterung wird ganz normal über *Erweiterungen: Installieren* in Joomla 1.5 installiert. Danach findet sich diese Erweiterung in den Komponenten unter *jUpgrade*. Bei mir war es so, dass ich zunächst das Plugin für *Mootools* aktivieren musste. Zumindest wurde das am Anfang von *jUpgrade* beanstandet. Falls das bei Ihnen auch so ist, gehen Sie bitte in die Pluginübersicht (*Erweiterungen/Plugins*) und suchen dort nach dem Plugin *System – Mootools Upgrade* und aktivieren dieses. Danach wieder zurück zu *jUpgrade*. Wenn Ihnen nun nur noch der Migrations-Button angezeigt wird, dann ist zunächst alles in Ordnung und die Voraussetzungen für eine Migration sind fast erfüllt.

---

[9] http://matware.com.ar

[10] http://extensions.joomla.org/extensions/migration-a-conversion/joomla-migration/11658

Bild 4.4: Einstellungen in jUpgrade

Über die Einstellungen oben rechts können Sie unter anderem auch das Unterverzeichnis angeben, welches dann automatisch erzeugt wird, ebenso das Datenbank-Präfix und einiges mehr. Ich selber habe alles so unverändert übernommen bei meiner Migration. Haben Sie jedoch ein eigenes Präfix bei der Joomla-1.5-Installation vergeben, müssen Sie das hier ändern. Wenn Sie sich unsicher sind, schauen Sie einfach nach. Wo Sie die Datenbank finden, können Sie weiter unten nachlesen.

Klicken Sie jetzt direkt auf den Upgrade-Button der Erweiterung.

Bild 4.5: Migration starten

Sie brauchen keine Angst zu haben, dass die bestehende Joomla-Installation einfach überschrieben wird. jUpgrade legt ein Unterverzeichnis an und schreibt dort die Migration hinein.

Wenn die Migration abgeschlossen ist, müssen Sie ein paar Sachen überprüfen und neu einstellen.

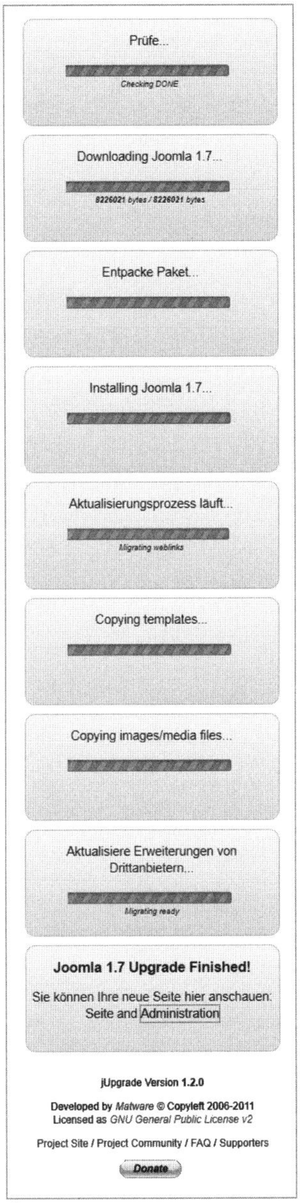

Bild 4.6: Migration erfolgreich abgeschlossen

Anschließend müssen Sie die Sprachdateien[11] neu installieren. Vorinstalliert ist nur die englische Sprache.

Die Konfiguration sollten Sie überprüfen und ggf. anpassen. Des Weiteren gibt es Schwierigkeiten mit den Modulen, wo auch die Menüs dazugehören. Die waren bei mir zunächst verschwunden. Das lag daran, dass ich ein eigenes Template hatte, mit eigenen Positionsangaben, aber jUpgrade automatisch zunächst das Beez-Template auswählt. Das eigene Template wurde aber ordnungsgemäß in der Migration übernommen und kann über den Templatemanager auch ausgewählt werden. Die Module wurden auf »Keine Seiten« voreingestellt. Sie werden also direkt nach der Migration nirgends angezeigt. Das müssen Sie also Ihren Bedürfnissen entsprechend anpassen.

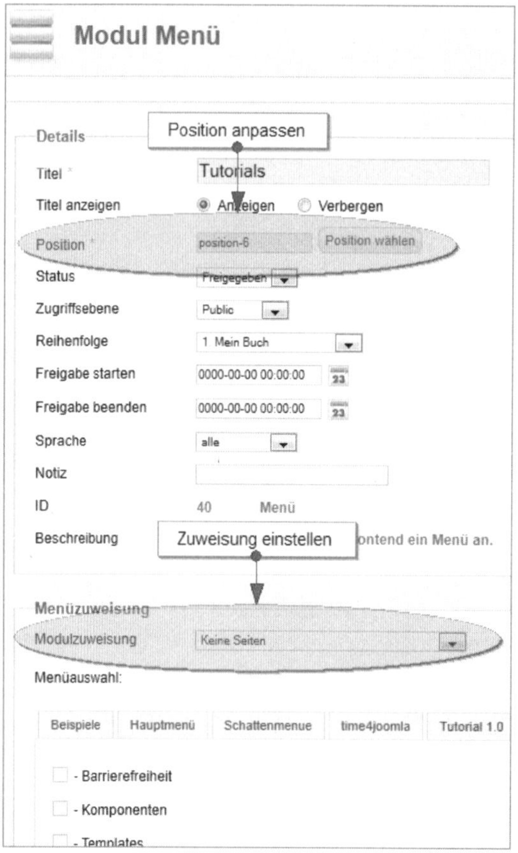

Bild 4.7: Optionen der Module einstellen

Ein paar weitere Anpassungen müssen Sie vielleicht vornehmen, die sich aber in Grenzen halten. Eventuell müssen Sie auch ein paar kleinere CSS-Anpassungen vornehmen. Bei mir stimmte beispielsweise der Abstand der Icons in meinen Menüs zum Verweistext nicht mehr und brauchte ein paar Pixel mehr. Wenn Sie in der Menüführung Icons benutzen,

[11] http://extensions.joomla.org/extensions/languages/translations-for-joomla

müssen Sie die Pfade in den einzelnen Menüverweisen anpassen. Bei mir war es erforderlich, dass ich alle Icons noch einmal neu auswählte. Die Icons selber wurden aber ordnungsgemäß mit integriert.

Bild 4.8: Mit und ohne Icons, und falscher Zeichenabstand direkt nach der Migration auf meiner Tutorialsite

4.5.2 Fazit zur Migration mit jUpgrade

Alles in allem ist eine Migration sehr einfach. Ein paar Anpassungen müssen vorgenommen werden, die aber überschaubar sind. Allerdings werden Komponenten, Module oder Plugins, die nicht zu den Standard-Erweiterungen gehören, nicht migriert. Das ist letztlich nicht möglich, da sich die Programmierung verändert hat. Erweiterungen von Drittanbietern müssen umprogrammiert werden, was ein Migrationstool logischerweise nicht leisten kann.

Erweiterungen müssen Sie also neu installieren und entsprechend anpassen. Je nach Umfang der zu migrierenden Website kann dieser Vorgang mehr oder weniger an Arbeit kosten.

Sie sollten sich auch vorher unbedingt informieren, ob es Ihre Erweiterungen für die neue Joomla-Version gibt oder ob adäquate Kompromisse vorliegen.

4.6 Updates

Bild 4.9: Kontrollzentrum mit Aktualisierungs-Button

Updates sind sehr einfach geworden. In den allermeisten Fällen reicht es völlig aus, wenn Sie im Kontrollzentrum auf das Icon *Joomla* auf 2.5.x aktualisieren klicken, sofern dieses bei Ihnen angezeigt wird.

Bild 4.10: Es gibt eine neue Version von Joomla!

Sie sollten allerdings vorher unbedingt eine Sicherung vornehmen. Man kann schließlich nie wissen. Und sollte Joomla – wieder erwarten – anschließend nicht mehr sauber laufen, haben Sie immer eine Sicherung, die Sie zurückspielen können.

Wenn Sie den Button angeklickt haben, erhalten sie eine Auflistung über die neuen Versionen. In aller Regel wird dort nur eine stehen. Diese markieren Sie bitte und klicken dann einfach auf *Aktualisieren.* Joomla unternimmt jetzt alle benötigten Schritte selbstständig.

Bild 4.11: Was und auf welche Version soll aktualisiert werden

Sollten in der Auflistung noch alte oder nicht benötigte Dateien liegen, so können Sie mit dem Button *Cache leeren* zunächst das Update-Verzeichnis leeren und anschließend mit *Aktualisierung suchen* nachsehen, ob es eine aktuelle Version für Sie gibt. Wenn ja, wird diese wie im Screenshot angezeigt oder Sie erhalten den Hinweis, dass es derzeit keine Aktualisierung gibt.

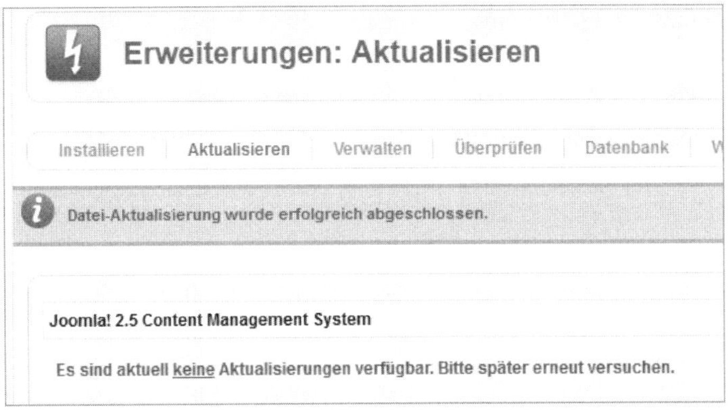

Bild 4.12: Keine Aktualisierungen verfügbar

Wenn Sie Ihr System aktualisiert haben, sollten Sie stets einen Blick in die Ansicht *Datenbank* werfen. Es kann sein, dass Joomla neue Datenbank-Tabellen angelegt hat, diese aber mit der Aktualisierung nicht abgeglichen werden. Sollten Sie nicht den Hinweis »*Die Datenbanktabellenstruktur ist aktuell*« finden, dann klicken Sie bitte das Icon *Reparieren* an. Joomla wird dann versuchen, die Datenbank auf den neuesten Stand zu bringen.

Das ist besonders dann wichtig, wenn Sie von den Versionen 1.6 und 1.7 kommen. Dann ist eine Reparatur der Datenbank notwendig, da sich etwas in der Datenbankstruktur verändert hat.

Bild 4.13: Die Datenbanktabellenstruktur ist aktuell.

Eventuell müssen Sie auch die Sprachdateien anpassen. Die jeweils aktuelle deutsche Sprachdatei finden Sie auf *www.jgerman.de.*

Sie merken das meist daran, dass Sie an einigen Stellen die Sprachschlüssel sehen. Beispielsweise *COM_INSTALLER_MSG_DATABASE_OK* statt *Die Datenbanktabellenstruktur ist aktuell.*

In aller Regel reicht diese Art der Aktualisierung des Systems. Sollten Sie dennoch Probleme haben, dann können Sie das Update-Paket auch direkt bei *www.Joomla.org* downloaden und über Ihr FTP-Programm nach dem Entpacken hochspielen. Also über die bestehenden Dateien kopieren. Achten Sie aber darauf, dass Sie stets das passende Update-Paket auswählen!

Auf *www.Joomlaos.de* finden Sie meist deutsche Pakete (die passenden deutschen Sprachdateien sind bereits integriert), die oft auch größere Versionssprünge zulassen.

5 Globales

Es gibt einige Einstellungen, die an mehreren Stellen auftreten können oder einfach globale Einstellungen beinhalten.

5.1 Für Umsteiger

Man kann nun auch direkt bei den Modulen, Kategorien, Beiträgen und Menüs einchecken und braucht das nicht mehr global zu machen. Damit ist man flexibler, insbesondere bei größeren Sites, wo mehr Administratoren oder Manager im Backend mitarbeiten.

In der Version 1.5 konnte man in der Konfiguration einstellen, ob sich User auf der Website registrieren durften und welcher Gruppe sie dann zugeordnet wurden. Diese Einstellungen sind jetzt unter dem Menü *Benutzer* und dort in den *Optionen* zu finden. Siehe dazu auch das Kapitel zum *Rechtesystem*.

In der Konfiguration gibt es ein paar neue Einstellungen bei den Meta-Angaben, für SEO sowie für Cookie-Einstellungen. Das Cache-System hat sich etwas geändert und ist nun flexibler geworden. Und der Reiter der *Berechtigungen* ist dazugekommen.

Außerdem findet sich nun in der Konfiguration ein Textfilter, mit dem die Eingabe von neuen und editierten Beiträgen beeinflusst werden kann. Wer von den Versionen 1.6 oder 1.7 kommt: Der Textfilter war hier zuvor in den Optionen bei den Beiträgen untergebracht und ist nun von dort in die Konfiguration umgezogen.

Die Einstellungen für den *Mediamanager* sind jetzt direkt beim *Mediamanager* in den *Optionen* zu finden.

5.2 Konfiguration

Die Konfiguration erreicht man über das Menü *Site/Konfiguration*. Alles, was man hier einstellt, hat Auswirkungen auf das gesamte Joomla-System. Bei einigen Einstellungen sollte man nicht zu hastig etwas verstellen, da es sonst passieren kann, dass Joomla nicht mehr richtig oder sogar gar nicht mehr läuft. Aber betrachten wir uns die einzelnen Einstellungen etwas genauer. Beginnen wir bei dem ersten Reiter:

5.2.1 Site

Hier werden Einstellungen vorgenommen, die sich auf die Website insgesamt auswirken.

Webseiten-Einstellungen

Zunächst ist da der *Name unserer Website.* Den können wir natürlich nach Belieben ändern und unseren Bedürfnissen anpassen. Das, was hier steht, wird beispielsweise im Browser ganz oben links und in den Tabs ausgegeben.

Will man Wartungsarbeiten an der Website durchführen und die Besucher der Seite damit nicht belästigen, kann man die Website auch *Offline* schalten. Der Text, der in der *Offline-Meldung* steht, wird dann im Frontend ausgegeben.

Sie können auswählen, ob gar kein Text (Verbergen) angezeigt wird, sondern nur der Titel der Website und ein Login, oder dazu noch Text, den sie im unteren Feld eingetragen haben, oder eben der Standardtext von Joomla mit der Mitteilung, dass sich die Website im Wartungsmodus befindet.

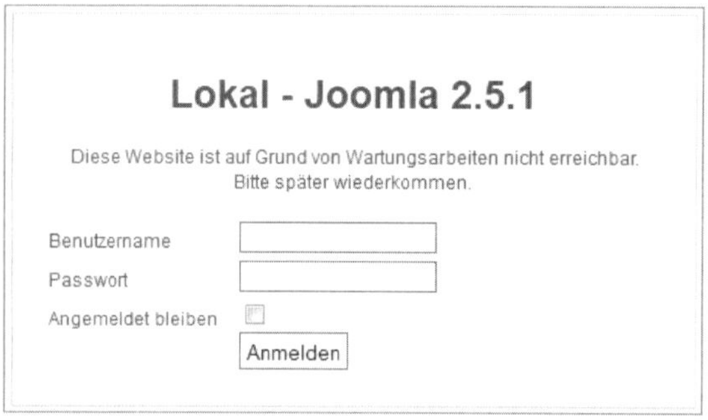

Bild 5.1: Der Offline-Modus

Sie können diese Anzeige auch ein wenig nach Ihren Vorstellungen gestalten. Auf meinen Seiten wird hier mein Logo oder ein Banner angezeigt und ein eigener Text ausgegeben, in dem ich sehr oft auch erwähne, ab wann die Site wieder zur Verfügung steht, damit Besucher meiner Website wissen, wann sie wiederkommen können.

Bild 5.2: Offline mit eigenem Banner

Um ein eigenes Bild oder Logo dort anzuzeigen, laden Sie zunächst eine eigene Grafik in das Verzeichnis *images* und editieren dann die CSS-Datei *offline.css*. Sie finden diese Datei in diesem Verzeichnis Ihrer Joomla-Installation:

/templates/system/css/

Dort passen Sie die CSS-Formatierungen wie folgt an:

```
.outline {

    background: url("../../../images/IhrBild.png") no-repeat center top
#ffffff;
    border: 1px solid #CCCCCC;
    padding: 2px;
}


.outline h1 {
margin-top: 50px
}
```

Sollte Ihnen die Box zu klein sein, können Sie die Breite verändern:

```
#frame {

        margin: 20px auto;

        width: 400px;

        padding: 20px;

}
```

Tipp: Wer nicht so bewandert ist in der PC-Technik, wundert sich vielleicht über den merkwürdigen Pfad zum Bild `IhrBild.png`. Es handelt sich um eine *relative* Pfadangabe zum aktuellen Standort. Da die CSS-Datei im CSS-System-Verzeichnis liegt, müssen wir zunächst drei Ebenen zurück, bevor wir dann in das *images*-Verzeichnis gehen können. »../« sorgt jeweils dafür, dass wir einen Schritt zurückgehen.

Im Frontend wird jetzt ein entsprechendes Bild angezeigt und die Offline-Meldung wird ausgegeben. Als *Super Benutzer* kann man sich jetzt einloggen und so im Frontend Arbeiten vornehmen. Allerdings können sich nur *Super Benutzer* einloggen, andere Benutzer nicht.

Beim *Editor* kann man einstellen, welcher Editor einem Benutzer zugewiesen werden soll, wenn er sich registriert. Bei den *Benutzern* direkt kann man individuell den Editor einstellen. Das setzt natürlich voraus, dass man mehrere Editoren installiert hat.

Der *Standard Captcha* bietet die Möglichkeit, dass bei der Registrierung automatisch ein Captcha eingeblendet wird. Ebenso bei den Kontakten, wenn dort eine Mail gesendet werden kann. Damit können Sie verhindern, dass Spam-Bots auf Ihre Website zugreifen.

Fest vorinstalliert ist der *ReCaptcha*, den Sie allerdings bei den Plugins noch konfigurieren müssen. Wechseln Sie dazu in die Pluginübersicht, die Sie über das Menü *Erweiterungen/Plugins* erreichen. Dort klicken Sie das Plugin *Captcha – ReCaptcha* an. Bei mir lag das an der vierten Position in der langen Liste, was aber bei Ihnen abweichen kann. Finden Sie das Plugin nicht, benutzen Sie einen der Filter. Am einfachsten ist es, den Namen oben links einzutippen. Wobei die ersten drei Buchstaben bereits ausreichen. Wenn Sie das Plugin editiert haben (entweder direkt auf den Namen klicken oder Häkchen setzen und oben rechts das Icon *Bearbeiten* anklicken), dann müssen sie unten einen Öffentlichen und einen Privaten Schlüssel eingeben. Bekommen tun Sie die direkt bei Google, denn von dort kommt der Captcha, den Joomla hier verwendet. Geben Sie diese URL in Ihrem Browser ein:

https://www.google.com/recaptcha

Die Seite ist leider in Englisch, aber man findet sich doch recht gut zurecht, wie ich finde. Sie müssen dort einen Account erstellen und Ihre Website angeben, und Sie erhalten dann die beiden Schlüssel, die eine sehr kryptische Zeichenfolge haben. Diese markieren und kopieren Sie und fügen Sie in die beiden Pluginfelder ein. Aktivieren Sie das Plugin und speichern Sie es, und Sie erhalten jetzt an verschiedenen Stellen Ihrer Website eine Captcha-Abfrage, die so manchen Bot außen vor lässt.

Das ist schon mal ein guter Schutz und hält auch so einiges fern von Ihrer Website, aber es ist kein 100%iger Schutz. Die heutigen Bots sind meist sehr intelligent programmiert und manche finden doch einen Weg in das System. Wenn Sie in der Konfiguration auf das Wort *Captcha* klicken, dann wird Wikipedia aufgerufen und Sie können sich näher über *Captchas* informieren.

Bei der *Zugriffsebene* kann man vorgeben, welcher Zugriffsebene ein neuer Beitrag, eine Kategorie, ein Menüpunkt oder Modul standardmäßig zugewiesen werden soll.

Die *Listenlänge* regelt, wie viele Zeilen im Modul-, Beitrags- und Pluginmanager pro Seite angezeigt werden sollen. Standardmäßig werden immer nur 20 Zeilen angezeigt. Bei größeren Websites muss man dann oft genug sehr viel blättern, wenn man weiter hinten liegende Auflistungen sehen möchte. Ich persönlich stelle hier eigentlich immer die Zahl 100 ein. Mehr geht ja leider nicht. Dann kann man aber bei den einzelnen Managern bequem mit den Filtern arbeiten und hat alles schön im Überblick.

Die *Feedlänge* bezieht sich auf die Anzahl der Feeds, die ausgeliefert werden, wenn sich Besucher Ihrer Seiten die neuesten Beiträge in einem Newsfeed-Reader anzeigen lassen möchten. Die Besucher müssen also nicht mehr zu den einzelnen Webseiten surfen, um sich darüber zu informieren, ob und was es dort an neuen Beiträgen gibt – sie abonnieren stattdessen die Feeds und werden automatisch über Neuigkeiten informiert.

Möchte man diesen Service auf seiner Website anbieten, dann ist das Modul *Syndication Feeds* erforderlich. Dazu gehen Sie in den Modulmanager, klicken *Neu* an und wählen dann in der Modulliste das Modul aus. Leider ist es bei Joomla so, dass der interessierte Anwender immer nur die Beiträge der Kategorie erhält, in der Sie einen Newsfeed freigegeben haben. Das geschieht individuell in den Optionen des jeweiligen Menüeintrags.

Sind in dieser Kategorie mehr Beiträge enthalten als in der *Feedlänge* eingestellt ist, dann werden nur so viele Beiträge als Feed versendet, wie in der *Feedlänge* vorgegeben sind.

Man kann im Übrigen auch Feeds fremder Webseiten auf seiner eigenen Website anzeigen lassen. Dazu aktivieren Sie das Modul *Feeds* und geben die Feed-URL der anderen Website an. Man findet über Suchmaschinen Webseiten, die Feeds zu nahezu allen Themen anbieten. Damit kann man auch Inhalte für seine eigene Website erzeugen. Aber man muss sich natürlich im Klaren darüber sein, dass Feeds auch der Werbung dienen. So finden sich beispielsweise bei meinen Feeds stets *Weiterlesen*-Buttons, die dann natürlich zu meiner Website führen.

Ich selber nutze übrigens Feed-Erweiterungen, die automatisch alle Kategorien als Abonnement anbieten und nicht nur die Kategorie, die man gerade anklickt. Wer daran Interesse hat, muss aber auf den Download-Seiten mal schauen gehen, was es da für Joomla 2.5 im Angebot gibt.

Feed-E-Mail: wählt man *Autor-E-mail* aus, dann wird im Feed-Reader die Autoren-E-Mail-Adresse ausgegeben. Wählt man hingegen *Website-E-mail* aus, wird die E-Mail-Adresse der Website angezeigt. Also die E-Mail-Adresse, die in der Konfiguration unter der Ansicht *Server* in *Absenderadresse* angegeben ist. Interessant kann das Ganze bei Webseiten sein, die mit mehreren Autoren arbeiten und statt der Webseiten-E-Mail die Autoren-E-Mail verwenden möchten.

Metadaten der Webseite

Hier können globale Einstellungen, die den gesamten Webauftritt betreffen, getätigt werden. Zu den Meta-Angaben bitte ich im Kapitel über *Suchmaschinenoptimierung* nachzulesen, da ich dort ausführlich auf die einzelnen Meta-Angaben eingehe. Dort finden Sie auch Details zu den *Robots*-Angaben *index, follow* und so weiter.

Was hier jedoch dazu kommt, sind die *Inhaltsrechte*. Hier geben Sie an, wer die Urheberrechte an der Website besitzt – also beispielsweise Ihren Namen oder den Firmennamen oder Hinweise zum Urheberrecht. Im Frontend wird dann zur Laufzeit im Header der Text in dieser Form erzeugt:

```
<meta name="rights" content="Diese Website unterliegt dem deutschen
Urheberrecht - Urheber: Axel Tüting" />
```

Zumindest wäre das eine Möglichkeit. Das deutsche Urheberrecht gilt jedoch auch, wenn man es hier nicht explizit angibt. Somit würde mein Name völlig ausreichen. Wobei aber selbst das nicht unbedingt notwendig wäre, weil es auch da klare Aussagen zum deutschen Urheberrecht gibt.

Suchmaschinen-Optimierung (SEO)

Auch diesen Bereich habe ich ausführlich im Kapitel zur *Suchmaschinenoptimierung* erklärt und bitte den interessierten Leser, dort nachzuschlagen.

Cookie Einstellungen

Cookie Domain: Arbeitet man beispielsweise mit mehreren Subdomains, möchte aber, dass überall die gleichen Cookies gelten, kann hier eine Domain angegeben werden. Bei der Angabe wird das »www« weggelassen und die Domain mit einem Punkt eingeleitet: *.Domainname.tld* – im Prinzip wird der Teil vor dem einleitenden Punkt quasi als Wildcard genommen, also als Platzhalter für eine beliebige Subdomain einschließlich der Hauptdomain.

Cookie Pfad: Hier kann ein Pfad angegeben werden. Das könnte dann interessant sein, wenn man Joomla beispielsweise in einem Unterverzeichnis installiert hat und sich im Root-Verzeichnis ein ganz anderes System befindet. Steht hier eine Pfadangabe, dann gelten die Cookies nur ab diesem Pfad und nicht für das übergeordnete Verzeichnis.

Tipp: Cookies sind kleine Textinformationen, die vom Webserver an den Browser gesendet werden. Darin steht beispielsweise die SessionID, anhand derer Joomla den Benutzer erkennt.

5.2.2 System

Systemeinstellungen

Die erste Einstellung im Systemmenü lautet *Secret Word*, oft auch als *das geheime Wort* bezeichnet. Die kryptische Bezeichnung, bestehend aus Klein- und Großbuchstaben sowie Zahlen, wird bei der Installation von Joomla erzeugt und ist ein Code, der einmalig pro Installation ist. In Verbindung mit diesem Code werden die Session-IDs und Cache-Dateien erzeugt; sie sorgen dafür, dass jeder Benutzer eindeutige Session-IDs bekommt. Dieses *Secret*-Wort wird also zu internen Sicherheitsabfragen benutzt. Man kann es auch in der Datei *configurations.php* ändern, aber dann würden alle derzeit eingeloggten User automatisch ausgeloggt werden. Es gibt auch aus meiner Sicht keinen Grund, das zu tun. In der Konfiguration kann man das *Secret*-Wort nicht ändern.

Der Pfad zum *Log-Verzeichnis* wird bei der Installation erzeugt. Das Verzeichnis muss sich auf dem Webserver befinden. Man kann den Pfad verändern. Wenn man zum Beispiel von einem Webserver auf den anderen umzieht, dann muss man diesen Pfad neu anpassen. Ansonsten sollte der Pfad nicht verändert werden, da sonst Joomla nicht mehr richtig läuft!

Hilfeserver: Bislang gibt es nur den englischsprachigen Server. Sollte sich das ändern, kann man es hier umstellen. Es gibt einige User aus der deutschen Joomla-Community, die am Überlegen sind, ob und wie man einen deutschen Hilfeserver auf die Beine stellen kann, aber derzeit ist man da wohl noch in einer sehr frühen Phase der Überlegungen.Wenn Sie daran Interesse haben, empfehle ich Ihnen, die News vom *jGerman-Team*[12] zu abonnieren.

---

[12] http://www.jgerman.de

Fehlersuche

System debuggen: Manchmal will Joomla einfach nicht rund laufen. Um den Problemen dann auf die Spur zu kommen, ist es manchmal sinnvoll, das System zu debuggen, sich also anzeigen zu lassen, was es für Datenbankabfragen gegeben hat und was dabei passiert ist. Die Ausgaben finden sich im Front- und Backend wieder und sind meist recht umfangreich. Kenntnisse in der Datenbanksprache SQL sind unbedingt erforderlich.

Sprache debuggen: Damit wird die installierte Sprache überprüft. Überall, wo die entsprechende Sprache ausgegeben wird, zeigen Sternchen dieses an, sowohl im Front- als auch im Backend. Die Sternchen bedeuten, dass hier sogenannte Sprachkonstanten hinterlegt sind. Die Konstanten werden dann jeweils mit der eingestellten Sprache bestückt.

Werden *System debuggen* und *Sprache debuggen* auf »Ja« gesetzt, kann man bei den Debug-Ausgaben jeweils am Ende sehen, welche Sprachdateien geladen werden und eventuell auch, wenn es Fehler gegeben hat. Leider kann man so aber nicht sehen, wie die Sprachschlüssel heißen, die benutzt werden. Was eigene Übersetzungen erschwert. Es sei denn, ein Sprachschlüssel wurde nicht übersetzt. Dann wird er an Stelle eines sinnvollen Textes ausgegeben. Näheres dazu findet sich auch im Abschnitt 10.8 über Sprach-Override.

Zwischenspeicher (Cache)

Der Cache ist ein Zwischenspeicher. Wird die Website selten bis gar nicht aktualisiert, kann es sinnvoll sein, den Cache zu aktivieren, da dann die Site ein wenig schneller lädt. Die Seiten werden einfach aus dem Cache genommen und nicht jedes Mal neu aufgebaut. Hat man aber häufiger neue Inhalte, weil auf der Website viel geschrieben wird oder Benutzer sich ein- und ausloggen, dann kann es sinnvoll sein, den Cache auszuschalten. Die Site wird dann jedes Mal neu geladen und hat stets aktuelle Inhalte.

Tipp: Manchmal führt das Aktivieren des Caches zu einem merkwürdigen Verhalten seitens Joomla, bis dahin, dass bestimmte Inhalte nicht mehr einwandfrei angezeigt werden. Wenn man also den Cache aktiviert, dann hinterher unbedingt überprüfen, ob Joomla noch sauber läuft! Falls nicht, dann schalten Sie den Cache aus.

Diesen Zwischenspeicher gibt es übrigens nicht nur in Joomla. Jeder Browser hat beispielsweise auch so etwas. Es kann also durchaus vorkommen, dass man zwar bei Joomla den Cache ausgeschaltet oder geleert hat, aber im Browser noch die alte Website liegt. Falls Sie am System arbeiten und der Meinung sind, es müsste sich etwas ändern, sollten Sie eventuell auch mal den Browser-Cache leeren.

Cache: OFF – der Cache ist deaktiviert, ergo wird nichts zwischengespeichert. Die Site wird immer neu geladen.

Cache: ON – Konservatives Caching – Der Cache ist kleiner und speichert nicht die gesamte Site.

Cache: ON – Progressives Caching – Es wird deutlich mehr Zwischenspeicher zur Verfügung gestellt. Es werden beispielsweise auch die Module mit zwischengespeichert. Das benötigt natürlich eine Menge Platz auf dem Webserver und kann bei wirklich großen Websites dazu führen, dass die Server in die Knie gehen, weil zu viel Speicher benötigt wird. Zwar sollte die Site durch den Cache schneller angezeigt werden, aber wenn der Zwischenspeicher zu groß wird, funktioniert das auch nicht mehr so recht.

Sehen kann man übrigens den Cache ganz real im Joomla-Verzeichnis. Dort gibt es ein Verzeichnis namens *cache*, in dem die Dateien entsprechend abgelegt werden. Dieses Verzeichnis kann man leeren über den Menüpunkt *Site/Wartung/Cache leeren* oder *abgelaufenen Cache leeren*. Letzteres bezieht sich darauf, dass im Cache auch oft noch veraltete Dateien gespeichert sind, die nicht mehr benötigt werden.

Cache-Dauer: Hier wird eingestellt, wie lange der Cache gültig ist, also nach welcher Zeit der Cache aktualisiert werden soll. Die Zahl gibt die Minuten an.

Sitzung (Session)

Die *Gültigkeit* regelt die Zeit (in Minuten), die bei eingeloggten Benutzern und Inaktivität selbiger vergehen soll, bis diese Benutzer automatisch ausgeloggt werden. Diese Zeit sollte nicht zu hoch eingestellt sein.

Tipp: Wenn ich an neuen Websites arbeite, stelle ich diese Zeit meistens auf 180 Minuten, also drei Stunden, ein. Dann kann ich in aller Ruhe im Back- und Frontend arbeiten, ohne dass mich das System herauswirft. Gerade wenn man neue Seiten erstellt, muss man mal schnell im Grafikprogramm oder im HTML-Editor oder im Internet suchen – und dann hat man alles zusammen, aber das System hat einen nun herausgeworfen, weil man zu lange inaktiv war. Das kann unangenehm sein, wenn man die Stelle wiederfinden muss, an der man gerade war, etc.

Wenn ich die Site aber fertig habe, stelle ich diese Zeit wieder auf 30 Minuten herunter. Das ist in den meisten Fällen ein guter Wert.

Die *Speicherroutine* regelt, wie die Session-IDs gespeichert werden sollen. Die Session-ID identifiziert den Benutzer Ihrer Website einwandfrei. So kann der Benutzer Seiten wechseln, sich in den unterschiedlichsten Komponenten etc. aufhalten und wird dabei immer einwandfrei vom System erkannt.

Speicherroutine: Datenbank bedeutet, dass bei jedem einzelnen Seitenaufruf die Session-ID aus der Datenbank ausgelesen und auch hineingeschrieben wird (Aktualisierung des Zeitstempels). Dabei gilt es zu beachten, dass auch Gäste der Website – also nicht registrierte User – eine Session-ID von Joomla bekommen. Bei großen Websites mit hoher Besucher- oder Benutzerzahl kann somit die Performance der Site leiden. Der Vorteil ist, dass es über die Datenbank wesentlich sicherer ist.

Speicherroutine: Keine – das ist so eigentlich falsch, weil es nicht *keine*, sondern *Datei* heißen müsste. Denn alternativ zur Datenbankspeicherung gibt es die Möglichkeit, die

Session-ID in einer Datei zu speichern. Der Vorteil ist, dass das System wesentlich schneller laufen kann, da die Dateien recht klein gehalten werden. Der Nachteil ist, dass es zum einen sehr darauf ankommt, dass der Webserver gut konfiguriert ist, um die Verzeichnisse der Session-IDs zu sichern, aber dann auch die Gefahr besteht, dass beispielsweise mit Perl-Skripten auf diese Dateien zugegriffen werden kann. Somit birgt die Einstellung *Keine* auch ein gewisses Sicherheitsrisiko.

5.2.3 Server

Servermenü

Der Pfad zum *Temp-Verzeichnis* wird bei der Installation erzeugt. Das Verzeichnis muss sich auf dem Webserver befinden. Man kann den Pfad verändern. Wenn man zum Beispiel von einem Webserver auf den anderen umzieht, muss man diesen Pfad neu anpassen.

GZIP-Komprimierung: Alle von Joomla generierten Seiten können komprimiert an den Browser gesendet werden. Moderne Browser können in aller Regel mit einer GZIP-Komprimierung umgehen. Damit kann die Performance erhöht werden, weil die Größe dieser Dateien wesentlich geringer wird und sie somit schneller versendet werden können. Das Ein- und Auspacken verbraucht nicht so viel Zeit. Allerdings verpackt Joomla nur die selbst generierten Dateien. JavaScript- oder CSS-Dateien werden beispielsweise nicht »gepackt«, da es interne Dateien sind, die eben nicht von Joomla zur Laufzeit generiert werden. Um das zu ändern, kann der Webserver entsprechend konfiguriert werden. Dazu sollten Sie Ihren Webhoster ansprechen.

Schaltet man die GZIP-Komprimierung ein und erhält dann im Frontend 500er-Fehler-Meldungen, kann die GZIP-Komprimierung nicht verwendet werden.

Tipp: Manche Firewalls oder auch einige Virenscanner könnten behaupten, dass der Browser keine GZIP-Dateien lesen kann. Bei einer Firewall können Sie vielleicht durch entsprechende Einstellungen erreichen, dass GZIP-komprimierte Dateien trotzdem im Browser verarbeitet werden.

Fehler berichten definiert, wieviel Information bei Fehlern im Frontend angezeigt werden soll. Allerdings ist die Einstellung auch vom Webserver abhängig. Grundsätzlich sollte im laufenden Betrieb der Website – also wenn Benutzer und Besucher die Website benutzen – die Fehlerausgabe auf *Keine* stehen, da sonst auch Informationen über das System ausgegeben werden, was ein Sicherheitsrisiko sein kann. Eine andere Einstellung ist nur dann sinnvoll, wenn man noch an der Website arbeitet und die entsprechenden Informationen benötigt.

SSL erzwingen ist eigentlich falsch formuliert. Man kann *SSL* nur dann erzwingen, wenn der Webserver über ein entsprechendes Zertifikat verfügt. Da selbige Geld kosten, ist so etwas nicht standardmäßig installiert. Erzwingt man SSL, obwohl man kein Zertifikat hat, kann das zu einer Fehlermeldung führen und Joomla sich nicht mehr aufrufen lassen. Hat man allerdings so ein Zertifikat, kann man wählen, ob man die abgesicherte Seite nur für den Administrator oder für die gesamte Website setzt. Normalerweise reicht eigentlich der Administratorbereich. Aber es gibt auch Szenarien, wo es wichtig ist, dass gepostete Inhalte geschützt sind.

Bereich Einstellungen

In der *Server Zeitzone* wird die Server-Ortszeit eingestellt. Einfach die Stadt auswählen, die am nächsten liegt. Für Deutschland, Österreich und die Schweiz ist in der Regel *Berlin* die richtige Einstellung. Wichtig ist das, wenn man beispielsweise Beiträge zeitgesteuert anzeigen möchte.

FTP

Normalerweise ist es so: Wenn man Dateien per FTP auf den Webserver lädt, kann man anschließend auch problemlos auf seine Dateien zugreifen. Manchmal aber ist der Webserver unglücklich konfiguriert, und der Besitzer der Dateien sind nicht Sie, sondern der Webserver. Sie können diese Dateien dann zwar über Ihr FTP-Programm sehen, aber nicht auf sie zugreifen. Um wieder Herr über seine Dateien zu werden, kann man in der Konfiguration *FTP aktivieren.* Wie gesagt: Normalerweise sollten Sie der Besitzer der Dateien sein. Dann benötigen Sie diese FTP-Einstellung nicht und sollten sie auch *deaktivieren.*

Wenn Sie aber *FTP aktivieren,* müssen Sie Ihre Daten entsprechend eintragen. Diese Daten entnehmen Sie Ihrer Domainverwaltung. In Ihrem FTP-Programm sollten sie ebenfalls stehen.

Datenbank

Datenbank Typ betrifft die Schnittstelle, mit der Joomla auf die Datenbank zugreift. Voreingestellt ist *MySQLi,* was schneller arbeitet als die zweite Auswahl *MySQL.* Am besten lassen Sie die Auswahl so stehen.

Die anderen Einstellungen (*Host, Datenbank Benutzer, Datenbank Name* und *Datenbank Präfix*) sind identisch mit den Angaben, die Sie bei der Installation gemacht haben. Ändern Sie hier Einstellungen im laufenden Betrieb, wird Joomla nicht mehr laufen. Wenn Sie allerdings mit Ihrer Website umziehen, dann können (und vermutlich müssen) Sie hier entsprechende Anpassungen vornehmen. Wobei Sie aber vermutlich dann gar nicht mehr ins Backend kommen. Sie können diese Daten aber auch direkt in der Datei *configuration.php* ändern.

Mailing

Dieser Bereich betrifft alle E-Mails, die von Joomla versendet werden, also die Bestätigungsmails bei Neuanmeldung, Massenmails etc. Standardmäßig ist hier *PHP Mail* ausgewählt. Das bedeutet, dass sich PHP um den Mailversand kümmert. Bei den meisten Konstellationen wird das ausreichen. Gibt es hingegen Probleme mit dem Mailversand, dann kann auf *Sendmail* oder *SMTP* umgestellt werden. Wollen Sie per *SMTP* versenden und benötigen Sie eine *Authentifizierung,* dann entnehmen Sie diese bitte Ihrem E-Mail-Programm und tragen die Daten entsprechend ein.

Tipp: Arbeiten Sie unter Windows (zum Beispiel auf einem lokalen Webserver auf Ihrem heimischen Windows-Rechner), dann können Sie nur mit *SMTP* arbeiten. Stellen Sie dann Ihre Website online, müssen Sie diese Einstellungen entsprechend anpassen.

Berechtigungen

Diesen Bereich habe ich sehr ausführlich im Kapitel über das *Rechtesystem* besprochen und bitte Sie, dort nachzulesen.

5.2.4 Textfilter

Sie können in den *Textfiltern* für jede Benutzergruppe bestimmte HTML-Elemente oder -Attribute auf eine *Schwarze Liste* (verboten) oder eine *Weiße Liste* (erlaubt) setzen.

Standardmäßig sind bereits einige Elemente gefiltert. Unter anderem sind das die HTML-Elemente *html, embedded, object, frameset, layer, meta, name, script* und noch ein paar. Eine genaue Liste können Sie dem umfangreichen Tooltip entnehmen.

Sie können diese *Schwarze Liste* erweitern und damit vermeiden, dass bestimmte Benutzergruppen womöglich schadhaften Code im Beitrag erzeugen oder aber auch Formatierungsangaben stören. Umgekehrt können Sie über die *Weiße Liste* explizit bestimmte Elemente freigeben.

Die Elemente werden einfach in der entsprechenden Spalte mit Kommata getrennt eingegeben. Hiermit sperren Sie beispielsweise die Benutzung des *b*- und *div*-Elements, sofern Sie es in der *Schwarzen Liste* so eingeben: `b,div`.

Sie können aber auch Teile eines HTML-Elements sperren, indem Sie das Attribut angeben. Möchten Sie, dass bestimmte Benutzergruppen keine *style*-Angaben in einzelnen HTML-Elementen benutzen dürfen, geben Sie einfach in der *Schwarzen Liste* in der Spalte *Attribute filtern* ein: `style`.

Genauso verfahren Sie auch in der *Weißen Liste*, wenn Sie explizit bestimmte HTML-Elemente oder Attribute freigeben möchten.

Sie können aber auch generell die Eingabe von *HTML* verbieten, indem Sie *Kein HTML* auswählen.

Mit *Keine Filterung* stellen Sie ein, dass die standardmäßige *Schwarze Liste* nicht berücksichtigt wird. Damit kann die Benutzergruppe alles eingeben.

Ihre Einstellungen wirken sich dann beim Speichern eines Beitrags aus. Verbotene Elemente und Attribute werden nicht mit abgespeichert und einfach aus dem Beitrag entfernt.

5.3 Mediamanager

Der Mediamanager wird per Menü über *Inhalt/Medien* erreicht. In Joomla ist das Verzeichnis *images* für die Verwaltung der Medieninhalte zuständig. Links finden Sie den Verzeichnisbaum und rechts die Inhalte der einzelnen Verzeichnisse. Möchten Sie ein einzelnes Bild löschen, dann klicken Sie den roten Kreis mit dem Kreuz an. Wollen Sie gleichzeitig mehrere Bilder löschen, dann setzen Sie bei den zu löschenden Bildern ein Kreuz in das kleine weiße Kästchen und wählen oben rechts *Löschen* aus.

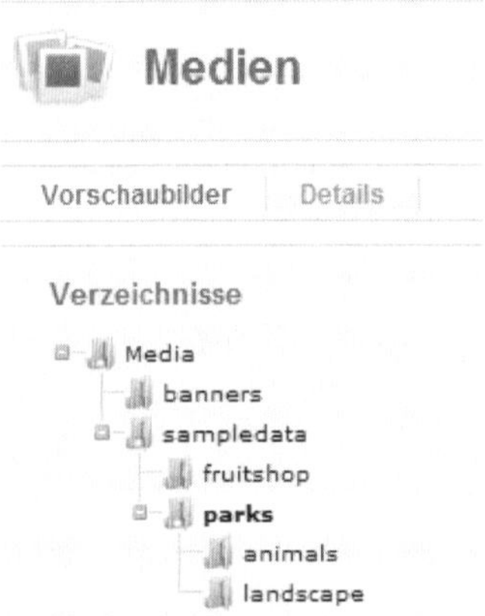

Bild 5.3: Verzeichnisbaum im Mediamanager

Sie haben zwei Ansichtsoptionen zur Auswahl. Die erste heißt *Vorschaubilder*: Sie können rechts ebenfalls auf die Verzeichnisse klicken, um sich durch sie zu bewegen. Wenn Sie eine Grafik anklicken, wird sie in einer Lightbox vergrößert dargestellt. Klicken Sie hingegen auf den Dateinamen, wird die Grafik im Fenster angezeigt. Dann können Sie nur noch links über den Verzeichnisbaum navigieren. Sie erhalten aber unten den genauen Pfad zu dem Bild. Manchmal kann es sinnvoll sein, diesen Pfad zu kopieren. Mit dem grünen runden Pfeil im rechten Fenster gelangen Sie immer ein Verzeichnis zurück.

Die andere Option heißt *Details*: In dieser Ansicht erfahren Sie mehr über die Bilder. Sie können hier ablesen, wie groß die Grafiken in Pixeln und Kilobyte sind. Das Löschen und Betrachten der Bilder funktioniert genauso wie unter *Vorschaubilder*.

Wenn Sie ein neues *Verzeichnis erstellen* möchten, geben Sie unten den Namen ein und klicken den Button *Verzeichnis erstellen* an. Sie erzeugen dann in der Ebene, in der Sie sich gerade befinden, ein neues Verzeichnis mit Ihren vergebenen Namen. Leider springt aber der Mediamanger bei diesem Vorgang ins Root-Verzeichnis zurück.

Im unteren Bereich des Mediamanagers können Sie Dateien hochladen. Mit *Durchsuchen* durchkämmen Sie Ihre Festplatte und mit *Start Upload* laden Sie die ausgewählte Datei in das Verzeichnis, in dem Sie sich gerade befinden.

Oben rechts gibt es *Optionen* für den Mediamanager.

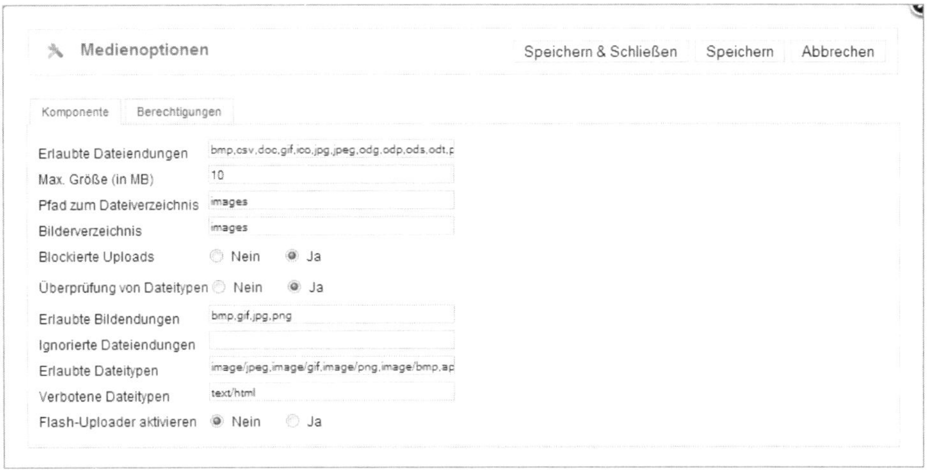

Bild 5.4: Mediaoptionen

Oben können die *Dateiendungen* angegeben werden, die für den Upload erlaubt sind, darunter steht die maximale Größe für den Upload.

Pfad zum Dateiverzeichnis – im laufenden Betrieb sollten Sie den nicht ändern, da es dann im Frontend schnell zu Fehlermeldungen kommen kann und dazu, dass Dateien nicht mehr gefunden werden. Aber Sie können hier den Pfad auf die Grafikdateien ändern.

Nachdem ich den Übersetzungsfehler entfernt habe (wie ich das gemacht habe, steht weiter unten im Abschnitt *10.8 Sprach-Override*), heißt das jetzt bei mir *Bilderverzeichnis*. Der Unterschied zum *Dateiverzeichnis* ist, dass einige Bereiche, wie die Menü-Icons, sofern man sie aktiviert, auf das *Dateiverzeichnis* zugreifen und beispielsweise Beiträge auf das *Bilderverzeichnis*. Standardmäßig sind beide Verzeichnisse identisch. Man kann hier aber differenzieren. Insbesondere wenn mehrere Autoren auf die Bilddateien zugreifen, kann man hier unterschiedliche Verzeichnisse angeben. Autoren kommen nicht in das *Dateiverzeichnis*, sondern nur in das *Bilderverzeichnis*. Da sie im *Bilderverzeichnis* auch Dateien löschen können, kann man also ins *Dateiverzeichnis* Dateien legen, die eben nicht gelöscht werden sollen – außer von Administratoren, die natürlich auch darauf Zugriff haben.

Normalerweise können Autoren auch Bilder direkt im Frontend *uploaden*. Möchte man das nicht, kann man es hier *deaktivieren*.

Überprüfen von Dateitypen bezieht sich auf die Einstellung der *erlaubten Dateiendungen*. Sollte es diesbezüglich zu Problemen beim Upload kommen, kann diese Prüfung hier deaktiviert werden.

Bei den *erlaubten Dateiendungen* sind alle Dateien aufgelistet. Unter *Erlaubte Bildendungen* sind nur die Bilddateien angesprochen. Zum Beispiel kann man das Uploaden von *Bitmap(bmp)*-Dateien unterbinden, da diese Dateien sehr oft sehr groß sind.

Ignorierte Dateiendungen – damit können explizit bestimmte Dateien vom Upload ausgeschlossen werden.

Erlaubte Dateitypen – definiert noch einmal, welche Dateien für den Upload erlaubt sind. Allerdings wird hier nicht die Dateiendung geprüft, sondern der MIME-Typ. Da man ja Dateien sehr einfach manipulieren kann, indem man einfach die Endung verändert und so aus einer eventuell gefährlichen *.exe*-Datei eine vermeintlich harmlose *.html*-Datei machen kann, wird bei dieser Prüfung etwas genauer geschaut, ob es sich auch tatsächlich um eine »erlaubte« Datei handelt. Der Prüfungsvorgang ist etwas zeitintensiver als bei einer einfachen Überprüfung auf die Endung einer Datei, dafür aber viel sicherer. Um es verwenden zu können, benötigt man das PHP-Modul *Fileinfo,* das erst ab der PHP-Version 5.3.0 zur Verfügung steht.

Tipp: Um zu überprüfen, ob das Modul zur Verfügung steht, schauen Sie einfach mal in die *Systeminformation.* Sie finden sie über das Menü *Site/Systeminformation* und dort unter *PHP-Information.* Im Browserfenster benutzen Sie am besten die Suchfunktion, da die Liste sehr umfangreich ist, und suchen nach *Fileinfo.* Ist das Modul installiert, findet man es in der Liste.

Verbotene Dateitypen – ist ergo das Gegenteil.

Flash-Uploader aktivieren: Mit dem Flash-Uploader kann man mehrere Dateien gleichzeitig uploaden.

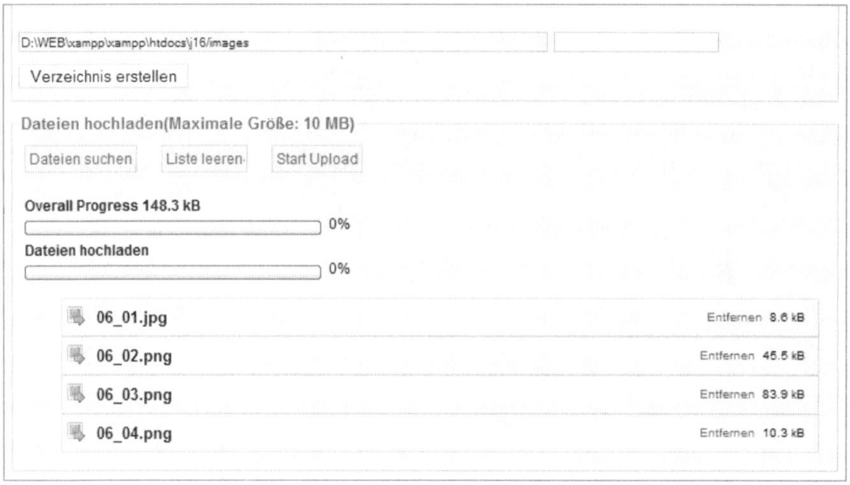

Bild 5.5: Flash-Uploader

Leider funktioniert der *Flash-Uploader* nicht immer. Sollte es Probleme geben, dann sollten Sie ihn wieder deaktivieren.

5.4 Ausgesperrt

Manchmal kommt es vor, dass Beiträge, Module oder Plugins mit einem Schloss versehen sind und man sie nicht mehr fehlerfrei editieren kann.

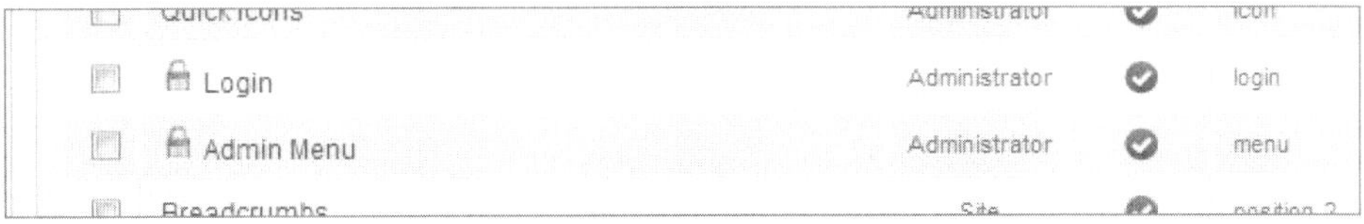

Bild 5.6: Module mit einem Schloss wurden nicht ordnungsgemäß verlassen.

Das Schloss entsteht dadurch, dass die Arbeit am Modul etc. nicht einwandfrei verlassen wurde. Joomla führt eine sogenannte *Transaktionskontrolle* durch. Wenn ein User einen Beitrag (beziehungsweise ein Modul oder Plugin) editiert, wird dieser Beitrag für alle anderen User gesperrt. Damit ist sichergestellt, dass nicht der »gewinnt«, der als letzter speichert, sondern der Benutzer, der den Beitrag editiert, in aller Ruhe den Beitrag zu Ende erstellen kann. Erst wenn er ihn gespeichert und verlassen hat, kann ein anderer auf diesen Beitrag zugreifen.

Das Schloss ist also ein Hinweis darauf, dass ein Benutzer mit diesem Beitrag arbeitet und noch nicht fertig ist.

Bei Webseiten mit mehren Administratoren oder Managern ist das absolut sinnvoll.

Versucht man auf einen gesperrten Beitrag zuzugreifen, den ein anderer Benutzer verlassen hat (einerlei ob wissentlich oder unwissentlich), kann man auf dieses Modul oder diesen Beitrag etc. nicht zugreifen, auch nicht als *Super Benutzer*. Man erhält dann folgende Fehlermeldung angezeigt:

```
Sperren fehlgeschlagen! Fehler: Der Benutzer, der den Eintrag gesperrt hat,
stimmt mit dem Benutzer, der diesen Eintrag gesperrt hat, nicht überein!
Der direkte Aufruf dieser Seite (#16) ist nicht gestattet!
```

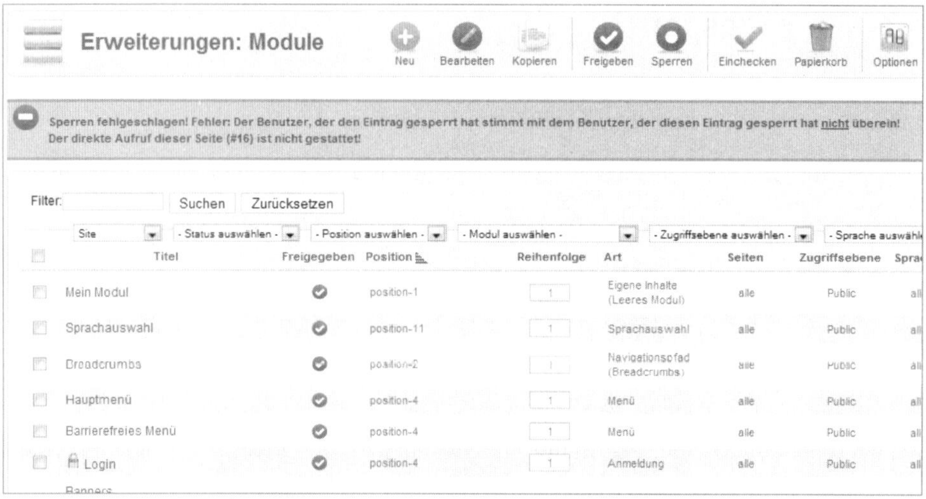

Bild 5.7: Fehlermeldung – da arbeitet noch jemand dran.

Leider passiert es oft, dass man einen Beitrag nicht einwandfrei verlässt, und dann steht plötzlich ein Schloss vor dem Beitrag, obwohl man ganz genau weiß, dass niemand daran arbeitet.

Wenn ein Benutzer im Editiermodus arbeitet und einfach den Browser schließt, statt auf *Speichern* oder *Abbrechen* zu klicken, bleibt der Beitrag gesperrt.

Tipp: Auch wenn Sie den Beitrag oder die Einstellungen im Modul oder im Plugin wieder verwerfen, klicken Sie dennoch stets auf *Abbrechen* – oder eben *Speichern.* Dann sind Sie immer auf der sicheren Seite.

Im Backend kann ein Administrator oder Manager die Beiträge wieder einchecken und eine Sperre so aufheben.

Dazu gibt es zwei Möglichkeiten:

- Man macht das gezielt für einen einzelnen Beitrag oder sehr wenige Beiträge (Module, Plugins), indem man sie mit einem Häkchen versieht und dann bei den großen Icons oben *Einchecken* anklickt.
- Man kann es global über den Menüpunkt *Site: Seitenpflege* tun und checkt damit alle ausgecheckten Beiträge ein. Also überall, wo ein Schloss steht, wird selbiges entfernt, und der gesperrte Beitrag ist somit wieder für alle zugänglich.

Der Nachteil der zweiten Methode ist, dass auch die Beiträge wieder zugänglich sind, an denen tatsächlich noch gearbeitet wird.

Bei großen Websites mit mehreren *Managern*, *Administratoren* und *Super Benutzern* sollte man deshalb besser einzeln vorgehen, bei überschaubaren Seiten mit zwei oder drei Managern und Administratoren kann man auch gut das globale Checkin benutzen.

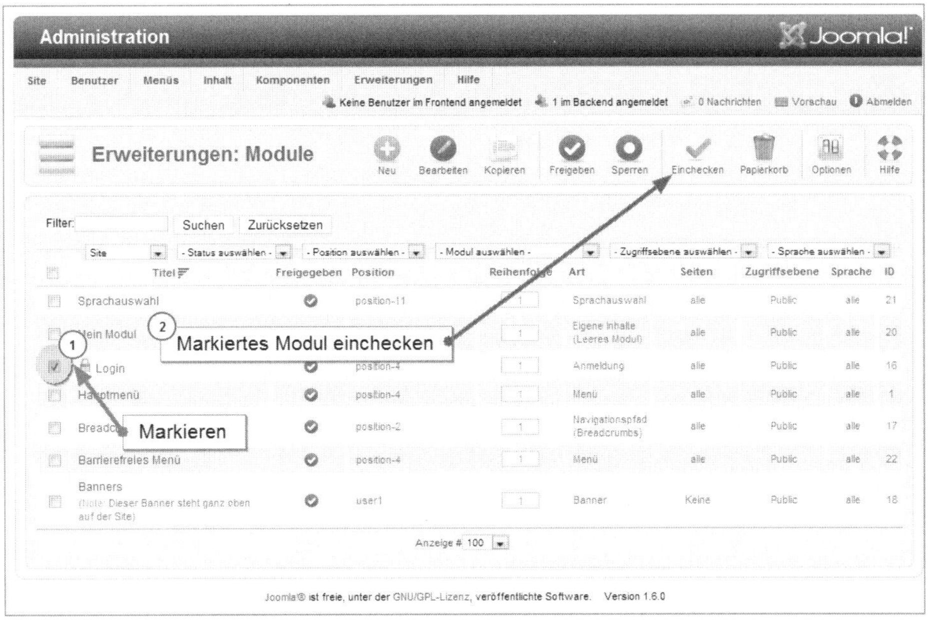

Bild 5.8: Methode 1 – Einzeln einchecken

Tipp: Als *Super Benutzer* kann man übrigens auch direkt auf das Schloss vor dem Beitrag etc. klicken.

5.5 Systeminformationen

An dieser Stelle bietet Ihnen Joomla eine Menge Informationen, was Ihr System eigentlich so alles mitbringt und leistet. Erreichbar per Menü sind die Systeminformationen über *Site/Systeminformationen.*

In der ersten Ansicht *Systeminformationen* werden Ihnen unter anderem die verwendeten PHP- und Datenbank-Versionen angezeigt und auch, welche Joomla-Version Sie installiert haben. Das sind wichtige Informationen, nach denen Sie sehr häufig gefragt werden, wenn Sie in Supportforen Fragen stellen. Als Supporter ist es oft genug wichtig zu wissen, welche PHP-Version Sie benutzen – und natürlich auch unbedingt, welche Joomla-Version.

Unter den *PHP-Einstellungen* finden Sie, was für relevante PHP-Einstellungen Sie haben. Dazu gehört unter anderem, ob PHP einen Datei-Upload zulässt oder Fehler anzeigen kann. Diese Informationen sollten nicht mit den Konfigurationseinstellungen verwechselt werden.

Unter *Konfigurationsdatei* sehen Sie den Inhalt der Datei *configuration.php.* Hier können Sie schnell überprüfen, was eigentlich genau drin steht. Die Passwörter sind entstellt wiedergegeben. Die *configuration.php* speichert auch einen Großteil der *Konfigurations-Einstellungen.*

Bei den *Verzeichnisrechten* sehen Sie auf einen Blick, ob alles beschreibbar ist oder ob es da eventuell ein Problem gibt. Die Verzeichnisse sollten alle beschreibbar sein!

Unter den *PHP-Informationen* erhalten Sie Informationen darüber, welche PHP-Version Sie installiert haben und was sie kann, also auch, welche Module installiert sind etc. Diese Ansicht ist eher etwas für PHP-Programmierer und Menschen, die sich mit Webservern auskennen. Viele dieser Informationen können für die Einstellungen im Webserver wichtig sein. Aber auch bei Supportanfragen muss man damit rechnen, nach Einstellungen gefragt zu werden, zu denen Sie hier die Informationen finden.

Tipp: Suchen Sie etwas ganz Bestimmtes, dann benutzen Sie die Suchfunktion des Browsers. In vielen Browsern kann sie mit dem Tastaturkürzel *Strg+F* aufgerufen werden.

6 Beiträge und Kategorien

Beiträge sind das Herzstück einer Webseite. Beiträge stellen die Seite vor, vermitteln Inhalte, erklären, verkaufen und sind nicht zuletzt entscheidend für die Suchmaschinenplatzierungen. Erstaunlich, wie wenig sorgfältig auf den allermeisten Webseiten mit den Beiträgen umgegangen wird. Neben der inhaltlichen Komponente gibt es auch zahlreiche optische Ansätze.

6.1 Für Umsteiger

Die Bereiche sind komplett weggefallen. Stattdessen gibt es nur noch Kategorien, die beliebig tief verschachtelt werden können. Somit kann also statt eines Bereichs einfach eine Hauptkategorie benannt werden. Einige neue Ansichten für Kategorien und entsprechende Einstellungen sind hinzugekommen.

Die Navigation ist einfacher geworden: Musste in den Versionen bis 1.5 zum Wechsel zwischen den einzelnen Menüpunkten das Pull-down-Menü benutzt werden, geht es jetzt auch über Tabs.

Neu sind auch einige Icons, die sich auf das Speichern beziehen. So kann jetzt direkt nach dem Speichern (*Speichern & Neu*) ein neuer leerer Beitrag oder eine Kategorie angelegt werden, ohne dass Sie erst auf der Übersichtsliste *Neu* auswählen müssen.

Der Textfilter ist verlegt worden in die *Konfiguration* und ist sehr viel umfangreicher geworden.

Das Kopieren von Beiträgen geht jetzt komplett anders.

Ein neues Icon namens *Wiederherstellen* ist hinzugekommen.

6.2 Kategorien

Kategorien sind über das Menü: *Inhalt/Kategorien* zu erreichen. Wenn Sie sich bereits in der Ansicht der Beiträge befinden, können Sie direkt auf den Reiter *Kategorien* klicken.

Beiträge werden in Kategorien abgelegt. Der besseren Übersicht wegen, aber auch, um so verschiedene Themengebiete zu erstellen. Per Menü können diese Kategorien und die zugehörigen Beiträge auf unterschiedliche Art und Weise angezeigt werden.

Die Kategorien lassen sich beliebig tief verschachteln. Macht man eine tiefe Verschachtelung, dann passt sich die Breite der Kategorieliste an. Für dieses Buch habe ich versuchsweise Kategorien bis zu einer Tiefe von 25 Ebenen erstellt und hatte keinerlei

Probleme, die jeweilige Überkategorie auszuwählen. Man muss sich also keine Gedanken über eventuelle Platzprobleme in der Kategorieauswahlliste machen.

Man kann mit Hilfe der Kategorien eine inhaltliche Struktur mit beliebiger Verschachtelungstiefe entwickeln. Man kann später in den Menüs einzelne Kategorien, den gesamten Kategoriebaum oder bestimmte zusammenhängende Ebenen anzeigen lassen. Man kann die Beiträge aus diesen Kategorien als Liste oder Blog oder einzeln ausgeben. Man hat also allein schon mit der Kategorieliste vielfältige Möglichkeiten.

Hier ein kleines Beispiel von Kategorien auf verschiedenen Ebenen:

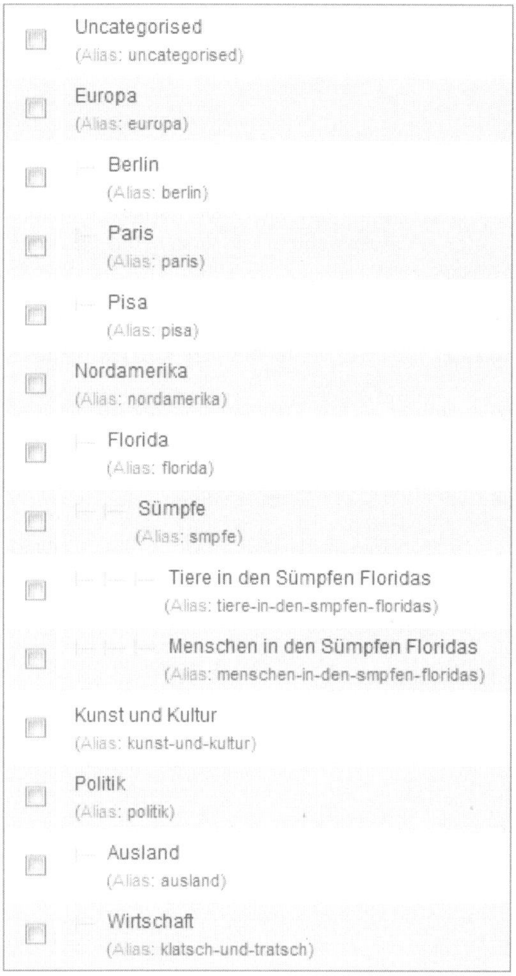

Bild 6.1: Kategorieliste über mehrere Ebenen

6.2.1 Alias in den Kategorien

Neben dem Titel, also dem Namen der Kategorie, gibt es noch das Alias. Lässt man das Feld frei, beschreibt Joomla das Feld selbst, indem es einfach den Titel der Kategorie nimmt. Besteht der Titel aus mehreren Wörtern, setzt Joomla einen Bindestrich zwischen die einzelnen Wörter und schreibt grundsätzlich alles klein.

Der Alias wird für die Anzeige der URL benötigt, sofern man mindestens die suchmaschinenfreundlichen URLs aktiviert hat. Hat man im Menü einen Menüpunkt als Kategorieliste angelegt und klickt dann auf eine Kategorie, wird sie innerhalb der URL ausgegeben:

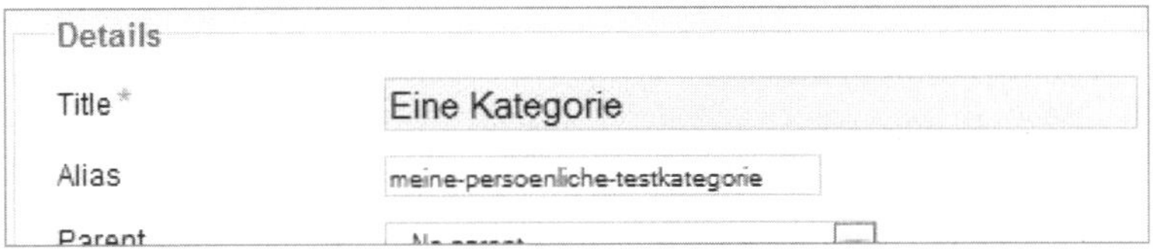

Bild 6.2: Im Alias steht »meine-persoenliche-testkategorie«

Bild 6.3: Im Browser steht die Alias-Angabe in der URL

6.2.2 Kategorie-Einstellungen

Auf der rechten Seite einer editierten oder neu angelegten Kategorie findet man zunächst die *Veröffentlichung Optionen.* Sie zeigen an, wer die Kategorie erstellt hat und wann (das wird nach dem ersten Speichern angezeigt).

Bei den *Basis Optionen* kann man zwar ein anderes Layout auswählen – bei mir sind neben dem Standardlayout auch *blog* und *liste* auswählbar, jedoch habe ich keinen Unterschied feststellen können, egal, wie ich den Menüpunkt formatiert habe.

Man kann aber der Kategorie ein *Bild* zuordnen, das dann ausgegeben wird, wenn man per Menü die Kategorie anzeigt.

Die *Notiz* findet sich in der Kategorieliste wieder und kann helfen, ein wenig Übersicht in umfangreiche Kategorielisten oder ungewöhnliche Kategorienamen zu bringen. Die Notiz wird ausschließlich im Backend angezeigt.

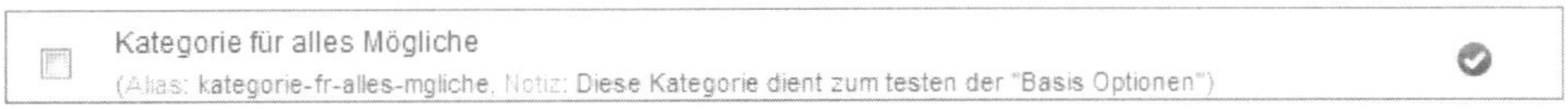

Bild 6.4: Kategorie mit Alias und Notiz

Zu den *Metadaten Optionen* habe ich sehr ausführlich im Kapitel *8 Suchmaschinenoptimierung* geschrieben und bitte, dort nachzulesen.

6.2.3 Kategorie-Übersicht

Die Kategorieübersicht zeigt auf den schnellen Blick die erstellten Kategorien und deren Hierarchie, und auch, ob sie veröffentlicht oder deaktiviert sind. Man kann hier die Reihenfolge verändern, indem man entweder auf den Spaltennamen *Reihenfolge* klickt und dann mittels der kleinen blau-weißen Pfeile die Position verändert oder die Positions-Zahlen in den kleinen Kästen anpasst und dann oben auf das kleine Diskettensymbol neben der Spaltenüberschrift klickt. Die Reihenfolge bezieht sich immer auf Kategorien gleicher Ebene und gleicher Oberkategorie.

Als Beispiel soll die obere Kategorieliste in Bild 6.1 dienen: Wenn Sie bei der Kategorie »Europa« auf den Pfeil nach unten klicken, dann wird »Europa« nun unter »Nordamerika« angezeigt. Europa und Nordamerika stehen auf der gleichen Hierarchieebene und sind Hauptkategorien. Klicken Sie bei »Pisa« auf den Pfeil nach oben, tauscht »Pisa« den Platz mit »Paris«. Pisa und Paris liegen auf der gleichen Hierarchieebene und haben beide die gleiche Oberkategorie »Europa«.

In der nächsten Spalte können Sie die Zugriffsebene erkennen. Meistens wird das vermutlich *Public* sein, aber Sie können Kategorien auch anderen Zugriffsebenen zuordnen.

Auf einen Blick sehen Sie auch, welche Kategorien welcher Sprache zugeordnet sind.

Und ganz rechts schließlich die Kategorie-ID, die Joomla intern verwendet.

Sie können alle diese Spalten entsprechend sortieren, wenn Sie auf den Spaltennamen klicken. Wiederholtes Klicken kehrt die Reihenfolge um. Zusätzlich haben Sie oben verschiedene Filtermöglichkeiten, und ganz links können Sie auch gezielt nach einer Kategorie suchen. Es reicht im Übrigen bereits ein Buchstabe. Besser sind aber zwei, drei oder auch mehr.

6.2.4 Kategorie-Optionen

In der Kategorieübersicht findet man bei den Icons oben rechts die *Optionen.* Für die Kategorien sind die beiden Reiter *Kategorie* und *Kategorien* interessant.

Tab: Kategorie

Zunächst eine Verwirrung von Joomla: Man kann als ersten Punkt das *Layout auswählen.* Egal, was ich ausgewählt habe, die Einstellungen galten stets für beide Ansichten, also sowohl für die Blog-Ansicht als auch für die Listen-Ansicht. Ich vermute, dass man für die unterschiedlichen Ansichten unterschiedliche Einstellungen hätte speichern können.

In der Blog-Ansicht wird die Kategorie vor den Beiträgen angezeigt. Somit steht der *Kategorietitel* also ganz oben, gefolgt vom *Kategoriebild* und schließlich der *Kategoriebeschreibung.* Man kann jeweils wählen, ob man sie anzeigen oder verbergen möchte.

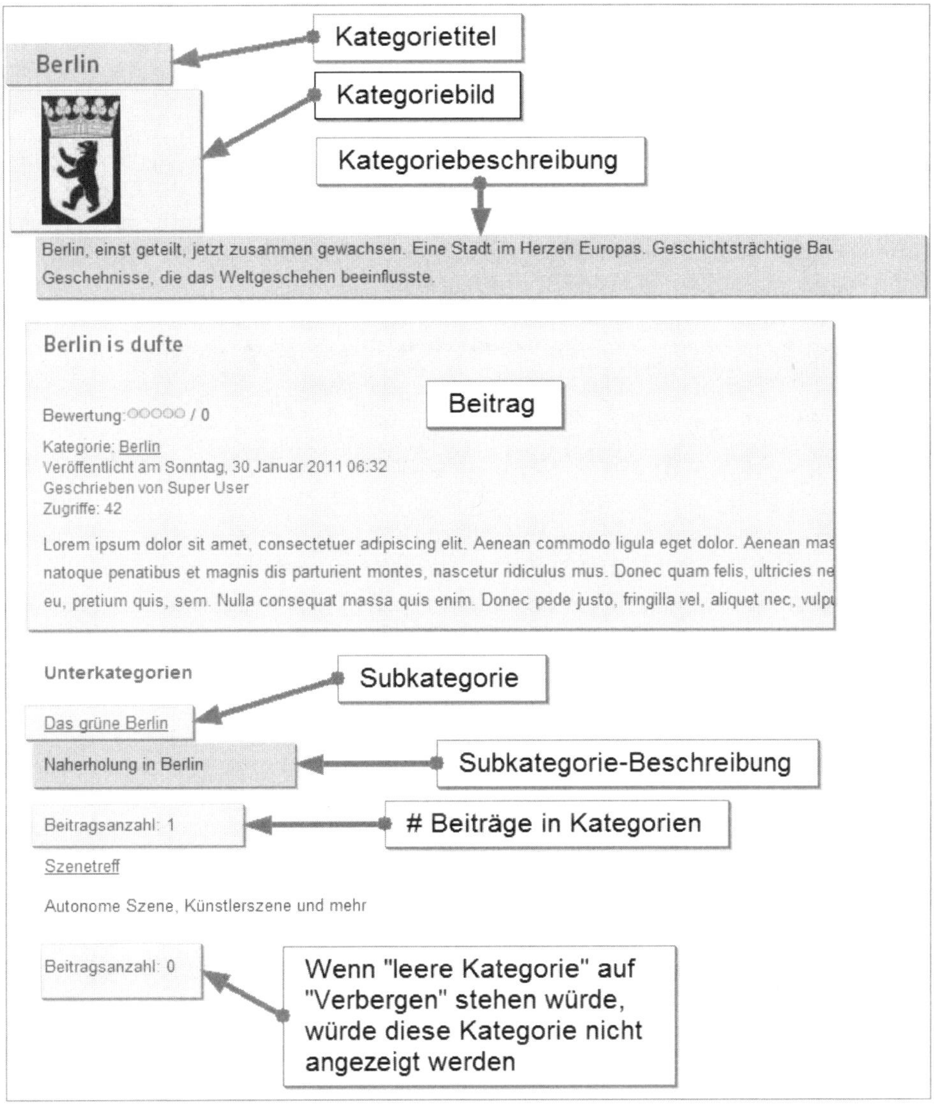

Bild 6.5: Kategorie in der Bloganansicht

Die Subkategorien stehen unter dem Beitrag. Wählt man *leere Kategorien: Verbergen* aus, würde die untere Kategorie im Beispielbild nicht angezeigt, weil die Beitragszahl bei null steht, es also keine Beiträge in dieser Kategorie gibt. Sie können auch hier jeweils die einzelnen Bereiche *anzeigen* oder *verbergen.*

In *Subkategorie Level* können Sie auswählen, bis zu welcher Tiefe die Subkategorien angezeigt werden sollen. Wählen Sie *keine* aus, werden die Subkategorien unter dem Beitrag nicht angezeigt. *Alle* oder eine Zahl bedeutet, dass entweder alle Subkategorien angezeigt werden oder nur bis zu der Tiefe, die Sie eingestellt haben. Im obigen Beispiel habe ich nur Kategorien bis zur 1. Ebene. Aber wenn Sie tiefer verschachteln, können Sie hier die Verschachtelungstiefe, die angezeigt wird, vorgeben.

Tab: Kategorien

… beginnt gleich mit einer Merkwürdigkeit: *Beschreibung Top Level Kategorie* – eigentlich gibt es die gar nicht. Die Vermutung, dass die *Top Level Kategorie* die Kategorie ist, die auf der ersten Ebene liegt, ist leider falsch. Man kann aber im Menüpunkt, der *alle Kategorien* anzeigt, einen Beschreibungstext eingeben (Details im Kapitel *7 Menüs*), der dann vor den eigentlichen Kategorien angezeigt wird.

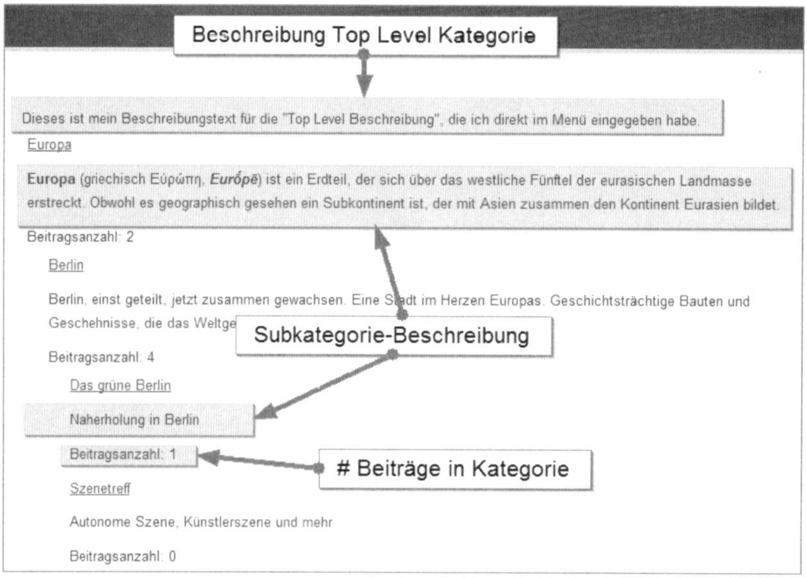

Bild 6.6: Kategorien in der Listenansicht

Subkategorie Levels sind identisch mit denen des *Tabs: Kategorie.*

Auch die *leeren Kategorien* verbergen Kategorien, die keine Beiträge haben, oder zeigen sie trotzdem an. *Subkategorien Beschreibungstext* blendet die Beschreibungstexte aus bzw. ein und die *# Beiträge in Kategorien* zeigt die Anzahl der Beiträge pro Kategorie an oder verbirgt sie.

6.2.5 Icon: Wiederherstellen

Es gibt oben rechts das Icon *Wiederherstellen.* Wenn mehrere Backendbenutzer Schreibzugriffe auf die Kategorien haben, kann es passieren, dass sie das Hierarchiesystem ein wenig durcheinanderbringen. Die hierarchischen Strukturen werden in der Datenbank nach dem *Nested-Sets-Konzept*[13] gespeichert. Eine sehr komplizierte Methode, wo ich

---

[13] *http://de.wikipedia.org/wiki/Nested_Sets*

den interessierten Leser bitten muss, sich über das Internet zu informieren. Einen kleinen Einblick gibt es unter dem genannten Wikipedia-Link. Die *Nested-Sets-Methode* ist schnell beim Auslesen hierarchischer Daten, aber langsam beim Schreiben und Aktualisieren. Wenn mehrere Benutzer gleichzeitig Kategorien erstellen und bearbeiten, kann es vorkommen, dass plötzlich die Kategorieebenen verrutschen und nichts mehr so recht zusammenzupassen scheint. Wenn das passiert, dann kann mit dem Icon *Wiederherstellen* die Struktur repariert werden.

6.2.6 Fazit zu den Kategorien

Man kann erstaunlich viel mit den Kategorien anstellen. Man muss aber die Kategorien in einer Einheit mit den Beiträgen und Menüs sehen, was dieses Kapitel auch ein wenig kompliziert macht. Denn um zu verstehen, was alles wie eingestellt und angezeigt werden kann, muss man etwas Kenntnisse über die Menüs haben. Versteht man aber, dass die Menüs sehr unterschiedliche Möglichkeiten bieten, Kategorien und Beiträge in verschiedenen Kombinationen untereinander anzuzeigen, kann man die Dimension, die sich daraus ergibt, erahnen.

Mit den Kategorien beginnt Joomla eine seiner Stärken auszuspielen, die sich in den Beiträgen fortsetzt und schließlich bei den Menüs endet.

Tipp: Mir ist es beim Testen einige Male passiert, dass, wenn ich mehrmals hintereinander die Optionen aufgerufen habe, der Bildschirm grau wurde, aber die Optionen nicht angezeigt wurden. Wenn Ihnen das auch passiert, dann rufen Sie einfach einmal einen anderen Menüpunkt auf und kehren wieder zu den Beiträgen/Kategorien zurück. Dann sollten die Optionen wieder angezeigt werden.

6.3 Beiträge

Die Beiträge erreichen Sie entweder über den Menüpfad *Inhalt/Beiträge* oder, wenn Sie sich bereits in der Ansicht der Beiträge befinden, klicken Sie direkt auf den Reiter *Beiträge*, um in die Beitragsansicht zu wechseln.

Um einen neuen Beitrag zu schreiben, klicken Sie einfach auf das Icon *Neu*.

Zunächst geben Sie den *Titel* des Beitrags ein. Dieser *Titel* wird später als Überschrift im Frontend angezeigt.

Wählen Sie dann die Kategorie aus, der der Beitrag zugeordnet werden soll. Der *Status* ist eher was fürs Frontend, wenn Sie mit mehreren Autoren arbeiten. Aber Sie können auch hier erstmal einen Beitrag auf *gesperrt* setzen, wenn Sie ihn noch nicht fertig geschrieben haben oder wenn Sie möchten, dass ein anderes Teammitglied noch einmal drüber schaut. Sie können aber stattdessen den Beitrag auch in der Zugriffsebene *deaktivieren* oder die Sprachauswahl noch setzen, wenn Sie mit mehreren Sprachen arbeiten.

Vorstellen bedeutet, dass Sie diesen Beitrag zusammen mit anderen Beiträgen aus anderen oder der gleichen Kategorie zusammenfassen und per Menü gemeinsam aufrufen können. Etwas weiter unten gibt es dazu ein extra Unterkapitel.

Im WYSIWYG-Editor geben Sie nun Ihren Text ein. Sie müssen einen Text eingeben. Geben Sie keinen ein, erhalten Sie eine Fehlermeldung beim Speichern.

Auf der rechten Seite finden Sie wieder die Optionen zu den Beiträgen. Unter *Veröffentlichungsoptionen* finden Sie den Autor des Beitrags und das Erstellungsdatum. Außerdem können Sie hier einstellen, wann der Beitrag erscheinen und wie lange er im Frontend angezeigt werden soll. Damit haben Sie die Möglichkeit, beispielsweise Beiträge zum Heiligen Abend oder zu Neujahr zu schreiben, die dann pünktlich angezeigt werden und nach einer gewissen Zeit wieder verschwinden. Ebenso können Sie bei bestimmten Events verfahren. Ist die Zeit abgelaufen, wird der Beitrag auf *Veröffentlicht, aber abgelaufen* gesetzt. In der Beitragsübersicht ist das daran zu erkennen, dass der Beitrag einen roten Kreis mit einem weißen Kreuz bekommt.

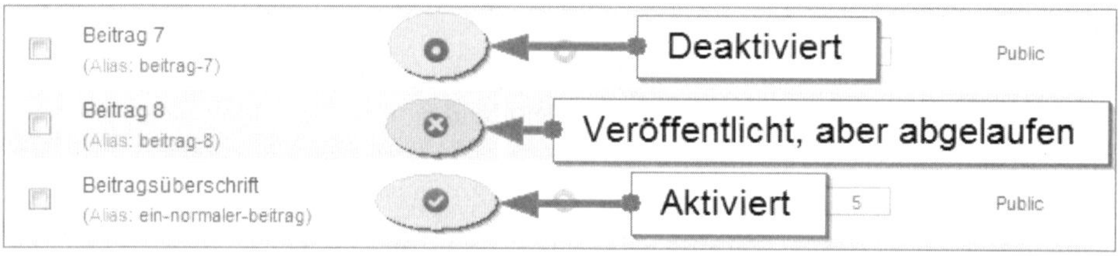

Bild 6.7: Aktiviert, deaktiviert, abgelaufen

Wenn Sie das erste Mal den Beitrag speichern, werden diese Felder mit Werten belegt. Als *Erstellungsdatum* wird das aktuelle Datum genommen. Neben dem Datum wird auch die Uhrzeit mit ausgegeben. In *Freigabe starten* und *-beenden* werden das Datum und die Uhrzeit mit Nullen ausgegeben. Ändern Sie hier nichts, wird der Beitrag sofort veröffentlicht und bleibt unbegrenzt lange sichtbar.

In der Option *Überarbeitung* können Sie sehen, wie oft der Beitrag von Ihnen oder anderen Autoren editiert und bearbeitet wurde. Leider können Sie aber nicht sehen, von wem und wann das gemacht wurde – und auch nicht, was geändert wurde. Eine Versionskontrolle gibt es also nicht.

In *Beitragsoptionen* können Sie die *globale Einstellung* übernehmen oder individuelle Einstellungen für jeden Beitrag vornehmen, indem Sie *Verbergen* oder *Anzeigen* auswählen. Die Einstellungen, die Sie an dieser Stelle vornehmen, überschreiben die globalen Einstellungen.

Die Bedeutung der einzelnen Optionen finden Sie weiter unten.

Ganz unten in dieser Auflistung können Sie einen *Alternativen Weiterlesen Text* angeben. Das ist dann interessant, wenn Sie im Beitrag einen Intro- oder Teasertext definieren und dann mit einem Weiterlesen-Button arbeiten. Details dazu finden Sie beim WYSIWYG-Editor.

Und auch hier haben Sie wieder die Möglichkeit, dem Beitrag mit einem *Alternativen Layout* ein individuelles Aussehen zu geben.

Die *Metadata Optionen* habe ich ausführlich im Kapitel *8 Suchmaschinenoptimierung* beschrieben. Sie finden allerdings hier noch zwei weitere Metadata-Angaben, nämlich die folgenden:

- *Inhaltsrechte*: Sie können hier Hinweise zum Urheberrecht etc. hinterlassen. Haben Sie diese bereits in der Konfiguration eingestellt, dann wird die globale Rechte-Angabe (*rights*) mit dem Text hier im Beitrag überschrieben. So können Sie auch Angaben losgelöst von den globalen Einstellungen machen. Weitere Details dazu finden Sie im Kapitel *5 Globales*. Angezeigt wird das übrigens nur, wenn Sie den Beitrag allein stehen haben. Befindet sich der Beitrag im Blog, werden die Meta-Angaben des Beitrags nicht mit ausgegeben.
- *Externe Referenz*: Gedacht ist, dass man eine Referenz auf diesen Beitrag legen kann und dann beispielsweise nicht erst mühselig in umfangreichen Hilfeseiten den korrekten Link zu diesem Beitrag heraussuchen muss, sondern mit der Referenz direkt auf den Beitrag verweisen kann. Allerdings funktionierte diese Einstellung nicht, und ein Blick bei *Joomla.org* zeigte dann auch, dass es da wohl einige Fehler gibt, an denen noch gearbeitet wird. Aus diesem Grund kann ich hier leider auch kein Beispiel aufzeigen. Im Quelltext erscheint aber diese Zeile im *head*:

```
<meta name="xreference" content="...">
```

Wie gesagt: Derzeit ist diese Option offenbar ohne Funktion, und die Suchmaschinen können absolut nichts damit anfangen. Es gibt kein offizielles Meta-Tag, das *xreference* (oder *reference*) nutzt.

6.3.1 Der WYSIWYG-Editor

Der mitgelieferte Editor ist recht spartanisch und kommt nur mit den nötigsten Funktionen daher. Es gibt allerdings einige Editoren, die man über die *Erweiterungen* installieren kann. Ich beschränke mich hier aber auf den mitgelieferten Editor *TinyMCE*. Auch denke ich, dass einige Icons für sich selber sprechen und von diversen Textverarbeitungen her bekannt sind. Der Funktionsumfang des Editors kann deutlich vergrößert werden. Näheres im Kapitel *Plugins*.

Wenn Sie einen Text eingegeben haben und dann markieren, können Sie das Icon mit den Kettengliedern anklicken. Es öffnet sich dann ein Fensterchen zur Eingabe des Verweises. Neben der Eingabe der URL können Sie auch auswählen, was passieren soll, wenn ein Benutzer auf den Verweis klickt. In *Target* wählen Sie aus, ob der Inhalt sich im selben Fenster – *Open link in same window* – oder in einem neuen Browsertab – *Open in a new window* – öffnen soll. Sie können hier auch einen *Titel* für den Verweis angeben. Dieser Titel wird als *Tooltipp* angezeigt, wenn man einen Moment über dem Verweis im Frontend verweilt, und kann eine kurze Zusatzinformation enthalten, worum es sich bei dem Verweis handelt.

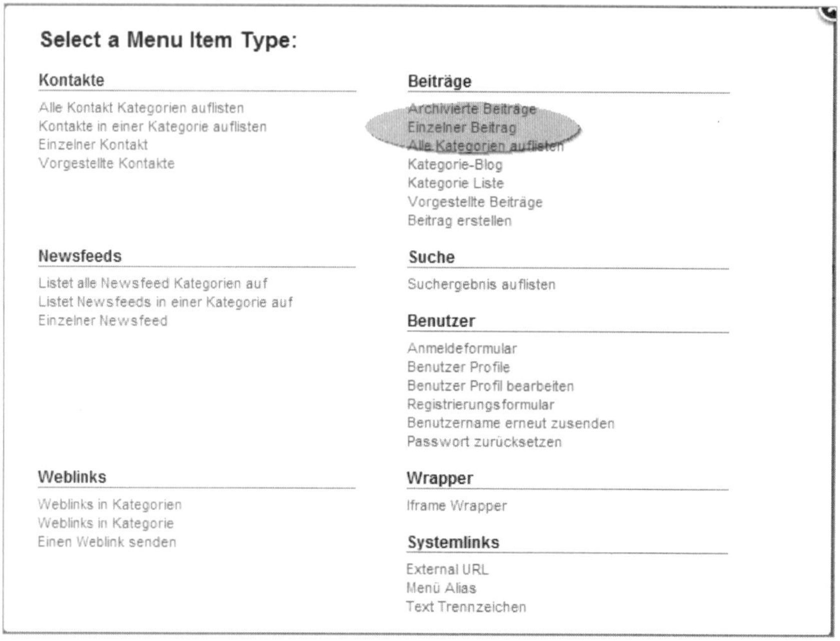

Bild 6.8: Verweise im Editor anlegen

Tipp: Es wird oft behauptet, der *Titel* bei Verweisen wäre gut für die Suchmaschinenoptimierung. Ich konnte jedoch keinen einwandfreien Beleg für diese Behauptung finden. Jedoch ist die Belegung des *Titels* bei Verweisen gut für die Usability – und das ist eigentlich ein ausreichender Grund, ihn auch zu beschriften.

Markieren Sie den Verweis im Editor, dann können Sie ihn entfernen, wenn Sie das Icon mit dem unterbrochenen Kettenglied anklicken.

Mit dem *Anker*-Icon können Sie einen Verweis innerhalb des Beitrags anlegen. Zum Beispiel können Sie am Ende des Beitrages ein »nach oben« angeben. Schreiben Sie hier beispielsweise »oben« rein und dann im unteren Verweis in die URL *#oben*. Klicken Sie nun auf den Verweis, dann springen Sie innerhalb der Seite auf den Textteil, der mit dem Anker-Icon als »oben« benannt ist.

Leider haben die beiden Icons zur *Code-Bereinigung* (der Besen und das Radiergummi) keine nachvollziehbare Funktion. Bei mir passierte zumindest nichts.

Unter dem Editorfeld gibt es noch einige sehr interessante Buttons:

Mit *Beiträge* erhalten Sie eine Liste der bestehenden Beiträge. Wenn Sie einen auswählen, erhalten Sie einen Verweis direkt auf diesen Beitrag. Sie müssen also nicht erst mühselig nachschauen, wie der korrekte Aufruf für den Beitrag lautet.

Klicken Sie auf *Bild*, dann bekommen Sie einen etwas abgespeckten Mediamanager angezeigt. Sie können hier ein Bild auswählen. Oben können Sie das Verzeichnis direkt auswählen, oder Sie klicken sich über die Verzeichnis-Symbole bis zum gewünschten Ordner. Klicken Sie dann auf ein Bild. Der Pfad und der Bildname werden unten ausgegeben.

Die *Ausrichtung* bewirkt, wo das Bild steht, aber auch, wie der Text um das Bild herum fließt. *Ausrichtung: links* bewirkt, dass das Bild links steht und der Text rechts am Bild vorbeifließt. *Ausrichtung: rechts* bewirkt das Gegenteil. Geben Sie nichts ein, wird das Bild zentriert ausgegeben.

Die *Beschreibung* ist der Alternativ-Text, also das, was im *alt-Attribut* des Verweises angezeigt wird. Über die Wichtigkeit des *alt-Attributes* lesen Sie bitte im Kapitel *13 Barrierefreiheit* nach.

Wird der *Bildtitel* beschriftet, dann wird das *Titel-Attribut* innerhalb des HTML-Elements *img* gesetzt, und Sie können zusätzlich auswählen, ob dieser Titel als *Bildunterschrift* benutzt werden soll. Die *Bildunterschrift* können Sie aber nur im Frontend sehen.

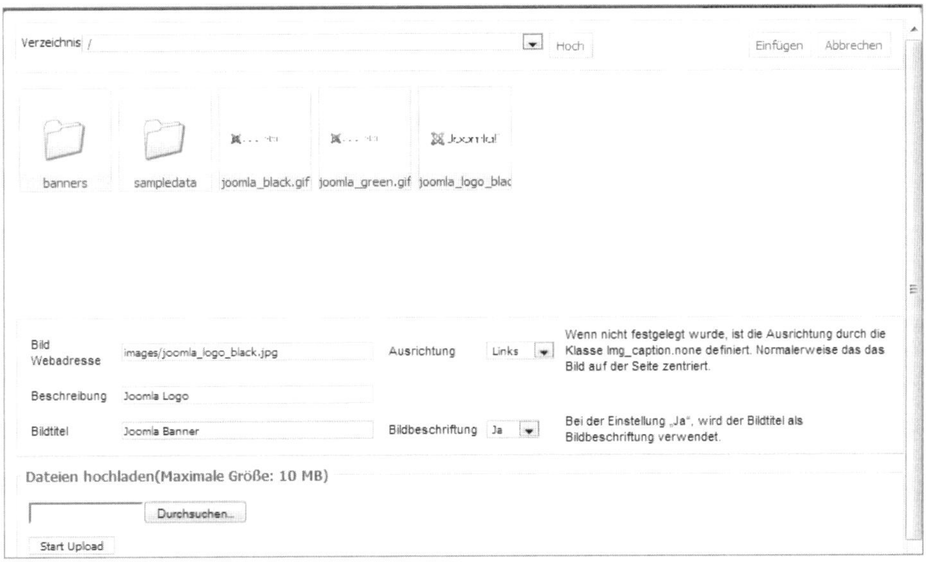

Bild 6.9: Bild einfügen im Editor

Sie können aber auch ganz unten in diesem Fenster ein Bild auf Ihrer Festplatte suchen und es hochladen. Es wird in dem Verzeichnis gespeichert, in dem Sie sich in der Mediaansicht gerade befinden. Wollen Sie dieses Bild einbinden, müssen Sie es auswählen und wie beschrieben verfahren.

Haben Sie alle Einstellungen vorgenommen, klicken Sie oben auf *Einfügen*. Das Bild wird nun an die Mauscursor-Position gesetzt.

Tipp: Wenn Sie sich in Ihrem Beitrag nicht mehr richtig bewegen können, weil vielleicht das Bild falsch gesetzt wurde und Sie mit der Maus nicht mehr nach unten kommen, dann klicken Sie das kleine *HTML*-Icon an oder unten rechts auf *Editor an/aus.* Sie wechseln dann in die HTML-Ansicht und können dort das Bild problemlos verschieben oder am Ende ein paar Zeilenumbrüche schreiben etc.

Der nächste Button ist *Seitenumbruch.* Sie können einen Beitrag über mehrere Seiten schreiben und automatisch ein Inhaltsverzeichnis anlegen. Klicken Sie auf den Button, dann sehen Sie zwei Eingabefelder. In *Seitentitel* geben Sie ein, was als Zusatz zum bestehenden *Beitragstitel* angezeigt werden soll. Angenommen, Ihr Beitrag trägt den Titel »Der Eiffelturm«, und Sie tragen hier in *Seitentitel* »Ganz oben« ein, dann erhalten Sie eine Überschrift wie folgt: »Der Eiffelturm – Ganz oben«. Der Text, den Sie bei *Inhaltsverzeichnis* eingeben, ist der, der als Inhaltsverzeichnistext im Frontend ausgegeben wird. Zusätzlich erhalten Sie auf der Startseite auch noch im Inhaltsverzeichnis einen »Alle Seiten«-Verweis. Mit *Seitenumbruch einfügen* fügen Sie den Seitenumbruch in den Text ein.

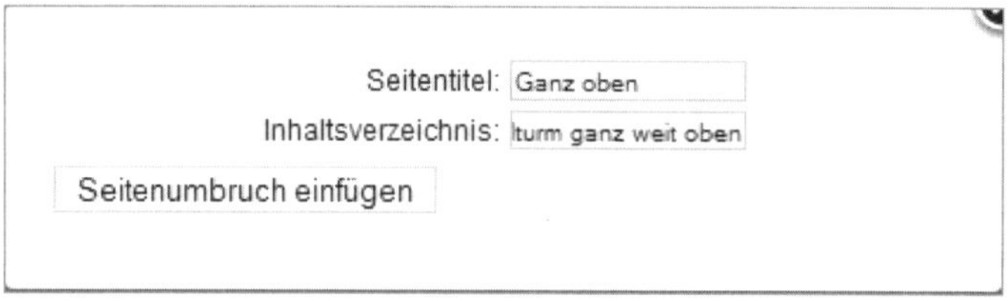

Bild 6.10: Seitenumbruch-Einstellungen

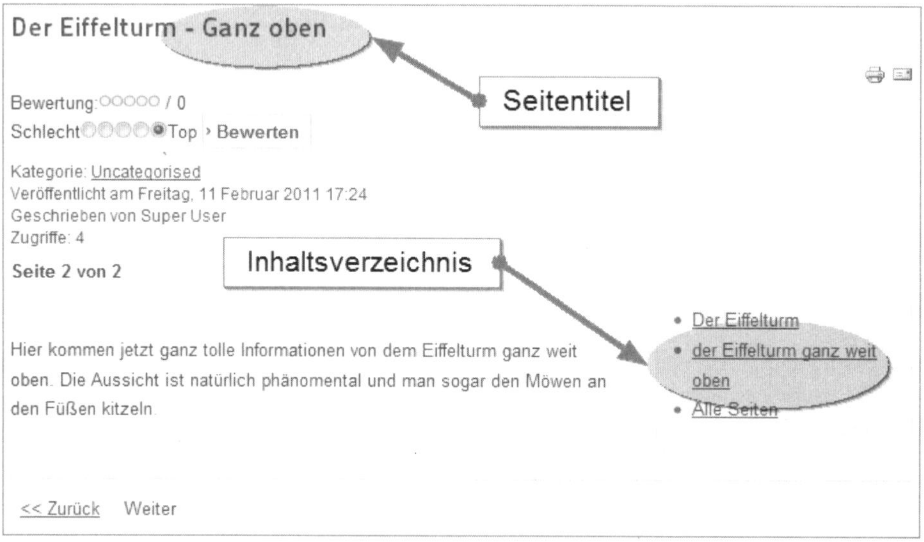

Bild 6.11: Seitenumbruch im Frontend

Weiterlesen: Damit können Sie einen *Weiterlesen-Button* in Ihrem Beitrag unterbringen. Gedacht ist das für *Teaser*[14] oder *Introtexte.*[15] Damit das im Frontend auch angezeigt wird, muss der Beitrag im Menü als *Kategorie-Blog* verknüpft sein, sonst funktioniert das nicht. Anders als bei den *Inhaltsverzeichnissen* kann man *Weiterlesen* nur einmal benutzen. Versucht man einen zweiten *Weiterlesen-Button* in seinem Beitrag unterzubringen, gibt es eine Mitteilung von Joomla, dass das nicht geht.

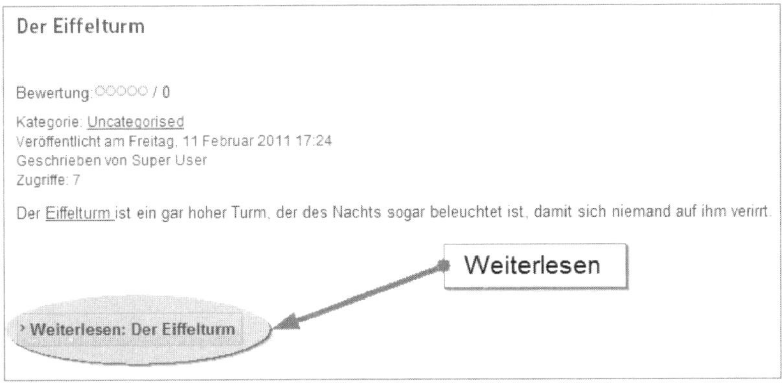

Bild 6.12: *Weiterlesen-Button* im Frontend

Setzt man den Beitrag auf *Registered*, dann wird der Teaser oder Introtext auch auf der Zugriffsebene *Public* angezeigt, aber der *Weiterlesen-Button* ändert den Text zu *Registrieren, um den ganzen Text zu lesen.* Klickt man ihn nun an, erhält man eine Aufforderung, sich anzumelden.

Bild 6.13: Weiterlesen bei *registered* Beiträgen

---

14 Teaser = Ein Anreißer, der zum Weiterlesen verlocken soll

15 Intro = Eine kurzgefasste thematisch bezogene Einleitung

Editor an/aus schaltet den Editor ab und kehrt automatisch in die HTML-Ansicht zurück bzw. umgekehrt. Die HTML-Ansicht ist manchmal sehr praktisch. Zum einen, wenn Sie sich nach dem Einfügen eines Bildes nicht mehr nach unten bewegen können, zum anderen, um Korrekturen direkt vornehmen zu können.

6.3.2 Text von Microsoft Word in Joomla einfügen

... ist etwas, was Sie bitte niemals tun sollten!

MS-Word hat eigene Formatierungshinweise, die alle mitkopiert werden. Wenn Sie beispielsweise in MS-Word »Ein einfacher Satz« schreiben, ihn markieren, in Joomla in den Editor einfügen und dann in die HTML-Ansicht umschalten, erhalten Sie einen acht Seiten langen Code. Ein winziger Ausschnitt daraus:

```
<p><!--[if gte mso 9]><xml> <w:WordDocument> <w:View>Normal</w:View>
<w:Zoom>0</w:Zoom> <w:TrackMoves /> <w:TrackFormatting />
<w:HyphenationZone>21</w:HyphenationZone> <w:PunctuationKerning />
<w:ValidateAgainstSchemas /> <w:SaveIfXMLInvalid>false</w:SaveIfXMLInvalid>
<w:IgnoreMixedContent>false</w:IgnoreMixedContent>
<w:AlwaysShowPlaceholderText>false</w:AlwaysShowPlaceholderText>
<w:DoNotPromoteQF /> <w:LidThemeOther>DE</w:LidThemeOther>
<w:LidThemeAsian>X-NONE</w:LidThemeAsian> <w:LidThemeComplexScript>X-
NONE</w:LidThemeComplexScript> <w:Compatibility> <w:BreakWrappedTables />
<w:SnapToGridInCell /> <w:WrapTextWithPunct /> <w:UseAsianBreakRules />
<w:DontGrowAutofit /> <w:SplitPgBreakAndParaMark />
<w:DontVertAlignCellWithSp /> <w:DontBreakConstrainedForcedTables />
<w:DontVertAlignInTxbx /> <w:Word11KerningPairs /> <w:CachedColBalance />
</w:Compatibility>
<w:BrowserLevel>MicrosoftInternetExplorer4</w:BrowserLevel> <m:mathPr>
<m:mathFont m:val="Cambria Math" /> <m:brkBin m:val="before" /> <m:brkBinSub
m:val="&#45;-" /> <m:smallFrac m:val="off" /> <m:dispDef /> <m:lMargin
m:val="0" /> <m:rMargin m:val="0" /> <m:defJc m:val="centerGroup" />
<m:wrapIndent m:val="1440" /> <m:intLim m:val="subSup" /> <m:naryLim
m:val="undOvr" /> </m:mathPr></w:WordDocument> </xml><![endif]--><!--[if gte
mso 9]><xml> <w:LatentStyles DefLockedState="false" DefUnhideWhenUsed="true"
DefSemiHidden="true" DefQFormat="false" DefPriority="99"
LatentStyleCount="267"> <w:LsdException Locked="false" Priority="0"
SemiHidden="false"
```

Wie gesagt: Das ist ein sehr sehr kleiner Ausschnitt aus dem Code, der entsteht, wenn Sie die Worte »Ein einfacher Satz« markieren, kopieren und in Joomla einfügen. Wenn Sie das in Joomla abspeichern und verlinken, dürfen Sie sich nicht wundern, wenn die Browser nichts mit dem Code anfangen können und sehr merkwürdige Dinge auf Ihrer Webseite anzeigen.

Deshalb kopieren Sie MS-Word-Text in einen »normalen« und ganz einfachen Texteditor wie beispielsweise Notepad. Dann neu markieren und den Text problemlos in Joomla einfügen. Die Formatierungen gehen dabei natürlich verloren. Deshalb sollten

Sie Texte auch nicht unbedingt in MS-Word vorschreiben, sondern direkt in Joomla schreiben.

Es gibt auch Editoren für Joomla, die es erlauben, MS-Word-Texte in Joomla einzufügen, und die die Formatierungen von MS-Word entfernen. Einer dieser Editoren ist der *JCE*. Bei Interesse sollten Sie einfach mal auf den Downloadseiten nachschauen. Der mitgelieferte Standardeditor kann das ebenfalls. Dazu müssen Sie aber erst in den Plugins auf »Kompaktansicht« umstellen. Näheres finden Sie im Kapitel *14 Plugins*.

6.3.3 Archivieren

Um Beiträge in das *Archiv* zu bekommen, markieren Sie einfach den oder die betreffenden Beiträge in der Beitragsübersicht und klicken dann das Icon *Archivieren* an. Im Menü kann man dann die archivierten Beiträge anzeigen lassen. Was leider nicht funktioniert, ist, dass man beispielsweise die zeitgesteuerten Beiträge automatisch ins Archiv verschiebt oder irgendwo eingeben kann, dass nach Monatsablauf Beiträge automatisch ins Archiv verschoben werden. Man muss also alle Beiträge per Hand *archivieren*.

6.3.4 Beitragsoptionen

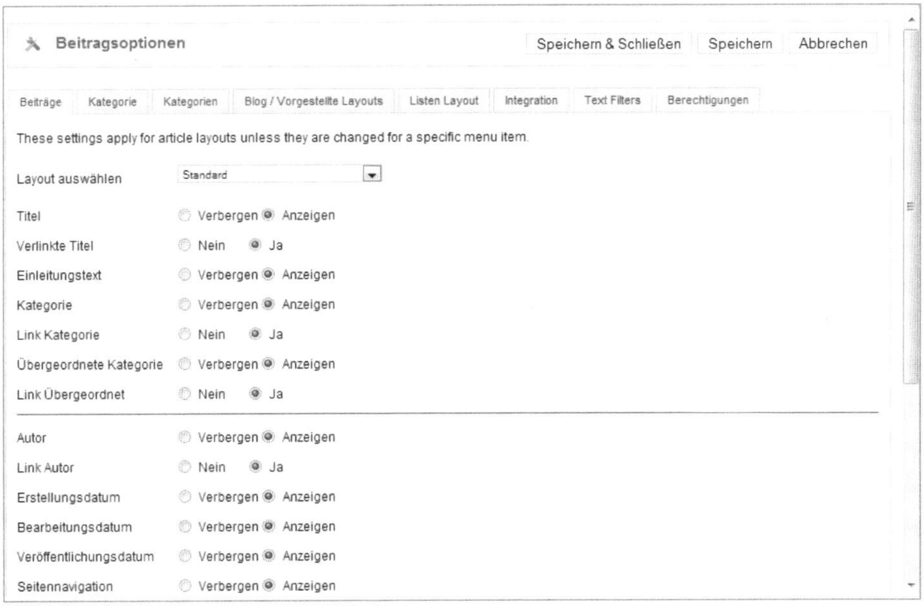

Bild 6.14: Beitragsoptionen

Hier gibt es einiges einzustellen. Fast alle Einstellungen hängen auch mit dem Menü zusammen. In den *Optionen* sind die Einstellungen global und gelten für alle Beiträge. Sie können diese Einstellungen aber individuell in den einzelnen Beiträgen und Menüpunkten größtenteils überschreiben und somit für einzelne Beiträge ein anderes Aussehen bestimmen.

Tab: Beiträge

Dieser Tab hat starken Einfluss auf das Aussehen eines Beitrags im Frontend.

Im ersten Teil des Tabs kann man zunächst das *Layout auswählen*. Danach lässt sich einstellen, ob der *Titel* angezeigt werden soll oder nicht. Man kann den Titel verlinken. Klickt man auf den *verlinkten Titel*, ruft man den Beitrag einzeln auf. Das ist natürlich nur sinnvoll, wenn der Beitrag in einer Bloganssicht steht.

Mit dem *Einleitungstext* ist der Teaser oder Introtext gemeint. Klickt man auf *Weiterlesen*, wird er entweder mit ausgegeben oder es wird nur der Text nach dem *Weiterlesen-Button* angezeigt, also ohne Teaser/Intro.

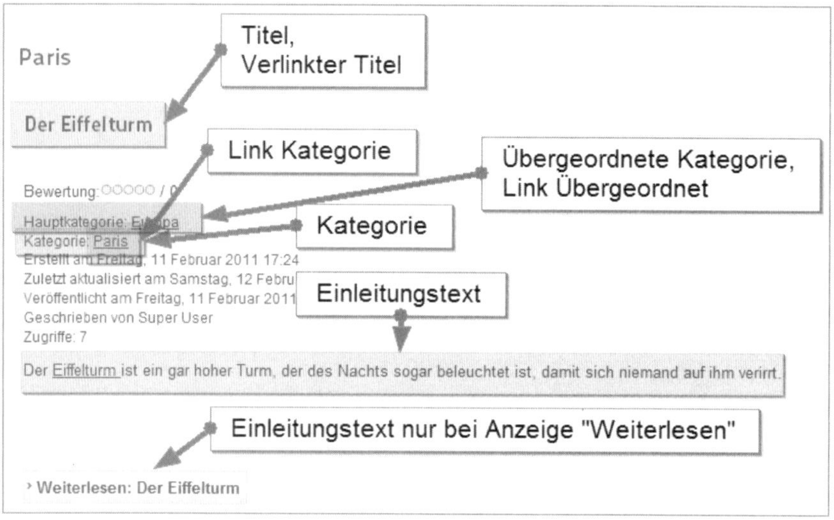

Bild 6.15: Der erste Teil der Beitragsoptionen

Soll die *Kategorie*, in der der Beitrag liegt, angezeigt werden oder nicht? Und wenn ja, soll dann die *Kategorie anklickbar* sein, um weitere Beiträge in dieser Kategorie anzuzeigen, oder nicht?

Desgleichen gilt für die *übergeordnete Kategorie*. Im Beispiel liegt die Kategorie »Paris« in der übergeordneten Kategorie »Europa«.

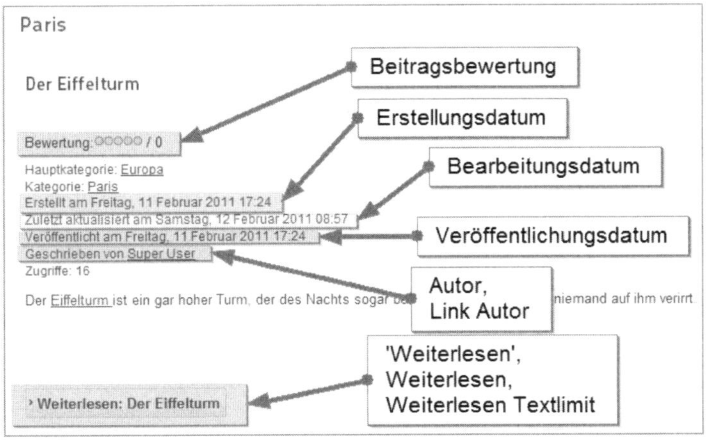

Bild 6.16: Der zweite Teil der Beitragsoptionen

Soll der *Autor* des Beitrags angezeigt werden oder nicht? Wenn ja, soll der *Autor verlinkt* werden oder nicht? Eine Verlinkung funktioniert allerdings nur, wenn der Autor einen angelegten Kontakt in der Komponente *Kontakt* hat. Steht er dort nicht, kann er nicht verlinkt werden. Klickt man im Frontend auf den Autorennamen, wird der *Kontakt* aus der Komponente für diesen Benutzer angezeigt.

Danach folgen *Erstellungsdatum, Bearbeitungsdatum* und *Veröffentlichungsdatum.* Das *Veröffentlichungsdatum* kann vom *Erstellungsdatum* abweichen, wenn es zeitgesteuert veröffentlicht wird. Die *Seitennavigation* wird erst sichtbar, wenn Sie sich den einzelnen Beitrag innerhalb eines Blogs anzeigen lassen. Klicken Sie dazu auf die Überschrift, sofern aktiviert. Haben Sie drei oder mehr als drei Beiträge in einem Blog, erhalten Sie nun am Fuß des Beitrags eine Navigation, mit der Sie vor- und zurückblättern können.

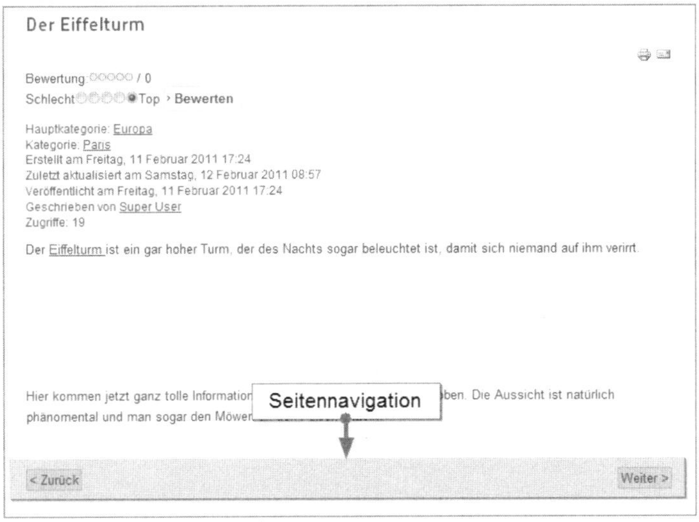

Bild 6.17: Seitennavigation

Möchten Sie Ihre *Beiträge bewerten* (was auch nur geht, wenn der Beitrag als Ganzes und allein angezeigt wird), dann können Sie hier festlegen, ob das Bewertungsergebnis auch angezeigt wird.

Haben Sie einen *Weiterlesen-Button* in Ihrem Beitrag eingebaut, können Sie unter *Weiterlesen* einstellen, ob der Button angezeigt werden soll oder nicht. Warum man ihn ausblenden sollte, wenn er vorhanden ist, erschließt sich mir momentan nicht, aber vielleicht finden Sie ja ein Szenario, in dem das sinnvoll ist.

Normalerweise steht beim *Weiterlesen* der Text »Weiterlesen: [BEITRAGSTITEL]«. Wählen Sie in den Optionen aber bei *Weiterlesen: Verbergen* aus, wird im Button nur der Text »Weiterlesen …« ausgegeben.

In *Weiterlesen Textlimit* haben Sie laut Joomla-Beschreibung die Möglichkeit, exakt vorzugeben, wie viele Buchstaben im Weiterlesen-Button angezeigt werden sollen. Jedoch funktioniert das nur bedingt. Die Eingabe »13« bewirkt, dass der Text »Weiterlesen: Der …« angezeigt wird, und bei Angabe der Zahl »14« wird der gesamte Text angezeigt. Da muss ich Sie bitten, selber ein wenig zu experimentieren.

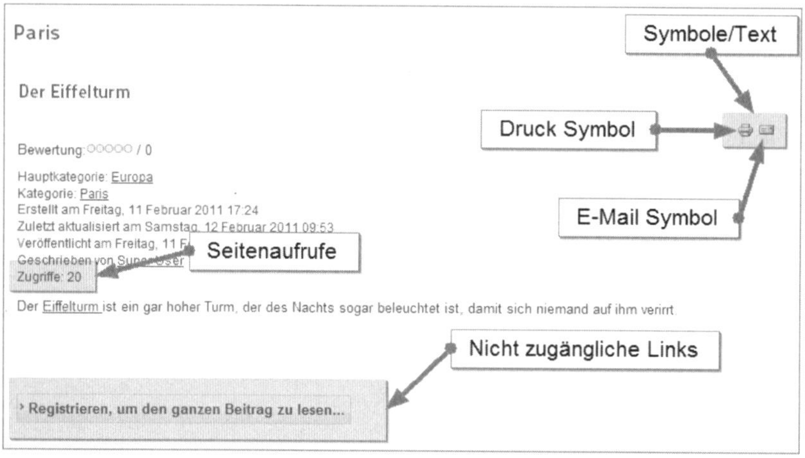

Bild 6.18: Der dritte Teil der Beitragsoptionen

Der untere Teil beginnt mit *Symbole/Text.* Damit sind die kleinen Icons für das Druckersymbol und die E-Mail gemeint. Mit *Drucken* können Sie den einzelnen Beitrag im Frontend ausdrucken und mit dem *E-Mail-Symbol* kann ein Benutzer einen Freund benachrichtigen, dass er einen tollen Beitrag gefunden hat. Sie können dies statt mit *Symbolen* auch als *Text* ausgeben.

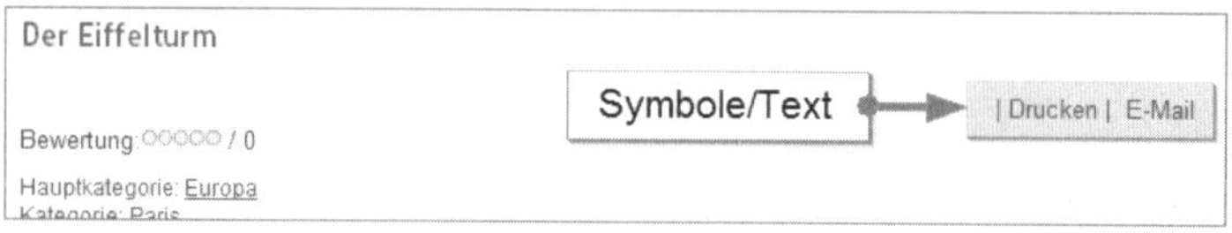

Bild 6.19: Statt Symbolen Text

Sie können natürlich auch das *Druck-Symbol* bzw. das *E-Mail-Symbol* verbergen. Bei den *Seitenaufrufen* können Sie einstellen, ob sie angezeigt werden sollen oder nicht.

Nicht zugängliche Links bezieht sich darauf, ob der Beitrag selbst auf *registered* steht. Falls ja, kann ein Gast-User normalerweise den Beitrag nicht aufrufen. Deshalb bekommt der Gast-User auch statt des »Weiterlesen« ein »Registrieren, um den Beitrag zu lesen ...« angezeigt. Klickt der Gast-User auf diesen Button, bekommt er die *Login-Maske* angezeigt. Wollen Sie das nicht, können Sie *Nicht zugängliche Links* auf *Nein* setzen. Dann wird kein *Weiterlesen/Registrieren Sie sich-Button* angezeigt.

Tab: Blog / Vorgestellte Layouts

Leider ist die deutsche Übersetzung teilweise noch nicht bis hierhin vorgedrungen, sodass ich in Klammern die englische Bezeichnung, sofern sie bei mir entsprechend auftaucht, dazuschreiben werde.

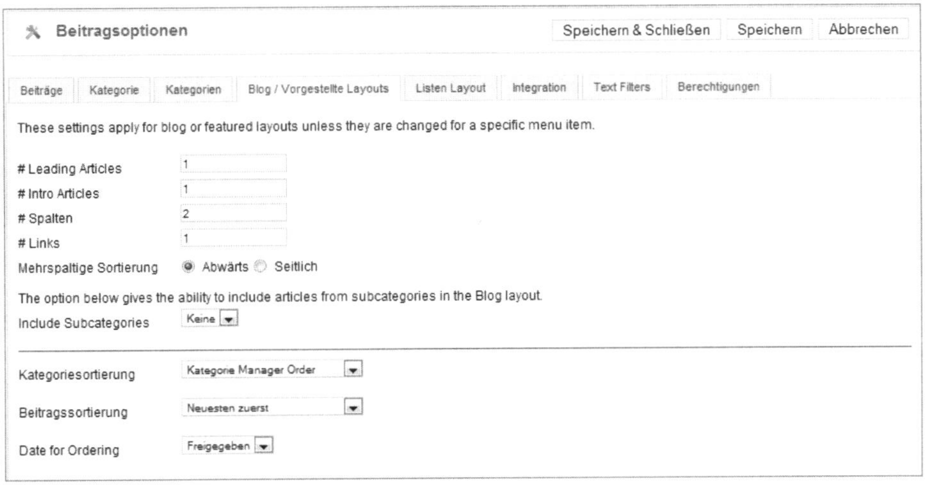

Bild 6.20: Optionen der Blog-Ansicht

Hier wird eingestellt, wie die Beiträge ausgegeben werden sollen, die per Menü als Kategorie-Blog verlinkt sind. Standardmäßig hat man meistens einen Beitrag, der über die ganze Breite geht, und mehrere Beiträge, die in zwei Spalten angeordnet sind. Natürlich kann man das alles ändern.

#Führende Beiträge (#Leading Articles) gibt die Anzahl der Texte aus, die über die ganze Breite gehen. Will man, dass alle Beiträge in Spalten angezeigt werden, gibt man einfach die Zahl 0 ein.

#Intro Beiträge (#Intro Articles) gibt die Anzahl der Beiträge aus, die per Weiterlesen-Link angezeigt werden – wo also nur der Introtext/Teaser ausgegeben wird. Der Unterschied zu *Führende Beiträge* besteht darin, dass die *Intro Beiträge* in den Spalten angezeigt werden. Hat man bei *Spalten* eine »1« stehen, ist das egal, da kein Unterschied

erkennbar ist. Stellt man aber bei den *#Spalten* eine Zahl größer »1« ein, sieht man den Unterschied.

In *#Spalten* steht die Anzahl der Spalten. In *Spalten* werden alle Texte ausgegeben, die nach *Führende Beiträge* kommen. Will man nur eine Spalte, schreibt man hier eine »1«. Dann ist natürlich kein Unterschied zwischen *Führende Beiträge* und *Intro Beiträge* erkennbar. *Führende Beiträge* werden niemals in Spalten abgedruckt, sondern nur die *Intro Beiträge.*

In *#Links* wird die Anzahl der Beiträge eingegeben, die am Seitenende als normaler Verweis dargestellt werden. Erst danach kann man per Seitennavigation vor- oder zurückblättern.

Bei der *Mehrspaltigen Sortierung* wird festgelegt, in welche Richtung die Beiträge sortiert werden: ob entweder *abwärts* – von oben nach unten – oder *seitlich*, also von links nach rechts. Sollen die Subkategorien in der Blogansicht mit angezeigt werden? Wenn ja, bis zu welcher Ebene, oder alle – oder *keine*?

Danach geht es darum, was wie sortiert werden soll, zunächst, nach welchen Kriterien die *Kategorien sortiert* werden sollen: *Keine Sortierung* gibt die Kategorien so aus, wie sie eingegeben wurden. Alternativ steht *Alphabet auf-* oder *absteigend* zur Verfügung. *Kategorien Manager Order* gibt die Kategorien so aus, wie Sie sie in der Kategorieübersicht sortiert haben.

Desgleichen wird anschließend mit der *Beitragssortierung* gemacht. Nur, dass Sie hier ein paar Sortierkriterien mehr haben:

- *Neueste zuerst*
- *Älteste zuerst*
- *Jeweils Autor oder Beitragstitel alphabetisch auf- oder absteigend*
- *Die Beiträge mit den meisten oder wenigsten Zugriffen*
- *Reihenfolge* – mit der *Reihenfolge* werden die Beiträge so ausgegeben, wie Sie sie in der Beitragsübersicht sortiert haben.
- *Date for Ordering* klingt auf den ersten Blick etwas verwirrend. Wenn Sie *Neueste* oder *Älteste zuerst* ausgewählt haben, legen Sie hier fest, welches Datum genommen wird: *Erstellungsdatum, Aktualisierungsdatum* oder das *Freigabedatum.*

Tab: Listen Layout

Neben der Blog-Ansicht gibt es natürlich auch noch verschiedene Listenansichten, die per Menü angezeigt werden können.

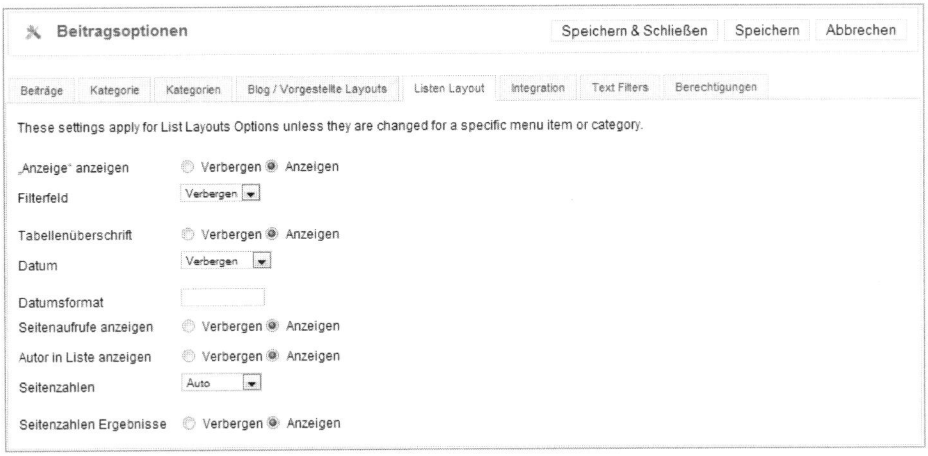

Bild 6.21: Optionen für die Listen-Ansicht

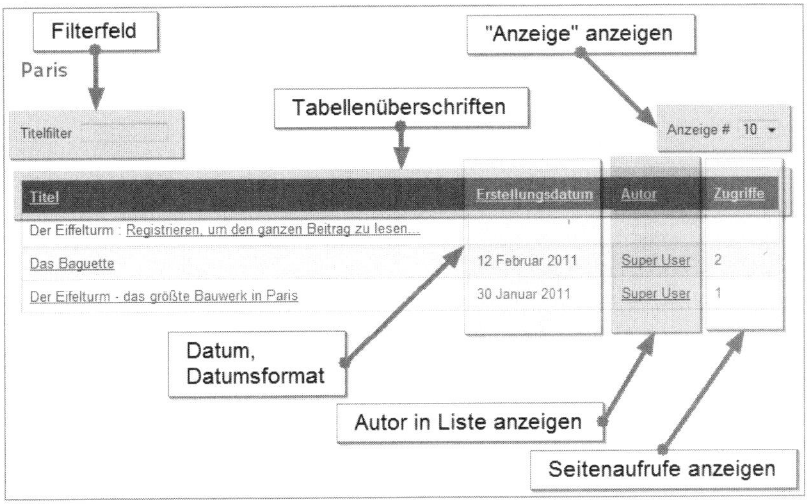

Bild 6.22: Listenansicht im Frontend

»Anzeige« anzeigen bezieht sich auf das obere rechte Feld, in dem ausgewählt werden kann, wie viele Beiträge in der Liste angezeigt werden sollen. Das funktioniert jedoch nur in Fünferschritten.

Wenn Sie das *Filterfeld* anzeigen möchten, müssen Sie auswählen, was gefiltert werden soll, entweder ein Filter auf *Titel*, *Autor* oder *Zugriffe.*

Sie können die gesamten Spaltenüberschriften (*Tabellenüberschrift*) ausblenden. Dann werden nur die Beiträge in der Liste angezeigt.

Sie können ein *Datum* ausgeben und müssen dann auswählen, welches Datum angezeigt werden soll, also *Erstellungsdatum*, *Bearbeitungsdatum* oder *Freigabedatum.*

Das *Datumsformat* können Sie nach Ihrem Gusto anpassen. Dafür stehen unter anderem diese Format-Zeichen zur Verfügung:

Format-Zeichen	*Beschreibung*	*Beispiel*
d	Tag des Monats, zweistellig mit führender Null	*01* bis *31*
D	Wochentag, gekürzt auf drei Buchstaben	*Mon* bis *Sun*
j	Tag des Monats ohne führende Nullen	*1* bis *31*
l (kleines L)	Ausgeschriebener Wochentag	*Sunday* bis *Saturday*
N	Numerische Repräsentation des Wochentags gemäß ISO-8601 (in PHP 5.1.0 hinzugefügt)	*1* (für Montag) bis *7* (für Sonntag)
S	Anhang der englischen Aufzählung für einen Monatstag, zwei Zeichen	*st*, *nd*, *rd* oder *th*. Zur Verwendung mit *j* empfohlen.
w	Numerischer Tag einer Woche	*0* (Sonntag) bis *6* (Sonnabend)
z	Der Tag des Jahres (von 0 beginnend)	*0* bis *365*
W	ISO-8601 Wochennummer des Jahres, die Woche beginnt am Montag	Beispiel: *42* (die 42. Woche im Jahr)
F	Monat als ganzes Wort, wie January oder March	*January* bis *December*
m	Monat als Zahl mit führenden Nullen	*01* bis *12*
M	Monatsname mit drei Buchstaben	*Jan* bis *Dec*
n	Monatszahl ohne führende Nullen	*1* bis *12*
t	Anzahl der Tage des angegebenen Monats	*28* bis *31*
Y	Vierstellige Jahreszahl	Beispiele: *1999* oder *2003*
y	Jahreszahl, zweistellig	Beispiele: *99* oder *03*
a	Kleingeschrieben: Ante meridiem (Vormittag) und Post meridiem (Nachmittag)	*am* oder *pm*
A	Großgeschrieben: Ante meridiem (Vormittag) und Post meridiem (Nachmittag)	*AM* oder *PM*
B	Swatch-Internet-Zeit	*000* bis *999*
g	Stunde im 12-Stunden-Format ohne führende Nullen	*1* bis *12*
G	Stunde im 24-Stunden-Format ohne führende Nullen	*0* bis *23*
h	Stunde im 12-Stunden-Format mit führenden Nullen	*01* bis *12*
H	Stunde im 24-Stunden-Format mit führenden Nullen	*00* bis *23*
i	Minuten mit führenden Nullen	*00* bis *59*
s	Sekunden mit führenden Nullen	*00* bis *59*
c	ISO 8601-Datum	*2004-02-12T15:19:21+00:00*

Format-Zeichen	Beschreibung	Beispiel
r	Gemäß RFC 2822 formatiertes Datum	*Thu, 21 Dec 2000 16:01:07 +0200*

Quelle: *http://de3.php.net/manual/de/function.date.php*

Die Spalten *Seitenaufrufe* und *Autoren* können Sie anzeigen oder verbergen. Die Tabelle wird aber immer über die ganze Breite dargestellt (es sei denn, Sie stellen in den CSS-Angaben etwas anderes ein).

Die *Seitenzahlen* werden am Seitenende angezeigt, wenn mehr Beiträge vorhanden sind, als in der Liste Platz finden. Sie können sie hier anzeigen oder ausblenden. Navigieren können Sie auch mit ausgeblendeten Seitenzahlen.

Seitenzahlen Ergebnisse macht eine Ausgabe in folgender Art: »Seite 1 von 4«.

Integration

In der *Integration* stellen Sie ein, ob für jeden Beitrag ein *Feedlink* angezeigt wird oder nicht. Wenn ja, geben Sie an, ob nur der *Einleitungstext* (Teaser/Intro) oder der *gesamte Text* angezeigt werden soll. Nähere Informationen zu *Feeds* erhalten Sie im Abschnitt *5.2*.

Berechtigungen

Schauen Sie hierfür bitte in das Kapitel *9 Benutzer und ihre Rechte*, in dem das System ausführlich erklärt wird.

6.3.5 Hauptbeiträge

Sie können Beiträge entweder im Beitrag selber als Hauptbeitrag oder in der Beitragsübersicht, wenn Sie in der Spalte *Haupteintrag* auf den grauen Kreis klicken, festlegen.

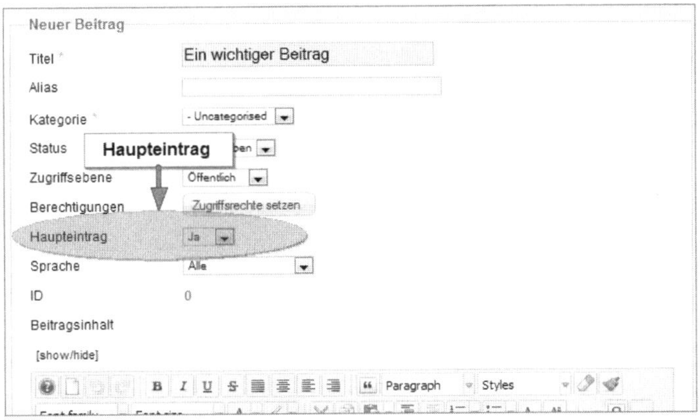

Bild 6.23: Hauptbeitrag

Sie haben einen Menüpunkt, mit dem Sie *Hauptbeiträge* auswählen können. So können Sie eine Seite zusammenstellen, die Hauptbeiträge anzeigt. So etwas könnte zum Beispiel die Startseite sein oder eine Seite mit besonders gut gelungenen Beiträgen und Ähnliches. Der Vorteil gegenüber einer Kategorie liegt darin, dass Sie Beiträge aus verschiedenen Kategorien auf einer Seite mit *Hauptbeiträgen* zusammenfassen können. Sie sind also nicht an eine Kategorie gebunden.

6.3.6 Beitragsübersicht

Der Beitragsmanager ist der wohl am häufigsten genutzte Bereich in Joomla und das Suchen nach bestimmten Beiträgen eine ständige Aufgabe. Da Sie also vermutlich sehr häufig in dieser Ansicht arbeiten werden, sollten Sie sich ein wenig mit den Möglichkeiten und Informationen dieser Ansicht vertraut machen.

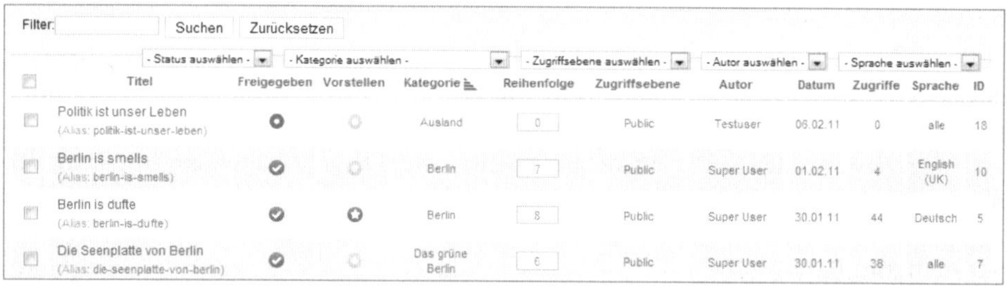

Bild 6.24: Beitragsübersicht

In der ersten Spalte wird Ihnen mitgeteilt, wie der Beitrag heißt und welchen Alias er besitzt. Wenn Sie eine Notiz angelegt haben, wird diese ebenfalls mit angezeigt. Daneben sehen Sie, ob dieser Beitrag *freigegeben* oder *deaktiviert* wurde oder ob er *zeitlich abgelaufen* ist. An den blauen Kreisen können Sie sofort erfassen, welche Beiträge *vorgestellt* sind. Weiterhin erhalten Sie die Information, zu welcher Kategorie dieser Beitrag gehört, welche Zugriffsebene er hat, wer ihn geschrieben hat und wann das geschah. Darüber hinaus erhalten Sie einen Überblick über die Zugriffe (als Administrator ist man ja stets neugierig, welche Beiträge eigentlich gelesen werden), und schließlich wird Ihnen auch noch mitgeteilt, welcher Sprache der Beitrag zugeordnet ist.

Sie können alle diese Angaben sortieren, indem Sie auf die Spaltenüberschrift klicken.

Sie können außerdem in den Filter-Buttons bestimmte Beiträge anzeigen lassen. Das ist sehr wichtig, da man schnell 100 oder mehr Beiträge zusammen hat. Hier noch den Überblick zu behalten, ist gar nicht so einfach. So können Sie beispielsweise nach Kategorien oder Autoren sortieren.

Wenn Ihnen der Titel des Beitrags noch bekannt ist, geben Sie die ersten Buchstaben links in den Suchen-Filter ein. Sie müssen nicht den ganzen Titel schreiben. Manchmal reichen schon drei Buchstaben.

7 Menüs

Die Menüs in Joomla 2.5 sind ganz eng mit den Beiträgen und Kategorien verknüpft. Beiträge, Kategorien und Menüs können sogar in gewisser Weise als Einheit betrachtet werden. Deshalb wird es für Sie immer wieder notwendig sein, im Kapitel über *Beiträge* nachzulesen.

Menüs greifen darüber hinaus natürlich auch auf die Komponenten, Benutzer und weitere interessante Bereiche zu. Nicht zuletzt deshalb gibt es ein eigenes Kapitel über die Menüs.

Menüs bieten vielschichtige Möglichkeiten, auf Inhalte aller Art zuzugreifen und somit das Gesamtbild von Joomla im Frontend beträchtlich zu gestalten.

Bei den Menüs muss man eine grundlegende Unterscheidung zwischen dem *Menü* und dem *Menüverweis*, auch *Menüpunkt* genannt, treffen. Das Menü meint stets das ganze Menü mit seinen einzelnen Menüverweisen.

7.1 Für Umsteiger

Die Einstellungen für *Spalten*, *Führende Beiträge*, *Intros* etc. finden sich jetzt in den *Optionen* der Beiträge, ebenso wie die verschiedenen Sortiermöglichkeiten in der Anzeige. Auch das Listenlayout findet sich bei den Beiträgen.

Bei den Hauptbeiträgen kann ausgewählt werden, aus welchen Kategorien diese angezeigt werden sollen.

Die Handhabung hat sich etwas geändert. Der Menütyp wird nun erst im Nachhinein ausgewählt. Klickt man *Neu* an, kommt man jetzt direkt in das Menü.

Insgesamt gibt es viel mehr Einstellmöglichkeiten bei den Menüs als in der Vorgängerversion.

Das Menümodul muss jetzt erst selbst angelegt werden. Sprich: aus der Menüliste ausgewählt und dem Menü zugewiesen werden.

Sowohl als Komponente als auch als neuer Menütyp ist der *Suchindex* dazugekommen.

7.2 Ein neues Menü anlegen

Standardmäßig mitgeliefert wird das *Main Menu* (Hauptmenü). Aber vielleicht möchten Sie eigene Menüs anlegen. Beispielsweise ein Benutzermenü oder themenbezogene Menüblöcke, oder vielleicht haben Sie eine ganz eigene Idee.

Wählen Sie im Menü *Menüs/Menüs/Neues Menü* aus.

Unter *Titel* tragen Sie einen Menünamen ein. Dieser wird anschließend auch in der Menüauswahl angezeigt. *Menüart* können Sie freilassen, Joomla beschreibt das Feld selber und benutzt dabei Ihren Menütitel. Besteht dieser aus mehreren Worten, werden diese mit einem Bindestrich versehen. Alles wird klein geschrieben und Umlaute und Sonderzeichen werden entfernt. Die *Menüart* ist quasi der Alias des Menüs und wird intern entsprechend benutzt. Wenn Sie möchten, tragen Sie eine kurze *Beschreibung* zu Ihrem Menü ein.

Bild 7.1: Ein neues Menü anlegen

Klicken Sie nun auf *Speichern & Schließen.* In der Menü-Übersicht ist nun auch Ihr Menü gelistet. Leider sind wir etwas ungeschickt vorgegangen. Denn »Main Menu« und »Mein Menü« unterscheiden sich nicht wirklich in der Wortwahl. Das sollten wir ändern. In diesem Fall ändere ich den Namen des »Main Menu«. Markieren Sie die Zeile mit dem *Main Menu,* indem Sie ein Häkchen in den kleinen Kasten setzen, und klicken Sie dann bei den Icons auf *Bearbeiten.* Hier können Sie nicht direkt den Namen zum Bearbeiten anklicken, da Sie dann automatisch in den Reiter *Menüeinträge* des Menüs wechseln.

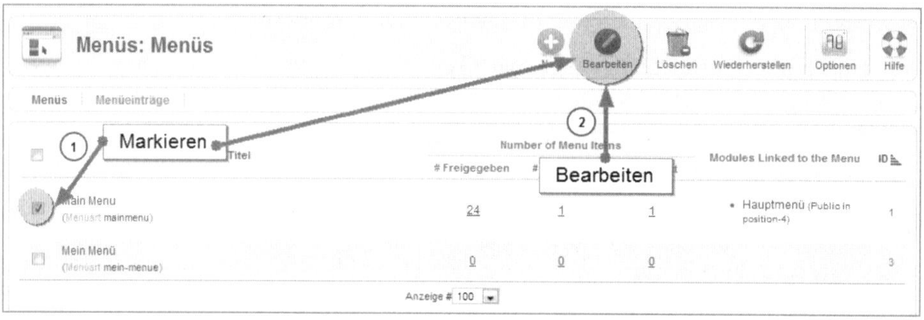

Bild 7.2: Menü bearbeiten

Ändern Sie nun den Titel in »Hauptmenü« und klicken Sie auf *Speichern & Schließen.* In der Übersicht sehen Sie jetzt das »Hauptmenü« und »Mein Menü« untereinander. Die

Menüart hat sich bei der Namensänderung beim »Hauptmenü/Main Menu« nicht verändert.

Sie sehen in dieser Übersicht auch, wie viele Menüverweise freigegeben, gesperrt und gelöscht sind. Ebenso wie Sie die Position oder die Positionen sehen können, auf denen das Menümodul veröffentlicht ist. Dazu gleich mehr.

Legen Sie ein Menü frisch an, steht hier natürlich überall »0«, und die Spalte mit der Position ist erstmal leer.

Tipp: In der Joomla-Version 1.5 war es auf einigen Rechnern so, dass Menüs mit einem Umlaut im Namen nicht angezeigt wurden. Das Ändern auf ue, oe oder ae war dann die Lösung. Ob das unter der Version 2.5 auch noch Probleme machen kann, ist mir nicht bekannt. In meiner Testumgebung lief alles einwandfrei. Sollten Sie jedoch Anzeigeprobleme haben, ändern Sie gegebenenfalls den Menütitel.

Jedes Menü benötigt ein Modul, mit dessen Hilfe es überhaupt erst im Frontend angezeigt werden kann. Oder anders ausgedrückt: Jedes Menü, das Sie anlegen, ist ein Menümodul. Sie müssen es lediglich noch veröffentlichen und einer Position im Template zuweisen.

Wechseln Sie daher in die Modulübersicht *Erweiterungen/Module.* Dort klicken Sie auf *Neu* und wählen in der dann erscheinenden Modulliste *Menü* aus.

Bild 7.3: Das Menü aus der Modulliste auswählen

Sie kommen dann direkt in das Modul und müssen hier zunächst bei den *Basis Optionen* auf der rechten Seite Ihr Menü zuweisen. Standardmäßig ist das *Hauptmenü* ausgewählt. Das also bitte ändern, links einen *Titel* vergeben und eine *Position* zuweisen. (Details zu Positionen finden Sie im Kapitel 11 über *Templates*). *position-4* wird vom *beez2-Template* benutzt und ist die linke Spalte.

Bei den *Basis Optionen* können Sie noch einstellen, welche Ebenen angezeigt werden sollen. Details dazu finden Sie im Unterkapitel *Splitmenü* etwas weiter unten. Fürs erste lassen Sie das am besten erstmal so stehen. In der täglichen Arbeit ändere ich persönlich hier ausgesprochen selten etwas.

Wenn Sie Untermenüs angelegt haben, können Sie bei *Untermenüs anzeigen* einstellen, ob diese immer angezeigt werden sollen oder erst, wenn man den übergeordneten Menüpunkt anklickt.

Details zu den *Erweiterten Optionen* finden Sie im Kapitel *Templates.*

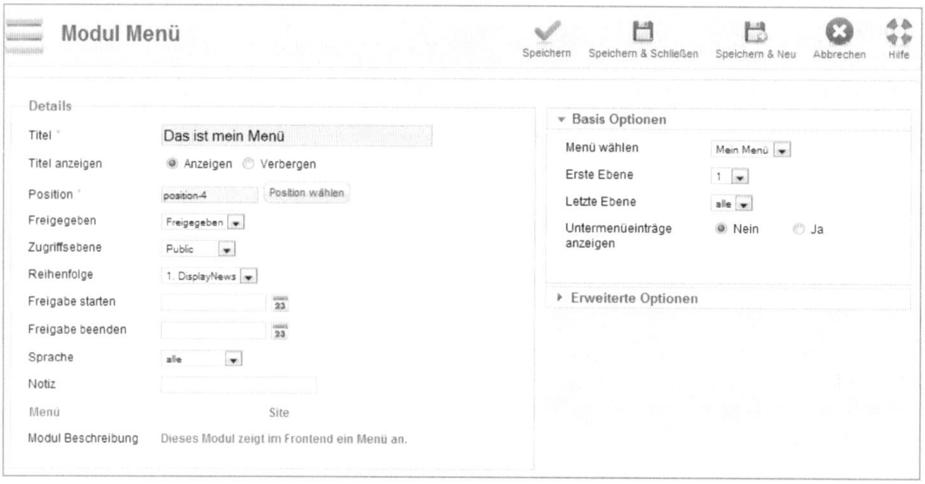

Bild 7.4: Das Modul *Menü*

7.2.1 Ein erster Menüverweis

Schauen Sie jetzt im Frontend nach, wie Ihr Menü aussieht, werden Sie nichts sehen. Das liegt einfach daran, dass wir erst einen Menüpunkt anlegen müssen.

Wählen Sie im Menü von Joomla *Menüs/Mein Menü/Neuer Menüeintrag* aus.

Als erstes müssen wir nun den *Menütyp* wählen. Dazu auf *Wählen* in der oberen Zeile klicken. Je nachdem, was Sie hier auswählen, haben Sie in dem Menüverweis andere Einstellmöglichkeiten. Als ersten Versuch wählen Sie bitte *Einzelnen Beitrag* aus.

Die Auswahl finden Sie jetzt ausgegraut im *Menütyp* wieder. Im *Menütitel* tragen Sie »Mein erster Menüverweis« ein. Wählen Sie jetzt auf der rechten Seite in *Benötigte Einstellungen* den Beitrag aus, den Sie verlinken möchten. Klicken Sie den Button *Auswählen / Wechseln* an. Sie erhalten jetzt eine Liste Ihrer bisher erstellten Beiträge. Diese Liste ist fast identisch mit der Beitragsübersicht. Die Filter und Sortiermöglichkeiten funktionieren genauso wie in der großen Liste. Wählen Sie einen Beitrag Ihrer Wahl aus, indem Sie einfach auf den *Beitragstitel* klicken. Alles andere lassen Sie bitte so stehen. Dann noch *Speichern & Schließen* anklicken.

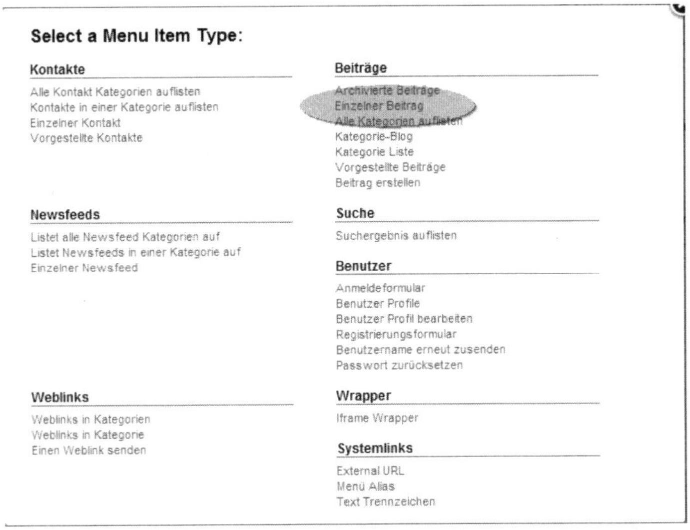

Bild 7.5: Menütyp: *Einzelner Beitrag*

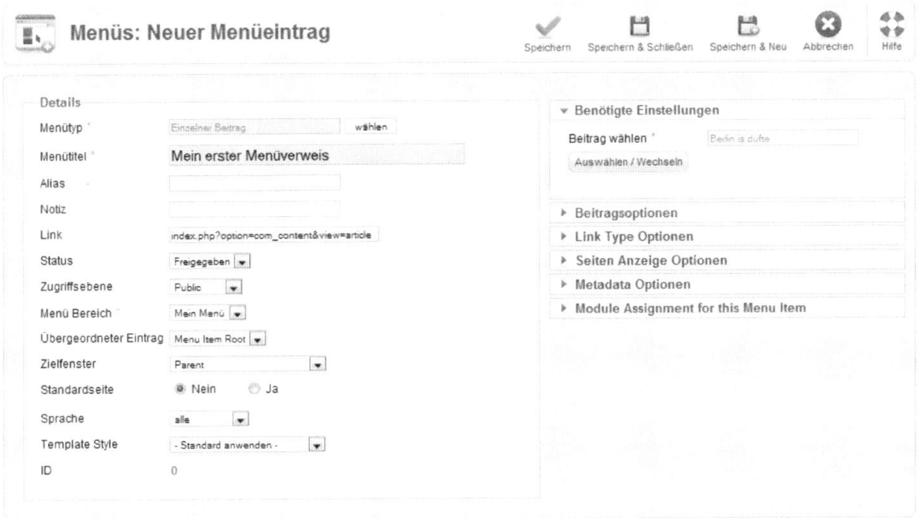

Bild 7.6: Der erste Menüverweis

Wechseln Sie jetzt ins Frontend (aktualisieren Sie die Seite gegebenenfalls), und Sie sehen jetzt Ihr erstes selbst angelegtes Menü.

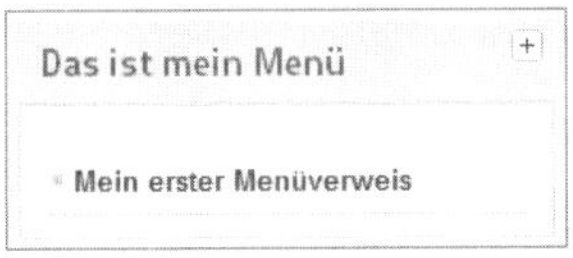

Bild 7.7: Das erste selbst angelegte Menü im Frontend

Das war nur ein einfaches Beispiel. Die weiteren Menüverweise unterscheiden sich lediglich von den Optionen her. Das Prinzip bleibt immer das gleiche. Haben Sie dieses Prinzip verstanden, werden Sie keine nennenswerten Probleme mehr mit der Menüführung in Joomla haben.

7.3 Menüdetails

Wenn Sie einen Menüverweis neu anlegen oder bearbeiten, dann haben Sie auf der linken Seite die *Details*. Die *Details* finden Sie an vielen Stellen in Joomla wieder. Die Menüs weisen aber einige zusätzliche Felder auf, die ich hier näher erklären möchte.

Zum *Menütyp* gibt es im Anschluss einen eigenen Abschnitt.

In *Menütitel* schreiben Sie den Verweistext, wie er dann im Frontend angezeigt wird.

Alias ist ein eindeutiger Name, den Joomla in der URL anzeigt. Wenn Sie das Feld frei lassen, beschreibt Joomla es von allein. Sie können aber auch den *Alias* selbst vergeben. Der *Alias* muss klein geschrieben werden und darf keine Sonderzeichen und Umlaute erhalten. Und er muss aus einem Wort bestehen. Sie können aber mehrere Wörter mit einem Bindestrich versehen: »das-ist-mein-alias«.

Die *Notiz* wird in der Übersicht angezeigt und kann Ihnen helfen, sich zurechtzufinden. Das gilt besonders bei größeren und umfangreicheren Webseiten.

Der *Link* ist der Joomla-interne Link. Wenn Sie SEO nicht aktiviert haben, wird dieser Link auch im Browser ausgegeben. Haben Sie SEO aktiviert, sehen Sie diesen Link nicht, sondern stattdessen die SEO-URL im Browserfenster. Dieser Link kann manchmal recht interessant sein, wenn man direkte Verweise im Content und Ähnliches vergeben will, aber nicht mit der SEO-URL arbeiten kann. Manchmal gibt es solche Notwendigkeiten.

In *Status* steht, ob der Verweis *freigegeben, gesperrt* oder *gelöscht* ist. Das ist bei Autorensystemen interessant und kann dort auch genutzt werden. Weiteres siehe im Kapitel zum Rechtesystem.

Die *Zugriffsebene* legt fest, wer den Menüverweis sehen und somit benutzen kann.

Im *Menü Bereich* können Sie zuordnen, ob der Menüverweis in dem Menü angezeigt werden soll, unter dem Sie gerade editiert haben, oder doch in einem anderen Menü.

> **Tipp:** Mir ist es immer mal wieder passiert, dass neue Menüverweise nicht in dem Menü abgelegt wurden, in dem ich mich beim Neuanlegen befand, sondern einfach im *Main Menu* im *Menü Bereich* eingetragen wurden, obwohl ich mich in eigenen Menüs befand. Überprüfen Sie also, ob hier auch tatsächlich Ihr Menü steht.

Im *übergeordneten Eintrag* geben Sie an, ob der Menüverweis ein Hauptpunkt ist – also im *Menu Item Root* steht – oder ein Untermenüpunkt ist –, dann wählen Sie den zugehörigen *übergeordneten Eintrag,* also den Hauptmenüpunkt, aus.

Das *Zielfenster* entscheidet darüber, wie der Verweis geöffnet werden soll:

- *Parent* – öffnet im gleichen Fenster. Die aktuelle Seite wird also mit der neuen überschrieben. Das ist die Standardeinstellung und in den allermeisten Fällen auch sinnvoll. Für einen User gibt es kaum etwas Schlimmeres, als wenn sich bei jedem Menüverweis ein neues Browserfenster öffnet. Das kann schnell zu verärgerten Besuchern führen.
- *New Window With Navigation* – öffnet ein neues Browserfenster mit Navigation (je nach Einstellung des Browsers auch einen neuen Tab) und stellt dort den verlinkten Inhalt dar. *Mit Navigation* bedeutet, dass ein normales Browserfenster geöffnet wird, mit Menüs etc.
- *New Without Navigation* – diesmal geht tatsächlich ein neues Browserfenster auf. Allerdings komplett ohne Navigationselemente, also ohne Menüs, Iconleiste etc. Bei Usern ist diese Methode nicht so beliebt, weil man eben nicht mehr vernünftig navigieren kann. Also diese Methode bitte sparsam einsetzen.

In der *Sprache* kann festgelegt werden, zu welcher Sprache dieser Menüverweis gehört. Näheres dazu finden Sie im Kapitel zur Mehrsprachigkeit.

Unter *Template Style* können Sie ein anderes Template auswählen, wenn Sie möchten, das dann nur unter diesem Menüverweis benutzt wird. So können Sie ganz einfach bestimmte Templates gezielt einzelnen Menüverweisen zuordnen.

Die *ID* ganz am Ende benutzt Joomla intern.

7.4 Menütypen

In der Liste der Menütypen sind in der linken Spalte die Komponenten zu finden und rechts die Joomla-bezogenen *Menütypen.* So finden sich rechts alle *Menütypen* zu den Beiträgen, der Suche, den Benutzern, dem Wrapper und den Systemlinks. Ich werde mich in diesem Kapitel zunächst der rechten Spalte zuwenden und die einzelnen Blöcke genauer betrachten.

Es gibt einige Optionen bei den Menüverweisen, die in den Kapiteln über die *Beiträge* und die *Templates* genauer besprochen sind. Aus diesem Grund erwähne ich in diesem Kapitel nur die Optionen, die neu hinzukommen und bisher noch nicht besprochen wurden. Generell können Sie davon ausgehen, dass alles, was mit Kategorien, Beiträgen, CSS und Templates zu tun hat, in den betreffenden Kapiteln besprochen ist. In diesem Abschnitt finden Sie deshalb fast nur Informationen zu den *Benötigten Optionen* und natürlich eine Erklärung, was der jeweilige Menüverweis eigentlich macht.

7.4.1 Beiträge

Archivierte Beiträge – Zeigt die Beiträge an, die *archiviert* wurden. Sie können bei *Archive Optionen* die *Beitragssortierung* angeben. Stellen Sie ein, wieviel Beiträge in der Liste ausgegeben werden, und geben Sie auch das Textlimit für den Introtext an.

Einzelner Beitrag – wie der Name schon vermuten lässt, werden über diesen Menütyp einzelne Beiträge verlinkt. Bei den *Benötigten Optionen* wählen Sie auch den Beitrag aus, den Sie verlinken möchten.

Alle Kategorien auflisten – gibt eine Liste über alle Kategorien, die Sie angelegt haben, aus. Sie können in den *Benötigten Einstellungen* auswählen, mit welcher Kategorie Sie beginnen möchten. So können Sie die Kategorieliste entsprechend einschränken und somit auch themenbezogen abbilden. Legt man so mehrere Menüverweise an, können sie einen Überblick über Kategorien zu bestimmten Themengebieten geben.

Kategorie-Blog – ist eigentlich ein Beitragsblog. Es werden alle Beiträge zu einer Kategorie als *Blog* ausgegeben. Die Beiträge werden dann gemäß Ihren Einstellungen ein Intro oder einen Teaser anzeigen oder auch den ganzen Beitrag. Die Beiträge selber werden untereinander oder in Spalten ausgegeben.

Kategorie-Liste – ist quasi das Gegenstück zum Kategorie-Blog. Die Beiträge werden als Liste zu einer bestimmten Kategorie, die Sie in den *Benötigten Einstellungen* vorgeben, angezeigt.

Hauptbeiträge – was sich dahinter verbirgt, können Sie im Kapitel 6 *Beiträge und Kategorien* nachlesen. Hier können Sie einen Verweis auf diese ausgewählten Beiträge anlegen. Man kann unter den *Layoutoptionen* auswählen, welche Haupteinträge aus welcher Kategorie angezeigt werden sollen. Somit kann man sich beispielsweise verschiedene ausgewählte Beiträge zu verschiedenen Kategorien in mehreren Menüpunkten anzeigen lassen. Hält man die *Strg-Taste* fest, kann man mehrere Kategorien auswählen. Bei gedrückter *Umschalt-Taste* können zusammenhängende Kategorien gleichzeitig ausgewählt werden.

Beiträge erstellen – wenn Sie mehrere Autoren und andere Schreibberechtigte haben, legen Sie diesen Menüverweis an, damit Sie Beiträge schreiben und einreichen können.

7.4.2 Suche

Suchergebnis auflisten – Es ist möglich, die Suche als Menüverweis einzurichten. Sie können unter den *Suchbegriffen (optional)* bereits Begriffe vorgeben, die dann automatisch angezeigt werden in den Suchergebnissen, wenn Sie diesen Menüverweis im Frontend auswählen. Interessant könnte das sein, wenn Sie feststellen, dass bestimmte Begriffe immer wieder gesucht werden auf Ihrer Website. Wenn Sie beispielsweise eine Downloadseite zu Joomla anbieten und Ihre Besucher schwerpunktmäßig nach einem Download von Joomla suchen, dann können Sie hier den Suchbegriff »Joomla« eingeben und können so Ihren Besuchern das Suchen nach dem richtigen Suchbegriff abnehmen.

Unter den *Basis Optionen* kann hier eingestellt werden, ob *Suchbereiche verwendet* werden sollen oder nicht und *ob das Erstellungsdatum* berücksichtigt werden soll.

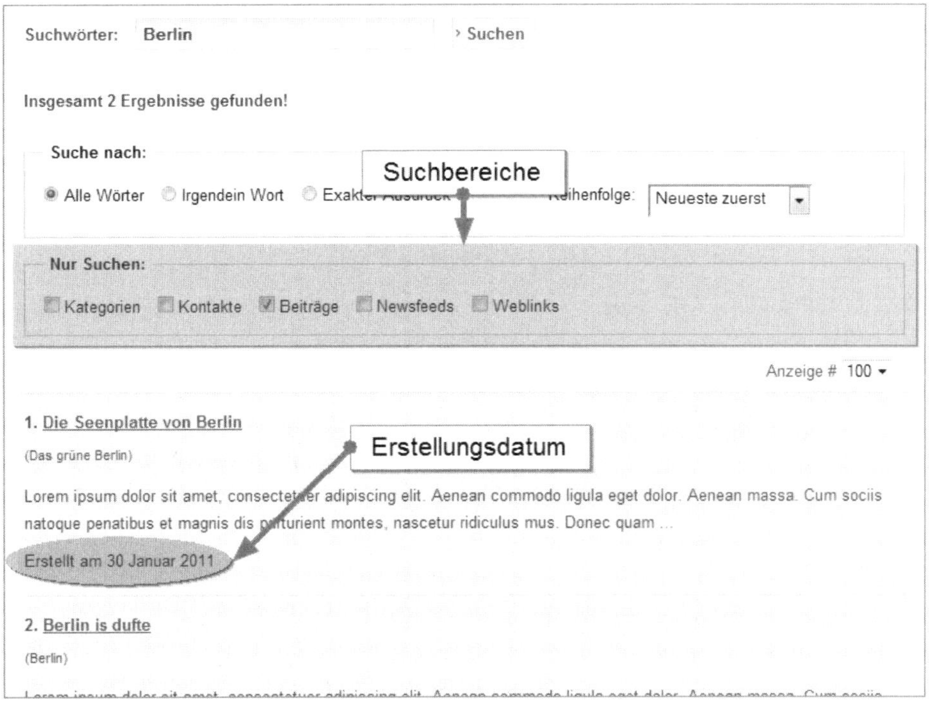

Bild 7.8: Suche im Frontend

Mit den *Suchbereichen* können Sie auswählen, ob sich die Suche auf Beiträge, Kategorien, Kontakte, Newsfeeds oder Weblinks, auf eine Kombination dieser Auswahlmöglichkeiten oder auf alles (wenn nichts oder alle Optionen markiert sind) bezieht. Deaktivieren Sie sie, dann wird immer überall gesucht.

Das *Erstellungsdatum* bezieht sich auf die Suchergebnisse und auf Beiträge. Deaktivieren Sie es, wird es nicht ausgegeben.

Die *globalen Einstellungen* finden Sie unter *Komponenten/Suche*. In den *Optionen* können Sie die globale Einstellung vornehmen. Zusätzlich können Sie auch einstellen, ob eine Suchstatistik erfasst werden soll. Wenn ja, wird jede Suche auf Ihrer Website entsprechend protokolliert und in der Komponentenansicht ausgewertet. Wird viel auf Ihrer Site gesucht, könnte sich das negativ auf die Performance auswirken. Wenn Sie das Gefühl haben, Ihre Seite wird immer langsamer, dann schalten Sie die Statistikfunktion aus. Andererseits können Sie mittels der Statistik Ihre Website natürlich optimieren. Wenn Sie festellen, dass immer gleiche Suchbegriffe in der Suche auftauchen, sollten Sie vielleicht tätig werden und die Navigation überdenken oder die Beiträge anders sortieren etc.

Bild 7.9: Komponente – Suchstatistiken

Klicken Sie rechts auf den kleinen Link *Suchergebnisse anzeigen* – Sie erhalten dann eine Auflistung Ihrer Suchstatistik. Warum allerdings die *Ergebnisse* auf *Aus* stehen, entzieht sich meiner Kenntnis.

Wenn Sie die Statistik zurücksetzen möchten, dann klicken Sie einfach das Icon *Zurücksetzen* an. Die bisherige Statistik wird dann gelöscht.

Alternativ zum Menüverweis können Sie auch das Modul *Suche* veröffentlichen und einer Position im Template zuordnen. Dann haben Sie auf jeder Seite ein Sucheingabefeld.

Gehen Sie in die Modulübersicht (*Erweiterungen/Module*), klicken Sie *Neu* an und wählen Sie in der Liste *Suchen* aus. Sie befinden sich jetzt im Suchen-Modul. Unter *Basis Optionen* können Sie nun verschiedene Einstellungen für das Suchen-Feld vornehmen. *Box Label* wird zwar im Quellcode angezeigt, ist aber unsichtbar geschaltet, weswegen sich mir der tiefere Sinn hierfür leider auch nicht erschließt. Mit *Boxbreite* legen Sie die Länge des Eingabefeldes fest.

Der *Box Text* erscheint innerhalb des Suchen-Feldes. Sie können eine *Suchenschaltfläche* einblenden, auf der standardmäßig »Suchen« steht. Gefällt Ihnen diese Bezeichnung nicht, dann geben Sie in *Schaltflächentext* eine eigene Bezeichnung ein. Sie können aber auch ein eigenes *Suchbuttonfeld* anzeigen. Dazu müssen Sie aber ein entsprechendes Bild mit dem Namen *searchButton.gif* (bitte auf die genaue Schreibweise achten!) in Ihrem Template-images-Verzeichnis ablegen. Also: */templates/IhrTemplate/images/searchButton.gif*

Einige Webbrowser bieten oben rechts die Möglichkeit, auf ausgewählten Suchdiensten oder Webseiten direkt zu suchen. Wenn Sie *OpenSearch autodiscovery* mit »Ja« aktivieren, können Sie Ihre Seite den Suchdiensten der Browser hinzufügen.

Bild 7.10: OpenSearch-Einstellungen im Modul

Angenommen, Sie tragen in das Feld *OpenSearch title* »Meine persönliche Suchseite« ein, dann steht nach dem Aktivieren dieser Einstellung im Quelltext Ihrer Site im Header-Bereich diese Zeile:

```
<link
href="http://IhreDomain/index.php/component/search/?Itemid=278&amp;format=op
ensearch" rel="search" title="Meine persönliche Suchseite"
type="application/opensearchdescription+xml" />
```

Im *title* steht also der Text, den Sie im Modul eingetragen haben. Klicken Sie nun beispielsweise im Firefox oben rechts auf den kleinen Pfeil, der beim Icon des ausgewählten Suchdienstes steht, dann finden Sie in der Liste »Meine persönliche Suchseite auswählen«.

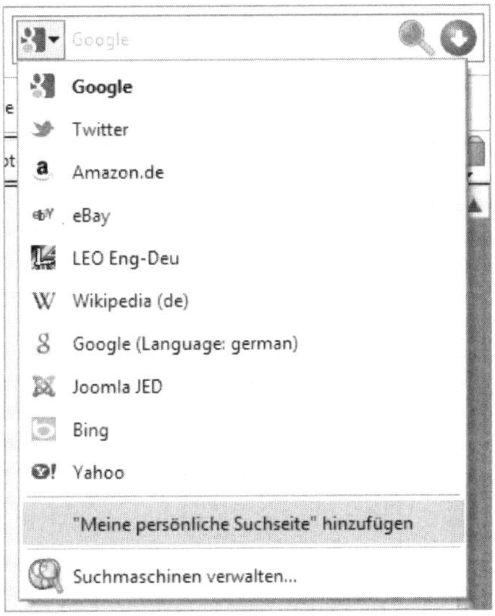

Bild 7.11: Auswahl der eigenen Website im Firefox

Ab sofort können Sie jederzeit auf Ihrer eigenen Website suchen. Ein entsprechender Hinweis an Ihre Besucher, und jeder kann Ihre Website in der Suchliste hinzufügen.

Eintrag-ID setzen – putzig ist der letzte Satz in der deutschen Tooltipp-Übersetzung: »Ist der letzte Satz unklar, braucht diese Funktion nicht genutzt werden.« Wenn man nix weiß, also Finger weg. Besser wäre aber, herauszufinden, was man damit machen kann.

Wenn man einen Menüpunkt auf die Suche anlegt und ihn anders formatiert als das restliche Layout, dann kann man die Menüverweis-ID von diesem Verweis in das Feld *Eintrag-ID* setzen. Benutzt man dann das Suchen-Modul im Frontend, werden die Suchergebnisse so ausgegeben, wie man es im Menüverweis formatiert hat.

Ein Beispiel dazu: Wir legen uns einen neuen Menüverweis an, den wir dem Menütyp *Sucheergebnis auflisten* zuordnen. Dem Menüverweis geben wir noch einen Titel (Beispielsweise »Suche«) und unten stellen wir beim *Template Style* die Option *Beez2-Default* ein (falls Sie das Design gerade als Standard verwenden, benutzen Sie stattdessen

Beez5). Ganz unten steht die Menü-ID, wahlweise in der Menüübersicht ganz rechts. Diese ID tragen Sie im *Suche-Modul* in das Feld für die *Eintrags-ID* ein.

Wenn Sie nun den Menüverweis im Frontend aufrufen, wechselt das Template ordnungsgemäß. Wenn Sie aber das Suchen-Feld des Moduls benutzen, wechselt ebenfalls das Template.

Das Suchen-Feld des Moduls wird auf den meisten Websites benutzt, die Suche per Menüverweis eher selten. Sie können zwar auch mittels diverser CSS-Befehle die Such-Ergebnisseite anpassen, aber Sie können dem Ganzen eben auch per Menü ein individuelles Aussehen verleihen und der Such-Ergebnisseite ein vom Standard abweichendes Aussehen geben, sofern Sie das möchten. Den Menüverweis auf die Suche können Sie verstecken. Entweder ist er nur für Admins sichtbar oder für eine Benutzergruppe, die Sie sonst nicht nutzen.

7.4.3 Suchindex

Sie können die Suche auf Ihren Seiten beschleunigen, indem sie Suchindexe anlegen. Diese spezielle Suche kann per Menü aufgerufen werden. Dazu müssen Sie jedoch zunächst eine Indexliste erstellen, was Sie bei den Komponenten machen können. Wechseln Sie dazu über das Menü in *Komponenten/Suchindex.*

Klicken Sie oben rechts bei den Icons auf *Index.* Es erscheint nun ein Fenster, das Sie bitte auf keinen Fall schließen dürfen, bevor Joomla Ihnen das explizit gestattet, da Sie sonst die Indexierung stoppen würden. Hat Joomla die Indexierung abgeschlossen, haben Sie eine vermutlich recht umfangreiche Auflistung vieler Stichwörter, die Joomla in Ihren Beiträgen und Kategorien gefunden hat. Neben dem *Indexierten Inhalt* gibt es noch die Ansicht auf die *Inhaltsgruppen,* die Ihre Kategorien in den Beiträgen und Kontakten abbildet und Ihnen mitteilt, wie oft dort indexierte Inhalte gefunden wurden.

In der rechten Ansicht können Sie Filterregeln erstellen. Klicken Sie dazu auf den Link, der innerhalb des Auflistfeldes steht:

Bild 7.12: Einen Filter erstellen

Je nachdem, was Sie in der ersten Spalte unten auswählen, klappen rechts daneben dann weitere Auswahlfelder auf. Sie können *Autor, Kategorie* oder *Typ* wählen. Der *Typ* erlaubt es beispielsweise, in den *Kategorien* nur *Beiträge* auszuwählen. Der Sinn der Filterfunktion wird in Verbindung mit einem Menüverweis deutlich. Wenn Sie dort den

Menütyp *Suche-Index* ausgewählt haben, dann können Sie rechts eine *Suchanfrage* vorgeben und einen *Suchfilter.*

Ein Beispiel dazu:

Angenommen Sie haben mehrere Beiträge zum Thema »Urlaub« verfasst. Vielleicht haben Sie auch eine Kategorie, die so heißt, erstellt. Zunächst müssen Sie nun in der Komponente die Indexierung starten, und anschließend erstellen Sie einen Filter, bei dem Sie *Suche nach Kategorie* und *Suche nach Typ* markieren. Wählen Sie in der aufklappenden Spalte der Kategorien die Kategorie *Urlaub* aus und in der Spalte mit dem *Typ* wählen Sie *Beiträge* und *Kategorien.*

Wenn Sie jeweils den Spaltennamen markieren, werden alle Felder darunter automatisch markiert, bzw. die Markierung wieder entfernt.

Geben Sie nun Ihrem Filter noch einen aussagekräftigen Titel und speichern das Ganze.

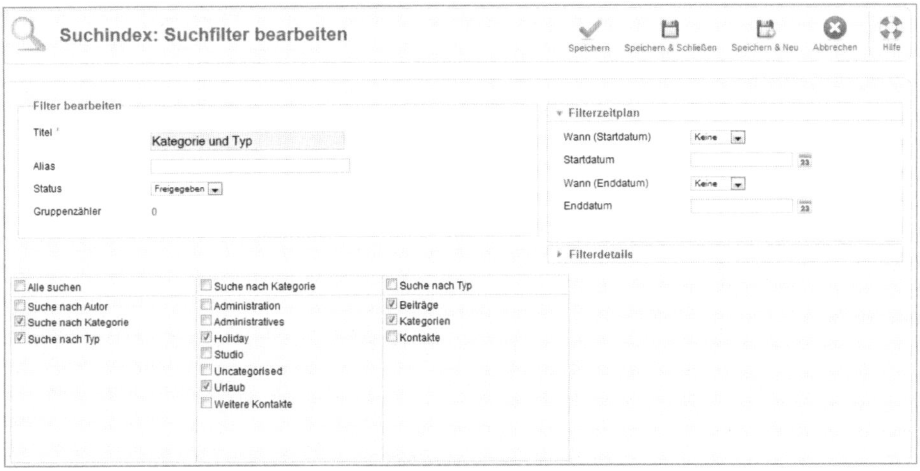

Bild 7.13: Den Filter zusammensetzen

Wechseln Sie nun in das Menü und erstellen Sie einen neuen Menüverweis. Als *Menütyp* wählen Sie *Suchindex – Suche* aus. Nachdem Sie einen Menütitel eingetragen haben, geben Sie rechts unter *Erforderliche Einstellungen* die *Suchanfrage* »Urlaub« vor und wählen Ihren eben erstellten *Suchfilter* aus. Speichern Sie und schauen Sie sich das Ergebnis dann im Frontend an.

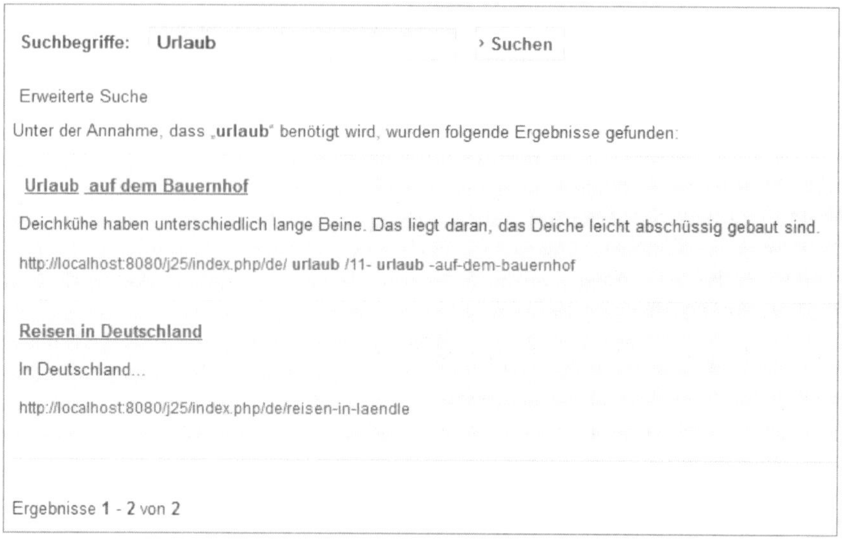

Bild 7.14: Ergebnis des Suchindex

In meinem Beispiel können Sie auf dem Screenshot erkennen, dass oben ein Beitrag abgebildet ist, der den *Suchbegriff* enthält. Und zwar sowohl im Beitragstitel als auch in der URL und darunter sehen Sie einen Beitrag, der zwar nicht den *Suchbegriff* enthält, sich aber in einer Kategorie befindet, die bei dem Filter ausgewählt wurde. In diesem Fall die Kategorie *Urlaub.*

Sie können mit dem Suchindex und der Filterung bestimmte Suchen vorgeben und so Ihren Besuchern helfen, bestimmte Informationen schneller zu finden.Da Sie beim *Filter* in der Komponente noch einen *Filterzeitplan* vorgeben können, können Sie beispielsweise saisonabhängig Filter einrichten. Betreiben Sie eine Seilbahn, haben Sie im Winter vielleicht andere Suchbegriffe als im Sommer auf Ihrer Webseite.

7.4.4 Benutzer

Anmeldeformular – Sie können entweder das zugehörige Modul zum Anmelden veröffentlichen oder Sie setzen einen Menüverweis.

In *Anmeldeumleitung* können Sie eintragen, wohin der Benutzer weitergeleitet wird, wenn er sich angemeldet hat. Benutzen Sie SEO, dann reicht die HTML-/PHP-Datei. Um den Benutzer nach der Anmeldung auf die Startseite zu bringen, geben Sie hier einfach *index.php* ein. Sie können auch einen externen Link angeben. Wenn Sie einen *Beschreibungstext der Anmeldung* vorgeben möchten, müssen Sie zusätzlich auch das Feld *Anmeldebeschreibung* auf *Anzeigen* setzen bzw. auf *Verbergen,* wenn Sie den Text doch nicht anzeigen möchten. Darunter können Sie auch ein *Anmeldebild* auswählen. Dazu den relativen Pfad angeben, beispielsweise: *images/bild.jpg.*

Im unteren Teil der *Basis Optionen* können Sie das Gleiche für die Abmeldung angeben. Wenn Sie nach der Anmeldung abermals auf den Menüverweis klicken, erhalten Sie den Abmeldetext bzw. Ihre Einstellungen.

Benutzer Profile – hier gibt es nichts Neues einzustellen. Wenn Sie diesen Menüverweis anlegen, kommt im Frontend der Anwender auf sein eigenes Benutzerprofil. Die Übersetzung ist also nicht ganz korrekt, da von der Mehrzahl die Rede ist. Am Ende erhält der Nutzer einen Verweis zum Bearbeiten des Profils, sofern Sie das zulassen.

Benutzer Profil bearbeiten – Auch hier gibt es nichts Neues einzustellen. Wie der Name schon vermuten lässt, kann der Benutzer hier seine Profileinstellungen verändern. Was aber nur geht, wenn Sie es in den *Benutzer-Optionen* zulassen (*Benutzer/Benutzer → Optionen*).

Registrierungsformular – Auch hier kann man nichts Neues einstellen. Dieser Menüverweis führt zum Registrierungsformular, das auch angezeigt wird, wenn Sie im *Login-Modul* auf *Registrieren* klicken. Sie haben also mehrere Möglichkeiten, einen User zum Registrieren aufzufordern. Es gibt übrigens ein Plugin, mit dem Sie die Registrierungsfelder erweitern können. Dazu aber mehr im Kapitel *14 Plugins*.

Benutzername erneut zusenden – auch hier gibt es nichts weiter einzustellen. Falls der Benutzer seinen Benutzernamen vergessen hat, können Sie ihm diesen Menüverweis anbieten. Der Menüverweis ist identisch mit dem Verweis im *Login-Modul*.

Passwort zurücksetzen – wer bis hierhin aufmerksam mitgelesen hat, wird sich nicht wundern, dass es auch hier nichts Neues einzustellen gibt und dass dieser Menüverweis ebenfalls mit dem gleichnamigen Verweis im *Login-Modul* identisch ist.

7.4.5 Wrapper

Iframe Wrapper – Sie können problemlos externe Webseiten oder Dateien in Ihrer Joomla-Website mit Hilfe des Wrappers anzeigen. Geben Sie dazu einfach die URL der externen Webseite bei den *Basis Optionen* in das Feld *Webadresse* ein. Ob mit führendem *http://* oder nicht, ist zwar egal. Besser ist aber, es gleich hinzuzufügen, da es sonst zur Laufzeit hinzugefügt wird oder – schaltet man das Hinzufügen aus – zu Fehlern führen kann. Etwas weiter unten steht dazu noch was. Oder Sie geben den Dateinamen mit Pfad ein. Beispiel: *dateien/meineDatei.htm*

In *Bildlaufleiste Parameter* können Sie das Aussehen noch etwas beeinflussen. Mit den *Bildlaufleisten* sind die Scrollbalken gemeint. Je nachdem, was für eine Seite Sie per Wrapper einfügen, könnte die Seite breiter und länger sein. Bei der Einstellung geben Sie vor, ob *immer(Ja)* oder *nie(Nein)* oder *bei Bedarf (Automatisch)* eine *Bildlaufleiste* angezeigt wird.

Die Breite ist mit 100% vorgegeben. Die Prozentwerte stehen immer in Relation zur vorhandenen Website und der dadurch möglichen Breite. Sie können hier aber auch eine Zahl in Pixelwerten angeben. Geben Sie eine Pixelzahl ein, die breiter als die mögliche Breite ist, dann wird die eingebundene Seite einfach abgeschnitten.

Bild 7.15: Zu breit für den Wrapper – da wird die externe Webseite einfach abgeschnitten.

Die *Höhe* wird in Pixeln angegeben. 100% funktioniert hier also nicht.

Unter den *Erweiterten Optionen* können Sie eine *Automatische Höhe* vorgeben. Dann wird die externe Webseite zu 100% in der Höhe angezeigt, sofern das Layout Ihrer Website das mitmacht.

Allerdings funktioniert das nur dann, wenn die externe Seite auf der gleichen Domain liegt. Liegt die externe Seite auf einer fremden Domain, dann hat die *Automatische Höhe* keine Funktion und Sie müssen die *Höhe* in den *Bildlaufleisten Parametern* geschickt setzen.

Automatisch hinzufügen bedeutet: Wenn Sie in den *Basis Parametern* in der URL kein *http://* vor der URL schreiben, wird diese Zeichenfolge automatisch dazugefügt. Schalten Sie es hier aus und vergessen Sie bei der URL selbiges davor zu setzen, gibt es eine Fehlermeldung im Frontend: *404-Objekt nicht gefunden.*

Wenn Sie aber nicht zu einer externen URL verlinken, sondern zu einer Datei, die auf Ihrer Domain liegt, dann brauchen Sie natürlich kein *http://*. Dann müssen(!) Sie hier das *Nein* setzen, da es sonst ebenfalls zu einer Fehlermeldung kommt, da die URL nicht korrekt erscheint.

Sie können so auch beispielsweise fertige HTML-Seiten in Ihrem Webauftritt anzeigen, ohne dass Sie diese Dateien erst in Joomla übertragen müssen. Oder Sie binden auf diese Art beispielsweise einen externen Onlineshop ein.

Tipp: Sie sollten allerdings mit dieser Technik keine fremden Webseiten in Ihrem Auftritt anzeigen, für die Sie keine Erlaubnis haben. Das Entführen von Webseiten auf diese Art und Weise verstößt gegen das deutsche Urheberrecht (im Zweifelsfall sollten Sie das Urheberrecht Ihres Landes einsehen oder einen Rechtsanwalt befragen). Es kann teuer für Sie werden, wenn Sie fremde Inhalte so zu Ihren eigenen machen.

7.4.6 Systemlinks

External URL – Sie können jederzeit auf eine fremde Website verweisen. Dazu tragen Sie im linken Bereich unter den *Details* in *Link* die URL ein, unbedingt mit *http://*, da es sonst zu einer Fehlermeldung kommt (*404-Objekt nicht gefunden*).

Sie können unter *Zielfenster* angeben, ob der Inhalt des Verweises in einem neuen Browserfenster mit oder ohne Navigation angezeigt werden soll oder anstelle Ihrer Webseite geladen werden soll (*parent*).

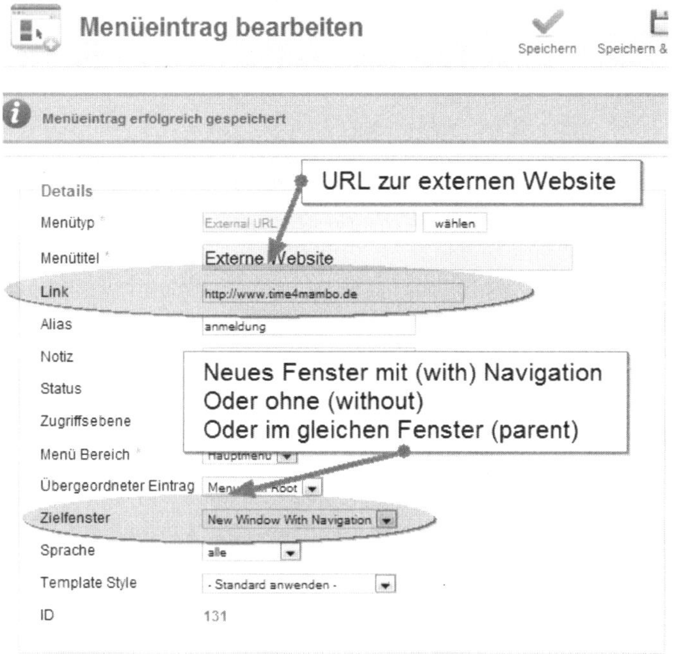

Bild 7.16: Externe URL im Menü einbinden

Menü Alias – Damit können Sie einen bereits vorhandenen Menüverweis elegant doppeln. Mit dem Alias werden alle Einstellungen des vorhandenen Menüverweises übernommen. Interessant ist das beispielsweise, wenn Sie mit mehreren Menümodulen und in zwei verschiedenen arbeiten, die nach verschiedenen Kriterien angezeigt werden (beispielsweise für verschiedene Benutzergruppen) oder wenn Sie gleiche Menüverweise haben. Dann brauchen Sie sie nicht mehrmals zu schreiben, sondern kopieren sie per

Alias einfach. Sie wählen nun auch rechts unter den *Benötigten Einstellungen* einen bereits fertig angelegten *Menüeintrag* aus.

Text Trennzeichen – auch *Separator* genannt. Sie können zwischen zwei Menüverweise ein Trennzeichen legen, um sie optisch aufzubereiten oder Gruppen von bestimmten Menüverweisen zusammenzufassen.

Bild 7.17: Trennzeichen im Backend

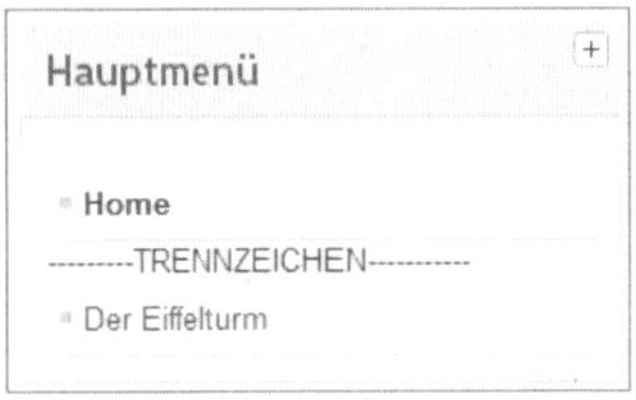

Bild 7.18: Trennzeichen im Frontend

Sie können auf einen Menüverweis mit einem *Trennzeichen* im Frontend nicht klicken. Ein Trennzeichen dient also lediglich der Optik. Meistens benutzt man zur Trennung eine Linie. Ich habe in den Beispielbildern das Wort *Trennzeichen* nur zur besseren Sichtbarkeit eingetragen.

Hier ein Beispiel aus einer praktischen Arbeit auf einer Magazinseite, bei der es gleich zwei Trennzeichen gibt. Das erste ist der Strich und das zweite das Wort *Redaktion*. Damit kann man also auch Zwischenüberschriften in Menüs anlegen.

Bild 7.19: Menü mit zwei Trennzeichen

7.4.7 Komponenten

Wenn Sie neue Komponenten installieren, werden Sie hier entsprechende Menütypen für die Komponente finden. Ob einer oder mehrere Typen, hängt von der jeweiligen Komponente ab.

Ich gehe in diesem Kapitel lediglich auf die standardmäßig mitgelieferten Komponenten ein.

Kontakte

Alle Kontakt Kategorien auflisten – Wenn Sie mehrere Kontaktkategorien erstellt haben, können Sie diese Kontaktkategorien hier auflisten. Im Frontend sind dann zunächst die Kontaktkategorien anklickbar, sofern der Kategorie mindestens ein Kontakt zugeordnet ist. In *Benötigte Einstellungen* wählen Sie aus, ob alle Kontaktkategorien ab dem Root – also der ersten Kategorieebene oder einer tiefer liegenden Ebene – angezeigt werden sollen. Sie können bei den Kontaktkategorien genauso verfahren wie in den Beitragskategorien.

Kontakte in einer Kategorie auflisten – Wenn Sie Kontakte angelegt und sie einer Kontaktkategorie zugeordnet haben, dann können Sie mit diesem Menüverweis alle Kontakte einer Kontaktkategorie auflisten. Diese werden dann untereinander angezeigt und können einzeln angeklickt werden. In den *Benötigten Einstellungen* wählen Sie die gewünschte Kategorie aus.

Einzelner Kontakt – Unter den *Benötigten Einstellungen* wählen Sie den Kontakt aus, auf den Sie direkt verweisen möchten.

Hauptkontakte – Wie auch bei den Beiträgen können Sie *Haupteinträge* vorstellen. Damit können Sie eine Auswahl treffen und sie dann mit diesem Menütyp anzeigen. Sie können rechts im *Listen Layout* ausgeben, was in der Übersicht der *Hauptkontakte* angezeigt werden soll. Im Großen und Ganzen ist das identisch mit den Einstellungen zu der Kategorieliste, wie bereits beschrieben. Lediglich die kontaktspezifischen Felder sind natürlich anders.

In den *Contact Display Options* werden die Felder ausgewählt, die bei dem Einzelkontakt ausgegeben werden. Die *Link Label* haben hier keine Funktion. Sie werden direkt im Kontakt eingestellt.

Die *Mail Optionen* sind ebenfalls mit den Einstellungen direkt bei der Komponente identisch. Sie können hier explizit für die *Hauptkontakte* individuell geändert werden.

Näheres zu den einzelnen Feldern finden Sie im Kapitel *16 Komponenten.*

Newsfeeds

Sie können Feeds von anderen Websites auf Ihrer Website anzeigen. Details zu Feeds finden Sie im Kapitel *5 Globales* und dort im Abschnitt zur *Konfiguration*. Wenn Sie in der Komponente Feeds eingerichtet haben (Details dazu im Kapitel *16 Komponenten*), können Sie mittels verschiedener Menütypen auf diese Feeds zugreifen.

Listet alle Newsfeed Kategorien auf – Damit erhalten Sie einen Überblick über alle Ihre Newsfeed-Kategorien. In den *Benötigten Einstellungen* wählen Sie aus, ab welcher Ebene die Kategorien angezeigt werden sollen.

Listet Newsfeeds in einer Kategorie auf – Wählen Sie in den *Benötigten Einstellungen* die Kategorie aus, von der die Newsfeeds angezeigt werden sollen. In den *Feed-Anzeige Optionen* können Sie individuell die entsprechenden Angaben auswählen. Details finden Sie im Kapitel *16 Komponenten.*

Einzelner Newsfeed – In den *Benötigten Einstellungen* wählen Sie den Feed aus, den Sie anzeigen möchten. In den *Feed-Anzeige Optionen* können Sie individuell die entsprechenden Angaben auswählen. Details finden Sie im Kapitel *16 Komponenten.*

Weblinks

Weblinks in Kategorien – Sie geben eine Auflistung der Weblink-Kategorien aus. In den *Benötigten Einstellungen* wählen Sie die erste Kategorieebene aus, ab der die Weblink-Kategorien angezeigt werden sollen.

Weblinks in Kategorie – Damit listen Sie alle Weblinks aus einer Kategorie auf, die Sie in den *Benötigten Einstellungen* eingeben. In den *Kategorie Optionen* haben Sie ganz unten noch ein Feld, in dem Sie einstellen, ob in den Kategorien die Anzahl der vorhandenen Weblinks angezeigt werden soll.

Einen Weblink senden – mit diesem Menüpunkt können Benutzer neue Weblinks einreichen. Allerdings nur, wenn sie angemeldet sind. Gäste können also keine Weblinks einreichen, was angesichts der Spamflut auch sinnvoll erscheint.

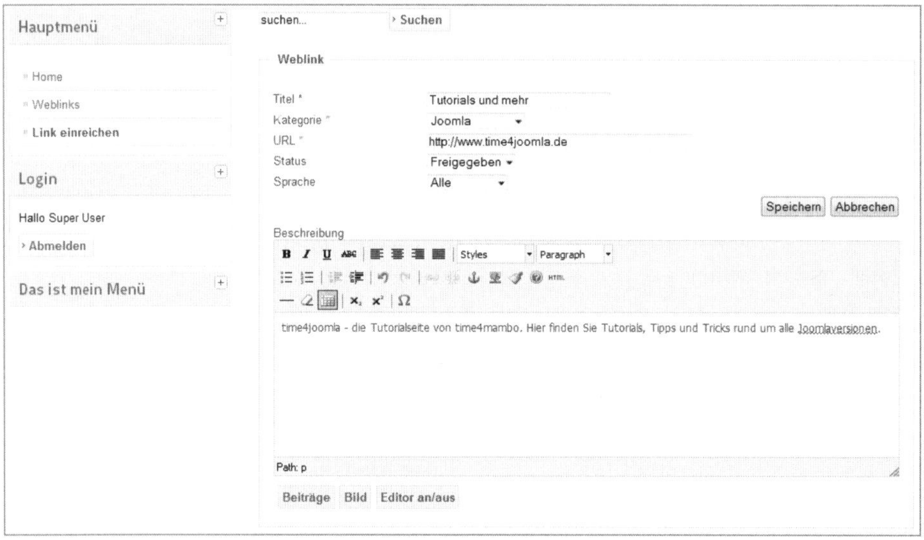

Bild 7.20: Neue Weblinks im Frontend einreichen

Weitere Details zu den Weblinks finden Sie im Kapitel *Komponenten.*

7.5 Modul: Zuweisung

In meiner Version steht hier leider noch die englische Fassung: *Module Assignment for this Menu Item.*

Diese Liste ist quasi eine Miniausgabe der Modulübersicht. Sie können hier gezielt bestimmte Module anzeigen oder unter dem Menüverweis verbergen, den Sie gerade bearbeiten. Klicken Sie dazu einfach auf einen der Modultitel, und Sie kommen direkt in das Modul selber. Hier können Sie nun unten links die *Menüzuweisung* tätigen. Dazu müssen Sie als Erstes das Feld *Menü-Zuweisung* so einstellen, wie Sie es benötigen, und dann die einzelnen Menüpunkte angeben, sofern Sie sich für *Nur auf der gewählten Seite* entschieden haben. Details hierzu finden Sie auch im Kapitel *12 Module.*

Diese Auswahl können Sie natürlich auch in der Modulübersicht bei den Modulen vornehmen. Beim Menüverweis ist es lediglich eine zusätzliche Hilfe, direkt in das einzelne Modul zu gelangen, ohne dass Sie erst den Menüverweis verlassen und per Menü in die Modulansicht gehen müssen.

7.6 Icon: Wiederherstellen

Es gibt oben rechts das Icon *Wiederherstellen.* Es kann passieren, dass mehrere Backendbenutzer das Hierarchiesystem ein wenig durcheinanderbringen, wenn sie Schreibzugriffe auf die Menüs haben. Die hierarchischen Strukturen werden in der Datenbank nach dem *Nested-Sets-Konzept*[16] gespeichert. Das ist eine sehr komplizierte Methode, und ich möchte den interessierten Leser bitten, sich über das Internet über diese Technik zu informieren. Einen kleinen Einblick gibt es unter dem genannten Link. Die *Nested-Set-Methode* ist schnell beim Auslesen hierarchischer Daten, aber langsam beim Schreiben und Aktualisieren. Wenn mehrere Benutzer gleichzeitig Kategorien erstellen und bearbeiten, kann es vorkommen, dass plötzlich die Menüebenen verrutschen und nichts mehr so recht zusammenzupassen scheint. Wenn das passiert, dann kann mit dem Icon *Wiederherstellen* die Struktur repariert werden.

7.7 Startseite

Sie müssen eine Seite / einen Menüverweis als Startseite festlegen. Diese Startseite wird aufgerufen, wenn ein User Ihre URL in seinem Browser eingibt. Sie ist also die allererste Seite, die ein Gast sieht, wenn er auf Ihre Website kommt. Diese Seite können Sie nach Belieben auswählen und natürlich auch nach Belieben im Menüverweis-Titel bezeichnen. Standardmäßig ist *Home* vorgegeben. Aber daran sind Sie nicht gebunden.

Sie kennzeichnen diese Seite mit dem goldenen Stern.

---

16 *http://de.wikipedia.org/wiki/Nested_Sets*

Dazu klicken Sie entweder in der Spalte *Startseite* in den grauen Stern – dann wechselt sofort der goldene Stern seinen Platz – oder Sie markieren die Zeile links mit einem Häkchen und klicken dann oben das Icon *Startseite* an. Auch dann wechselt der goldene Stern sofort seinen Platz. Sie haben jetzt eine neue Startseite.

Sie können den Menüverweis, der als *Startseite* deklariert ist, weder deaktivieren noch löschen. In beiden Fällen erhalten Sie einen roten Hinweistext von Joomla, der Ihnen in Englisch verkündet, dass das nicht geht: »Cannot unpublished default home«.

Sollte es dennoch passieren, dass einmal kein Menüverweis als *Startseite* gesetzt ist, dann funktioniert Joomla im Frontend nicht mehr. Es kann dann einfach keine Seite angezeigt werden, wenn Sie das Frontend aufrufen, weil Joomla nicht weiß, welches die Startseite ist.

7.8 Untermenüs

Die *Untermenüs* sind bereits zuvor aufgetaucht, aber an dieser Stelle will ich sie doch noch mal direkt ansprechen.

Untermenüs in Joomla anzulegen ist denkbar einfach: Einen neuen Menüverweis anlegen und dann den *Übergeordneten Eintrag* auswählen, also den Hauptmenüpunkt, dem der Untermenüpunkt zugeordnet ist.

Bild 7.21: Übergeordneten Menüpunkt auswählen

Danach kann man im zugehörigen Menümodul (über die *Modulzuordnung* kann man bequem das Modul aufrufen) noch einstellen, ob die Untermenüs immer angezeigt werden sollen (*Untermenüeinträge anzeigen: Ja*) oder erst, wenn man den übergeordneten Hauptmenüpunkt anklickt (*Untermenüeinträge anzeigen: Nein*).

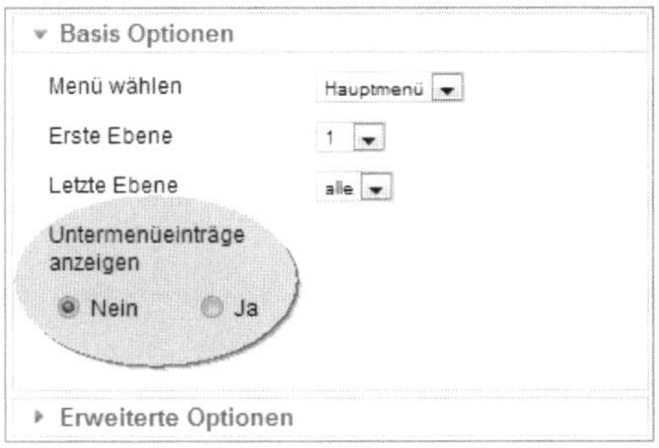

Bild 7.22: Einstellungen für die Anzeige von Untermenüebenen

Man kann natürlich beliebig viele Untermenüebenen erstellen. Also auch Untermenüs in Untermenüs in Untermenüs in …

7.9 Splitmenü

Die *Splittechnik* beschreibt, wie man ein Menü so aufsplitten kann, dass die Untermenüpunkte an einer anderen Stelle als die Hauptmenüpunkte ausgegeben werden.

Angenommen, wir haben ein einfaches Template mit einer Modulposition oben für ein horizontales Menü und einer auf der linken Seite für ein vertikales Menü. Oben möchte ich nun das Menü mit den Hauptmenüverweisen abbilden und wenn man einen Hauptverweis anklickt, sollen die Untermenüverweise links aufgehen.

Entweder erstelle ich dafür ein ganz neues Menü oder ich nehme ein vorhandenes mit Untermenüs. Ich habe mir dazu eine kleine Menüstruktur aus einigen Untermenüs und einem Unter-Untermenü erstellt:

Bild 7.23: Untermenüstruktur

Weiter geht es jetzt mit einigen Einstellungen in der Modulübersicht (*Erweiterungen/ Module*). Dort editieren wir zunächst unser Menümodul und wählen bei den *Basis Optionen* bei der *Ersten Ebene* eine »1« aus und bei der *Letzten Ebene* ebenfalls eine »1«. Denn wir wollen ja in unserem oberen Menü nur die Hauptverweise anzeigen. Und die liegen in der ersten Ebene.

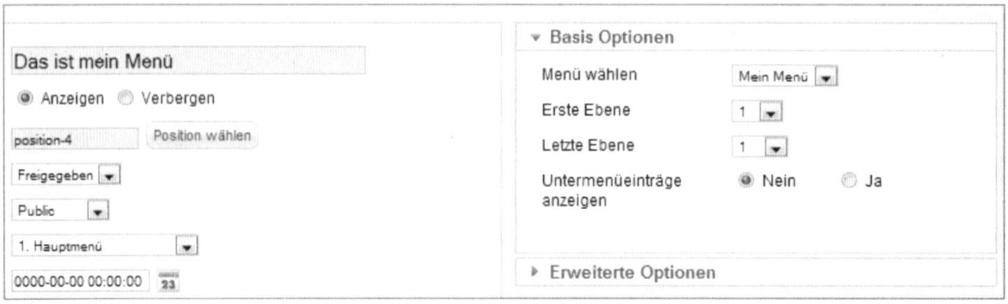

Bild 7.24: Die Hauptverweise im Splitmenü – die erste Ebene

Bild 7.25: Das Resultat im Frontend – nur der Hauptmenüverweis ist sichtbar.

Jetzt kopieren wir das Menü-Modul, indem wir einfach den Titel ändern, die Position auf »links« legen und die beiden Ebenen ändern: *Erste Ebene: »2« – Letzte Ebene: »10«*. Das bedeutet, dass wir in diesem Menümodul die Menüverweise ab der zweiten Ebene anzeigen wollen.

Bild 7.26: Das »linke« Menü ab der Ebene 2

Bild 7.27: Im Frontend ist nun das Menü mit den Untermenüpunkten sichtbar, wenn man auf den Hauptmenüpunkt klickt (»Frankreich«).

Wenn Sie im kopierten Menü-Modul *Untermenüeinträge anzeigen: Ja* einstellen, werden im »linken« Menü die Untermenüpunkte gleich mit angezeigt. Sonst öffnet sich aber der Untermenüpunkt, wenn man im Beispiel auf »Der Eiffelturm« klickt.

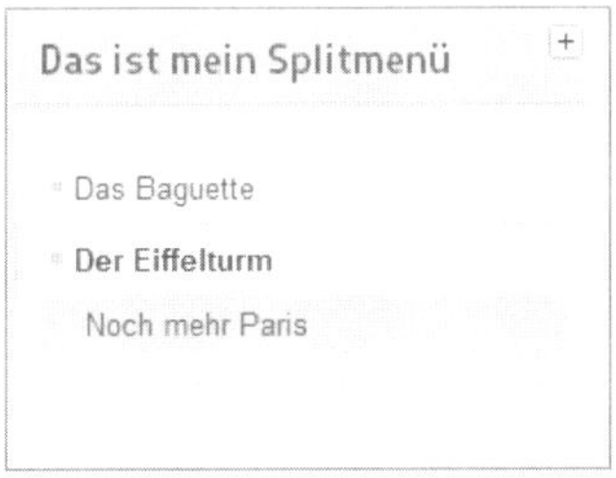

Bild 7.28: Der »Unter-Untermenüverweis« erscheint ordnungsgemäß.

Joomla erkennt bei dieser Technik von allein, welcher Hauptverweis angeklickt wurde, und öffnet dann auch nur die Unterverweise, die zum Hauptverweis gehören.

Sie können auch mehre Menümodule erstellen und durch die jeweilige Ebenen-Zuordnung weitere Splitmenüs erzeugen. Wenn Sie also möchten, dass der Unter-Untermenüverweis »Noch mehr Paris« an einer ganz anderen Stelle in Ihrem Template angezeigt wird, nachdem man den *übergeordneten Menüverweis* »Der Eiffelturm« angeklickt hat, brauchen Sie nur *Erste Ebene: »3«* einzustellen. Und Sie müssen natürlich im zweiten Menü-Modul die *letzte Ebene* von »alle« auf »2« umstellen. In den *Ebenen* teilen Sie also mit, welche Menüverweis-Ebene dem Menü-Modul zugeordnet wird. Standardmäßig steht dort *Erste Ebene: 1 – Letzte Ebene: alle.*

7.10 Praxis: Beiträge und Menüs

Nun haben wir so viel über Einstellungen in den Beiträgen und Menüs gehört, dazu noch ein paar Techniken angesprochen, aber wie man das Ganze nun anwenden kann, ist insbesondere für einen Einsteiger gar nicht so einfach zu durchschauen. Deshalb möchte ich in diesem Kapitel ein wenig in die praktische Anwendung gehen. Dabei geht es mir nicht darum, aufregende Navigationen zu erstellen, sondern einfach ein paar grundsätzliche Abläufe aufzuzeigen und Grundlagen der Navigation zu vermitteln. Der grundsätzliche Ablauf ist stets, dass zuerst eine Kategorie, dann ein Beitrag und erst dann ein Menüverweis angelegt wird.

Zwar kann man bei Blogs und Listen diesen Ablauf auch unterbrechen, aber zum Einstieg sollte dieser Ablauf zunächst berücksichtigt und ein wenig verinnerlicht werden.

Befindet man sich im Menüverweis, ist der erste Schritt die Auswahl eines Menütyps. Die rechte Seite mit den Optionen ändert sich jedes Mal, je nach Auswahl des Menütyps.

Ich persönlich trage dann stets auch erst den Menütitel ein, bevor ich weitere Einstellungen vornehme. Aber das bleibt Ihnen natürlich überlassen.

7.10.1 Der einzelne Beitrag

Das einfachste und vermutlich auch am häufigsten vorkommende Menü ist sicherlich die Verlinkung eines einzelnen Beitrages.

Dazu einfach im Menü auf *Neu* klicken und im *Menütyp Einzelner Beitrag* auswählen. Rechts wird nun ein Auwahlbutton angezeigt, mit dem wir eine Liste unserer bisher geschriebenen Beiträge erhalten und dort den auswählen, den wir gern haben möchten.

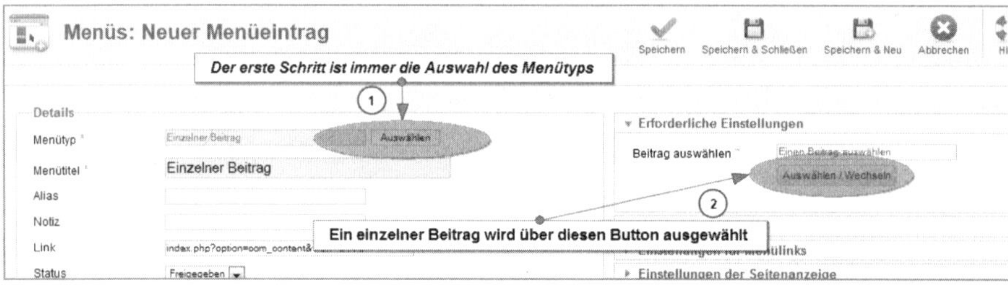

Bild 7.29: Erstellen eines einzelnen Beitrages

Je nachdem, was Sie nun in den globalen Optionen eingestellt haben, müssen Sie eventuell in den Optionen zu diesem Menüverweis entsprechende Änderungen vornehmen. Angenommen, Sie haben global über die Optionen eingestellt, dass bei den Beiträgen das *Erstellungsdatum* angezeigt werden soll, Sie haben aber gerade das Impressum verlinkt, dann macht das *Erstellungsdatum* nicht allzuviel Sinn und sollte unter *Beitragsoptionen* beim gleichnamigen Beitrag auf *Verbergen* gesetzt werden.

Damit überschreiben Sie die globalen Einstellungen, aber nur für diesen einen Beitrag.

7.10.2 Die Kategorieliste

Die Liste wird erstaunlich selten benutzt. Man hat mit einer Kategorieliste einen sehr guten Überblick über die geschriebenen Beiträge. Die Kategorieliste macht aber eher dort Sinn, wo man beispielsweise Buchempfehlungen auflistet oder Tutorials schreibt. Also überall dort, wo das Publikum gezielt fachliche oder sachliche Beiträge zu einem engeren Themenkreis auswählen soll.

Arbeitet man mit der Liste, ist es wichtig, sich ein wenig Gedanken über die Ansicht zu machen. Die wiederum hängt auch ein wenig von der Anzahl der Beiträge in der Liste ab. Im Listenlayout können Sie einige Einstellungen dazu vornehmen.

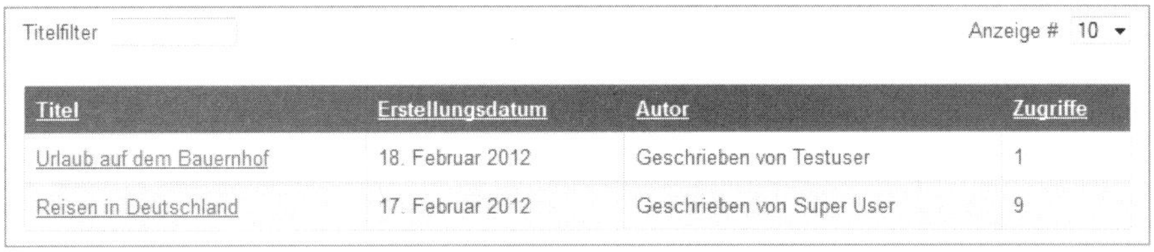
Titelfilter　　Anzeige # 10

Titel	Erstellungsdatum	Autor	Zugriffe
Urlaub auf dem Bauernhof	18. Februar 2012	Geschrieben von Testuser	1
Reisen in Deutschland	17. Februar 2012	Geschrieben von Super User	9

Bild 7.30: Kategorieliste

Wenn nur Sie Beiträge schreiben, macht es nicht so viel Sinn, den Autorennamen auszugeben. Wenn Beiträge so gut wie nie geändert werden, reicht es, das Erstellungsdatum anzugeben. Wenn Ihre Beiträge schon etwas älter sind und das Datum eigentlich nicht wirklich wichtig ist, dann zeigen Sie es auch nicht an. Nichts kann schlimmer sein, als dass der Besucher Ihrer Seite das Gefühl bekommt, es würde sich gar nichts mehr auf der Seite tun. Haben Sie nur wenige Beiträge, benötigen Sie keinen *Titelfilter* und die *Anzeige #*, wie viel Beiträge auf der Seite angezeigt werden, macht dann vielleicht auch nicht so viel Sinn. Haben Sie 11 oder 12 Beiträge, setzen Sie die Zahl der Anzeige hoch auf 20 oder noch mehr. Wenn man die Anzeige bekommt, es sind zwei Seiten vorhanden, man bekommt dann aber nur noch einen Beitrag auf der zweiten Seite angezeigt, macht das nicht den besten Eindruck.

Haben Sie kaum Besuch auf Ihrer Site oder ist Ihre Webpräsenz noch recht neu, dann schalten Sie zumindest am Anfang die *Seitenaufrufe* aus. Sie können später diese Zahl auch wieder aktivieren, wenn Sie das Gefühl haben, dass es recht ordentlich viele sind. Zu wenig vermittelt immer den Eindruck, dass auf Ihrer Seite nichts passieren würde.

Benutzen Sie häufiger die Kategorieliste, sollten Sie alle Einstellungen, die die Beiträge und natürlich auch die Listen betreffen, global in den Optionen vornehmen und direkt im Menüverweis nur die Ausnahmen eingeben.

7.10.3 News mit dem Kategorieblog

Der Kategorieblog bietet sich sehr gut für die Startseite an, aber auch für alle anderen Themenbereiche, wo mehrere Beiträge zu einem Thema angeboten werden und der redaktionelle Aspekt im Vordergrund steht.

Quasi das Herzstück der Bloggansicht liegt in den *Blog-Layout-Optionen*: *Führende*, *Einleitung*, *Spalten* und *Links* haben wesentlichen Einfluss auf die Optik und damit das Gesicht Ihrer Website.

Der Kategorieblog bietet sich sehr gut für die Startseite an, aber auch für alle anderen Themenbereiche, wo mehrere Beiträge zu einem Thema angeboten werden und der redaktionelle Aspekt im Vordergrund steht.

Quasi das Herzstück der Bloggansicht liegt in den *Blog-Layout-Optionen*: *Führende*, *Einleitung*, *Spalten* und *Links* haben wesentlichen Einfluss auf die Optik und damit das Gesicht Ihrer Website. Mit *Führende* sind quasi die Hauptbeiträge gemeint. Oft genug auch »Anreißer« einer Seite oder aber auch die allerneuesten Beiträge, die nach ganz oben wandern (wobei das natürlich von Ihrer Sortierung abhängt). Unter *Einleitung* versteht man die *Intros* zu einem Thema. Diese stehen auch oft in den Spalten, sofern man das so einstellt, wohingegen die *Führenden* stets die gesamte Breite für sich in Anspruch nehmen. Zusammenfassend: *Führende* stehen immer in einer Spalte über allen anderen Beiträgen und die *Einleitungstexte* können in Spalten angezeigt werden, stehen aber immer unter den *Führenden*.

Hier ein paar Beispiele, wie Sie mit den dort einzustellenden Zahlen sehr unterschiedliche Ansichten erzeugen können:

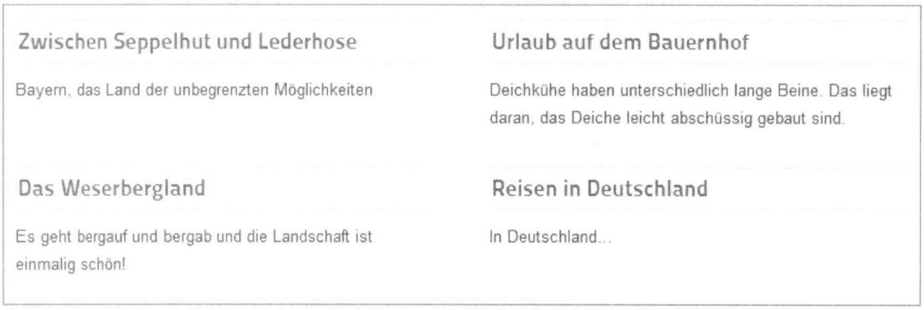

Bild 7.31: Führende: 0, Einleitung: 10, Spalten: 2

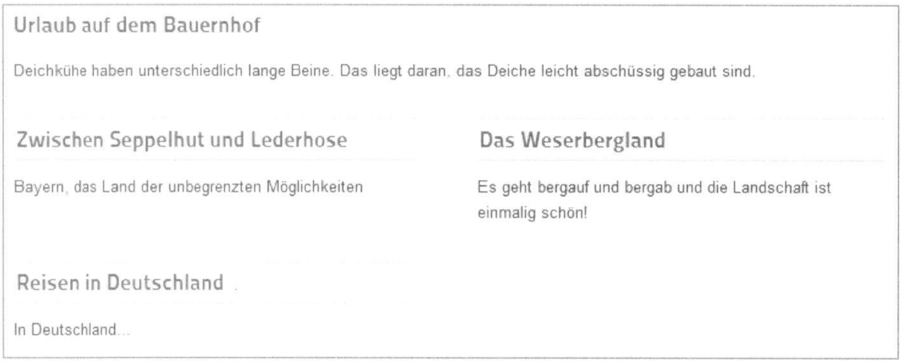

Bild 7.32: Führende: 1, Einleitung: 10, Spalten: 2

Bild 7.33: Führende: 0, Einleitung: 10, Spalten: 3

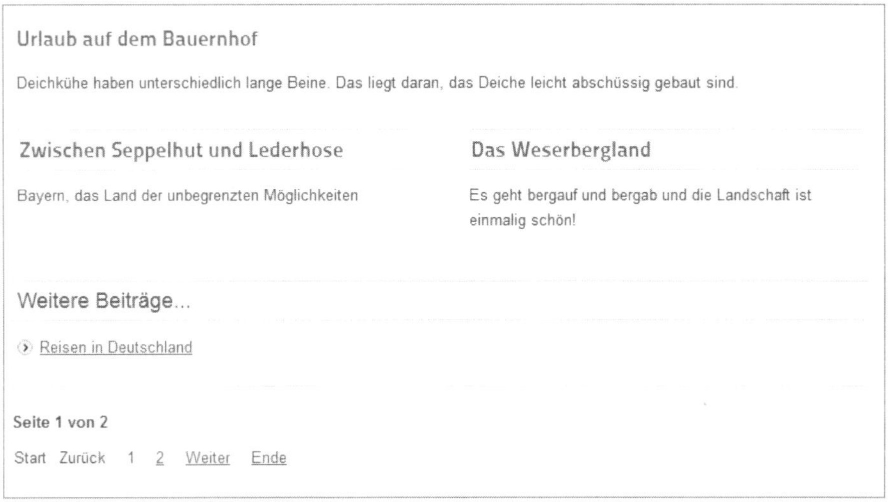

Bild 7.34: Führende: 1, Einleitung: 2, Spalten: 2, Links: 1

Das ist zunächst ein wenig verwirrend: da gibt es bei den Optionen die globalen Einstellungen für die Beitragsoptionen, bei den einzelnen Beiträgen gibt es die gleichen Einstellungen und bei den Menüverweisen tauchen sie auch noch mal auf.

Wo stellt man also am sinnigsten was ein und was bewirkt das genau auf der Site?

Über die Optionen in der oberen Iconleiste machen Sie die globalen Einstellungen. Alles, was Sie hier einstellen, wirkt sich grundsätzlich auf alle Beiträge aus.

Wollen Sie davon abweichen, können Sie in den Beiträgen entsprechend andere Einstellungen vornehmen.

Im Menü wiederum können Sie, je nach Menütyp, ganzen Blöcken noch einmal andere Einstellungen geben.

Angenommen, Sie möchten in allen Beiträgen, dass eine Bewertung und ein Veröffentlichungsdatum angezeigt werden, aber im Impressum, wo das tatsächlich nicht allzu viel Sinn macht, möchten Sie diese Einstellung explizit ausschalten: kein Problem.

Dann verlinken Sie jedoch einen Beitrag, wo Sie zusätzlich auch das Änderungsdatum benötigen, und stellen dieses im Menü ein, sofern Sie einen einzelnen Beitrag verlinken, oder direkt beim Beitrag, wenn dieser innerhalb eines Blogs angezeigt wird.

Ein anderes Szenarium könnte sein, dass Sie die Bewertung global ausgeschaltet haben, dann aber einen Blog veröffentlichen mit Beiträgen, wo Sie gern möchten, dass Ihre Besucher die Beiträge bewerten können – nur in diesem einen Kategorieblog. Aber ganz oben machen Sie einen führenden Beitrag, der vielleicht eine Einleitung in den Blog enthält und beim Beitrag direkt die Bewertungsfunktion explizit ausgeschaltet hat. Dann können alle Beiträge in diesem Blog bewertet werden, mit Ausnahme des führenden.

Man kann damit also auch die Beitragsdetails und -funktionen sehr individuell gestalten und zuweisen.

7.10.4 Hauptbeiträge

Letztlich ist der *Menütyp Hauptbeiträge* nichts anderes als ein Kategorieblog. Der Unterschied ist lediglich, dass man alle Beiträge aus allen Kategorien anzeigen kann, die als *Hauptbeitrag* gekennzeichnet wurden.

Das wird meist auf der Startseite verwendet, wo man entweder die aktuellen Beiträge so darstellt oder eben eine gezielte Auswahl vornimmt.

Man kann aber mittels dieser Möglichkeiten Beiträge mehrmals anzeigen lassen. Dadurch, dass man eine oder mehrere Kategorien auswählen kann, aus der die Hauptbeiträge dargestellt werden sollen, kann man so eine Art »Beiträge in mehreren Kategorien« simulieren.

Ich selber nutze diese Technik auf meiner Tutorialsite, um zusätzlich ausgewählte Beiträge aus verschiedenen Joomla-Versionen unter einem Menüverweis mit dem Titel »Alle Versionen« anzuzeigen. Also ein Beitrag unter zwei verschiedenen Menüverweisen.

8 Suchmaschinenoptimierung

Suchmaschinenoptimierung ist in aller Munde. Alle wollen *SEO* haben – *Search Engine Optimization.* Klar, wer will nicht auf Platz eins in den Suchmaschinen landen! Also wird allergrößter Wert darauf gelegt, dass die URLs auch vernünftig aussehen. Metaangaben müssen natürlich auch sein und alles möglichst ausgeklügelt. Dann wird es auch mit der obersten Platzierung klappen.

Wenn es jedoch so einfach wäre, mal eben ein paar Schalter umzulegen und ein paar knackige Keywords in den Meta-Feldern einzugeben, würden sich Millionen von Webseiten den ersten Platz in den Suchmaschinen teilen.

Ergo kann man sich denken, dass noch etwas mehr zu Platz eins oder zumindest zu der ersten Seite einer Suchmaschine gehört.

Wer Geld hat, ist hier übrigens klar im Vorteil: Er braucht bei Google™, der wohl wichtigsten Suchmaschine im deutschen Raum, lediglich Werbeplatz zu kaufen.

Auch ohne Geld sind vordere Platzierungen möglich. Aber es gehört bedeutend mehr dazu als eine hübsch anzusehende URL. Die Möglichkeiten, die Joomla mitbringt, sind lediglich als Hilfsmittel anzusehen, um einige Dinge bereits bei der Erstellung zu berücksichtigen. Jede kleine Sache bringt etwas für die Suchmaschinenoptimierung. *Ein bisschen* ist deutlich mehr als *gar nichts.* Aber man muss sich auch im Klaren darüber sein, dass alle Einstellungen, die gemacht werden können, einer Suchmaschine helfen, sich auf der Website zurechtzufinden. Das *Finden* muss durch andere Mechanismen erreicht werden, die nur bedingt mit Joomla zu tun haben.

Man kann fertige Tools benutzen, die die Website automatisch bei den Suchmaschinen anmelden. Schließlich hat man dann das Finden ganz einfach erledigt. Diese Tools werben gern damit, die Site auf einigen hundert Suchmaschinen automatisch anzumelden, was natürlich verlockend klingt. Jedoch sind viele dieser Suchmaschinen gar nicht im deutschsprachigen Raum aktiv oder so klein, dass man sie vernachlässigen kann. Auch arbeitet jede Suchmaschine etwas anders, und es ist durchaus sinnvoll, seine Website den Anforderungen der wichtigsten Suchmaschinen anzupassen. Zumindest sollte man aber bei der Anmeldung möglichst keine Fehler machen.

Da kommt es vor, dass die eine Suchmaschine 255 Zeichen in der Beschreibung zulässt und die andere nur 100 Zeichen. Was nützt einem eine automatische Anmeldung, wenn plötzlich der zuvor sorgsam überlegte Text abgeschnitten ist oder man viele Zeichen Platz vergeudet hat, weil man gleich einen kurzen Text genommen hat.

Welche relevanten Suchmaschinen gibt es überhaupt in unseren Breitengraden?

Statistiken im Internet sind stets mit einer gewissen Vorsicht zu genießen – dennoch zeichnet sich ein immenser Marktanteil für Google™ ab, der um die 80% liegt. Das

Webbarometer nennt 83,8 % für den Februar 2012. Yahoo™ kommt gerade auf 3,2 %, Bing™ auf 4,7 % und T-Online™ auf 3,1 %. Alle anderen Suchmaschinen liegen unter 1,5 % Marktanteil.[17]

Schaut man sich diese Zahlen an, muss man unweigerlich zu dem Schluss kommen, dass man nicht in Hunderten von Suchmaschinen angemeldet sein muss, sondern eigentlich nur bei Google™. Und dort aber richtig!

Wie arbeiten Suchmaschinen?

Verantwortlich für das Überprüfen und Speichern (oder Ablehnen) von Webseiten sind sogenannte *Webcrawler*, auch *Spider* oder *Searchbot* genannt.

Das sind kleine eigenständige Programme, die das Internet nach Webseiten durchforsten. Dabei verfolgen sie Verweise auf der gefundenen Webseite und kommen somit zu anderen Seiten. Die Verweise und Teile der Webseite werden gespeichert.

Der Name *Webcrawler* leitet sich übrigens von der gleichnamigen Suchmaschine ab. 1994 war Webcrawler die erste öffentliche Suchmaschine weltweit, die Webseiten mit einer *Volltextsuche* untersuchte und speicherte.

Alle Webcrawler haben einen Teil, der geheim ist. Damit wollen die Suchmaschinenanbieter vermeiden, dass sich bestimmte Webseiten durch Tricks, Haken und Ösen bessere Platzierungen verschaffen. Und natürlich unterstehen die einzelnen Suchmaschinenanbieter auch einem Wettbewerb. Wer es ganz genau wissen möchte, sollte deshalb bei entsprechenden Webportalen mitarbeiten, deren Foren beobachten, Newsletter und Feeds abonnieren. Denn es gibt Webseiten, die nichts anderes machen, als sich mit SEO, Top-Platzierungen und dem Herausfinden der versteckten Geheimnisse der Suchmaschinen zu beschäftigen. Aber es gibt vieles, was alles andere als ein Geheimnis ist. Die nachfolgenden Anmerkungen beziehen sich einerseits ganz allgemein auf Suchmaschinen, andererseits aber sehr speziell auf Google™.

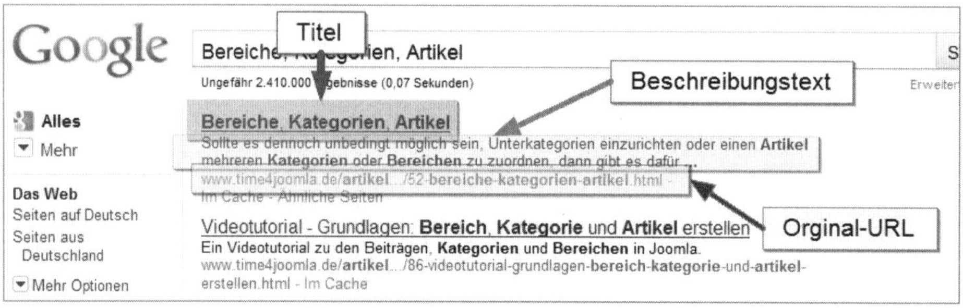

Bild 8.1: Anzeige eines Suchergebnisses in Google und welche Bereiche davon sich in Joomla wiederfinden

[17] *http://www.webhits.de/deutsch/index.shtml?webstats.html*

Der Vollständigkeit halber sei noch erwähnt, dass es auch noch Webcrawler gibt, die nicht dazu gedacht sind, Webseiten für Suchmaschinen zu indizieren. Es gibt unter anderem auch *Spambots* oder sogenannte *eMail-Bots*, die das Ziel haben, E-Mail-Adressen zu Werbezwecken zu sammeln. Dagegen kann man im Übrigen etwas machen. Näheres dazu lesen Sie im Kapitel 14 *Plugins*.

8.1 Keywords

In der Datei *index.php* wird zwischen den `head`-Tags diese Meta-Angabe zur Laufzeit von Joomla geschrieben:

```
<meta name="keywords" content="Kategorie, Beiträge, Bereiche, Menü" />
```

Alternativ lässt sich dieser Eintrag auch direkt bei den Beiträgen sowie bei einem einzelnen Menüpunkt eintragen, jeweils rechts bei den Parametern unter den Metadaten.

Aber:

Google achtet überhaupt nicht mehr auf Keywords!

Früher war es eine Wissenschaft für sich, die richtigen Keywords in der richtigen Reihenfolge zu definieren. Man konnte punkten, wenn man Keywords benutzte, die sonst keiner hatte. So wurde darüber nachgedacht, wie man bestimmte Schlüsselwörter bewusst falsch schreiben konnte, um dann von denen gefunden zu werden, die Flüchtigkeitsfehler machen oder sich mit der Rechtschreibung nicht so auskennen. Vorbei sind also die Zeiten der Docktoren, Dohktoren und Dokdoren. Und die Zeiten, in denen Webseiten über Heizungsrohre 100mal das Wort Sex enthielten, um bessere Platzierungen in den Suchmaschinen zu bekommen, sind glücklicherweise deshalb ebenso vorbei.

Zwar gibt es bei Joomla das Feld *Schlüsselwörter* in den Metadaten, aber Google ignoriert diese Angaben komplett.

> **Tipp:** Mit den Schlüsselwörtern kann man allerdings auf ähnliche Beiträge auf der Website hinweisen, die dann mit dem *Ähnliche Beiträge*-Modul angezeigt werden. Haben zwei Beiträge das gleiche Schlüsselwort, und wird einer der beiden aufgerufen, wird im Modul auf den anderen Beitrag verwiesen, der eine Ergänzung zum bereits angezeigten Beitrag sein kann. Auf meiner Tutorialsite *time4joomla* benutze ich dieses Konzept. Wer mit diesem Konzept arbeitet, sollte jedoch streng darauf achten, Schlüsselwörter zu benutzen, die tatsächlich etwas mit der Website und deren Inhalten zu tun haben!

Wichtig ist, die Schlüsselwörter überschaubar, sprich sparsam zu halten. Rein theoretisch hat man ca. 2000 Zeichen Platz bei den Keywörtern – bei zu vielen Schlüsselwörtern fühlt sich eine Suchmaschine jedoch von vornherein hintergangen und es besteht die Gefahr – auch wenn die Wörter mit Bedacht gewählt wurden –, dass die Suchmaschine die Site einfach ablehnt.

8.2 Titel

Der Beitragstitel, die Überschrift, wird in den Metadaten in der Datei *index.php* zur Laufzeit so angezeigt:

```
<meta name="title" content="Bereiche, Kategorien, Artikel" />
```

Daran kann man auch erkennen, dass es wichtig ist, mit dem Beitragstitel zu arbeiten. Oft habe ich aber bei älteren Seiten von Kunden gesehen, dass dieser Eintrag unzureichend belegt ist. Statt dessen wird viel Aufmerksamkeit auf tolle Formatierungen im Text für eine oder mehrere Überschriften verwendet.

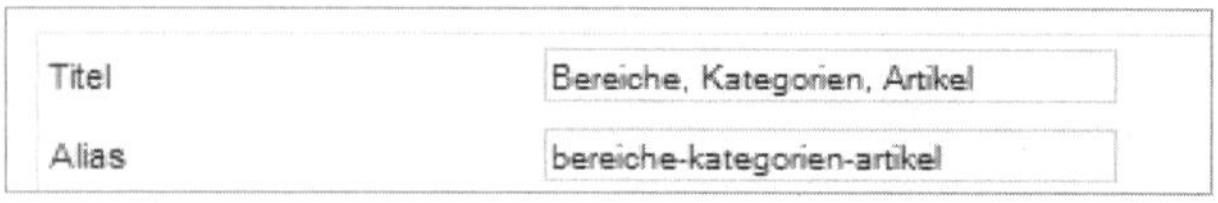

Bild 8.2: Titel und Alias im Beitrag

Tipp: Titel wie »Startseite« oder »Home« oder »Herzlich Willkommen« sind ausgesprochen unglückliche Beitragstitel. Wer gibt bei Google schon die Suchwörter »Herzlich Willkommen« ein? Hier wird Potenzial verschenkt!

Der Titel ist also sehr wichtig. Schließlich wird bei Google im Suchergebnis eben genau dieser als Erstes angezeigt und beim Scannen seitens des Suchmaschinenbots genauer unter die Lupe genommen. Der Titel sollte also unbedingt etwas mit dem Inhalt des Beitrags zu tun haben und eine deutliche Beschreibung des Beitrags enthalten.

Beispiel: Angenommen ich mache einen Beitrag über *Bereiche, Kategorien und Artikel.* Dann schreibe ich auch genau das in den Titel hinein. Wenn ich möchte, schreibe ich dazu vielleicht noch meinen Firmennamen. Im Titel würde dann also *Bereiche, Kategorien und Artikel – time4mambo* stehen. Oder auch *Bereiche, Kategorien und Artikel – kostenlose Tutorials von time4joomla.*

Dieser Titel wird sowohl im Browser ganz oben angezeigt als auch in den Browsertabs und vor allem auch bei Google:

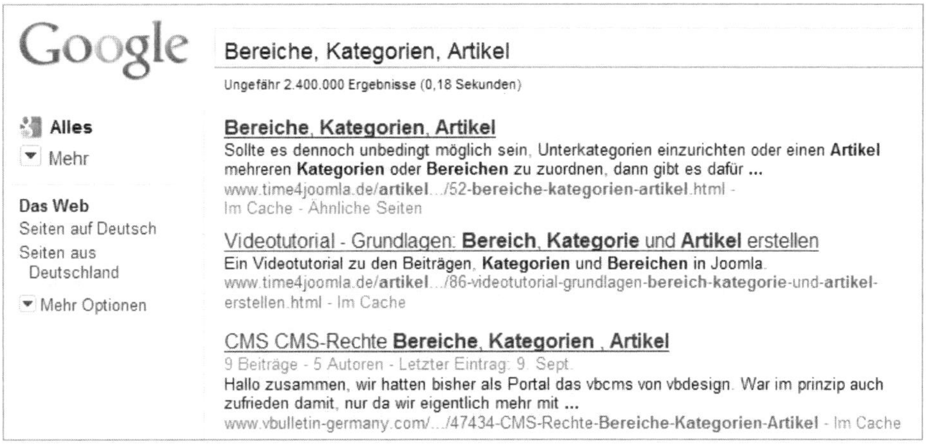

Bild 8.3: Zwar ohne Firmennamen, der Titel belegt aber die ersten beiden Plätze bei Google

Der Titel ist also das, was als direkte Verlinkung von Google in großen Lettern angezeigt wird.

8.3 Beschreibungstext

Der Text, den Google als Nächstes bringt, ist die Beschreibung in den Metadaten oder, wenn diese fehlen, ein Auszug aus dem Beitrag.

```
<meta name="description" content="Ein Videotutorial zu den Beiträgen,
Kategorien und Bereichen in Joomla" />
```

Bei mir kann man das sehr gut sehen: Der Link, der in Google an erster Stelle steht, enthält einen Auszug aus meinem Beitrag. Der Verweis auf das Videotutorial zeigt hingegen den Beschreibungstext der Metadaten an, denn der Beitrag mit dem Video hat keinerlei Text.

Man kann also den Text, der bei Google angezeigt wird – diese eineinhalb Zeilen –, bewusst steuern, und damit auch eine klare Beschreibung angeben, um was es auf der verlinkten Seite geht. Hatte ich bei der ersten Verlinkung dem Zufall überlassen, was Google aus dem Text auswählt und anzeigt, habe ich mir beim zweiten Verweis, dem Videotutorial, sehr genaue Gedanken gemacht, was ich dort hineinschreibe.

Tipp: Der Beschreibungstext ist also nicht dazu gedacht, dass die Suchmaschine mit der Website gut umgehen kann, sondern dass die suchenden User das richtige Suchergebnis anklicken.

Bild 8.4: Ein Screenshot von Joomla 1.5.21, um das Prinzip in einer laufenden Seite zu zeigen. Mittlerweile ist in den neueren Joomla-Versionen noch etwas hinzugekommen, was aber natürlich nichts an der Wirkung des eben Erwähnten ändert. Die Schlüsselwörter werden für das Modul *Ähnliche Beiträge* benutzt und sind nicht in erster Linie für eine Suchmaschine dort eingetragen.

Allerdings muss man auch hier darauf achten, dass möglichst Textelemente, besser einzelne Schlüsselwörter aus vorhandenem Text, auf der Website übernommen werden. Google belohnt diese Texttreue mit besseren Platzierungen. Wird im Beschreibungstext Text abgebildet, der gar nicht vorhanden ist, kann Google auch zu dem Schluss kommen, dass hier ein unerlaubter Manipulationsversuch stattfindet. Mein obiges Beispiel stellt also eine gewisse Gratwanderung dar, die ich nur im Gesamtkonzept auflösen kann und damit dafür sorge, dass Google mir glaubt. Im Kapitel über den *Pagerank* findet sich dazu noch einiges.

8.4 SEO-Einstellungen (URL)

Zuletzt schreibt Google noch die URL zur Seite in den Suchergebnissen aus. Und exakt an dieser Stelle sieht man sehr schön, warum suchmaschinenoptimierte URLs sinnvoll sind: Da ich den Inhalt des Beitrags nicht nur im Titel, sondern auch als *HTML-Datei* so benannt habe, taucht ein zusätzlicher Hinweis im Suchmaschinenergebnis auf. Joomla macht automatisch aus dem Titel einen Alias, der sich aus den Titelwörtern zusammensetzt. Meist reicht dieser automatische Alias aus, um den Inhalt zusätzlich zu unterstreichen. Manchmal kann es aber nicht schaden, den Alias zu überprüfen und anzupassen.

Tipp: Man muss allerdings ein wenig aufpassen: Vergibt man versehentlich zweimal den gleichen Alias, kann es zu merkwürdigem Verhalten im Frontend kommen, da ein Menüpunkt nun auf zwei Dateien verweist, die den gleichen Alias haben. Es kann auch zu Irritationen kommen, wenn man einen Alias benutzt, der den Namen eines Verzeichnisses oder einer Kategorie trägt. Wenn diesbezügliche Merkwürdigkeiten auf der Website auftauchen, dann sollten Sie alle Aliasse entsprechend überprüfen.

Um die verkürzte URL benutzen zu können, muss man ein paar Schalter umlegen. Dazu wechseln wir in die Konfiguration, wählen dort *Site* aus, also den ersten Tab, und beschäftigen uns zunächst mit dem rechten Bereich *Suchmaschinenoptimierung (SEO)*.

Wie wir bereits gesehen haben, ist die Bezeichnung eigentlich nicht ganz korrekt, da die Suchmaschinenoptimierung eben nicht nur die URL betrifft.

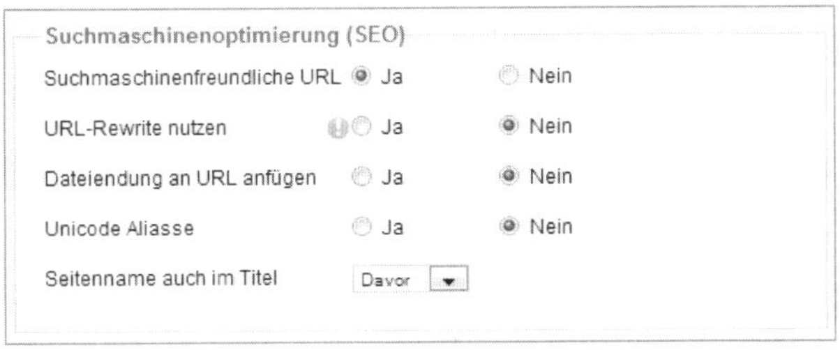

Bild 8.5: SEO-Einstellungen in der Konfiguration

Normalerweise sieht eine URL in Joomla in etwa folgendermaßen aus:

```
http://localhost/joomla16/index.php?option=com_content&view=article&id=2&Ite
mid=103
```

Da Google ja die URL auch anzeigt, sieht das natürlich nicht schön aus. Zumal das Gerücht umgeht, dass man mit klarer URL-Struktur auch bessere Suchergebnisse erzielen könne. Es gibt etliche Diskussionen darüber, ob das wirklich so ist. Man kann aber immer wieder auch Webseiten mit unstrukturierten URLs in Top-Positionen der Suchmaschinen finden. Google deutet allerdings an, dass bei strukturierten URLs ein *effektiveres Crawlen eurer Dokumente durch Suchmaschinen möglich ist.*[18] »Möglich ist« bedeutet aber nicht, dass das zwingend so sein muss!

Tatsache ist aber, dass strukturierte URLs die Lesbarkeit erhöhen. Auch für den User, der sich vielleicht an der URL ein wenig orientiert, ist das bequemer. (Ich selber gehöre zu dieser Art User – ich schaue sehr häufig in die Statusleiste des Browsers und prüfe damit die URL. Oft will ich vorher wissen, wo mich ein Verweis hinbringt – ich treffe so eine Vorauswahl.)

Und da wir ja auch gesehen haben, dass Google im Suchergebnis die URL ausgibt, ist es natürlich sinnvoll, hier eine strukturierte URL anzubieten und durch geschickte Aliasse in der URL die Trefferquote zu erhöhen bzw. dem suchenden User die Entscheidung zu erleichtern, welchem Suchergebnis er vertraut.

Um generell eine strukturierte URL zu erhalten, muss man bei der Option *Suchmaschinenfreundliche URLs* ein *Ja* auswählen.

Jetzt wird eine URL in dieser Art ausgegeben:

```
http://localhost/joomla16/index.php/ein-beitrag
```

Sieht doch viel angenehmer aus, wenn auch immer noch nicht so, wie man eigentlich URLs kennt. Dass erst eine Datei und dann ein vermeintlicher Unterordner aufgerufen wird, sieht doch etwas befremdlich aus.

---

18 *http://googlewebmastercentral-de.blogspot.com/2008/11/googles-einfuehrung-in.html*, Einführung in Suchmaschinenoptimierung, Seite 6

Machen wir also ein *Ja* bei *Dateiendung an URL anfügen*. Damit wird an dem Alias, den wir im Menü vergeben haben, die Endung *.html* angehängt. Das Ganze sieht dann so aus:

```
http://localhost/joomla16/index.php/ein-beitrag.html
```

Das beginnt allmählich, nach echter URL auszusehen. Aber noch stört das *index.php* mitten in der URL.

Setzen wir nun ein *Ja* bei der Option *URL-Rewrite nutzen*. Zunächst fällt auf, dass in der Zeile ein gelbes Ausrufezeichen steht. Verharrt man eine Sekunde darauf, erhält man einen Tooltip. Wir müssen also die vorhandene Datei *htaccess.txt* in *.htaccess* umbenennen, was dafür sorgt, dass aus unserer URL eine wirklich echte URL wird, dass also das störende *index.php* aus der URL verschwindet.

Bevor wir das aber machen können, müssen wir zwei wichtige Dinge beachten:

Zum einen geht das nur dann, wenn man sich auf einem Apache-Webserver befindet (im Zweifelsfall bitte in der Domainverwaltung nachsehen. Dort gibt es Hinweise darauf), und zum anderen müssen wir die *htaccess.txt* umbenennen.

> Die *.htaccess*-Datei ist eine Konfigurationsdatei, die verzeichnisspezifische Einstellungen für NCSA-kompatible Webserver, wie beispielsweise Apache, enthält (NCSA = National Center for Supercomputing Applications).
>
> Möglich sind u. a. passwortgeschützte Verzeichnisse, Definition von Fehlerseiten oder interne Verknüpfungen (Rewrite-Engine).
>
> Der Vorteil einer *.htaccess* liegt auch darin, dass serverrelevante Einstellungen sofort wirken, ohne dass der Webserver neu gestartet werden muss.

Die *.htaccess* ist also so freundlich und formt die URL für uns richtig um. Allerdings müssen wir zunächst den Dateinamen verändern. Im Dateiverzeichnis liegt diese Datei zunächst als *htaccess.txt* vor. Da müssen wir das *.txt* entfernen und stattdessen am Anfang einen Punkt hinzufügen: *.htaccess* – der Punkt am Anfang ist wichtig, sonst funktioniert es nicht!

Schaut man sich einmal eine *.htaccess*-Datei an, dann sieht man eine Menge kryptischen Code. Glücklicherweise müssen wir in der *.htaccess* keinerlei Veränderungen vornehmen. Das bloße Aktivieren reicht, um eine tadellose URL zu bekommen:

```
http://localhost/joomla16/ein-beitrag.html
```

Tipp: Auf meiner lokalen XAMPP-Installation, die trotz Apache-Webserver das Windows-Dateisystem benutzt, war es mir nicht möglich, die *htaccess.txt* einwandfrei umzubenennen, da Windows einen Dateinamen vor dem Punkt fordert. Wer also auf einem Windows-System arbeitet, muss kurzerhand in das gute alte DOS-System wechseln. Dazu einfach beim Startbutton (meist unten links) in das *Suche starten*-Feld **cmd.exe** eingeben. Dann erhält man ein DOS-Fenster. Dort in das Verzeichnis mit der Joomla-Installation wechseln:

```
CD c:\xampp\htdocs\joomla <RETURN>
REN htaccess.txt .htaccess <RETURN>
```

8.4.1 Unicode oder Transliteral

Bei den SEO-Einstellungen kann man nun auch angeben, ob man Unicode oder transliteralen Code bei den Aliassen benutzen möchte, indem man bei Punkt *Unicode Alliasse* »Ja« oder »Nein« auswählt.

Hinter *Transliteral* verbirgt sich der ASCII-Zeichensatz[19]. Der ASCII-Standard enthält 128 Zeichen (7 Bit). Der ASCII-Zeichensatz beinhaltet das lateinische Alphabet (Groß- und Kleinbuchstaben) sowie die arabischen Ziffern (0 bis 9). Dazu kommen noch einige Satzzeichen und sogenannte Steuerzeichen wie Zeilenumbruch, Tabulator oder Datensatz-Trennzeichen.

Man kann jedes dieser Zeichen durch den ASCII-Code darstellen. Das große A ist beispielsweise der ASCII-Code 65, das große B ist der ASCII-Code 66 usw. Die 128 Zeichen sind fest belegt und international unveränderlich.

Klingt nach nicht vielen darstellbaren Zeichen. Aber wir befinden uns an dieser Stelle immer noch bei den URLs, also bei der Suchmaschinenoptimierung. Also hier bitte nicht von der Gesamtdarstellung ausgehen. Joomla selber ist komplett auf dem Unicode-Standard UTF-8 aufgebaut und unterstützt damit einen großen Zeichensatz. Hier geht es darum, wie aus Beitragstiteln Aliasse gemacht werden und wie die Zeichensetzung der URL ausschaut.

ASCII wandelt einfach alle Zeichen in Kleinbuchstaben um und macht aus unseren Umlauten eine zweibuchstabige Buchstabengruppe, also aus dem »ö« ein »oe« usw. – das ist die Voreinstellung.

Bei Unicode bleibt das »ö« ein »ö«, es wird zwischen Groß- und Kleinschrift unterschieden und Sonderzeichen bleiben auch, wie sie geschrieben werden, beispielsweise das »ß« oder »é«.

Wer keine deutsche Tastatur hat, kann die Website nicht mehr ohne Weiteres aufrufen. Ob jemand, der einen Link zu der Site setzen will, auf die exakte Schreibweise achtet, ist mehr als fraglich. Es gibt auch viele »intelligente« Programme, die meinen, die URL an irgendwas anpassen zu müssen, und sie deshalb nach Gutdünken umwandeln. Aus

---

[19] ASCII = American Standard for Information Interchange

diesen Gründen rate ich dazu, diese Einstellung auf »Nein« zu belassen. Einen Nutzen könnte sie vielleicht tatsächlich in einigen Ländern bringen, die ihre eigene Schriftart mitbringen, beispielsweise kyrillische oder japanische Zeichen.

8.4.2 Seitenname auch im Seitentitel

Oben schrieb ich noch, dass man im Titel eines Beitrags auch seinen Firmennamen dazuschreiben könnte. Mit dieser Einstellung wird das aber viel komfortabler und einfacher gelöst. Wenn ich als Seitennamen in der Konfiguration beispielsweise meinen Firmennamen und vielleicht noch einen kurzen knackigen Slogan geschrieben habe und diese Einstellung auf »Davor« oder »Danach« setze, wird dieses automatisch im Seitentitel mit angezeigt. Je nach Einstellung hinter oder vor der Überschrift, zusätzlich zum Titel. Damit können also die Beiträge selbst eindeutige Namen, die sich auf den Inhalt beziehen, bekommen. Als zusätzlicher Werbeaspekt oder auch bewusst zum Zweck der Suchmaschinenoptimierung kann nun immer der Slogan oder Firmenname automatisch mit hinzugefügt werden, ohne dass man jedesmal daran denken muss.

8.5 follow oder not follow

Bei den Beiträgen und/oder bei den Menüpunkten kann eingestellt werden, wie sich eine Suchmaschine beim jeweiligen Beitrag verhalten soll.

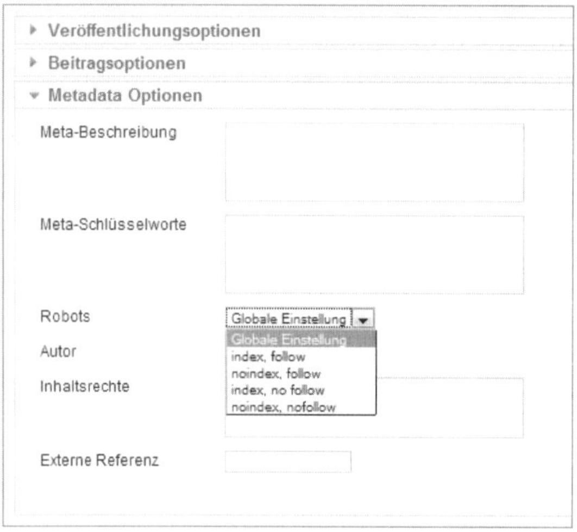

Bild 8.6: Robots-Angaben direkt beim Beitrag

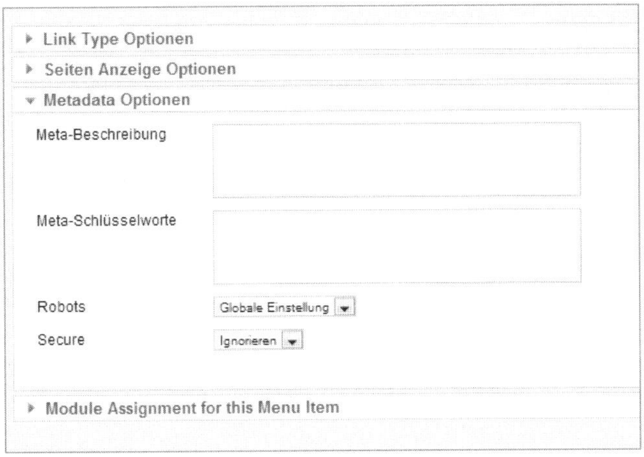

Bild 8.7: Robots-Angaben direkt beim Menüpunkt

Mit *Index* wird angegeben, ob eine Suchmaschine den Inhalt übermitteln, also speichern, darf. *No Index* bedeutet ergo, dass die Suchmaschine den Inhalt nicht indexieren, also nicht speichern darf.

Damit können bestimmte Beiträge geschützt werden, die vielleicht nur für bestimmte User sichtbar sind und nicht für die Allgemeinheit bestimmt sind.

Wenn in einem Beitrag Verweise enthalten sind, kann ich durch die Auswahl *follow* festlegen, dass eine Suchmaschine diesen Verweisen folgen soll oder ihr das mit *No follow* untersagen.

Durch verschiedene Kombinationen lässt sich somit für jeden Beitrag der individuelle Umgang für eine Suchmaschine festlegen.

Index, Follow ist quasi der Idealzustand für eine Suchmaschine. Sie darf die aktuelle Seite speichern und allen Links folgen.

No Index, Follow: Die aktuelle Seite wird von der Suchmaschine nicht gespeichert, Verweisen wird aber gefolgt.

Index, No follow: Der Inhalt der Seite ist zum Speichern durch die Suchmaschine freigegeben. Ihr ist aber untersagt, Verweisen, die vielleicht in den internen Bereich der Website führen, zu folgen. Der Inhalt, auf den diese Verweise zielen, wird somit nicht gespeichert.

No Index, No follow: Hier haben wir eine Sackgasse für die Suchmaschine gebaut. Sie darf die aktuelle Seite nicht speichern und Verweisen nicht folgen.

Standardmäßig ist eingestellt, dass eine Suchmaschine alles machen darf (*Index, Follow*). Ändert man hier etwas, muss man sich auch bewusst sein, dass dann Teile der Website nicht gefunden werden. Sei es, weil der Inhalt, also der direkte Aufruf einer einzelnen Seite, eines einzelnen Beitrags, nicht von der Suchmaschine indexiert wird, sei es, dass bestimmte Seiten gar nicht erst gefunden werden, weil die Verweise dorthin gesperrt sind.

Global gibt es diese Angaben auch, weshalb standardmäßig auch eingestellt ist: »Benutze die globale Vorlage«. Auch wenn das etwas irreführend ist. Denn »global« bedeutet, dass standardmäßig *Index, Follow* eingestellt ist.

Man findet diese Angaben übrigens in der Datei *index.php* zur Laufzeit im *head*-Bereich:

```
<meta name="robots" content="index, follow" />
```

Der Unterschied zwischen den Angaben bei den Beiträgen und bei den Menüpunkten liegt wohl eher darin, ob Sie einzelne Beiträge, Listen oder Blöcke ausgeben. Geben Sie beispielsweise eine Kategorieliste aus, dann ergeben diese Angaben beim Menüpunkt weniger Sinn, wohl aber bei den einzelnen Beiträgen. Sie potenzieren damit nichts. Es wird nicht doppelt indiziert, wenn Sie an beiden Stellen *index* eingestellt haben. Sie können aber Ihre Website damit noch differenzierter gestalten.

8.6 robots.txt

Es gibt im Joomla-Root-Verzeichnis noch die Datei *robots.txt.* Suchmaschinen rufen diese Datei auf und befolgen, was darin steht. Und sie tun es wirklich. Man muss also keine Angst haben, dass Suchmaschinen diese Einstellungen ignorieren. Wichtig ist allerdings, dass die Datei immer im Root-Verzeichnis von Joomla liegt, also direkt in der ersten Ebene, und auch immer den Namen *robots.txt* trägt!

Editiert man die Datei, dann stößt man abermals auf sehr kryptische Anweisungen, die wir uns etwas näher anschauen sollten.

Zunächst kann man bestimmte Verzeichnisse für Suchmaschinen sperren, was auch schon eifrig in der Datei gemacht wird:

```
Disallow: /administrator/
```

Dies sperrt beispielsweise das *administrator*-Verzeichnis für alle Suchmaschinen. Dafür, dass dieses Verbot für wirklich alle Suchmaschinen gilt, sorgt diese Einstellung:

```
User-agent: *
```

Man kann also auch bestimmte Suchmaschinen ausschließen. Es gibt Suchmaschinen, die sich auf das Indexieren von Webseiten mit erotischen Inhalten spezialisiert haben. Wer nicht möchte, dass seine Website dort gespeichert wird, kann das hier explizit angeben.

```
User-agent: love-crawler
Disallow: /
```

Ich muss leider zugeben, dass ich zum einen nicht weiß, ob *love-crawler* tatsächlich einen eigenen Crawler hat, und wenn ja, wie genau er heißt. Daher muss ich den geneigten Leser bitten, selbst ein wenig zu recherchieren.

Zwar kann man mit dem Sternchen (*) generell alle Crawler ansprechen, aber Webcrawler sind bisweilen eitel und möchten gern mit ihrem Namen angesprochen werden, damit sie dann auch befolgen, was man ihnen sagt.

Hier einige User-Agents:

```
User-Agent: slurp
User-Agent: yahoo-MMAudvid
User-Agent: yahoo-newscaler
User-Agent: Googlebot
User-Agent: Googlebot-Image
User-Agent: Googlebot-Mobile
```

Neben einzelnen Verzeichnissen lassen sich auch einzelne Dateien sperren, die dann von vornherein von den Suchmaschinen ignoriert werden:

```
Disallow: /Verzeichnis/Datei.htm
```

Google speichert ja bekanntlich auch Bilder. Wer das nicht möchte, kann dies mit dieser Angabe speziell für Google untersagen:

```
User-Agent: Googlebot-Image
Disallow: /
```

Dieses gilt für das ganze Joomla-System. Oder auch:

```
User-Agent: Googlebot-Image
Disallow: /images/stories/meinGeheimerBilderordner/
```

Dies sperrt dann nur das angegebene Verzeichnis.

Oder man sperrt generell das *image*-Verzeichnis und gibt dann aber einzelne Unterordner explizit frei:

```
User-Agent: Googlebot-Image
Disallow: /images/
Allow /images/stories/GanzTolleBilder/
```

Wer selbst die Datei *robots.txt* mit Einträgen anpassen möchte, muss beachten, dass ein Verzeichnis stets mit einem Slash beginnt und auch endet:

```
/Verzeichnisname/
```

Wird eine Datei mit angegeben, dann muss ein Slash am Anfang stehen:

```
/Verzeichnisname/Datei.html
```

Liegt die Datei direkt im Root-Verzeichnis, muss auch mit einem Slash am Anfang begonnen werden:

```
/Datei.html
```

Noch ein paar zusätzliche Möglichkeiten mit der *robots.txt*:

Wer alle PDF-Dateien gegen die Indexierung schützen möchte, kann das beispielsweise mit diesem Befehl tun:

```
Disallow: /*.pdf$
```

Das funktioniert allerdings nur bei Googlebot, Slurp, msnbot und Yahoo.

Für diese Suchmaschinen plus Ask.com kann man auch die URL zur XML-Sitemap hier angeben:

```
Sitemap: http://www.meineDomain.de/sitemap.xml
```

8.7 Spezielle Google-Angaben

Neben dem Sperren des Speicherns von Bildern durch Google, wie in den Angaben zur *robots.txt* oben beschrieben, gibt es noch zusätzliche Möglichkeiten, direkte Angaben in den Metatags zu machen. Der Nachteil ist allerdings, dass diese Angaben nur global gesetzt werden, indem man sie direkt in der *index.php* des Templates zwischen den *head*-Tags eingibt:

```
<meta name="googlebot" content="nosnippet">
<meta name="googlebot" content="noarchive">
```

nosnippet bewirkt, dass Google keine Textpassage aus dem Inhalt ausschneidet und somit speichert. Wenn man bewusst mit den Beschreibungstexten arbeitet, gibt es hier keine Gefahr, dass plötzlich eine leere Seite in den Suchergebnissen angezeigt wird, also eine Seite mit korrektem Titel und URL, aber ohne die eineinhalb Zeilen Kurzbeschreibung. Denkbar ist aber, dass jemand nicht möchte, dass Inhalte aus dem Text eingescannt werden, was beispielsweise bei urheberrechtlich geschützten Inhalten einleuchtet.

Interessanter ist die zweite Möglichkeit:

noarchive bedeutet, dass der Inhalt nicht im Google-Cache (Zwischenspeicher) archiviert wird. Man kann sich bei den Suchergebnissen oftmals eine Vorschau der Site anschauen. Das ist dann dieser Cache. Dieser Speicher ist meist sehr schnell und gerade wer etwas Bestimmtes sucht, benutzt gern diesen Cache, um eine Vorauswahl zu treffen. Der Nachteil ist, dass von kleineren Seiten, die von Google nicht so oft besucht werden, aber regelmäßig sich ändernde Inhalte haben, oft genug völlig veraltete Versionen im Google-Cache liegen.

Wer also eine eher kleinere Seite betreibt, für den kann eine solche Einstellung gut sein. Wer hingegen eine Seite betreibt, bei der sich entweder wenig ändert oder die regelmäßig von Google besucht wird, kann auf diese Angabe verzichten.

8.8 Die Navigation – Sitemap

Joomla bietet vieles an, um die Webseiten-Navigation vielfältig zu beeinflussen. Dazu kommen nicht wenige Module, Plugins und manchmal auch Komponenten, die direkten Einfluss auf die Menüführung nehmen. Manche davon bestehen aus Flash, Javascript und anderem Code. Andere Menüführungen beruhen auf Pull-down-Buttons und werden nach verschiedenen Kriterien individuell zusammengestellt (Auswahl 1 UND Auswahl 2 UND Auswahl 3 zeigen dann den relevanten Inhalt an), ohne dass es einen direkten Link zum eigentlichen Inhalt gibt. Für Suchmaschinen bisweilen ein Horrorszenario!

Suchmaschinen haben es gern einfach und klar. Menüs, die sich verstecken oder gar aus Flash bestehen, sowie Drop-down-Menüs sind äußerst schwer zu verarbeiten. Ein auf Flash basierendes Menü wird derzeit von Suchmaschinen nicht erfasst. Zumindest, soweit es mir bekannt ist.

Um dem entgegenzuwirken, ist es ratsam, eine Sitemap anzulegen. Wer eine kleine überschaubare Seite hat, braucht das in der Regel nicht zu machen, es sei denn, er benutzt ein Menü-Modul, das entweder mit Flash arbeitet oder die Menüverweise nicht so darstellt, wie wir es für die Suchmaschine brauchen.

Eine Sitemap dient zwar auch dazu, dass sich User auf größeren Seiten besser zurechtfinden können, aber in erster Linie bietet sie Nutzen für die Suchmaschinen.

Eine Suchmaschine kann dieser Sitemap gemütlich folgen und erhält damit Zugang zu allen Seiten.

Haben wir allerdings einige Seiten mit den oben erwähnten Angaben gesperrt (*index* und *follow*), brauchen wir natürlich eine Sitemap, die wir diesbezüglich beeinflussen können.

Auf den Joomla-Downloadseiten gibt es einige einfach einzurichtende Sitemaps und man sollte sich die näher anschauen, die einem von der Beschreibung her zusagen.

Achten Sie darauf, dass Sie als Sitemap eine XML-Datei erhalten. Einige Erweiterungen bieten beides an: sowohl als Menüverweis direkt in Joomla fertig angelegt als auch eine Datei, die sich im XML-Format im Joomla-Root-Verzeichnis direkt anlegt. *Xmap* kann das beispielsweise, aber es gibt noch mehr solche Erweiterungen. Fragt man zwei Joomla-Webentwickler, bekommt man drei Antworten, welche denn nun die beste und sinnvollste Sitemap ist.

Eine XML-Datei wird bevorzugt von den Suchmaschinen benutzt und entsprechend verfolgt. Damit werden dann auch die Webseiten geortet, die sonst nicht von den Suchmaschinen gefunden werden können.

8.9 Gliederung

Zur Gliederung in Webseiten werden Überschriften benutzt. Dafür steht das `h`-Element zur Verfügung. Es gibt sechs verschiedene `h`-Elemente, durchnummeriert von 1 bis 6: `h1`, `h2`, `h3`, `h4`, `h5`, `h6`, wobei `h1` die größte und `h6` die kleinste Überschrift darstellt.

Die Module haben eine `h3`-Überschrift, wenn der Modul-Titel aktiviert ist. Der Beitragstitel bekommt ein `h2`-Element. Damit steht der Beitrag in der Hierarchie eindeutig über den Modulen. Wer das allerdings sauber weiter herunterbrechen möchte – also im Beitrag weitere Unterüberschriften benutzen möchte, die hierarchisch über den Modulen stehen –, muss und kann bei den Modulen mit sogenannten Overrides arbeiten. Das geht aber eben nur mit Eingriff per Programmierung, wofür zumindest rudimentäre PHP- und HTML-Kenntnisse erforderlich sind. Der Lohn wäre eine saubere Gliederung, die wiederum von den Suchmaschinen positiv angesehen und indexiert wird. Eine saubere Überschriftenhierarchie teilt auch der Suchmaschine mit, was wichtig, wichtiger, nicht so wichtig ist.

Denn Suchmaschinen achten auf die Gliederung in den Texten. Gegliederte Texte erscheinen wichtiger als unformatierte Textwüsten. Letztere werden oft als reine Textseiten für Suchmaschinen genutzt, um so ein besseres Ranking zu erreichen, sind aber weniger für den Besucher der Webseite gemacht. Moderne Suchmaschinen erkennen durchaus solche Seiten, was im schlimmsten Falle zu einer Herabstufung der Website führen kann.

Webseiten mit gegliedertem Text scheinen für Benutzer gemacht zu sein, und eine Suchmaschine ist grundsätzlich eher bereit, solche Seiten näher zu untersuchen.

8.10 Texte

Eine Website besteht aus vielen Elementen: Grafik, Design, HTML, CSS und PHP, Navigation, Modulen und so mancher Komponente – und aus Texten. Der Besucher sieht neben grafischen Elementen meistens hauptsächlich Text. Der Text ist bei genauer Betrachtung die Seele einer Website. Der Text entscheidet oft genug, ob der Besucher einer Website das macht, was er soll. Vielleicht soll der Besucher etwas kaufen, sich informieren, die Präsentation einer Firma begutachten, mich als Webentwickler »einkaufen« – was auch immer. Für all das brauche ich unter anderem auch Text. Erstaunlich ist aber, wie wenig Sorgfalt auf Texte verwendet wird. Da schreibt man langweilige, manchmal hanebüchene Sätze in seine Site, verspricht den Himmel auf Erden oder verfällt in drittklassige Sprache. Womöglich befreit man seine Sätze noch von grammatikalischen Zwängen und schmiert sie, weil grade nichts anderes da war, auf die Website wie auf einen alten Bierdeckel.

Texte sollten Inhalte besitzen. Und zwar passend zum Thema der Website. Sie sollten vernünftig gelayoutet und übersichtlich gestaltet werden. Sie sollten von Rechtschreibfehlern befreit sein und eine Einheit mit der Website, der Navigation und den grafischen Elementen bilden.

Der Text, der am nächsten zur Hauptüberschrift steht, ist wichtiger als der, der weiter unten steht. Zumindest bewertet eine Suchmaschine so. Somit kann man seine Texte auch entsprechend gestalten. Je wichtiger bestimmte Schlüsselwörter sind, desto weiter oben sollte man sie platzieren. Wichtig ist, dass der Titel der Seite auch im Text auftaucht. Eine Überschrift sollte auch noch mal im Text auftauchen. Zumindest wird eine Überschrift, die Wörter enthält, die im Text auch vorkommen, höher bewertet. Das Gleiche gilt für Überschriften, die den Seitentitel enthalten.

Tipp: Es ist oft so, dass ein User nicht den ganzen Beitrag liest, aber zumindest den Anfang. Noch ein Grund, warum man den Text mit Bedacht schreiben sollte.

An dieser Stelle haben wir mit Joomla einen sehr großen Vorteil, da der Titel, der auch als `h2`-Überschrift fungiert, gleichzeitig den Seitentitel darstellt – sofern wir ihn nicht ändern – und per Alias auch noch in der URL steht. Das ist ein ganz starker Punkt für die Suchmaschine!

Durch die bewusste Wahl der Inhalte können hier sehr viele Pluspunkte in der Optimierung geholt werden. Und diese Pluspunkte können andere Mängel problemlos ausgleichen. So kann eine Nicht-SEO-URL völlig unwichtig werden, wenn der Inhalt gut ist!

Das, was stets vernachlässigt wird, ist der eigentliche Kern der Website!

Wer hier mehr Sorgfalt walten lässt, ist vielen anderen eine Nasenlänge voraus.

Aber nicht nur die richtige Platzierung und eine gute Wortwahl sind wichtig, sondern auch sich ändernder Content. Durch regelmäßige Änderung der Inhalte wird eine Suchmaschine veranlasst, häufiger die Site neu zu scannen und somit auch immer wieder neue Seiten zu indexieren.

Tipp: Kunden von mir, die Wert auf gute Platzierungen in den Suchmaschinen legen, rate ich oft, sich zu überlegen, ob sie nicht einen Blog schreiben wollen, wo sie in unregelmäßigen Abständen Tipps und Tricks, die auf ihr Zielpublikum zugeschnitten sind, schreiben, um so eine gewisse Dynamik in die Inhalte ihrer Website zu bringen.

Eine andere Möglichkeit ist das Abonnieren von RSS-Feeds passend zum Thema der Site. Auch wenn Google durchaus den Inhalt als fremden Inhalt erkennt, findet hier stets eine Änderung der Website statt, und so hilft man zwar auch dem Konkurrenten, der den Feed zur Verfügung stellt, aber letztlich auch sich selber.

Ein Forum oder eine Kommentarfunktion können hier ebenfalls helfen, dynamische Inhalte zu erzeugen. Webcrawler scannen solche Inhalte und indexieren sie auch. Allerdings sollte ein Forum auch benutzt werden und regelmäßige Beiträge bekommen. Ein leeres Forum (und wenige bis keine Kommentare) schadet dem Ansehen der Website mehr, als es Nutzen bringt.

8.11 Clouds – Wort-Wolken

Auf einigen Webseiten findet man mittlerweile Module, die Wortwolken, Clouds, anzeigen. Damit kann zum einen ein User gezielt nach bestimmten Stichworten suchen, indem er den entsprechenden Begriff einfach anklickt. Zum anderen werden wichtigere Schlüsselwörter meist größer hervorgehoben. Größer bedeutet auch, dass den Suchmaschinen mitgeteilt wird, welche Schlüsselwörter besonders wichtig auf der Website sind. Somit hat man hier ein zusätzliches Textelement, das sich in der Theorie positiv auf die Suchmaschinenoptimierung auswirkt.

Bild 8.8: Wortwolken auf time4joomla

Es gibt zahlreiche Erweiterungen, die so etwas in Joomla anbieten. Man sollte allerdings darauf achten, nicht gerade Flash-basierte Module zu nehmen. Die sehen zwar schick aus, bringen aber nichts für die Suchmaschine, da diese Schwierigkeiten hat, Flash-Code zu lesen.

Der vermeintlich positive zusätzliche Aspekt hat aber den Nachteil, dass die Suchmaschinen davon gar nicht mehr so begeistert sind und solche Module eher ignorieren.

Für den Benutzer der Website bringen diese Wortwolken auch eher weniger, und mittlerweile sind diese Module nicht mehr zeitgemäß und sollten vermieden werden. Zumal man im Beispiel auch gut sehen kann, dass Wörter wie »nach« in der Wolke auftauchen, die nun wirklich keinen Sinn ergeben.

8.12 Der Quelltext

Angeblich achten Suchmaschinen auf sauberen Code. In Wirklichkeit tun sie das aber nicht. Ein Webcrawler scannt die Seite nach verwertbaren Inhalten. Dazu sucht er letztlich alles, was nicht innerhalb der spitzen Klammern steht (<...>). Alles, was in spitzen Klammern steht, sind HTML- oder PHP-Befehle, also alles Dinge, die den Webcrawler nicht interessieren.

Allerdings gibt es dennoch Fehler im Code, die wiederum von den Webcrawlern gewissermaßen negativ ausgelegt werden, nämlich dadurch, dass die Seite nicht sauber erfasst wird.

Ein Beispiel dazu, in dem eine Klammer vergessen wurde:

```
<body Dieses ist ein Text, den ein Webcrawler aber nicht finden wird, weil
er denkt, dieser Text gehört noch zum body-Tag, obwohl ich in Wirklichkeit
aber nur die spitze Klammer vergessen habe</body>
```

Das ist natürlich sehr vereinfacht dargestellt, soll aber die Wichtigkeit von validem Code erklären.

Somit sollten Sie die eigene Website über einen Validator prüfen lassen und die eventuellen Fehler durchgehen. Klammern werden häufiger vergessen, als man glaubt.

8.12.1 Sauberer Code

Ein paar grundsätzliche Aussagen dazu:

Modern ist heutzutage DIV-Design. Tabellen sollen aber dort benutzt werden, wo sie hingehören. Wenn ich beispielsweise eine Aufstellung über die Marktpreise von Äpfeln und Birnen mache, dann gehören die in eine Tabelle.

Benutze ich Grafiken in Beiträgen, dann sollte peinlichst darauf geachtet werden, dass das `alt`-Attribut auch mit Text befüllt ist. Das `alt`-Atribut steht für alternativen Text. Der wird angezeigt, wenn die Grafik nicht angezeigt werden kann, er wird aber auch von Braille-Geräten benutzt (ein Gerät, das den Inhalt einer Website in Blindenschrift ausgibt, und Bilder kann man nun mal nicht »vorlesen«), und er wird von Suchmaschinen verarbeitet.

```
<img src="/schneemann.jpg" alt="Dieter und Susanne beim Schneemannbauen" />

<img src="/menue_button.jpg" alt="Klicken Sie diesen Button an, um den PDF-
Download aufzurufen" />
```

Achten Sie darauf, dass HTML-Tags oder PHP-Codebereiche stets einwandfrei geschlossen werden (siehe auch oben).

Überprüfen Sie regelmäßig Verweise auf Ihrer Website, insbesondere externe Verweise. Wenn die aufzurufende Website nicht mehr existiert, ist das weder für die Suchmaschine noch für den Benutzer Ihrer Website angenehm. Es entsteht auch der Eindruck, als würden Sie Ihre Website nicht pflegen, was insbesondere bei kommerziellen Seiten einen schlechten Eindruck macht.

Auch wenn es dem Webcrawler egal ist, wie der Code aussieht, so gibt es genügend andere Szenarien, wo das nicht egal ist. Beispielsweise für den Webbrowser oder ganz einfach für den Besucher Ihrer Website. Besonders Menschen mit Behinderungen, die auf Hilfsmittel angewiesen sind, benötigen sauberen Code, da eine Website sonst oft gar nicht benutzbar ist!

Bild 8.9: Eine Braillezeile, auch Brailledisplay genannt, gibt den Inhalt einer Website in Blindenschrift aus.

8.13 Usability

Usability und Suchmaschinenoptimierung liegen näher zusammen, als auf den ersten Blick erkennbar ist. Wer sauberen Code schreibt, seinen Usern eine gute Navigation anbietet, sich Gedanken über seine Texte macht und selbige vernünftig layoutet und präsentiert, tut sehr viel für eine gute Benutzbarkeit der Website. Das nutzt nicht nur Besuchern, sondern hilft der Optimierung für Suchmaschinen. Man muss also gar nicht so viel über die Suchmaschine nachdenken, sondern man sollte in erster Linie den Besucher, sein Publikum, im Auge behalten. Für die Suchmaschine bleibt dann gar nicht mehr so viel zu tun.

Auch sollte man sich stets bewusst machen, dass es ein wichtiges Ziel ist, dass die Website gefunden wird. Aber was nützt einem das, wenn das Publikum die Site sofort wieder verlässt, weil die Usability oder das Design es vergrault?

8.14 Suchmaschinen austricksen

Es gibt so manche vermeintlichen Tricks, Suchmaschinen auszutricksen.

Zum Beispiel wird das `alt`-Attribut im `img`-Tag gern missbraucht, um noch einmal zusätzliche wichtige Wörter im Text unterzubringen. Aber Suchmaschinen können so etwas auch merken. Und Seiten, die von einem Webcrawler einmal abgelehnt werden, können auf Monate oder sogar Jahre von der Suchmaschine ausgeschlossen bleiben.

Es werden auch gern 1x1 Pixel große Bilder im Text untergebracht. Dies merken moderne Webcrawler in aller Regel.

8.14.1 Cloaking

Beim *Cloaking* (zu Deutsch: Verhüllen) wird unter der gleichen URL eine Webseite speziell für Suchmaschinen präsentiert.

Dem Besucher der Website werden vielleicht mediale Inhalte angeboten, die für Suchmaschinen natürlich nicht geeignet sind. Also zeigt man eine versteckte Seite speziell für die Suchmaschine, die aus Text statt Videos, Flash oder Grafiken besteht.

Kennt man den Namen des Webcrawlers, dann kann man entsprechende Abfragen programmieren und somit bestimmte Inhalte zugänglich machen.

Suchmaschinen verbieten aber das Cloaking. Um solche Tricks aufzudecken, lassen sie teilweise Webcrawler laufen, deren Namen unbekannt sind (eines der oben erwähnten Geheimnisse). Wird Cloaking erkannt, muss mit einem kompletten Ausschluss der Website gerechnet werden.

8.14.2 Brückenseiten

Auch unter dem englischen Begriff *Doorway-Pages* bekannt, ist das eine Technik, die vor einigen Jahren gern benutzt wurde, um spezielle Websites nur für Suchmaschinen zur Verfügung zu stellen. Brückenseiten werden vom Benutzer normalerweise gar nicht wahrgenommen, da sie automatische Weiterleitungen auf die eigentliche Website darstellen – aber sie bieten für Suchmaschinen optimierte Texte und oft genug auch zusätzliche Verweise an, um die Linkpopularität zu erhöhen.

Werden Brückenseiten von den Webcrawlern erkannt, wird das von der Suchmaschine in der Regel als Manipulationsversuch bewertet, was meist zum Ausschluss der Website führt.

8.14.3 Text verstecken

Mit dem CSS-Befehl

```
visibility:hidden;
```

können Textpassagen auf der Webseite versteckt werden, die für den Benutzer nicht sichtbar sind, aber von Suchmaschinen natürlich gelesen werden.

Google erkennt manchmal solche Manipulationsversuche und schließt solche Seiten dann gern komplett aus dem Index aus.

Eine andere Möglichkeit ist, durch das negative Setzen einer `margin`-Eigenschaft im CSS Inhalt aus dem Sichtbarkeitsbereich des Bildschirms zu transportieren:

```
<div style="margin-left:-1000px;">Unsichtbarer Text mit wichtigen
Schlüsselwörtern</div>
```

Von einem eventuell überflüssigen horizontalen Scrollbalken mal abgesehen, muss man auch hier damit rechnen, dass die Suchmaschine das durchschaut.

Gern genommen wird auch weiße Schrift auf weißem Hintergrund. Wenn nicht jemand auf die Idee kommt, einen offenbar leeren Bereich zu markieren, weil er die Webseite so weit nach unten scrollt, sieht diesen Text niemand. Aber neben den bereits erwähnten »kaputten Layouts« erkennen moderne Suchmaschinen solche Textbereiche durchaus.

8.14.4 Linking per Gästebücher & Co. erhöhen

Da sich das Ranking nach der Verlinkung durch andere Webseiten verbessert und dies insbesondere durch Webseiten, die ihrerseits ein hohes Ranking haben, werden oft in Gästebüchern, Foren oder Kommentarlisten entsprechende Einträge angegeben, um die Popularität der eigenen Website zu steigern.

Oftmals erhalten solche Links ein *nofollow*:

```
<a href="/Verweis" rel="nofollow">Verweistext</a>
```

Das bedeutet, dass solche Einträge von den Suchmaschinen nicht berücksichtigt werden. Dies kann man oft dynamisch bei Gästebüchern, Foren etc. einstellen, meist ist es bereits fertig so voreingestellt. Da solche Einträge oftmals viel Arbeit machen, lohnt sich der Aufwand meist nicht. Allerdings befolgen nicht alle Suchmaschinen das *nofollow* – Google aber schon!

Außerdem liegt die Gewichtung eher bei Seiten, die ihrerseits ein hohes Ranking haben – und eben die lassen nicht so ohne Weiteres einen öffentlich gesetzten Verweis zu. Näheres dazu im Abschnitt über das *Pageranking*.

8.14.5 Fazit zu den »unsauberen Methoden«

Es gibt sicherlich noch bedeutend mehr Möglichkeiten, Suchmaschinen auszutricksen. Die, die es machen und Erfolg damit haben, werden vermutlich darauf schwören. Wer es macht, befindet sich aber in einem steten Katz-und-Maus-Spiel mit den Suchmaschinen und wird sehr viel Zeit dafür investieren müssen. Ich persönlich halte das Risiko für zu groß. Einmal negativ aufzufallen kann zu einem lebenslangen Ausschluss aus den Suchmaschinen führen. Und man hat dann keine Chance, das wieder zu reparieren.

Also besser die Finger davon lassen und die konventionellen Möglichkeiten überlegt und gut ausnutzen. Wer das macht, hat gute Chancen, sich in den Suchergebnissen weit oben zu platzieren.

8.15 Google-Ranking – Pagerank

Das Google-Ranking (auch *Pagerank* genannt) wird in SEO-Kreisen als sehr wichtig betrachtet. Je höher das Ranking, je höher das Ansehen der Website durch Google, desto besser die Platzierungen. Ein hohes Ranking macht eine Website wichtig.

Ein hohes Ranking wiederum bekommt man durch eine Vielzahl von Verlinkungen durch Websites mit hohem Ranking. Eine hohe Verlinkung durch Websites mit geringem Ranking bringt zwar durchaus Einiges für den eigenen Besucherstrom, aber relativ wenig für das Google-Ranking.

Um von solchen Sites verlinkt zu werden, benötigt man entweder Geld – denn viele solcher Seiten lassen sich das teuer bezahlen – oder man hat Glück, dass der Betreiber mit hohem Ranking einen Verweis legt, weil er unsere Site für wichtig hält. Oder man hat relevanten Inhalt auf seiner Website, der für andere interessant ist.

Für den *Pagerank* selber ist eine Fülle von Berechnungen notwendig. Laut Google wird dafür eine Gleichung mit 500 Millionen Variablen und zwei Milliarden Ausdrücken berechnet[20]. Auf Wikipedia[21] ist der Algorithmus dazu abgedruckt, und wer Lust auf mathematische Formeln hat, sollte einen Blick darauf riskieren. Ich muss gestehen, dass ich nicht so viel mit den Formeln anfangen kann, und halte mich lieber an klar beschriebene Fakten.

Pagerank nimmt laut Google »eine objektive Bewertung der Wichtigkeit von Websites vor«. Dabei »wird aber der gesamte Inhalt einer Seite unter Berücksichtigung von Faktoren wie Schriftarten, Unterteilungen und der genauen Position aller Begriffe analysiert. Google analysiert außerdem den Inhalt der benachbarten Websites, um sicherzustellen, dass die ausgegebenen Ergebnisse die Suchanfrage des Nutzers am treffendsten beantworten.«[22]

Aus diesem kleinen Auszug kann man zumindest erahnen, wie wichtig die bereits angesprochenen Punkte sind, und dass man für eine gute Platzierung nicht einzelne Keywords, sondern den Gesamtauftritt der Website im Auge behalten muss. Dass sogar »benachbarte« Webseiten in die Berechnung einfließen, erscheint zunächst völlig widersinnig. Macht man sich aber bewusst, wie so eine Website aufgebaut ist, dann kann man zweierlei sehen:

Zum einen sind vermeintlich spezielle Suchmaschinen-Angaben unter Umständen anders als das Restlayout – was eben diesen Bereich eindeutig als Suchmaschinenmanipulation erscheinen lassen könnte.

Andererseits lässt sich erkennen, dass alle Bereiche ähnlich aufgebaut sind und somit ein Gesamteindruck einer Website entsteht. Bei den vielen Millionen Variablen und Berechnungen traue ich einer Suchmaschine zu, dass sie den Kern einer Website erfassen kann.

Für uns ergibt sich daraus, dass wir einmal mehr nicht einfach darauflos designen sollten, sondern uns zunächst ein paar gründliche Gedanken über das Gesamtkonzept machen sollten. Nur wer das macht, hat überhaupt eine Chance, sich weiter oben zu platzieren. Denn für den Erfolg zählen nicht einzelne Bereiche, sondern die Gesamtheit.

---

20 *http://www.google.de/corporate/tech.html*

21 *http://de.wikipedia.org/wiki/PageRank*

22 Alle Zitate von: *http://www.google.de/corporate/tech.html*

Leider ist der *Pagerank* in die Diskussion geraten. Wer einen guten Pagerank hat, kann Verweise verkaufen. Je nach Ausgangsseite (Pagerank-bezogen) kann ein Backlink zwischen fünf und ein paar Tausend Euro im Monat kosten. Dabei kommt es dann auch nicht mehr darauf an, wie die Inhalte der Seiten ausschauen, die verlinkt werden. Hauptsache, es wird gut gezahlt. Dadurch ist natürlich das Konzept nach »der Wichtigkeit einer Website« plötzlich sehr fragwürdig. Wie soll eine Suchmaschine erkennen, ob ich den Link aus Überzeugung bei mir eintrage oder weil ich dafür gut bezahlt werde?

Mittlerweile sprechen nicht wenige Webdesigner davon, dass der *Pagerank* nicht wirklich wichtig sei, um eine Website bei Google gut zu platzieren. Zumal der Pagerank selbst auch alle paar Monate durch Updates neu ermittelt wird. So dauert es zum einen ein wenig, bis die eigene Arbeit konkret überprüft werden kann. Und wie eine Website bei Google gelistet ist, wird nicht in Viermonatssprüngen bestimmt, sondern kann schon vorher überprüft werden. Somit wäre der *Pagerank* ja offenbar doch nicht wirklich relevant.

Aber: Tummeln sich beispielsweise mehrere Webseiten in Bezug auf die Relevanz des Suchbegriffs an gleicher Position in der Suchmaschinenreihenfolge, wird die mit dem höchsten Pagerank zuerst aufgelistet.

Seit Jahren finden Diskussionen statt, dass der Pagerank völlig unwichtig sei, während Google unbeirrt alle paar Monate den Pagerank aktualisiert und die Websites damit versieht – und berechnet.

Der *Pagerank* ist nicht totzubekommen. Man kann ihn ignorieren oder in seiner eigenen Prioritätenliste nach hinten schieben. Ihn zu vernachlässigen bedeutet aber einen Baustein weniger für suchmaschinenoptimierten Erfolg.

8.16 Zusammenfassung und Berichte aus der Praxis

Wer sich in den Suchmaschinen weit vorn platzieren möchte, muss Zeit und Energie in seine Website stecken. Und einiges an Überlegung. Eine einzelne Optimierung bringt deutlich mehr als gar keine, aber erst durch mehrere Maßnahmen kann man – ähnlich einem Räderwerk, bei dem die Zahnräder ineinander greifen – gute Ergebnisse herausholen.

Bei aller Suchmaschinenoptimierung darf man aber nicht vergessen, warum und für wen man eigentlich die Website erstellt hat.

Was nützt es einem, wenn vorderste Platzierungen in der Suchmaschine erreicht werden und das Publikum in Scharen kommt, aber dann auf der Website nicht das tut, was es tun soll?! Wenn ich Umsätze generieren will, und die potenziellen Kunden zwar herbeiströmen, weil ich Top-Platzierungen und sehr gute Suchergebisse erreiche, aber niemand einen Auftrag generiert, dann ist das Konzept der Website falsch.

Im Endeffekt ist SEO erst dann gut, wenn die Website am Zielpublikum ausgerichtet ist. Aus diesem Grunde sollte man nicht um jeden Preis SEO betreiben, sondern um jeden Preis für seine Besucher arbeiten – SEO kommt dann schon beinahe von allein.

Ein Beispiel aus der Praxis:

Ich habe im Mai 2009 mit meiner Tutorialseite *time4joomla* begonnen. Es ging mir um den Inhalt, um Tutorials. Ich habe dafür gesorgt, dass mein Name als Autor stets genannt blieb, habe Beschreibungstexte meistens eingetragen, über den Titel und somit über den Alias ein wenig nachgedacht und ansonsten Wert auf den Inhalt gelegt.

Das Konzept der Site war nie, in den Suchmaschinen oben zu stehen, weil mein Marketing andere Wege beschritt. So habe ich mich auch nie bei einer Suchmaschine angemeldet. Wichtig war mir aber Usability. Zu meinen SEO-Maßnahmen gehörte eine per Menü und als XML integrierte Sitemap, und viel mehr habe ich nicht getan.

Innerhalb eines Jahres stieg bei Google mein Ranking von null auf drei. Bei Yahoo habe ich über 8000 Verweise auf meine Website (Stand: Oktober 2010). Wieviel es bei Google sind, weiß ich nicht. Bei vielen Stichwörtern lande ich mit meinen Tutorials sehr oft unter den ersten beiden Seiten und nicht wenige Male auch ganz vorn. Da ich auf meiner Firmenseite das Downloadcenter integriert (was ich allerdings sehr bewusst gemacht habe) und natürlich jeweils Verweise zur anderen Site gemacht habe, ist das Ranking meiner Firmenwebsite *time4mambo* ebenfalls auf drei angestiegen, nachdem es zuvor jahrelang zwischen eins und zwei herumdümpelte. Dies für eine Firmenwebsite, die sonst keinen sich großartig verändernden Content anbietet, halte ich persönlich für nicht schlecht. Zumal mein Markt hart umkämpft ist.

Google hat mich beim letzten Pagerank-Update im Januar 2011 mit einem Pagerank von fünf für *time4joomla* belohnt und *time4mambo* auf vier erhöht.

Mit Tricks habe ich dabei nicht gearbeitet. Es geht also auch mit legalen und recht einfachen Mitteln. Und es sind letztlich alles Joomla-Einstellungen oder Erweiterungen, die ich genutzt habe. Plus sich regelmäßig ändernder Content. Und ich achte darauf, dass die zeitlichen Abstände zwischen zwei Beiträgen nicht zu groß werden.

Mittlerweile gibt es auch einige Kommentare zu den einzelnen Tutorials. Diese werden von den Webcrawlern mitgescannt und bescheren mir damit zusätzlichen veränderlichen Content, der sich teilweise auch in den Suchmaschinen wiederfindet.

Das Allerwichtigste aber ist, dass der Besucherstrom stetig zunimmt und meine Besucher positiv reagieren.

Bei der Überarbeitung für die Zweitauflage (Stand: Juli 2011) hat mich Google für *time4joomla* auf den Pagerank 4 zurückgestuft, *time4mambo* aber gelassen im Ranking. Interessant ist, dass dennoch der Besucherstrom zugenommen hat und die Korrespondenz mit dem Benutzer meiner Webseiten stärker geworden ist.

Pagerank ist also ein interessanter Wert, aber nicht alles.

9 Benutzer und ihre Rechte

Das Rechtesystem ist seit Joomla 1.6 ganz neu und bietet sehr viele faszinierende Möglichkeiten. Seien es neue Rechte für den einzelnen User und für Usergruppen, sei es in Form von neuen Zugriffsebenen, Multirechten und beinahe beliebigen Konstellationen. Da die Rechte sich nicht nur global, sondern für nahezu alle Bereiche in Joomla definieren lassen, bietet das Rechtesystem mannigfaltige Möglichkeiten zu sehr differenzierten Zugriffen.

Allerdings ist das Rechtesystem auch starker Tobak. Man muss sich ein wenig Zeit nehmen, um es in seiner Gänze zu erfassen. Es ist sinnvoll, ein wenig nachzudenken, bevor man einfach drauflos arbeitet. Das Rechtesystem ist nicht immer einfach zu durchschauen und ohne eine gewisse Übung nur schwer umzusetzen.

Um ein wenig Struktur in die zunächst unüberschaubaren Orte der Rechtevergabe zu bringen, fange ich mit dem Benutzermenü an und betrachte die Benutzergruppen und Zugriffsebenen. Dann werde ich in diesem Kapitel über die globalen Einstellmöglichkeiten in die gezielten Einstellmöglichkeiten gehen. Am Ende werde ich zwei Fallbeispiele inszenieren, um die Möglichkeiten im praktischen Einsatz aufzuzeigen.

9.1 Für Umsteiger

Da das gesamte Rechtesystem neu ist, gehe ich an dieser Stelle nicht weiter auf die Neuheiten ein. Aber es gibt bei den *Benutzergruppen* und *Zugriffsebenen* Einstellungen in den *Optionen*, die bisher unter der *Konfiguration* zu finden waren. Dazu gehören die Einstellungen, ob eine Registrierung auf der Site grundsätzlich erlaubt ist und welcher Gruppe ein neu registrierter User zugeordnet wird. Ebenso die Einstellung, ob ein User seine eigenen Einstellungen bearbeiten darf. Neu hinzugekommen ist auch die Möglichkeit für die einzelnen Benutzer Hinweise anlegen zu können.

9.2 Einstellungen für Benutzer

Klickt man in der Benutzerübersicht direkt auf einen Benutzer, kann man einige individuelle Einstellungen vornehmen:

Auf der rechten Seite des editierten Benutzers befinden sich die *Basis Einstellungen.* Hier lässt sich für jeden Benutzer individuell einstellen, welches Backend-Template er benutzen soll. Das ist unter anderem auch deswegen interessant, weil das Backend-Template *Hathor* speziell für Sehschwache und Sehbehinderte entwickelt wurde.

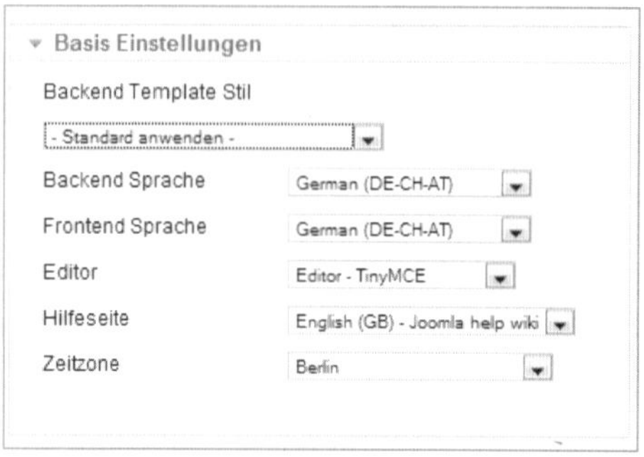

Bild 9.1: Basiseinstellungen beim Benutzer

Wählt man *Standard* beim Backend-Template aus, wird die Vorlage genommen, die als *Default* im Backend gesetzt wurde. In den Feldern *Backend Sprache* und *Frontend Sprache* stehen die Sprachen zur Auswahl, die man installiert hat.

Tipp: Wählt man hier nichts aus, muss beim Einloggen im Backend die Sprache immer explizit ausgewählt werden, da sonst meist die englische Sprache verwendet wird. Ansonsten reicht es beim Einloggen *Sprache* bzw. *Language Default* stehen zu lassen. Es wird dann die Sprache angezeigt, die beim Benutzer eingetragen ist.

Unter *Editor* kann ausgewählt werden, welchen Editor der Benutzer zum Verfassen von Beiträgen nehmen soll. Mancher Benutzer hat hier vielleicht spezielle Wünsche. Manchmal kommt auch der eine oder andere mit einem bestimmten Editor nicht so gut klar.

Derzeit stehen meines Wissens nur die englischsprachigen *Hilfeseiten* zur Auswahl. Eine Möglichkeit, eigene Hilfeseiten zu erstellen, ist mir derzeit nicht bekannt.

Hat man eine große Website mit vielen Usern aus vielen Ländern und somit unterschiedlichen *Zeitzonen*, kann es sinnvoll sein, ihnen hier individuelle *Zeitzonen* zuzuordnen. Macht man das nicht, dann wird die Zeitzone ausgewählt, die in der Konfiguration eingestellt ist.

9.3 Benutzerhinweise

Gerade in Communitys kann es hilfreich sein, dass Hinweise zu Benutzern erstellt werden können. Und es kann Sinn machen, diese nach verschiedenen Kategorien zu sortieren. Dieses können Sie machen, wenn Sie die Benutzerübersicht aufrufen und zunächst auf die *Hinweiskategorien* klicken. Als Beispiel habe ich drei Kategorien angelegt: eine Hauptkategorie namens »Verwarnungen« und jeweils Unterkategorien mit den Titeln »Gelbe Karte« und »Rote Karte«. Um in der Übersicht anschließend eine verbesserte Übersicht zu bekommen, macht es Sinn, den Kategorien Bilder zuzuweisen. In der Ansicht *Benutzerhinweise* klicken Sie nun auf das Icon *Neu* und schreiben einen

Hinweis, vergeben eine Kategorie und wählen dann den Benutzer aus, für den der Hinweis gelten soll.

Alle Hinweise können Sie in der Übersicht *Benutzerhinweise* sehen. Momentan dürfte es dort noch recht übersichtlich sein. Haben Sie jedoch ein laufendes System mit vielen Nutzern und einigen Hinweisen zu Ihren Nutzern erstellt, kann das dort schnell recht unübersichlich werden, auch wenn Sie natürlich über die einzelnen Spaltenüberschriften die Hinweise entsprechend sortieren können. Besser ist es jedoch, wenn Sie nun die Ansicht *Benutzer* anklicken, dort sehen Sie bei den Benutzern ein bis drei kleine Icons.

Bild 9.2: Hinweis-Icons in der Benutzerübersicht

Klicken Sie auf den »Trichter«, wechseln Sie zur Ansicht *Benutzerhinweise.* Allerdings ist diese Ansicht bereits auf den ausgewählten Benutzer gefiltert.

Klicken Sie in der Mitte auf das gelbe Icon, geht eine Lightbox auf mit der Auflistung der Hinweise.

Bild 9.3: Hinweise zum Benutzer

Mit dem rechten Icon können Sie direkt einen Hinweis zum Benutzer erstellen.

9.4 Optionen: Benutzer-Konfiguration

Die *Optionen* gelten für diesen ganzen Bereich, der mit *Benutzer* beginnt und von den *Benutzergruppen* bis zu den *Zugriffsebenen* reicht.

Unter diesen Optionen kann man einige Einstellungen vornehmen, die sich auf die *Benutzer* und ihre Rechte auswirken.

Komponente

Im ersten Reiter – *Komponente* – wird zunächst festgelegt, ob eine Benutzerregistrierung überhaupt erlaubt ist. Damit lässt sich das Anmelde-/Login-Modul auch so einstellen, dass man sich zwar anmelden, aber nicht registrieren kann. Das kann beispielsweise dann interessant sein, wenn man nur ausgewählten Usern den Zugang in den registrierten Bereich erlauben möchte, also User auf Einladung, die dann von Ihnen ihr Passwort und ihren Nickname bekommen. User, die zufällig Ihre Website besuchen, haben dagegen keine Möglichkeit, sich zu registrieren.

Wenn Sie aber möchten, dass sich jeder registrieren kann, dann setzen Sie die *Benutzerregistrierung* auf *Ja.* Sie müssen nun noch das Modul *Anmeldung* aktivieren.

In der *Gruppe für neue Benutzer* können Sie voreinstellen, welcher Gruppe ein neuer User zugeordnet werden soll. Standardmäßig steht hier *Registered.* Wenn Sie jedoch eigene Gruppen definiert haben, könnte es sinnvoll sein, diese Einstellung etwas zu verändern.

Gast Benutzergruppen – Damit sind User gemeint, die nicht registriert sind, sich aber dennoch auf Ihrer Website befinden. Standardmäßig ist hier *Public* vorgegeben. Aber auch hier gilt, dass insbesondere eigene Gruppen interessant sein können. Denkbar ist zum Beispiel, dass Sie bestimmte Inhalte, die sonst nicht sichtbar sind, nur Gästen zeigen.

Aktivierung neuer Konten: Mit *Konten* sind Benutzer-Accounts gemeint. Mit dieser Einstellung wird geregelt, wie sich ein neuer Benutzer auf Ihrer Seite anmelden kann.

Voreingestellt ist *Benutzer.* Das bedeutet: Wenn sich ein neuer Benutzer registriert, bekommt er eine E-Mail zugeschickt, auf der er zur Bestätigung einen Registrierungslink anklicken muss. Hat er das getan, kann er sich einloggen.

Wählt man hingegen *Keine* aus, dann wird der User sofort registriert, ohne dass er eine E-Mail mit Bestätigungslink erhält.

Bei der Einstellung *Administrator* erhält der Benutzer eine E-Mail mit der Aufforderung, seine Anmeldung zu bestätigen. Daraufhin erhält der Administrator einen Hinweis, dass eine neue Anmeldung vorliegt, und er muss diese explizit freischalten.

Die *Administrator-Einstellung* ist also dann interessant, wenn Sie nur Benutzer zulassen wollen, die Sie entweder bereits kennen oder die Sie vor der Registrierung überprüfen wollen.

Tipp: Bei der Einstellung *Keine* kann es zu rechtlichen Problemen kommen, weil auch Personen angemeldet werden können, die davon selber gar nichts wissen. Somit kann eine Belästigung Dritter auftreten, die unter Umständen juristische Folgen hat. Deshalb ist es besser, eine Bestätigungs-Mail an den User zu senden. Denn durch die Bestätigung, die der User anklicken muss, kann es nicht zu falschen Anmeldungen kommen. Der Fachausdruck für diese Maßnahme ist *Double Opt-in.*

Es gibt in Deutschland kein Gesetz, das diese Maßnahme erforderlich macht, es kann aber unnötiger Ärger von vornherein vermieden werden, weshalb man die *Keine*-Einstellung besser nicht benutzt.

In der Schweiz gilt eine andere Rechtslage betreffend Werbemaßnahmen (und wenn ein Newsletter verschickt wird, ist das eine Werbemaßnahme). Aber auch hier gibt es wohl keinen Zwang zum *Double Opt-in.* Besser ist es aber, stets die Bestätigungsmail anzufordern.

Tipp: Sie können den Text der Bestätigungsmail natürlich auch anpassen. Dazu müssen Sie ein *Override* bei den Sprachen machen. Wechseln Sie im Menü über *Erweiterungen/Sprachen* zur Ansicht *Overrides.* Hier geben Sie in das rechte Suchfeld den Begriff »Bestätigungsmail« ein und stellen die Suche auf *Inhalt.* Als Suchergebnis erhalten Sie den bisherigen Text der Bestätigungsmail, den Sie nun bequem im linken Feld nach Ihren eigenen Bedürfnissen umschreiben können. Achten Sie dabei aber auf die Platzhalter, die mit einem »%-Zeichen« eingeleitet werden. Die sollten Sie übernehmen, weil dort beispielsweise der Bestätigungslink enthalten ist. Weiteres können Sie auch im Abschnitt 10.8 zu den »Sprach-Overrides« nachlesen.

Einstellungen im Frontend verbergen / anzeigen bedeutet, dass der User bei der Einstellung *Anzeigen* für sich selber die Hilfeseiten, die Sprache und den Editor im Frontend per Menü auswählen kann. Wird *Verbergen* eingestellt, kann der User das nicht. Er arbeitet entweder mit den globalen Einstellungen oder mit denen, die ihm individuell vom Administrator zugewiesen wurden. Möchte man, dass der Benutzer das selbst einstellen kann, muss man einen Menüpunkt mit dem Typ *Benutzer Profil bearbeiten* anlegen.

Massenmail

Möchte man Massenmails an seine Benutzer verschicken, können hier einige grundsätzliche Dinge eingestellt werden. Zum Beispiel kann man in der Betreffzeile bestimmte Wörter vorgeben, die immer angezeigt werden, wenn man eine Massenmail versenden möchte. Es könnte sich anbieten, eine Standard-Betreffzeile wie »Administratormitteilung«, »Systemmail« oder Ähnliches davor zu schreiben.

In *Mailanhang* kann ein Text vorgegeben werden, der dann immer am Ende der Massenmail automatisch mit ausgegeben wird. Das könnte beispielsweise ein Hinweistext sein, dass man auf diese Mail bitte nicht antwortet, oder der Link zur Website oder dergleichen.

Berechtigungen

Das ist zunächst etwas verwirrend. Naheliegend wäre ja, dass sich die Berechtigungen auf die Benutzer beziehen. Das tun sie aber nur sehr bedingt.

Erstellen, Löschen, Bearbeiten, Rechte bearbeiten und *Eigene Inhalte bearbeiten* betrifft Beiträge. Es geht also um das Erschaffen und Verwalten von Inhalten. Lediglich die ersten beiden Punkte – *Konfigurieren* und *Komponentenzugriff* – beziehen sich auf die Benutzerverwaltung.

Tipp: Gleiches gilt übrigens grundsätzlich auch für andere Bereiche, für die man die Berechtigungen einstellen kann!

Klickt man hier auf die verschiedenen Benutzergruppen, dann werden die zugehörigen Rechte angezeigt. So stellt man fest, dass standardmäßig nur der *Administrator* und der *Super Benutzer* Zugriff auf die Benutzerverwaltung haben.

Das kann man ändern, wenn man das möchte. Man sollte jedoch bedenken, dass die Einstellungen für die Benutzerkomponente dann auch bedeuten, dass sich die Benutzergruppe im Backend einloggen kann.

Standardmäßig können das nur der *Administrator*, der *Super Benutzer* natürlich sowie der *Manager*. Der *Manager* hat jedoch keinen Zugang zur Benutzerverwaltung.

Man kann auf diese Art und Weise beispielsweise eine neue Backend-Benutzergruppe anlegen, die nur auf ausgewählte Komponenten Zugriff hat. So ist es beispielsweise beim *Manager*, der Zugriff auf Beiträge, Kategorien und die Medienkomponente hat, sowie auf die standardmäßig installierten Komponenten.

9.5 Benutzergruppen

Über dem Menüpunkt *Benutzer/Gruppen* kommt man in die Übersicht der derzeit vorhandenen Benutzergruppen und sieht, wie viele Benutzer den einzelnen Gruppen aktuell zugeordnet sind. Diese Benutzergruppen werden Benutzern zugeordnet bzw. umgekehrt: Benutzer werden Benutzergruppen zugeordnet. An anderer Stelle wird dann genau geregelt, was die jeweilige Benutzergruppe für Rechte hat.

Standardmäßig voreingestellt ist:

- *Public* (Öffentlich) – Der Benutzer kann nur Inhalte sehen, die auf *Public* gesetzt sind. Keine weiteren Rechte.
    - *Manager* – Diese Benutzergruppe hat zwar Zugriff auf das Backend, ist in ihren Befugnissen aber stark eingeschränkt.
    - *Administrator* – diese Gruppe hat auch Zugang zum Backend, aber keine *Super Benutzer*-Rechte

- *Registriert* – User dieser Gruppe können nur sehen, was Public (also öffentlich) ist und was auf *registered* gesetzt ist. Benutzer dieser Kategorie dürfen sich auf der Seite anmelden. Keine weiteren Rechte.
    - *Autor* – darf Beiträge erstellen und seine eigenen bearbeiten, wenn sie veröffentlicht wurden
        - *Editor* (Bearbeiter/Redakteur) – darf auch fremde Beiträge bearbeiten
            - *Publisher* (Herausgeber) – darf Beiträge veröffentlichen
- *Super Benutzer* – darf alles!

Wichtig ist zu verstehen, dass es zwei Hierarchieebenen gibt:

- Die *Hierarchieebene Backend* betrifft den *Manager* und den *Administrator.*
- Die *Hierarchieebene Frontend* betrifft *Registriert, Autor, Editor* sowie den *Publisher.*

Je nachdem, wie man eine neue Benutzergruppe einordnet, werden Backend- oder Frontend-Rechte vererbt.

Dabei erbt jeweils jede Gruppe die Rechte ihrer Vorgängergruppe. Also erben zunächst alle die Rechte, die ein *Öffentlicher* Benutzer hat, und erhalten dann jeweils noch zusätzliche eigene Rechte. Der *Administrator* erbt zusätzlich alle Rechte, die ein *Manager* hat, und bekommt noch eigene dazu. Der *Autor* erbt die Rechte des *Registrierten.* Der *Editor* hat die Rechte des Autors und somit natürlich dann auch die des *Registrierten* mitbekommen.

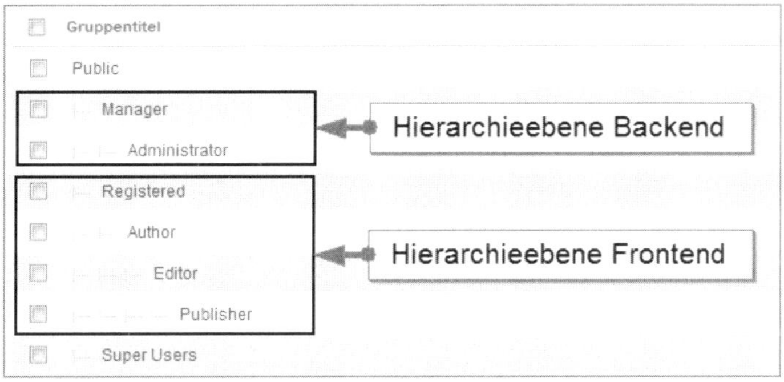

Bild 9.4: Hierarchieebenen bei den Benutzergruppen

Der *Super Benutzer* steht allein, weil er umfangreiche Rechte aus beiden hierarchischen Ebenen benötigt, also die Ebene *Manager, Administrator* und die Ebene von *Registriert* bis *Publisher.* Somit ergibt eine Vererbung hier keinen Sinn, da stets eine Hierarchieebene fehlen würde.

Man kann zwar auch Gruppen löschen, sollte aber möglichst keine der Standardgruppen löschen. Man kann aber, falls man es doch tut und dann feststellt, dass irgendetwas nicht mehr sauber läuft, jederzeit eine Gruppe neu anlegen. Und so kann man natürlich eine zuvor gelöschte auch wieder herstellen.

Zum Anlegen einer Gruppe klicken Sie auf das große Icon oben rechts: *Neu*

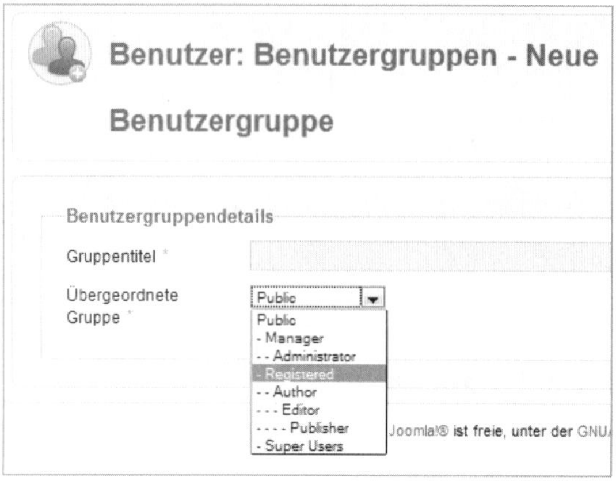

Bild 9.5: Neue Benutzergruppe anlegen

In das Feld *Gruppentitel* tragen wir den Namen der neuen Benutzergruppe ein. Nennen wir die Gruppe *Redakteur.* Im Auswahlbutton darunter muss nun ausgewählt werden, wo sich die neue Gruppe positionieren soll – also an welcher Stelle der Hierarchie sie stehen soll und von wem sie folglich bereits die Rechte übernimmt, bevor wir dieser Gruppe eigene Rechte zuweisen. Ich wähle an dieser Stelle einfach mal *Registered* aus.

Bild 9.6: Unsere neue Benutzergruppe

Sind Sie mit der Auswahl nicht zufrieden und möchten Sie im Nachhinein die Hierarchieebene ändern, dann klicken Sie einfach den Gruppennamen an oder aktivieren alternativ das Häkchen und wählen oben *Bearbeiten* aus.

9.6 Zugriffsebenen

Die *Zugriffsebenen* regeln, welche *Benutzergruppen* was sehen können. Menüs, Beiträge und Module enthalten Zugriffsebenen. Die *Zugriffsebenen* sind ganz konkret den *Benutzergruppen* zugeordnet. So kann sehr deutlich definiert werden, wer was sehen darf.

Standardmäßig sind nur drei *Zugriffsebenen* vorhanden:

- *Öffentlich* – für alle sichtbar.
- *Registriert* – nur für registrierte Benutzer sichtbar.
- *Special* – sichtbar ab der Gruppe der Autoren bis hin zum Administrator.

Der *Super Benutzer* sieht grundsätzlich alles.

Man kann diese Zugriffsebenen editieren und somit verändern. Dazu klicken Sie einfach auf den Namen der Zugriffsebene oder setzen alternativ das Häkchen und klicken *Bearbeiten* an. Man sieht dann sehr gut, welche *Zugriffsebene* welcher *Benutzergruppe* zugeordnet ist.

Bild 9.7: Zuordnung der Zugriffsebene *Special* zu den Benutzergruppen

Will man beispielsweise eine Zugriffsebene anlegen, die nur für die Gruppe der *Administratoren* sichtbar ist, dann klickt man in der Übersicht auf *Neu.* Im *Ebenentitel* tragen wir *Admin* ein und setzen anschließend einen Haken bei *Administrator* und bei *Super Benutzer.*

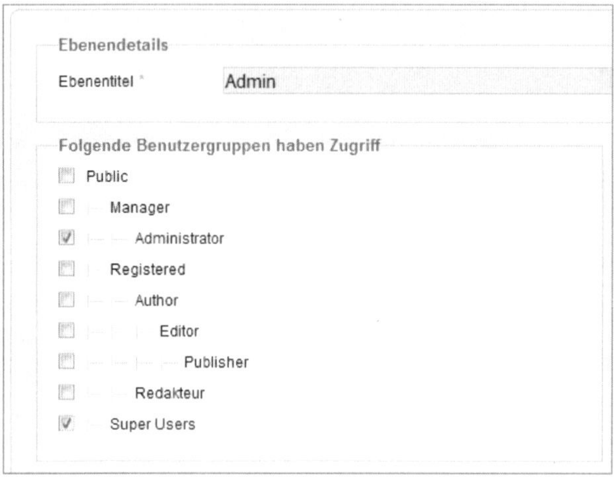

Bild 9.8: Eine neue Zugriffsebene nur für Administratoren

Schaut man sich jetzt die Übersicht an, dann findet man seine neue Zugriffsebene:

Bild 9.9: Die neue Zugriffsebene in der Übersicht und mit aktivierter Spalte für die Reihenfolge

So kann man sehr einfach bestimmte Menüverweise oder auch Module nur bestimmten Benutzergruppen zugänglich und sichtbar machen. Man kann übrigens die Reihenfolge verändern, wenn man die Spalte *Reihenfolge* anklickt. Man hat dann die Möglichkeit, die Reihenfolge entweder mit den kleinen blauen Pfeiltasten zu verändern, oder man gibt Zahlen in die kleinen Kästen ein und klickt dann das kleine Diskettensymbol in der Spalte zum Speichern der neuen Reihenfolge an.

Tipp: Wenn Sie Zahlen für die neue Reihenfolge eingeben, dann drücken Sie bitte nicht auf ENTER, wenn Sie fertig sind. Dann muss man leider wieder von vorn beginnen.

Interessant ist, dass man einer Benutzergruppe mehrere Zugriffsebenen und umgekehrt einer Zugriffsebene mehrere Benutzergruppen zuordnen kann. Allein aus diesen doch recht einfachen Methoden ergeben sich bereits eine Menge Möglichkeiten der Rechteverwaltung.

9.7 Benutzer

In der Ansicht mit den Zugriffsrechten und Benutzergruppen steht ganz links noch eine Ansicht der Benutzer, die für diese Website registriert sind. Man kann neue User anlegen oder bestehende editieren und sie anderen *Benutzergruppen* zuordnen.

Ich habe einen neuen User angelegt, einen *Testuser*, den ich der selbst erstellten Gruppe der Redakteure zugeordnet habe.

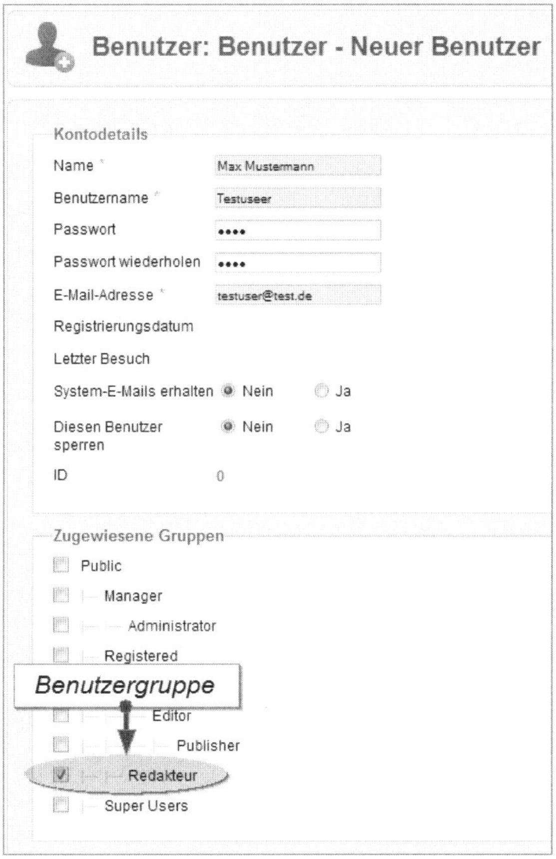

Bild 9.10: Wir haben einen neuen User der selbst definierten Benutzergruppe *Redakteure* zugeordnet.

9.8 Konfiguration: Berechtigungen

In der *Konfiguration* stellen wir die Rechte für unsere Benutzergruppe endlich ein. Die Konfiguration erreicht man über das Menü *Site / Konfiguration.*

Im vorletzten Reiter befinden sich die *Berechtigungen.*

Man kann sich die aktuell vergebenen Berechtigungen ansehen, indem man einfach mit der Maus auf den Namen der Benutzergruppe klickt. Direkt unter der ausgewählten Benutzergruppe erscheinen dann die Berechtigungen.

Wählt man beispielsweise die Benutzergruppe *Registriert* aus, dann sieht man, dass nur die Berechtigung der *Seiten Anmeldung* erlaubt und alles andere nicht gestattet ist. Klickt man anschließend auf den *Autor*, erhält man die Mitteilung, dass die Berechtigung *Seiten Anmeldung* vererbt wurde und die Rechte *Erstellen* und *Eigene Inhalte bearbeiten* dazu gekommen sind – also erlaubt wurden.

Im Großen und Ganzen kann man die Berechtigungen in zwei große Blöcke teilen:

- Backend
- Frontend

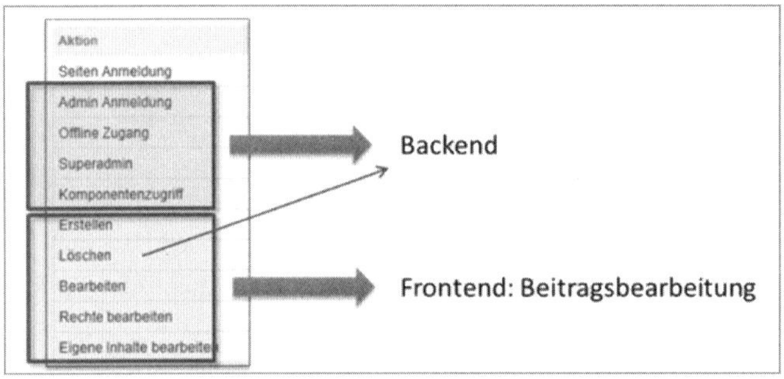

Bild 9.11: Grobe Einteilung der Berechtigungen

Das ist zwar nicht ganz richtig, weil die Offline-Anmeldung genau genommen nichts mit dem Backend zu tun hat, andererseits aber durchaus als »Sonderrecht« betrachtet werden darf.

Als erstes haben wir die *Seiten Anmeldung.* Damit kann eingestellt werden, welche Benutzergruppe das Recht bekommt, sich auf der Seite zu registrieren und einzuloggen.

Admin Anmeldung. Ist dieses Recht auf *Erlaubt* gesetzt, darf sich der User im Backend anmelden.

Interessant ist der *Offline Zugang.* Bisher war es so, dass nur *Super Benutzer* sich im Frontend einer Offline geschalteten Website anmelden konnten. Durch diese Berechtigung können auch Nicht-Super-Benutzer sich auf der Offline-Seite anmelden. Für so manche Supportanfrage ermöglicht diese Einstellung auch einen Testuser anzulegen, mit dem sich Supporter einloggen können, aber die nicht sauber laufende Seite bleibt für die Öffentlichkeit verborgen. Ebenso können Redakteure, die sonst nicht über ausreichende Berechtigungen verfügen, in einer Offline geschalteten Seite mitarbeiten.

Interessant ist der *Offline Zugang.* Bisher war es so, dass nur *Super Benutzer* sich im Frontend einer offline geschalteten Website anmelden konnten. Durch diese Berechtigung können auch Nicht-Super-Benutzer sich auf der Offline-Seite anmelden. Für so manche

Supportanfrage ermöglicht diese Einstellung auch, einen Testuser anzulegen, mit dem sich Supporter einloggen können, aber die nicht sauber laufende Seite bleibt für die Öffentlichkeit verborgen. Ebenso können Redakteure, die sonst nicht über ausreichende Berechtigungen verfügen, in einer Offline geschalteten Seite mitarbeiten.

Mit dem *Superadmin* kann ein Benutzer ohne weitere zusätzliche Einstellungen den Zugriff auf alle Funktionen erhalten. Der *Super Benutzer* hat normalerweise als einziger diese Erlaubnis, man kann aber noch zusätzliche Benutzergruppen anlegen, die sich ohne Einschränkungen auf der Site bewegen dürfen.

Der *Komponentenzugriff* ist nicht so ganz einfach zu durchschauen. Er wirkt sich ausschließlich im Backend aus. Ist der *Komponentenzugriff nicht erlaubt*, bedeutet dies, dass ein Benutzer keinerlei *Komponenten* im Backend editieren kann. Der *Komponentenzugriff* macht also zunächst einmal nur Sinn, wenn die *Admin Anmeldung* erlaubt ist. Soll ein Benutzer jedoch zu einer ganz bestimmten Komponente dennoch Zugang erhalten, dann muss der *Komponentenzugriff* explizit auf *Erlaubt* gesetzt werden, und Komponenten, auf die kein Zugriff stattfinden soll, müssen explizit von dieser Erlaubnis ausgenommen werden. Ein Beispiel dazu findet sich im *Fallbeispiel Redaktionssystem* (Abschn. 9.12.2), wo der *Chefredakteur* Zugang zur Beitrags-Komponente erhält, alle anderen Komponentenzugriffe jedoch ausgeschaltet wurden.

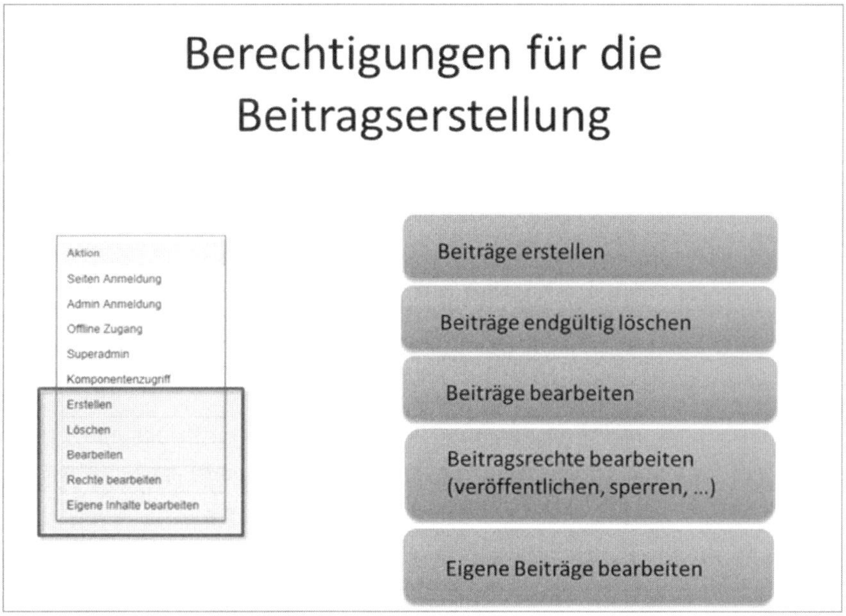

Bild 9.12: Berechtigungen zur Beitragserstellung

Die nächsten Berechtigungen wirken sich unmittelbar auf die Bearbeitung von Beiträgen aus. Die Berechtigung *Erstellen* ist zunächst der Dreh- und Angelpunkt! Wer nichts erstellen kann, der kann auch nichts bearbeiten. Die letzten vier Berechtigungen haben also keine Funktion, wenn *Erstellen* nicht erlaubt ist.

Anders ausgedrückt: *Löschen, Bearbeiten, Rechte bearbeiten* und *Eigene Inhalte bearbeiten* funktionieren nur in Kombination mit der Berechtigung *Erstellen.*

Zwar ist denkbar, dass auch jemand andere Beiträge bearbeiten kann, wenn er selber keine Beiträge erstellen kann, aber »Bearbeiten« ist ja quasi wie »Erstellen«. Ergo muss diese Berechtigung auch explizit »erlaubt« sein.

Die Berechtigung *Löschen* bedeutet, dass im Backend ein Beitrag endgültig gelöscht werden kann. Dazu sind aber Backend-Zugriffe notwendig. Näheres dazu findet sich im Fallbeispiel zum Chefredakteur.

Die Erlaubnis zum *Bearbeiten* gibt dann im Frontend die kleinen Icons bei den Beiträgen aus. Wobei ein blaues Icon bedeutet, dass der Beitrag noch nicht veröffentlicht wurde und ein orangenes, dass der Beitrag bereits veröffentlicht wurde. *Bearbeiten* bedeutet aber auch, dass die Erlaubnis erteilt wird, fremde Beiträge zu bearbeiten.

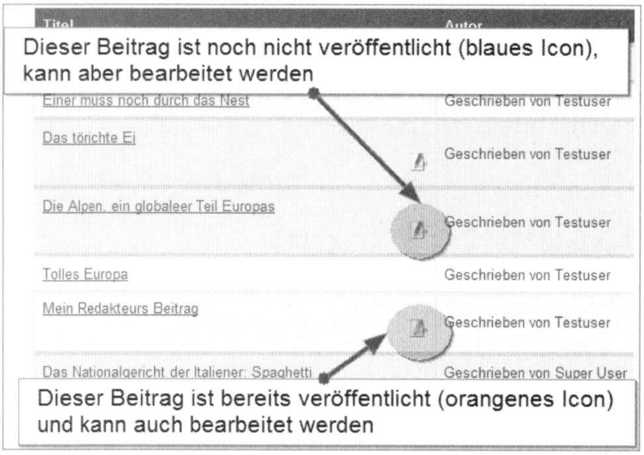

Bild 9.13: Und so sieht es dann im Frontend aus.

Mit *Status verändern* kann man die Beiträge freigeben, sperren, archivieren oder in den Papierkorb verschieben. Der *Papierkorb* ist jedoch keine endgültige Löschung eines Beitrages. Das geht nur und ausschließlich im Backend. Der *Papierkorb* ist letztlich wie ein Verzeichnis zu betrachten: der Beitrag ist zwar erst einmal weg, kann aber wieder hergestellt werden. Allerdings kann er auch nur im Backend wieder hergestellt werden. Im Frontend gibt es keine Möglichkeit, einen Beitrag aus dem *Papierkorb* wieder herauszuholen.

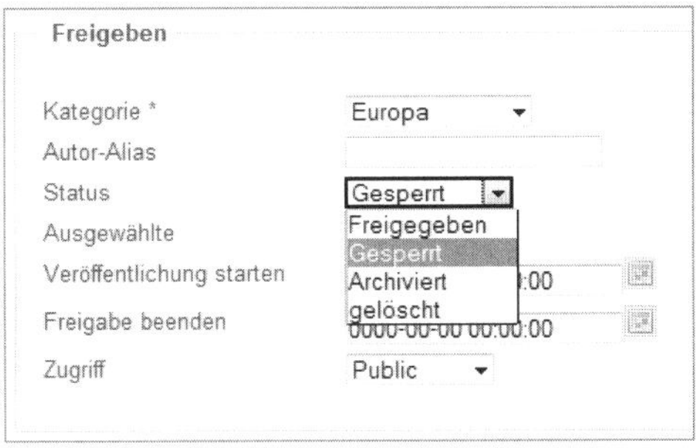

Bild 9.14: Status im Beitrag ändern

Eigene Inhalte bearbeiten ermöglicht es, den eigenen Beitrag zu bearbeiten, nicht jedoch zu veröffentlichen oder andere Beiträge zu bearbeiten.

9.8.1 Unveröffentlichte eigene Beiträge bearbeiten

Ist man Autor, kann man nur seine eigenen Beiträge bearbeiten und keine fremden. Man kann dann auch nur seine eigenen Beiträge editieren, wenn diese bereits veröffentlicht sind. Solange sie das nicht sind, kann man seine eigenen Beiträge nicht sehen und ergo auch nicht bearbeiten. Wie ich persönlich finde, ist das eine sehr unschöne Lösung von Joomla, da man so seine Beiträge in einem Stück schreiben muss und vor Veröffentlichung keinerlei Chancen hat, noch einmal Hand an seinen Beitrag zu legen. Es gibt allerdings Erweiterungen, die das ermöglichen.

Bild 9.15: *User Article Manager* erlaubt den Zugriff auf noch nicht veröffentlichte eigene Beiträge.

Eine Erweiterung, die ich sehr interessant dafür finde, ist die Komponente *User Article Manager*[23]. Man kann sehr genau einstellen, inwieweit Benutzer welche Zugriffe auf die Beiträge haben. Die Komponente selber wird einfach über das Menü verlinkt und bietet eine sehr einfache Möglichkeit, auch eigene unveröffentlichte Beiträge editieren zu können.

[23] http://joomlacode.org/gf/project/fual2/

9.9 Berechtigung bei Modulen, Komponenten etc.

Die Einstellungen der Berechtigungen über die *Optionen* für Module und Komponenten haben nur Auswirkungen auf das Backend. Sie können hier explizit Berechtigungen setzen oder entziehen, die dann dafür sorgen, dass Module oder Komponenten im Backend für die entsprechende Benutzergruppe angezeigt werden oder nicht. Voraussetzung ist natürlich, dass die entsprechende Benutzergruppe überhaupt Zugang zum Backend hat. Im Fallbeispiel »Redaktionssystem« im Abschnitt 9.12.2 habe ich am Ende ein Beispiel beschrieben, wie man Komponenten für das Backend sperrt. Alle anderen Erweiterungen funktionieren genauso. Der einzige Unterschied zwischen Komponenten und allen anderen Erweiterungen ist, dass man für jede einzelne Komponente eigene Berechtigungen vergeben kann, wohingegen sich bei den Modulen, Plugins, Sprachen und Templates die Einstellungen auf alle Erweiterungen auswirken.

Die Beiträge und Kategorien nehmen eine kleine Sonderstellung ein. Bei den Beiträgen kann man für alle Beiträge per *Optionen* die Berechtigungen einstellen, die sich auf das Backend auswirken. Es geht also darum, wer im Backend Inhalte bearbeiten darf. Dann gibt es die Möglichkeit, sowohl für jeden einzelnen Beitrag als auch für jede einzelne Kategorie Berechtigungen zu vergeben. Damit kann man ein sehr differenziertes Rechtemodell aufbauen. In den Fallbeispielen im übernächsten Abschnitt finden sich dazu einige Szenarien.

9.10 Backend-Benutzer anlegen

Es gibt neben dem beschriebenen Weg, eine neue Benutzergruppe über die Zuordnung in der Hierarchieebene *Backend* anzulegen, auch noch eine andere Möglichkeit, eine Backend-Benutzergruppe zu erstellen.

Man kann die neue Benutzergruppe auch in der Hierarchieebene *Registered* oder ganz allein, wie den *Super Benutzer*, also unter *Public*, anlegen und ihr die entsprechende Erlaubnis geben, sich im Backend anmelden zu dürfen: also *Admin Anmeldung erlauben*.

Loggt man sich jetzt ins Backend ein, bekommt man ein völlig leeres Backend, wo einsam der *Abmelde-Button* steht und sonst nichts.

Also vergeben wir zuerst eine neue *Zugriffsebene*. Ich nenne sie *Backend* und ordne sie meiner neuen *Backend-Benutzergruppe* zu.

Bild 9.16: Meine neue Backend-Benutzergruppe mit entsprechender Zugriffsebene

Danach wechseln wir zum Modulmanager (*Erweiterungen/Module*) und wechseln im ersten Filter von *Site* zu *Administrator*. Das Modul *Admin Menu* markieren wir mit einem Häkchen und wählen oben *kopieren* aus. Nach dem Editieren empfiehlt es sich, den Modultitel zu ändern und/oder eine Notiz zu machen, damit man selber weiß, welches Modul für welche Gruppe gedacht ist. Bei der *Zugriffsebene* wählen wir jetzt unsere Zugriffsebene aus, also *Backend*.

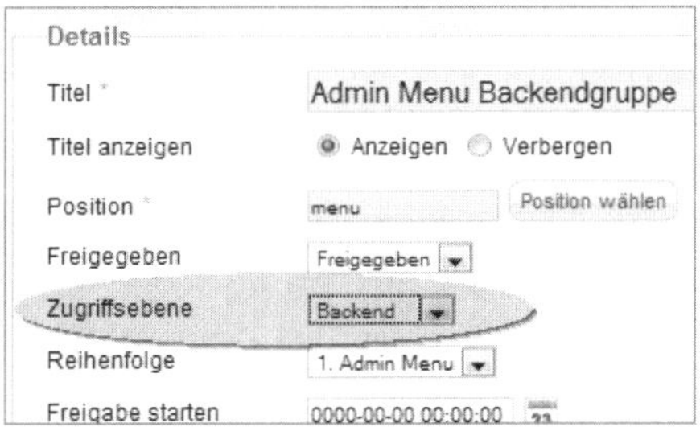

Bild 9.17: Adminmodul mit einer Backend-Zugriffsebene

Nach dem Speichern kann sich unser Testuser, den wir der neuen Backend-Benutzergruppe zugeordnet haben, ins Backend einloggen und hat nun ein Menü im Backend.

So kann mit allen Modulen für den Administrator verfahren werden und ein zusätzliches, sehr differenziertes Backend geschaffen werden.

9.11 Versteckte Übersichten

Wenn man viele Benutzer und viele unterschiedliche Rechte hat, dann kann man schnell die Übersicht verlieren, wer wo was machen darf. Leider scheint Joomla keine Übersicht zu bieten, um den Überblick zu behalten. Allerdings gibt es eine versteckte Funktion, wo man dann doch einen umfassenden Überblick bekommt.

Gehen Sie in die *Konfiguration* und stellen Sie in der Ansicht *System* auf der rechten Seite *System debuggen* auf *Ja.* Wenn Sie nun in die Benutzerübersicht zurückkehren, haben Sie einen neuen Button bei den einzelnen Benutzern: *Debug: Berechtigungsbericht*

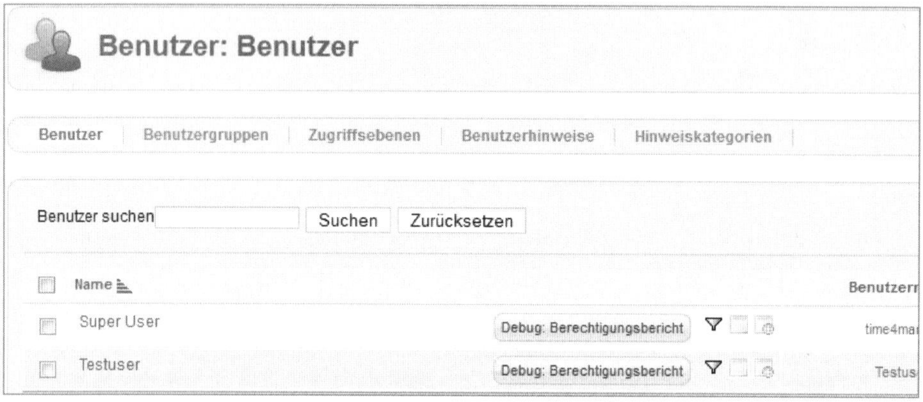

Bild 9.18: Debug: Berechtigungsbericht – eine versteckte Funktion

Sie haben hier Überblick über alle Komponenten. Da Beiträge Bestandteil einer Komponente sind, finden Sie diese, ebenso wie die Kategorien, in der Liste, aber ein wenig anders, als Sie es bisher gewohnt sind, was einfach daran liegt, dass Sie sich hier im Debug-Modus befinden, der doch eher für Entwickler aufgebaut ist.

Kategorien finden Sie in der Komponente *com_content.category* und Beiträge in der *com_content.article.* Sie haben aber eben hier auch Überblick über alle Komponenten, die Sie in Joomla installiert haben. Es ist aber nur ein Überblick. Einstellen oder verändern können Sie hier nichts.

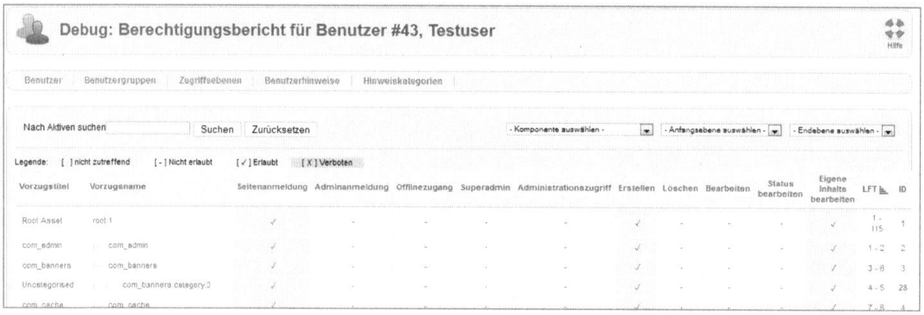

Bild 9.19: Benutzerrechte in allen Komponenten

Einen fast identischen Überblick bekommen Sie auch, wenn Sie in die Ansicht *Benutzergruppen* wechseln. Dort finden Sie ebenfalls den Button *Debug: Berechtigungsbericht.* Wenn Sie dort den Button anklicken, haben Sie zwar die gleiche Übersicht, aber diesmal nicht für einen bestimmten Benutzer, sondern für die ausgewählte Benutzergruppe.

Sie können also mit diesen beiden Ansichten die Benutzergruppe und den einzelnen Benutzer und seine Rechte überprüfen. Die Sortierung der Listen erfolgt mit der *LFT*. Das kann frei mit »Laufende Nummer« übersetzt werden. Wobei die jeweils übergeordneten Blöcke den Nummernbereich aufzeigen. Bei mir umfasst *root.1* beispielsweise die Nummern 1 bis 111. Direkt darunter liegt bei mir *com_admin* mit der Nummer 1-2. Ein Bereich hat immer mindestens eine Doppelnummer (von bis) und danach folgt die nächste Doppelnummer. Übergeordnete Gruppierungen haben dabei immer die Start- und Endnummern aller Unterbereiche. Die Sortierung hilft nur bedingt, sorgt aber dafür, dass eben die einzelnen Blöcke immer zusammengefasst sind. Ich vermute, dass diese Sortierung intern benutzt wird, und da wir uns im Debug-Modus befinden, diese dadurch ausgegeben wird.

Zusätzlich können Sie über die Filter die Liste sortieren. Wobei Sie sowohl den Back-, als auch den Frontendbereich einsehen können. Wählen Sie im Filter *Komponente auswählen* beispielsweise *Kontrollzentrum* aus, wird Ihnen das *cpanel* angezeigt. Das sind die Module, die Sie direkt nach dem Einloggen im Backend neben den Icons im *Kontrollzentrum* sehen. Aber Sie können so auch direkt die *Beiträge* oder *Kategorien* filtern.

Sie können aber auch nach den verschiedenen Ebenen filtern. Möchten Sie beispielsweise das *root.1* in der Übersicht weg haben, dann wählen Sie als erste Ebene *1 (Komponente)* aus. Zusätzlich können Sie die *Endebene* auswählen und so die Ansicht so sortieren, wie Sie die Informationen benötigen. Zumal Sie die einzelnen Filter, wie bei Joomla gewohnt, sowohl einzeln, als auch miteinander kombiniert setzen können.

Oben links können Sie *Nach Aktiven suchen*. Geben Sie beispielsweise dort »Admin« ein, erhalten Sie alle *Vorzugstitel* angezeigt, die die Buchstabenfolge »admin« enthalten (Groß- und Kleinschreibung wird nicht unterschieden). Da ich eine Kategorie namens »Administratives« und auch einen Kontakt mit dem Titel »Administration« angelegt habe, werden mir diese neben der *com_admin* ebenfalls mit ausgegeben. So kann man also sehr schnell bestimmte Beiträge oder Kategorien überprüfen.

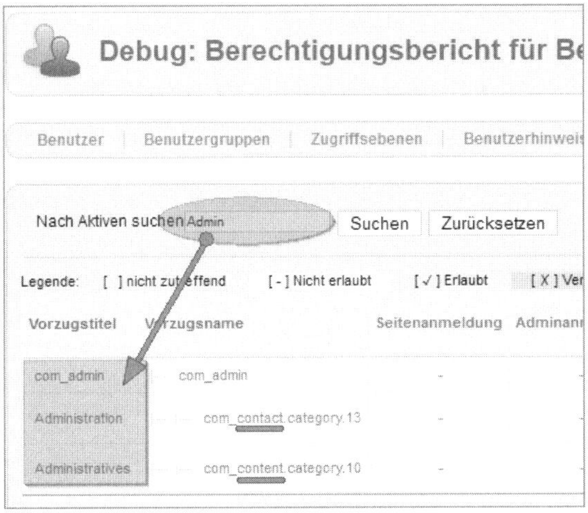

Bild 9.20: Nach Aktiven suchen...

9.11.1 Der Debugmodus – ein Sicherheitsrisiko!?

Wenn Sie das System debuggen und keine weiteren Einschränkungen – zu denen ich gleich komme – vorgeben, dann produzieren Sie ein Sicherheitsrisiko auf Ihrer Website. Der Debugmodus ist standardmäßig von allen Besuchern Ihrer Website einsehbar und erhält so unter Umständen Informationen, die kriminelle Menschen zu einem Angriff auf Ihre Website veranlassen könnten. Um das zu vermeiden, wechseln Sie in die Plugin-Übersicht (*Erweiterungen / Plugins*) und editieren das Plugin *System – Debug.*

Hier können Sie ganz konkret festlegen, was überhaupt an Debug-Informationen ausgegeben werden soll und für wen es sichtbar ist. Wählen Sie unter den *Erlaubten Gruppen* am besten den *Administrator* oder den *Super Benutzer* aus. Dann können Sie problemlos den Debugmodus im laufenden Betrieb aktivieren, ohne Gefahr zu laufen, Systeminformationen preiszugeben.

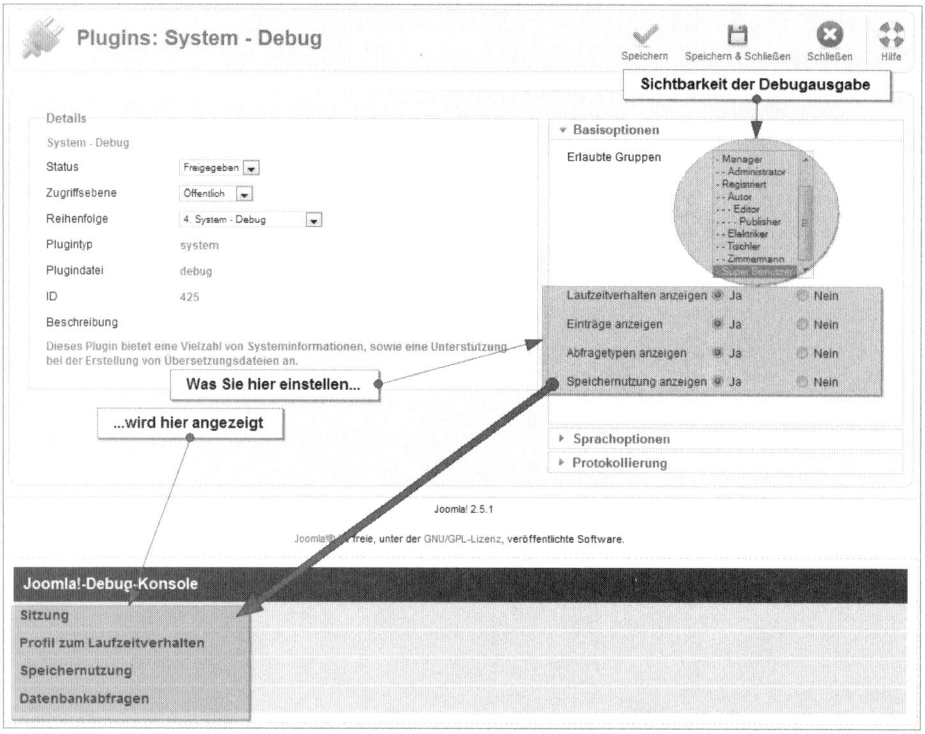

Bild 9.21: Das Debug-Plugin anpassen

9.12 Fallbeispiele

Um zu zeigen, wie man mit dem Rechtesystem arbeiten kann, will ich hier zwei kleine überschaubare Beispiele erstellen.

Das erste Fallbeispiel beschreibt, wie man einzelne Kontakte bestimmten Benutzergruppen zuordnen kann.

Im zweiten Fallbeispiel erkläre ich ein kleines Redaktionssystem, in dem jeder Redakteur seine eigene Kategorie bekommt und seine Beiträge bearbeiten kann.

9.12.1 Fallbeispiel 1: Verschiedene Ansprechpartner

Die Überlegung für dieses Beispiel ist, dass es einen Bereich für registrierte User gibt, die sich in zwei Gruppen aufteilen, nämlich in

- Kunden und
- Lieferanten

Dazu kommen jeweils unterschiedliche Ansprechpartner in der Kontakt-Komponente. Die Kunden haben einen anderen Ansprechpartner als die Lieferanten. Und es wird jeweils der zuständige Ansprechpartner automatisch angezeigt bzw. ausgeblendet.

Als erstes lege ich die beiden Benutzergruppen an. Dazu rufe ich das Menü auf: *Benutzer/Gruppen.* Hier klicke ich das Icon *Neu* an (ich hätte natürlich auch gleich in der Menüauswahl *Benutzer/Gruppen/Neue Gruppen* auswählen können). Beide neuen *Benutzergruppen* werden in der Hierarchie der Gruppe *Registered* zugeordnet.

- Gruppentitel: Lieferanten – Übergeordnete Gruppe: Registered
  → *Speichern & Neu*
- Gruppentitel: Kunden – Übergeordnete Gruppe: Registered
  → *Speichern & Schließen*

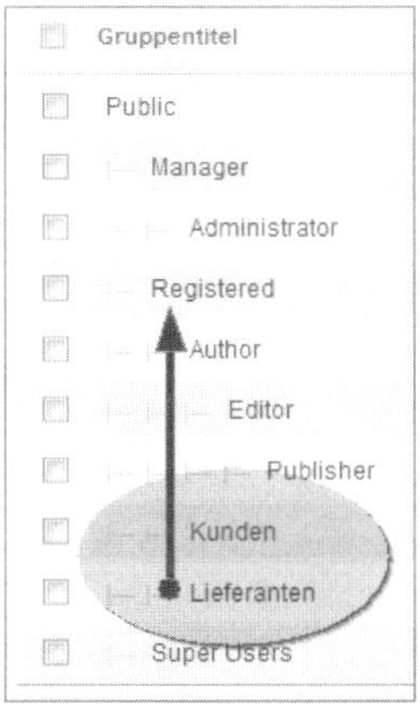

Bild 9.22: Die neuen Benutzergruppen in der Hierarchieebene *Registered*

Nun benötigen wir noch Zugriffsebenen, die den jeweiligen Benutzergruppen zugeordnet werden, um die Kontaktadressen jeweils für die Benutzergruppe sichtbar bzw. die jeweils andere Kontaktadresse unsichtbar zu machen.

Dazu wechseln wir die Ansicht, indem wir den Reiter *Zugriffsebenen* anklicken.

Bild 9.23: Ansichten wechseln bei den Benutzern

Hier klicken wir wieder auf das Icon *Neu* und legen zwei neue Zugriffsebenen an, die wir jeweils den neuen Benutzergruppen zuordnen:

- Ebenentitel: *ZugriffKunden,* und wir setzen einen Haken bei der Benutzergruppe *Kunden.*
  → *Speichern & Neu*
- Ebenentitel: *ZugriffLieferanten,* und hier einen Haken bei *Lieferanten* setzen.
  → *Speichern & Schließen*

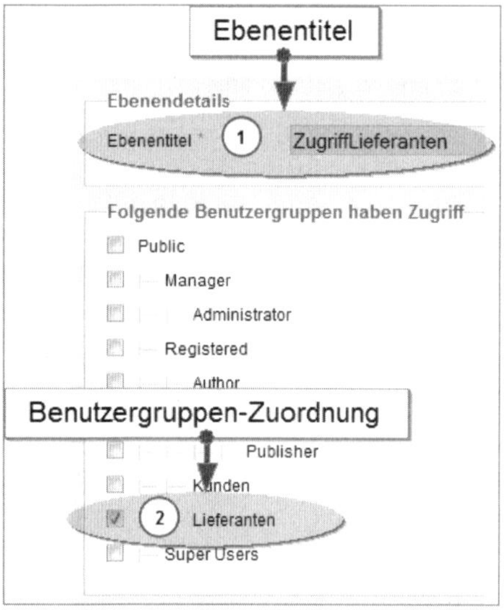

Bild 9.24: Einrichten einer neuen Zugriffsebene

Nun haben wir die Grundvoraussetzungen geschaffen, um unsere Gruppen und Kontaktpersonen einzurichten.

Wechseln wir also zur Kontakt-Komponente: *Komponenten/Kontakte*

Wir haben hier zwei Möglichkeiten: Entweder legen wir Kategorien an und regeln die Zugriffsrechte über die Kategorien. Das könnte interessant sein, wenn wir mehrere Ansprechpartner für die Kunden oder wahlweise Lieferanten haben. Oder wir regeln die Zugriffsrechte direkt bei den Kontakten. Da wir in unserem Beispiel davon ausgehen, dass es nur zwei Ansprechpersonen gibt, regeln wir es direkt über die Kontakte.

Falls wir nicht schon da sind, gehen wir in den Reiter *Kontakte* und wählen das Icon *Neu* aus. In *Name* trage ich meinen Ansprechpartner für die Kunden ein. Nennen wir ihn *Otto Vogelsang.* In *Zugriffsebene* wähle ich *ZugriffKunden* aus. *Status: Freigegeben.* Alles andere vernachlässigen wir in diesem Beispiel.

→ *Speichern & Neu*

Für die Lieferanten wählen wir Max Mustermann als Ansprechpartner.

Name: Max Mustermann

Zugriffsebene: *ZugriffLieferanten*

Status: *Freigegeben*

→ *Speichern & Schließen*

Bild 9.25: Kontakt für Lieferanten anlegen

In der *Kontakte*-Übersicht können wir ganz rechts auch die Zugriffslevel sehen. Normalerweise würde es sicherlich noch Sinn ergeben, hier einen Ansprechpartner für alle, also auch für nicht registrierte User einzurichten. Für dieses kleine Fallbeispiel vernachlässigen wir aber dieses Detail.

Jetzt benötigen wir noch einen Menüpunkt für die Kontakte. Also gehen wir in *Menüs/ Main Menu/Neuer Menüeintrag.* Als *Menütyp* wählen wir unter *Kontakte: Kontakte in einer Kategorie auflisten.*

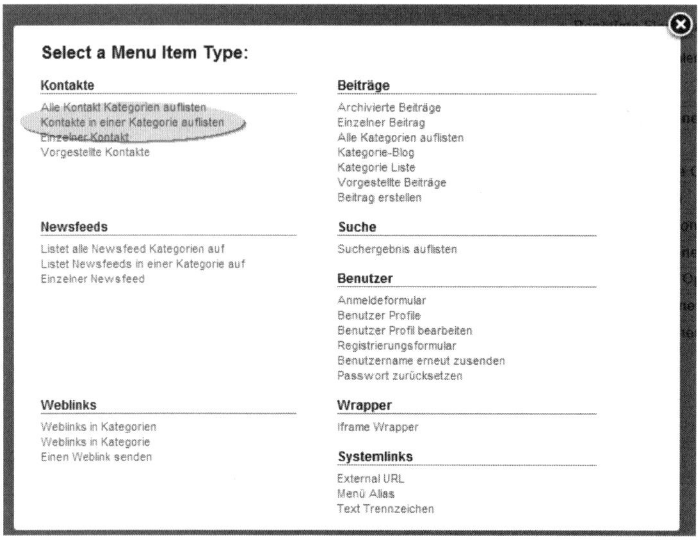

Bild 9.26: Menütyp für die Kontakte auswählen

Als Menütitel tragen wir *Kontakt* ein. Die Zugriffsebene für diesen Menüpunkt setzen wir auf *Registered*, weil wir ja keinen Ansprechpartner für die Öffentlichkeit definiert haben.

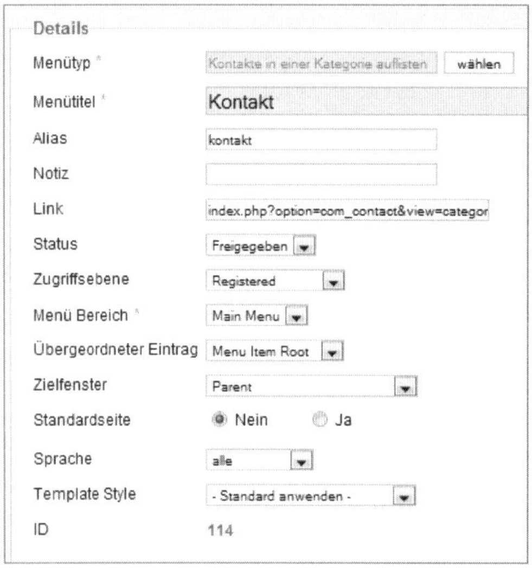

Bild 9.27: Menüpunkt für die Kontakte einrichten

Nun sollten wir *speichern* und einen Testuser anlegen, damit wir unsere Einstellungen testen können. Dann wird der Testuser der Benutzergruppe *Kunden* zugeordnet und im Frontend angemeldet. Dann sehen wir den Menüpunkt *Kontakt*, den wir ja auf die Zugriffsebene *Registered* gesetzt haben. Wenn wir den nun anklicken, sehen wir unseren Ansprechpartner *Otto Vogelsang* für unsere Kunden. Danach mit dem Testuser ausloggen und im Backend selbigen der Benutzergruppe *Lieferanten* zuordnen. Erneut einloggen, den Menüpunkt *Kontakt* anklicken – und wir sehen jetzt den Ansprechpartner *Max Mustermann* für unsere Lieferanten.

Tipp: Wenn Sie die neuen Zugriffsebenen wieder löschen möchten, müssen Sie entweder die Kontakte anderen Zugriffsebenen zuordnen oder die Kontakte löschen. Sie müssen dann aber die Kontakte auch aus dem Papierkorb löschen, da Sie sonst immer den Hinweis erhalten, dass die Zugriffsebenen noch benutzt werden und deshalb nicht gelöscht werden können. Dazu müssen Sie in der Kontakte-Übersicht bei dem Filter *Status auswählen* den *Papierkorb* einstellen.

9.12.2 Fallbeispiel 2: Redaktionssystem

Die Überlegung: Wir haben eine Kulturredaktion, der eine Kategorie zugeordnet ist. Und wir haben eine Politikredaktion, die für zwei Kategorien schreibt. Beide Redaktionen sollen nur ihre eigenen Beiträge bearbeiten, veröffentlichen und löschen können. Außerdem bekommen beide Redaktionen noch einen Chefredakteur zur Seite, der in allen Kategorien alle Beiträge bearbeiten darf. Der Chefredakteur erhält außerdem einen Backend-Zugang, damit er gelöschte Beiträge wieder herstellen kann.

Als Erstes gehen wir wieder in unsere Gruppenansicht und legen neue Benutzergruppen an: *Benutzer/Gruppen/Neue Gruppe*

Diesmal benötigen wir drei Gruppen. Unser Chefredakteur ist zwar nur eine Einzelperson, wird aber einer Benutzergruppe zugeordnet, da wir sonst das Rechtesystem nicht einstellen können.

1. Gruppentitel: Kulturredaktion – Übergeordnete Gruppe: *Registered*
   → *Speichern & Neu*
2. Gruppentitel: Politikredaktion – Übergeordnete Gruppe: *Registered*
   → *Speichern & Neu*
3. Gruppentitel: Chefredakteur – Übergeordnete Gruppe: *Manager*
   → *Speichern &Schließen*

Der Chefredakteur wird in die Hierarchieebene des *Managers* eingeordnet, weil der Chefredakteur einen Backend-Zugang erhalten wird.

Individuelle Zugriffsebenen benötigen wir für dieses Beispiel nicht, da die Kategorien ja für jeden User lesbar sein sollen.

Jetzt wollen wir die Kategorien anlegen. Dazu wählen wir per Menü *Inhalt/Kategorien/Neue Kategorie.* Die beiden Politik-Kategorien »Wirtschaft« und »Ausland« legen wir in eine übergeordnete Kategorie namens *Politik*, damit wir per Menü auf beide Politik-Kategorien gleichzeitig zugreifen können.

1. Titel: *Kunst und Kultur* – Zugriffsebene: *Public*
   → *Speichern & Neu*

2. Titel: *Politik* – Zugriffsebene: *Public*
   → *Speichern & Neu*

3. Titel: *Ausland* – Zugriffsebene: *Public* – übergeordnet: *Politik*
   → *Speichern & Neu*

4. Titel: *Wirtschaft* – Zugriffsebene: *Public* – übergeordnet: *Politik*
   → *Speichern & Schließen*

Bild 9.28: Kategorien für das Redaktionssytem

Legen wir zunächst die Menüpunkte an: *Menüs/Main Menu/Neuer Menüeintrag*:

1. Menütyp: Kategorie-Blog
   Menütitel: *Kunst und Kultur*
   Zugriffslevel: *Public*
   Auf der rechten Seite: Choose a Kategorie: *Kunst und Kultur*
   → *Speichern & Neu*

2. Menütyp: Kategorie-Blog
   Menütitel: *Politik*
   Zugriffslevel: *Public*
   Auf der rechten Seite: Choose a Kategorie: *Politik*
   → *Speichern & Neu*

3. Menütyp: Beitrag erstellen
   Menütitel: *Neuer Beitrag*
   Zugriffslevel: *Registered*
   → *Speichern & Schließen*

Nun möchten Sie einrichten, dass die Redaktionen auch wirklich nur in ihrer Kategorie schreiben können. Dazu wechseln wir wieder in die Kategorieansicht und editieren zunächst die Kategorie *Kunst und Kultur.* Entweder auf den Button klicken, der bei *Zugriffslevel* in der Kategorie steht, oder einfach nach unten scrollen.

Unten klicken wir auf *Kulturredaktion* und stellen ein, was die Kulturredakteure alles in dieser Kategorie tun dürfen:

- Erstellen: Erlaubt
- Löschen: Vererbt
- Bearbeiten: Vererbt
- Rechte bearbeiten: Erlaubt
- Eigene Inhalte bearbeiten: Erlaubt

Danach klicken wir auf die *Politikredaktion* und *Verweigern* einfach alles.

▾ |– |– Kulturredaktion

Aktion	Neue Einstellungen wählen [1]	Errechnete Einstellung [2]
Erstellen	Erlaubt	✔ Erlaubt
Löschen	Vererbt	Nicht erlaubt
Bearbeiten	Vererbt	Nicht erlaubt
Rechte bearbeiten	Erlaubt	✔ Erlaubt
Eigene Inhalte bearbeiten	Erlaubt	✔ Erlaubt

Bild 9.29: Die Kulturredaktion darf in dieser Kategorie schreiben und veröffentlichen.

▾ |– |– Politikredaktion

Aktion	Neue Einstellungen wählen [1]	Errechnete Einstellung [2]
Erstellen	Verweigert	Nicht erlaubt
Löschen	Verweigert	Nicht erlaubt
Bearbeiten	Verweigert	Nicht erlaubt
Rechte bearbeiten	Verweigert	Nicht erlaubt
Eigene Inhalte bearbeiten	Verweigert	Nicht erlaubt

Bild 9.30: Die Politikredaktion darf hier nichts tun.

Nachdem wir gespeichert haben, wiederholen wir das Ganze bei der Politik-Kategorie. Nur dass wir es hier umgekehrt machen. Die Politikredaktion bekommt die Einstellungen wie oben die Kulturredaktion. Und die Kulturredaktion darf in der Politik-Kategorie nichts anstellen.

Die beiden Unterkategorien *Ausland* und *Wirtschaft* übernehmen automatisch die Einstellungen der übergeordneten Kategorie.

Jetzt müssen wir noch mal in die *Konfiguration* wechseln (*Site/Konfiguration*). Ich denke, dass Joomla hier einen Bug hat. Zumindest müssen wir bei den beiden Redaktionen explizit *Rechte bearbeiten* auf *Erlaubt* setzen. Alles andere wird auf *Vererbt* gesetzt (wo es bereits standardmäßig stehen müsste).

▾ |– |– Kulturredaktion

Aktion	Neue Einstellungen wählen [1]	Errechnete Einstellung [2]
Seiten Anmeldung	Vererbt	✔ Erlaubt
Admin Anmeldung	Vererbt	Nicht erlaubt
Offline Zugang	Vererbt	Nicht erlaubt
Superadmin	Vererbt	Nicht erlaubt
Komponentenzugriff	Vererbt	Nicht erlaubt
Erstellen	Vererbt	Nicht erlaubt
Löschen	Vererbt	Nicht erlaubt
Bearbeiten	Vererbt	Nicht erlaubt
Rechte bearbeiten	Erlaubt	✔ Erlaubt
Eigene Inhalte bearbeiten	Vererbt	Nicht erlaubt

Bild 9.31: *Rechte bearbeiten* muss man in der *Konfiguration* explizit erlauben!

Jetzt können wir unseren Testuser wieder zum Testen losschicken. Dazu weisen wir ihm die Gruppe *Politik* zu und loggen uns im Frontend ein. Wenn wir im Menü auf *Beitrag erstellen* klicken, erhalten wir die Eingabemaske, um einen neuen Beitrag zu schreiben. Unten können wir die Kategorie auswählen – aber nur die drei Politik-Kategorien, also die Haupt- und die Unterkategorien. Außerdem können wir unsere Beiträge auch in der Statusauswahl *freigeben* oder auch *löschen.*

Wechseln wir beim Testuser die Gruppenzuordnung zu *Kulturredaktion* und klicken dann *Beitrag erstellen* im Frontend an, so können wir nur die Kategorie *Kunst und Kultur* beschreiben. Alle anderen Kategorien werden nicht angezeigt.

Wechseln wir bei unserem Testuser nochmal die Gruppe zu *Chefredakteur,* werden wir feststellen, dass dieser nun Zugriff auf alle Kategorien hat. Das ist deswegen so, weil wir beim Chefredakteur alle Einstellungen auf *Vererbt* stehen gelassen haben. Da der Chefredakteur der Hierarchieebene des Managers untersteht, hat er von vornherein alle Schreibrechte. Und solange wir daran nichts ändern, kann der Chefredakteur in allen Kategorien auf die Beiträge zugreifen.

Ist der Testuser der Gruppe des Chefreakteurs zugeordnet, kann er sich auch im Backend anmelden. Es werden auch dort die Einstellungen vom Manager übernommen. Damit hat der Chefredakteur Zugriff auf alle Beiträge, was ja auch beabsichtigt ist, aber er hat momentan auch Zugriff auf alle Komponenten, was nicht erwünscht ist.

Also gehen wir als *Super Benutzer* ins Backend und ändern die Zugriffsmöglichkeiten beim Chefredakteur. Wir wählen direkt eine Komponente aus. Zum Beispiel *Komponente/ Banner.* Dort klicken wir oben rechts auf *Optionen* und setzen den Reiter *Berechtigungen. Komponentenzugriff* auf *Verweigert* setzen. Klicken Sie dann *Speichern & Schließen.* Loggen Sie sich jetzt mit dem Testuser im Backend ein, ist die Komponente *Banner* nicht mehr sichtbar für Sie. So können Sie das mit allen anderen Komponenten wiederholen und so dafür sorgen, dass der Chefredakteur ausschließlich auf die Inhalte Zugriff hat.

9.13 Kleines Fazit

Wichtig sind die *Benutzergruppe* und die *Zugriffsebene,* um zu unterscheiden und zu verstehen, wie diese beiden Bereiche zusammenspielen.

Die *Benutzergruppen* sind stets für die Nutzer zuständig, während die *Zugriffsebene* den tatsächlichen Zugriff regelt. Das funktioniert deshalb, weil die *Zugriffsebenen* einer oder mehreren Benutzergruppen zugeordnet sind.

Wenn man Schreibrechte vergeben will, tut man dies innerhalb der Benutzergruppe. Dazu sind verschiedene Einstellungen in der Konfiguration oder bei Bedarf in den einzelnen Beiträgen und/oder Kategorien einstellbar.

Man benötigt eine gewisse Einarbeitungszeit in das Rechtesystem, bis man die mannigfaltigen Einstellungen durchschaut. Meines Erachtens lohnt es sich aber, da die Rechteverwaltung viele interessante Kombinationen und individuelle Einstellmöglichkeiten bietet.

10 Joomla mehrsprachig

Wer mehrsprachige Webseiten erstellen möchte, findet in Joomla eine sehr einfache Möglichkeit, das umzusetzen. Es gibt ein Modul, welches die Sprachauswahl zur Verfügung stellt, alles ist SEO-tauglich, und man kann sogar verschiedene Erweiterungen für bestimmte Sprachen auswählen. Nur den eigentlichen Inhalt muss man noch selbst übersetzen. Versucht man allerdings das erste Mal, mit mehreren Sprachen zu arbeiten, wird man feststellen, dass es anfangs doch etwas »tricky« ist. Man möge mir die ungewöhnliche Wortwahl verzeihen, aber die Menüführung ist in der grundsätzlichen Vorbereitung nicht zu durchschauen, wenn man nicht weiß, wie man am besten vorgehen muss.

10.1 Sprachen vorbereiten

Zunächst muss man den Sprachenmanager aufrufen. Das geht über das Menü *Erweiterungen/Sprachen.*

Hat man die deutsche Joomla-Version, findet man unter der Ansicht *Installiert – Site* und *Installiert – Administrator* sowohl die deutsche als auch die englische Sprache. Jeweils unterteilt für das Front- und Backend. Im Übrigen wird hier festgelegt, welches die Default-Sprache ist. Sowohl für das Front- als auch für das Backend. Die beiden Bereiche lassen sich somit also unabhängig voneinander verwalten. Zum Wechsel klicken Sie einfach auf den grauen Stern. Oder Sie markieren alternativ die Sprache und klicken oben bei den großen Icons den goldenen Stern an.

Für die Mehrsprachigkeit müssen wir in die Ansicht *Inhalt* wechseln. Findet sich nur die englische Sprache wieder, muss man die deutsche für die Auswahl vorbereiten bzw. zur Verfügung stellen. Dieser Vorgang gilt auch für andere Sprachen. Normalerweise werden nach der Installation einer Sprache diese für das Front- und Backend zur Verfügung gestellt, jedoch nicht in dieser inhaltlichen Ansicht, wo die Sprachen für die Auswahl und Verwaltung einer mehrsprachigen Seite aufbereitet werden. Als Beispiel zeige ich hier, wie die deutsche Sprache inhaltlich für eine mehrsprachige Seite angelegt wird. Dazu klicken wir oben bei den großen Icons auf *Neu.*

Als Titel bietet sich *Deutsch* an, wobei dieser Titel lediglich in der Auflistung im Backend erscheint. Die *Benennung für Hauptsprache* wird auch im Frontend angezeigt. Es bietet sich auch hier an, *Deutsch* einzutragen.

Das *URL Sprach Kürzel* wird in der URL eingefügt, ganz so wie es im Beschreibungstext steht. Ich persönlich bevorzuge *de* an dieser Stelle und als Kürzel in der URL. Wenn Sie also SEO aktiviert haben, wird am Ende der URL bei deutscher Sprachauswahl ein `/de/` angefügt:

```
http://localhost/j25/de/
```

Wenn Sie im Modul zur Sprachauswahl eine deutsche Flagge anzeigen möchten, müssen Sie bei *Bild Präfix* ein *de* eingeben.

Beim *Sprach-Tag* müssen Sie sich auch an die Vorgaben halten. Schauen Sie dazu einfach mal mit einem FTP-Programm in das *languages*-Verzeichnis von Joomla. Dort gibt es stets auch eine *.ini*-Datei mit der korrekten Schreibweise der Präfixe für die Sprache. Für die deutsche Sprache ist das *de-DE.*

Geben Sie die Sprache noch frei, und wenn Sie möchten, können Sie noch eine kurze Beschreibung angeben. Rechts haben Sie noch die Möglichkeit, für die Suchmaschinen eine Meta-Beschreibung anzugeben. Und einen *Seitennamen* anzugeben, der in der Browser-Titelanzeige mit ausgegeben wird, sofern Sie in der *Konfiguration* unter *Site* den *Seitenname auch im Titel* mit *Davor* oder *Danach* aktiviert haben. Damit können Sie, je nach ausgewählter Sprache, einen Titel, der auf die Sprachauswahl passt, angeben, der im Browser oben links und in den Browser-Tabs angezeigt wird. Danach oben *Speichern & Schließen* anklicken.

Bild 10.1: Die deutsche Sprachauswahl anlegen

In der Übersichtsliste haben wir nun neben der englischen auch die deutsche Sprache zur Auswahl. Angelegt haben Sie natürlich keine neue Sprache, sondern Sie haben verschiedene Einstellungen vorgenommen, mit denen es jetzt möglich ist, diese Sprache im Frontend auszuwählen.

Als Nächstes aktivieren Sie das Modul und das Plugin, wie unten beschrieben.

10.2 Modul: Sprachauswahl

Damit Sie im Frontend die Sprache auswählen können, gibt es ein fertiges Modul von Joomla. Um es zu aktivieren, gehen wir in den Modulmanager (*Erweiterungen/Module*). Dort ein beherzter Klick auf *Neu*, und in der dann erscheinenden Modulliste wählen Sie das Modul *Sprachauswahl* aus.

Die linke Seite zeigt sich so, wie Sie es bereits von anderen Modulen her kennen, außer dass Sie hier einen längeren Beschreibungstext erhalten.

Auf der rechten Seite haben Sie in den *Basis Optionen* zunächst die Möglichkeit, einen Text einzugeben, der vor der Sprachenauswahl angezeigt wird, und wahlweise einen Text für danach. Sie können diese beiden Felder aber auch frei lassen, wenn Sie keinen Text anzeigen möchten. *Drop-Down benutzt* bedeutet, dass die Sprachen, die zur Auswahl stehen, in einer Drop-down-Auswahlbox zur Verfügung stehen. Wählen Sie hier *Ja* aus, dann haben die drei nachfolgenden Auswahlmöglichkeiten keine Bedeutung.

Bildflaggen benutzen bedeutet, dass bei einem *Ja* Länder-Flaggen angezeigt werden und bei einem *Nein* entsprechender Text.

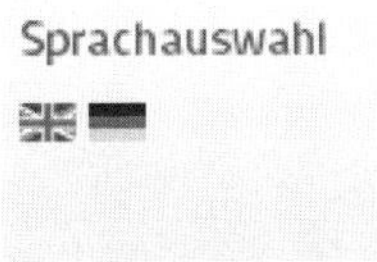

Bild 10.2: Das Modul im Frontend mit Flaggen

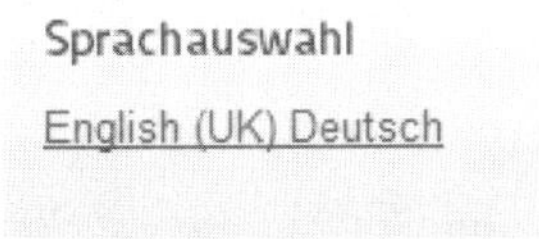

Bild 10.3: Das gleiche Modul mit Textlinkauswahl

Horizontale Anzeige setzt die Flaggen nebeneinander und bei einem *Nein* untereinander.

Aktive Sprache bietet mehrere Möglichkeiten: Bei einem *Nein* wird die Sprache, die gerade aktiv ist, nicht mehr in der Auswahl angezeigt. Haben Sie beispielsweise Englisch und Deutsch zur Auswahl und befinden sich in der deutschen Sprache, wird nur noch die englische Flagge angezeigt. Wählen Sie hingegen *Ja* aus, dann werden immer alle Flaggen angezeigt, Sie können jedoch per CSS-Formatierung auf die ausgewählte Sprache zugreifen und die gerade aktive Sprache anders gestalten. Möchten Sie eigene CSS-Angaben setzen, editieren Sie am besten die CSS-Datei, die das Modul verwendet. Sie finden es hier:

/media/mod_languages/css/template.css

Sie können aber alternativ auch in die CSS-Datei des Templates schreiben. Die CSS-Syntax sieht folgendermaßen aus:

```
li.lang-active {…}
```

Zeigen Sie statt der Flaggen Text an, können Sie in der letzten Einstellung *Vollständigen Sprachennamen* bestimmen, ob der ganze Ländername ausgegeben wird oder stattdessen das Länderkürzel in Großbuchstaben. Also in unserem Bespiel: EN DE.

10.3 Plugin: System – Sprachenfilter

Jetzt muss man in den Plugin-Manager (*Erweiterungen/Plugins*). Etwas weiter unten ist das Plugin *System – Sprachenfilter*. Wenn Sie es nicht finden, benutzen Sie die Filter. Zum Beispiel, indem Sie die Art wählen – *System* – oder die ersten Buchstaben aus dem Namen des Plugins ins Suchfeld eingeben.

Dieses Plugin editieren Sie bitte, indem Sie einfach auf seinen Namen klicken.

Sie sehen nun auf der linken Seite unter anderem eine kurze Beschreibung und können dort bei *Status Freigegeben* einstellen. Damit haben Sie das Plugin veröffentlicht.

Auf der rechten Seite können Sie ein paar interessante Einstellungen vornehmen. Zunächst wählen Sie aus, welche Sprache ein Besucher Ihrer Webseite als Erstes sehen soll. Eine Möglichkeit wäre die Sprache, die in seinem Browser eingestellt ist – das bedeutet dann, dass jemand aus einem englischsprachigen Land vermutlich auch einen englischsprachigen Browser benutzt und automatisch die englische Sprache auf Ihrer Seite vorgesetzt bekommt.

Oder es wird in jedem Fall die voreingestellte Seitensprache ausgewählt, egal aus welchem Land Ihr Besucher kommt. Die voreingestellte Sprache ist die, die Sie im Sprachenmanager auf Default gesetzt haben.

Automatischer Sprachwechsel hängt stark mit *Assoziierte Menüpunkte* zusammen. Sie können bei den Menüs angeben, welcher Menüverweis der jeweils anderen Sprache entspricht. Somit also klar definieren, dass ein englischer Menüverweis seine Entsprechung in der deutschen Sprachauswahl hat und umgekehrt. Haben Sie das im Menü entsprechend eingestellt und die *Assoziierten Menüpunkte* auf *Ja* gesetzt, wird bei einem Sprachwechsel innerhalb eines solchen Menüverweises nicht nur der gleiche Menüverweis in der anderen Sprache angezeigt, sondern die gesamte Sprache auf der Website umgestellt. Andernfalls wird nur der Menüverweis entsprechend ausgegeben, aber beim Anklicken eines weiteren Menüverweises wieder die ursprüngliche Sprache benutzt.

In der inhaltlichen Sprache haben wir ein »de« als Unterverzeichnisnamen angegeben:

http://localhost/j25/de/

Über dieses Plugin können Sie das »de« wieder aus der URL entfernen, wenn Sie *URL-Sprachkürzel entfernen* auf *Ja* setzen.

Andere Meta-Tags hinzufügen gibt Ihnen die Möglichkeit, dass Sie den Sprachen entsprechende Metatags definieren können und die dann entsprechend bei einem *Ja* auch ausgegeben werden. Somit können Sie direkte Metaangaben sprachenspezifisch verwalten. Die Metaangaben sind die, die Sie in der inhaltlichen Ansicht bei der Sprachendefinition angegeben haben.

Tipp: Wenn Sie das Plugin veröffentlichen, aber noch keine zweite Sprache (mindestens) in der Inhaltsliste der Sprachen eingerichtet haben, dann kann es passieren, dass Joomla nicht mehr einwandfrei läuft. Sie erhalten dann im Frontend eine Fehlermeldung. Dann deaktivieren Sie am besten erstmal das Plugin und nehmen alle anderen Einstellungen vor.

10.4 Ohne Menü keine Sprachauswahl

Schaut man nun auf das Frontend, können Sie zwar das Sprachmodul sehen, haben aber keine Möglichkeit, eine Sprache auszuwählen. Das liegt daran, dass wir noch keine Menüs definiert haben, die den einzelnen Sprachen zugeordnet sind. Damit wir unser Ziel erreichen, müssen wir jetzt mit einem kleinen Trick arbeiten: Wenn wir das momentane Defaultmenü editieren und versuchen, auf eine bestimmte Sprache umzustellen, erzählt uns Joomla, dass der Default-Menüverweis auf »Alle« Sprachen stehen muss. Da wir das aber ja nun nicht wollen, da wir ja unterschiedliche Startseiten, je nach eingestellter Sprache, anzeigen möchten, legen wir zunächst ein ganz neues Menü an. Rufen Sie also über das Pull-down-Menü *Menüs/Menüs/Neues Menü* auf. Das Menü, das Sie nun anlegen, wird niemals angezeigt werden und wird auch nur einen Menüverweis erhalten. Nämlich den auf die Default-Startseite für alle Seiten. Was Sie also in diesem Menü beim Anlegen eintragen, ist nicht wirklich wichtig. Benutzen Sie Bezeichnungen, mit denen Sie anschließend noch etwas anfangen können. Ich habe als *Titel* »Versteckte Startseite« und als *Menütyp* »default« eingetragen.

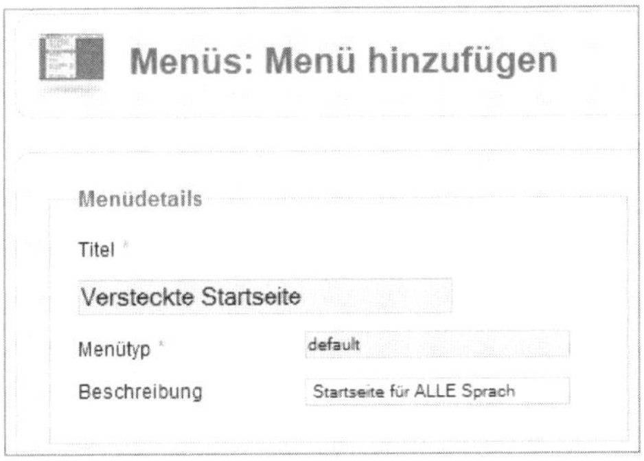

Bild 10.4: Ein neues Menü anlegen, welches zwar nie angezeigt wird, aber unerlässlich ist, um die Mehrsprachigkeit zu erreichen

In diesem Menü legen wir einen neuen Menüverweis an, nennen ihn *Home*, geben als Menütyp *Hauptbeiträge* an (wobei Sie auch einen anderen Menütyp auswählen können, da dieses Menü ohnehin nie im Frontend ausgegeben wird), wählen bei Sprache *Alle* aus und setzen dieses Menü auf *Standardseite.*

Anschließend gehen Sie in das *Main Menu* und editieren den bisherigen Standardmenüverweis, der vermutlich auch *Home* heißt, sofern Sie den Titel nicht verändert haben, setzen diesen aber bei *Sprache* auf *Englisch (UK).* Wenn Sie nun speichern und dann in der Übersicht auf den ausgegrauten Stern klicken, erscheint dort die englische

Landesflagge. Sie haben jetzt einen Default-Menüverweis für die englische Sprache angelegt. Wenn Sie jetzt das Frontend aufrufen, müssten Sie im Sprachenmodul eigentlich auch die englische Sprachauswahl sehen. Zumindest wenn Sie die deutsche Sprache als *Default* eingestellt haben.

Diese Prozedur müssen wir nun noch einmal für die deutsche Sprache wiederholen. Also wieder ein ganz neues Menü anlegen, dass Sie der Einfachheit am besten »Hauptmenü« nennen, und dort tragen Sie auch wieder einen neuen Menüverweis ein, mit dem Menütitel »Startseite«. Dann wählen Sie als Menütyp *Hauptbeiträge* aus, setzen die *Sprache* auf *Deutsch*, setzen Standardseite auf *Ja* und speichern. In der Menüübersicht wird jetzt die deutsche Landesflagge angezeigt. Sie haben die Startseite für die deutsche Sprache damit angelegt. Wenn Sie nun ins Frontend schauen, dann können Sie zwischen der deutschen und der englischen Flagge hin und her schalten. Damit auch das zugehörige Menü angezeigt wird, müssen Sie in der Modulübersicht noch die Menümodule erstellen. Ein Menümodul müsste bereits da sein und auf das *Main Menu* verweisen. Dieses bitte editieren und bei der *Sprache Englisch* auswählen. Anschließend klicken Sie in der Menüübersicht auf *Neu*, wählen *Menü* aus und legen das Modul für das deutsche Hauptmenü entsprechend an. Also *Menü auswählen*, das eben angelegte *Hauptmenü* auswählen, die gleiche Position wie das englische Menümodul und das Modul *Freigeben*. Wenn Sie nun im Frontend die Sprachen auswählen, wird auch das passende Menü automatisch jeweils angezeigt.

Bild 10.5: Die drei Menüs mit den jeweiligen Default-Menüverweisen

Bild 10.6: Der englische Default-Menüverweis im *Main Menu*

Bild 10.7: Der Default-Menüverweis für *Alle Sprachen* im *Versteckten Menü*

Bild 10.8: Der deutsche Default-Menüverweis im *Hauptmenü*

10.5 Inhalte den Sprachen anpassen

Sie müssen nun verschiedene Dinge machen, damit das Ganze auch Sinn ergibt. Zum einen müssen Sie natürlich die Beiträge in die jeweils andere Sprache übersetzen und dann bei den einzelnen Beiträgen einstellen, zu welcher Sprache sie gehören.

Beginnen wir mit zwei neuen Kategorien. Einer englischsprachigen und einer deutschen Kategorie. Angenommen wir wollen eine Reiseseite über Deutschland machen. Nehmen wir eine Kategorie Namens *Urlaub* und eine andere mit Namen *Holiday*, die wir den jeweiligen Sprachen zuordnen.

Bild 10.9: Spracheinstellung in der Kategorie

Nun kann ich Beiträge schreiben, die ich mittels der Kategorisierung gleich einwandfrei zuordnen kann. Schreiben wir zur Übung zwei Beiträge: einen deutschsprachigen mit dem Titel »Reisen in Deutschland«, den wir der Kategorie »Urlaub« zuordnen und bei dem wir die Sprache auf Deutsch einstellen, und einen englischsprachigen mit dem Titel »Travel in Germany«, den wir der Kategorie *Holiday* zuordnen, mit der Sprache *English.*

Nun legen wir einen neuen Menüverweis im *Hauptmenü* an, verlinken auf den einzelnen Beitrag »Reisen in Deutschland« und legen auch hier die Sprache auf *Deutsch.* Das gleiche mit dem englischen Text. Hier allerdings wählen Sie rechts bei den Optionen *Assoziierte Menüpunkte (Mehrsprachigkeit)* aus. Sollten Sie diese Auswahl nicht haben, editieren Sie bitte das Plugin zur Mehrsprachigkeit und setzen dort den Punkt *Assoziierte Menüpunkte* auf *Ja.* Dort erhalten Sie jetzt eine mögliche Menüauswahl zu den installierten Sprachen bzw. zugehörigen Menüs. In unserem Beispiel haben Sie dort die Menüauswahl *German (DE-CH-AT).* Und in dieser Auswahl wählen Sie »Reisen in Deutschland« aus. Sie haben damit eine direkte Verknüpfung zum deutschen Menüverweis erstellt und wenn ein Benutzer sich nun im Frontend in eben diesem Beitrag befindet und die Sprache wechselt, bleibt er in diesem Untermenü, aber es wird ihm der zugehörige Beitrag in der jeweils ausgewählten Sprache angezeigt. Machen Sie das nicht und verknüpfen Sie diese Menüs nicht miteinander, springt die Seite bei einem Sprachwechsel zur Startseite zurück. Egal, wo der Benutzer sich gerade befindet.

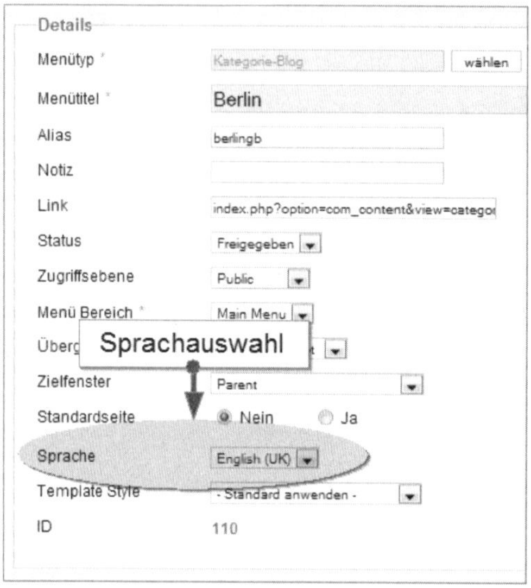

Bild 10.10: Assoziierte Menüpunkte beim englischsprachigen Menüverweis

Wenn Sie die Anzeige von Kategorien im Frontend ausgeben, dann haben Sie bei den Beiträgen auch die Kategorien in der jeweiligen Sprache, sofern Sie die Kategorien wie im Beispiel beschrieben angelegt und zugeordnet haben. So können Sie auch bei den einzelnen Modulen verfahren, wenn Sie diese mit Text in der jeweiligen Sprache zur Verfügung stellen möchten. Als Beispiel hierzu das Modul *Login-Form:*

Editieren Sie es bitte in der Modulübersicht, ändern den Titel vielleicht auf »Login« ab und wählen unter *Sprache English* aus. Nach dem Speichern klicken Sie oben auf *Neu* und wählen das Modul *Anmeldung* aus. Tragen Sie den Titel »Anmelden« ein und wählen Sie als Sprache *German* aus, vergessen Sie nicht, die Position anzugeben und speichern Sie das Modul. Je nach Sprache, die Sie nun im Frontend auswählen, erhalten Sie wahlweise das englische Login- oder das deutsche Anmelden-Modul. So können Sie mit jedem Modul verfahren.

Vermutlich haben Sie in den Breadcrumbs immer noch den Pfad *Home* stehen, was natürlich bei der deutschen Sprachauswahl etwas unpassend ist. Um das zu ändern, editieren Sie zunächst das vorhandene Modul *Breadcrumbs* und weisen die englische Sprache zu. Mit *Speichern & Neu* wird automatsich gleich ein neues Modul *Breadcrumbs-Modul* angelegt. Oder Sie gehen in der Übersicht wieder über *Neu* und wählen dort *Breadcrumbs* aus. Als Titel wählen wir die Übersetzung »Brotkrümel«, setzen *Titel anzeigen* auf *Verbergen*, wählen die Position (im Beez-20 ist das *position-2*), weisen die deutsche Sprache zu und schreiben rechts im *Text für die Startseite* das Wort »Startseite«. Wenn Sie nun speichern und in das Frontend wechseln, haben Sie bei der Auswahl der deutschen Sprache als Startverzeichnis »Startseite« stehen.

Bild 10.11: Frontend in Deutsch

10.6 Administrationsmodul: Mehrsprachigkeit

Wenn Sie das Modul *Sprachauswahl* anlegen und den Beschreibungstext dazu lesen, dann wird dort empfohlen, das *Administratormodul »Mehrsprachenstatus«* zu veröffentlichen. Das können Sie machen, indem Sie in der Modulübersicht beim Filter *Site Administrator* auswählen. Sie sehen nun die Module, die im Backend angezeigt werden. Dort auf *Neu* klicken, sofern das Modul *Multilanguages status* nicht in der Übersicht bereits angezeigt wird. Falls ja, brauchen Sie es einfach nur zu aktivieren. Falls nicht, entsprechend auswählen und als *Position status* angeben. Sie haben nun ganz oben rechts vom Pull-down-Menü einen kleinen Link neben der blauen Weltkugel mit dem Text *Mehrsprachigkeit.* Klicken Sie dort, sehen Sie einen Überblick über Ihre installierten Sprachen.

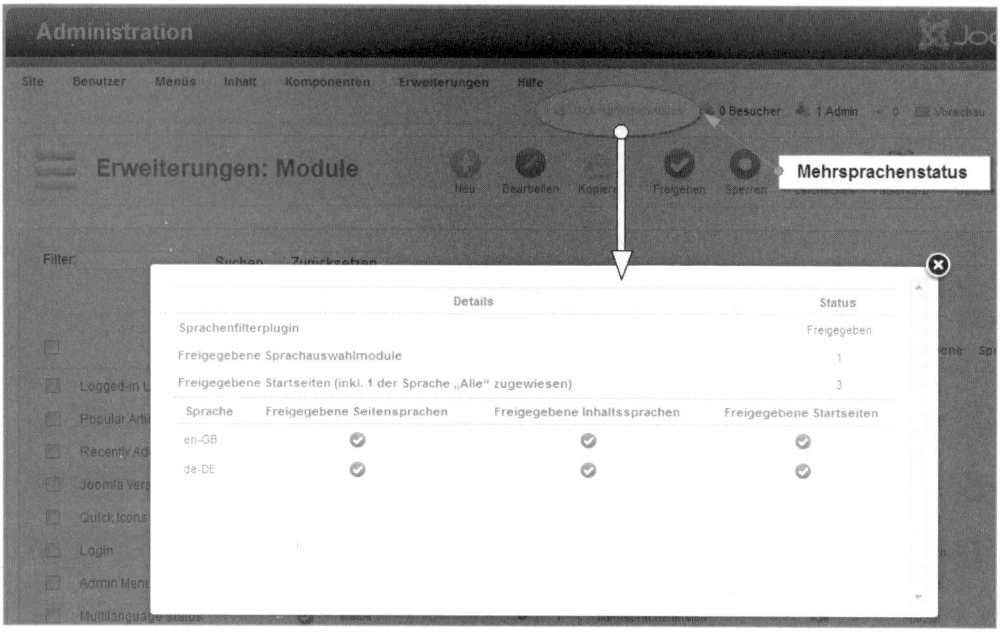

Bild 10.12: Administrator-Modul: Mehrsprachenstatus

10.7 Zusammenfassung

Auf den ersten Blick scheint das ganze etwas verwirrend zu sein, da man an sehr unterschiedlichen Orten mehrere Schritte durchführen muss. Aus diesem Grund hier noch einmal eine kleine Zusammenfassung der einzelnen Aktionen:

Zuerst müssen Sie die Sprache installieren und danach in die Ansicht *Inhalt* wechseln, um die Sprache für die Auswahl vorzubereiten.

Anschließend veröffentlichen Sie das Modul zur Sprachauswahl und danach das Plugin.

Um Sprachen auswählen zu können, müssen Sie nun Menüverweise erstellen. Dazu legen Sie zuerst ein Menü an, in das Sie den Defaulteintrag für *Alle* Sprachen legen. Dieses Menü wird nirgends angezeigt, ist aber unerlässlich, um Länderspezifische Startseiten festlegen zu können.

Danach erstellen Sie für jede Sprache ein eigenes Menü und legen dort jeweils eine länderspezifische Startseite fest.

Anschließend können Sie Kategorien, Module, Beiträge und Menüverweise zu den einzelnen Sprachen erstellen.

10.8 Override

Manchmal wird etwas in der Übersetzung vergessen oder man möchte vielleicht ein wenig Mundart in die Sprache bringen oder einige Dinge mit seinen eigenen Begriffen belegen. Und die Schweizer und Österreicher müssen ja auch mit der default-deutschen Sprachdatei leben. Nun könnte man direkt die *de-DE.ini* editieren und dort Veränderungen vornehmen. Man müsste auch erst einmal alle Sprachdateien durchsuchen, was nicht gerade wenige sind, und die betreffenden Stellen nach den zu ändernden Begriffen finden. Das kann sehr mühselig werden, zumal man beim nächsten Update auch damit rechnen muss, dass die eigenen Änderungen verloren gehen. Aber Joomla bringt eine sehr schöne Art eines Overrides für die Sprachdateien mit.

Der letzte Reiter innerhalb dieses Sprach-Bereiches beschäftigt sich genau mit diesem Thema und bietet eine sehr einfache und schöne Lösung an, eigene Begrifflichkeiten in Joomla zu bringen.

Die Sprache in Joomla steht in sogenannten Sprachzeichenketten, die wiederum mit einer Zeichenkette, einem Text oder einzelnen Worten in den ini-Dateien der jeweiligen Sprache definiert sind. Das Wort *Weiterlesen*, das unter manchen Texten steht, wird beispielsweise der Sprachzeichenkette *COM_CONTENT_READ_MORE* zugeordnet. In der zugehörigen deutschen ini-Datei finden Sie dann diesen Eintrag:

```
COM_CONTENT_READ_MORE="Weiterlesen:"
```

Durch diese Zuordnung ist gewährleistet, dass Joomla in jeder Sprache funktioniert. Die englische Sprachdatei enthält dann diesen Eintrag:

```
COM_CONTENT_READ_MORE="Read more:"
```

Zur Laufzeit wird also die Sprachzeichenkette mit dem zugewiesenen Wert der jeweils eingestellten Sprache ersetzt. Und eben diese Zeichenketten können Sie mit Ihren eigenen Worten belegen.

Wenn Sie das erste Mal diesen Reiter auswählen, sehen Sie zunächst eine leere Liste. Klicken Sie auf das Icon *Neu*. Sie können nun gezielt nach einer Sprachzeichenkette suchen. Entweder kennen Sie diese schon und tragen sie in das Suchfeld ein oder Sie suchen nach den Text, den Sie verändern möchten. Im Screenshot können Sie sehen, dass ich nach dem Wort »Weiterlesen« gesucht habe, weil ich das mit einem eigenen Text versehen möchte. Joomla gibt mir nun aber alle Zeichenketten aus, die dieses Wort enthalten. Meistens können Sie an Hand der Zeichenkette erahnen, an welcher Stelle die Ausgabe erscheint. Falls nicht, müssen Sie leider ein wenig ausprobieren. Wenn Sie sich entschieden haben, welche Zeichenkette Sie ändern möchten, klicken Sie auf eben diese. Joomla schreibt sie nun links in das Feld Namens »Sprachkonstante«. Programmierer wissen, dass man Konstanten einmal mit einem festen Wert belegt und dieser dann nicht mehr änderbar ist. Da wir unsere *Sprachkonstanten* aber ändern können, stimmt hier die Übersetzung nicht so ganz. Im Textfeld darunter schreiben wir nun unsere Definition des Textes und speichern das Ganze ab. Ihren Eintrag sehen Sie nun in der Liste und können so schnell erfassen, wo Sie eigene Einträge vorgenommen haben.

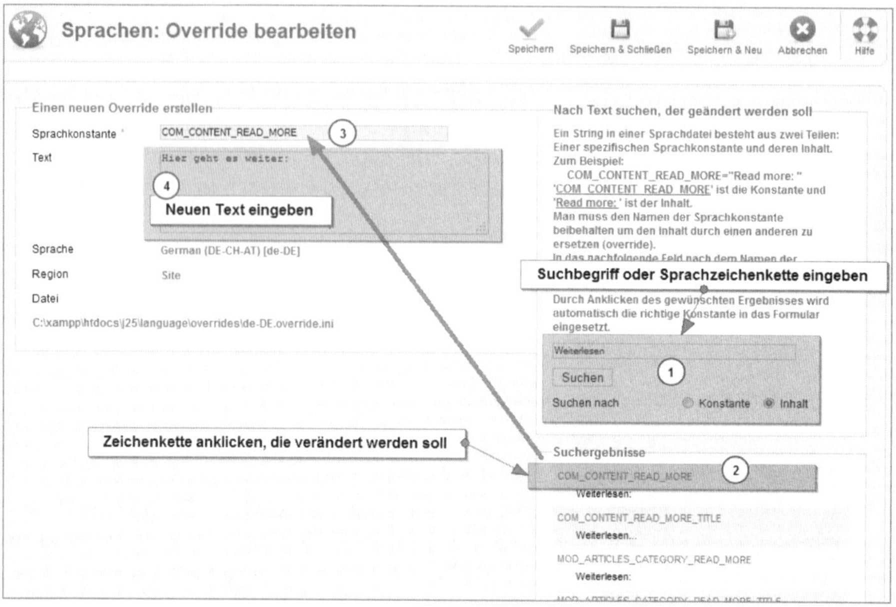

Bild 10.13: Einen Sprachoverride anlegen

Die Suche und demzufolge die Änderungen werden immer für die Sprache durchgeführt, die Sie auf Default gesetzt haben. Arbeiten Sie defaultmäßig mit der deutschen Sprache, wollen aber eine Anpassung in der englischen Sprachdatei vornehmen, müssen Sie zuerst die englische Sprache als Default-Seitensprache kennzeichnen, was Sie im ersten Reiter machen können. Die Spracheinstellungen im Backend können Sie so leider nicht ändern. Zumindest hatte ich keinen Erfolg damit.

10.9 Massenmails

Der Administrator kann allen Benutzern oder auch ausgewählten Benutzergruppen eine Mail aus dem Backend schicken.

Die *Massenmails* findet man unter dem Menüpunkt *Benutzer/Massenmails.*

Hier kann man nun links die Benutzergruppen auswählen und einstellen, ob man den Untergruppen der ausgewählten Benutzergruppe ebenfalls eine Mail schicken möchte.

Bild 10.14: Auswahl, wer eine Massenmail bekommen soll

Angenommen, wir möchten allen Managern und Administratoren eine E-Mail schicken. Dann wählen wir als erste Benutzergruppe den *Manager* aus und kreuzen *Email an Untergruppen* an. Da der *Administrator* unter dem *Manager* liegt, erhält er dann auch eine E-Mail. Möchten wir, dass nur die *Manager* eine E-Mail erhalten, dann entfernen wir den Haken. Wenn man *Public* markiert und *Email an Untergruppen* auswählt, dann erhalten alle registrierten Benutzer eine E-Mail.

Setzt man einen Haken in *Empfänger als BCC*, dann erhält man eine Kopie der versendeten Massenmail an seine eigene E-Mail-Adresse.

Wird der Haken bei *Als HTML versenden* gesetzt, kann man HTML-Elemente eingeben, die dann als solche interpretiert werden. Setzt man den Haken nicht, wird die E-Mail als normaler Text versendet.

Interessant sind die *Optionen*, die man über die obere Iconleiste aufrufen kann. Der zweite Reiter bietet ein paar Einstellungen für die Massenmails.

Man kann zum einen einen festen Text für den *Betreff* vorgeben, der am Anfang von jeder Massenmail geschrieben wird, und zum anderen einen festen Text, der immer ans Ende der Massenmail geschrieben wird.

Bild 10.15: Optionen für die Massenmails

In meinem Beispiel wird bei jeder Mail, die ich über die Massenmailfunktion versende, im Betreff [MASSENMAIL] geschrieben. Man kann aber beispielsweise auch »System-information« oder »Der Admin informiert« oder was immer man mag in die Zeile hineinschreiben.

Als *Mailanhang* habe ich mich für einen Hinweis entschieden, woher die E-Mail eigentlich kommt.

Was leider nicht geht, ist, dass man hier HTML-Elemente mit einbaut. Auch wenn in der Massenmail *Als HTML versenden* ausgewählt wird, wird HTML-Code im *Mail-anhang* ignoriert und als normaler Text ausgegeben, was natürlich sehr unschön ausschaut.

Tipp: Beachten Sie bei Massenmails die gesetzlichen Regeln Ihres Landes und nutzen Sie diese »Fußzeile« in Ihren Massenmails! Insbesondere in Deutschland können Sie als »kommerzieller Anbieter« leicht in Schwierigkeiten geraten und riskieren unter Umständen eine Abmahnung, wenn Sie *Newsletter* oder potenzielle *Werbemails* ohne deutliche Hinweise auf den Verantwortlichen, beispielsweise in Form eines Mini-Impressums, versenden und/oder keine Angaben dazu machen, wie sich ein Empfänger aus Ihrem *Verteiler* wieder austragen kann und wie er überhaupt dort hineingeraten ist.

Konsultieren Sie bei Bedarf den Anwalt Ihres Vertrauens.

Leider bietet Joomla von Haus aus keine Möglichkeit, dass Benutzer im Frontend der Zusendung von *System-Mails* durch das Bearbeiten ihres Profils widersprechen können.

11 Alles rund um Templates

Templates für Joomla selber zu erstellen, ist eigentlich recht einfach. Selbst für den Ungeübten stellen sich bereits nach kurzer Zeit der Einarbeitung Erfolge ein. Und wer ein wenig Spaß am Design hat, der findet hier eine einfache Anleitung, wie man in Joomla eigene Templates bauen kann.

Dennoch seien mir aber an dieser Stelle auch ein paar kritische Bemerkungen erlaubt:

Wer heute im kommerziellen Markt bestehen will, benötigt eine Website, die dem heutigen technischen und psychologischen Stand entspricht. Psychologie im Zusammenhang mit einem Template anzubringen, erscheint zunächst etwas hochtrabend. Aber wenn man sich bewusst macht, dass es Untersuchungen darüber gibt, was ein User auf einer Website macht, wie er auf Farben und Navigationsangebote reagiert, wie er mit Videos umgeht und wie er eigentlich eine Website »liest«, dann bekommt man ein Gespür dafür, dass ein Template mehr ist als nur ein paar Bereiche, um Inhalte darzustellen.

Eine Website hat stets eine Funktion. Sie will etwas. Vielleicht Neukunden gewinnen, Umsätze generieren, Service anbieten, eine Firma repräsentieren, Geschäftskontakte anbahnen, eine Sammlung vorzeigen, tolle Bilder präsentieren, Videos zum Spaß oder zum Verkauf anbieten und und und ...

Allein diese kleine Aufzählung würde jedes Mal ein anderes Template mit eigener Optik und eigenen Navigationselementen hervorbringen. Ein Template zur Firmenrepräsentation sieht zum Beispiel meist gänzlich anders aus als das eines Fußballvereins.

Nun möchte ich natürlich den interessierten Leser nicht verschrecken und davon abhalten, ein eigenes Template zu entwickeln. Ich möchte lediglich darauf aufmerksam machen, dass es nicht so einfach ist, ein wirklich gutes, modernes Template zu entwickeln und dass eine Menge Überlegung und oft auch einige Erfahrung (neben technischem Know How) dazu gehören.

Wer noch nie ein eigenes Template gemacht hat oder noch kein Händchen für Layout und Design hat, sollte vielleicht nicht gleich mit einem neuen Template für eine Firmenpage beginnen, sondern erst mal mit einer Übungsseite.

Auch gibt es zu bedenken, dass es zahlreiche fertige, oft sehr gute und professionelle Templates für Joomla gibt, die zu vernünftigen Preisen und oftmals sogar kostenlos zu bekommen sind.

11.1 Für Umsteiger

Das eigentliche Grundtemplate (*index.php*) hat sich kaum verändert, zumindest deutlich weniger, als es zunächst angekündigt wurde. Es ist fast problemlos möglich, alte Templates weiter zu benutzen. Allerdings kann man Templates jetzt nicht mehr wie bisher einfach per FTP in das Template-Verzeichnis hochladen. Templates werden jetzt wie Extensions behandelt und müssen entsprechend installiert werden.

In der Datei *templateDetails.xml* haben sich ein paar wenige Dinge geändert. Diese Datei muss angepasst werden, wenn man 1.5er-Templates übernehmen möchte.

Die CSS-Klassen (CSS steht für Cascading Style Sheets, die Beschreibungssprache für Weblayouts) haben sich hingegen komplett verändert. Es gibt auch fast nur noch Klassen und so gut wie keine CSS-IDs mehr. Übernimmt man alte Templates, muss man hier in aller Regel eine komplett neue CSS-Datei schreiben.

Achtung! Wer bereits mit Joomla!1.6 gearbeitet hat: Das Menü wurde von ID auf Klasse zurückverändert. Also von li#itemID auf li.itemID.

Das Menü hat jetzt nur noch einen Typ. Die Typen »Vorgängerversion« und »Listen« gibt es nicht mehr. Entsprechend haben sich auch die CSS-Elemente verändert. Meines Erachtens ist die Menügestaltung wesentlicher einfacher geworden, gleichzeitig bietet die neue Technik mehr Möglichkeiten.

Man kann grundsätzlich mehr mit Templates machen als bisher. Es gibt überall irgendwas zum Einstellen, das Templating betreffend. Die alten *Class Suffixe* wurden unter einer Bezeichnung zusammengefasst, dafür sind zahlreiche Neuerungen dazugekommen.

11.2 Design-Standards

Die Überschrift, das möchte ich vorausschicken, klingt ein wenig hochtrabend. Schließlich ist das hier kein Design-Buch. Dennoch möchte ich ein paar Fehler benennen, die immer wieder auf Webseiten gemacht werden. Quasi eine kleine Sammlung typischer Fehler. Wer sie zu vermeiden lernt, kann beim eigenen Template immens punkten.

Zunächst etwas ganz Einfaches:

Der europäische Mensch liest von links nach rechts und von oben nach unten. Und das macht er auf einer Website genauso. Demzufolge ist das erste, was er sieht, der Bereich oben links. Das ist die Stelle, an der bei den Seiten, die diesen Grundsatz berücksichtigen, das Logo steht. Danach folgt der eigentliche Header – dort sollte neben einem optischen Eindruck in Form von Mediainhalten ein kurzer knackiger Slogan stehen, der mit einfachen Worten den Sinn und Zweck der Website beschreibt.

Danach folgt links die Navigation. Diese wird meist vom Besucher der Website zunächst als Ganzes erfasst. Aussagekräftige einzeilige Menüpunkte bringen einen ersten Überblick über den Inhalt der Website. Erst danach folgt der eigentliche Inhalt. Bei dreispaltigen Webseiten wird erst danach die rechte Spalte wirklich wahrgenommen.

Fußzeilen oder Navigationen im Fußbereich fallen manchmal gar nicht auf, weil man da unten nicht wirklich hinkommt oder erst sehr spät.

Das klingt eigentlich alles recht logisch, aber die allerwenigsten Webseiten tragen diesen Umständen komplett Rechnung. Wir Europäer (und auch Amerikaner) nehmen Geschriebenes aber immer so wahr. Nicht unbedingt bewusst, aber wir haben gelernt, dass man ein Buch oben links zu lesen beginnt. Anders Menschen aus dem orientalischen Raum, die ein Buch von rechts nach links lesen.

Betrachtet man seine eigenen Lesegewohnheiten, stellt man fest, dass man im Internet ungern lange Texte liest. Mir geht es zumindest so und ich habe in den letzten Jahren immer wieder junge Menschen beim Lesen einer Website beobachtet. Da wird oft genug nur quer gelesen. Es wird also nur jedes dritte, vierte, fünfte Wort erfasst. Man kann aber mithelfen, indem man sauber formatierten Text schreibt und darauf achtet, keine Textwüsten zu fabrizieren. Also eher kurze Abschnitte, und es empfiehlt sich, auch mal ein Bild in den Text einzubauen. Man sollte Zwischenüberschriften benutzen und generell in den Inhalt ein wenig Zeit investieren. Damit wird dem Querlesen ein Stück weit Einhalt geboten, weil die Abschnitte klein genug sind, um nicht querlesen zu müssen oder zumindest das wirklich Wichtige zu erfassen.

Achten Sie darauf, ein immer gleiches Textbild abzugeben – der Mensch ist ein Gewohnheitstier. Ständig anders formatierter Text verwirrt mehr, als dass er irgendeinen Nutzen bringt. Am besten sollte der Text linksbündig ausgerichtet und im Flattersatz gehalten sein. Also nicht wie in einem Buch als Blocksatz (rechter und linker Rand absolut gerade und dazwischen werden unterschiedlich lange Leerzeichen geschrieben, damit auch alles passt). Webseiten sind keine Printmedien und unterliegen eigenen Gesetzmäßigkeiten. Bei der Formatierung gilt eindeutig die alte Regel: Weniger ist mehr. Es sollten nur eine Schriftart und eine Farbe und auf allen Seiten die gleiche Textgröße verwendet werden. Kursive Schrift ist im Internet schwer zu lesen, und Fettschrift sollte sehr, sehr sparsam eingesetzt werden. Unterstrichene Sätze sind »verboten«. Denn alles, was unterstrichen ist, wird als Verweis angesehen. Der User bewegt meist völlig automatisch die Maus über unterstrichene Textpassagen, weil er der Überzeugung ist, dass dort ein Verweis lauere. Zentrierter Text ist ebenfalls verboten. Er ist schwerer zu lesen (man verliert schnell die Zeile aus den Augen) und wirkt unprofessionell. Das kann bis hin zum Gefühl der Unseriösität gehen, weil schnell Assoziationen in Richtung Werbung geweckt werden. Man ist geneigt zu denken: »Der Betreiber der Website will mir hier irgendwas unterjubeln, deshalb zentriert er das – damit es mir besonders auffällt.«

Machen Sie sich immer bewusst, dass beim User vieles unbewusst abläuft. Ein User kommt auf eine Website und hat nach wenigen Sekunden ein Gefühl für die Website. Das sind die Sekunden, die darüber entscheiden, ob der User auf Ihrer Website das macht, was er soll.

Heutzutage haben wir fast alle größere Monitore, und natürlich bietet es sich an, das auch auszunutzen. Was man aber vermeiden sollte, sind Breitenangaben von 100%.

Gehen Sie niemals von dem Monitor aus, den Sie selbst benutzen. Welche Auflösung haben Sie eingestellt? 1200 Pixel in der Breite? Oder 1600 Pixel? Dann sieht das bestimmt noch toll aus bei 100% in der Breite. Mein Display hat 1920 Pixel Breite, und da sieht das nicht mehr toll aus, weil ich die eine Zeile Text (die bei Ihnen vielleicht noch einen ganzen Absatz einnimmt) nur sehr schwer lesen kann und das Hintergrundbild auch mittendrin aufhört.

Und wie mein Kunde diese Darstellung auf seinem 30-Zoll-Bildschirm erlebt, möchten wir nicht ernsthaft wissen.

Gehen Sie also niemals von dem aus, was Sie selber benutzen, sondern immer davon, dass es nicht wenige gibt, die eine ganz andere Ausstattung haben und Größen anders erleben.

Bei Breitenangaben ist es also daher besser, mit den Größenangaben `min-width` und `max-width` zu arbeiten.

Gehen Sie auch hinsichtlich Ihres Musikgeschmacks nicht davon aus, dass das, was Sie mögen, auch anderen gefällt. Im medialen Zeitalter liegt es zwar nahe, ein wenig Musik auf der Website abzuspielen. Schließlich soll sich der Besucher der Website sofort wohlfühlen, und ein paar knackige, sanfte oder wie auch immer geartete Klänge helfen ihm, sofort in die Welt der Website einzutauchen. Soweit die Theorie.

Aber: Kennen Sie auch diese hektische Suche, wenn Sie gerade über irgendwelche Links mehrere Webseiten geöffnet haben, während Sie gemütlich über Kopfhörer Musik hören – schön laut natürlich – und plötzlich trällert Ihnen irgendeine Webseite irgendeine merkwürdige Musik ins Ohr? Fragen Sie mich besser nicht, wie oft ich solche Webseiten einfach geschlossen habe, ohne mich hinterher ernsthaft noch daran zu erinnern, welche Seite das eigentlich war.

Aber vielleicht haben Sie Glück, und ich hatte gerade die Musikanlage nicht an – doch warum sollte dann Musik auf Ihrer Seite trällern?

Das, was Ihnen gefällt, gefällt anderen noch lange nicht. Und wer gerade beispielsweise sanfte Balladen hört, wird kaum von knallharten Techno-Rhythmen begeistert sein.

Wenn Sie Musik auf Ihre Website bringen möchten, dann sollte sie standardmäßig ausgeschaltet sein. Überlassen Sie es dem User, ob er Ihre Musik hören möchte. Denn jeder User, der gerade keine Lust hat, Ihre Musik zu hören, ist ein verlorener User.

Wie gesagt, das sind nur ein paar grundsätzliche Anmerkungen zum Thema Webdesign. Prinzipiell sollte man sich überlegen, was man für wen und warum macht. Es kann auch nicht schaden, seine Gedanken aufzuschreiben und immer wieder zu überprüfen, ob Ergebnis und Idee noch zusammenpassen. Das ist für das Webdesign sinnvoll, aber auch grundsätzlich für die gesamte Website, denn schließlich gehören die vielen Aspekte, die in diesem Buch besprochen werden, alle zusammen. Da geht es um das Design, um Inhalte, um Suchmaschinenoptimierung und vielerlei mehr. Je umfangreicher eine Website werden soll, desto mehr Planung gehört dazu.

11.3 Kleine Einführung in CSS

Schaut man sich das erste Mal eine CSS-Anweisung an, führt das meistens zu einem panischen Weiterklicken, weil das alles zunächst sehr kompliziert ausschaut. Aber eigentlich ist es das nicht. Bei genauer Betrachtung ist CSS eigentlich sogar fast selbsterklärend und wenn man eine Weile damit umgegangen ist, geht es schon beinahe wie von selbst.

Ein CSS-Selektor ist immer gleich aufgebaut:

```
Eigenschaft: Wert;
```

Es gibt also eine Eigenschaft, wie beispielsweise die Schriftfarbe (`color`), der ein Wert zugewiesen wird (beispielsweise `red`). Zwischen der Eigenschaft und dem Wert wird immer ein Doppelpunkt geschrieben. Abgeschlossen wird jede Anweisung mit einem Semikolon (Strichpunkt). Das sieht dann in CSS so aus:

```
color: red;
```

(Ob man dazwischen ein Leerzeichen einfügt oder nicht, ist egal.)

Um mit der Farbdefinition etwas Sinnvolles anfangen zu können, muss sie einem HTML-Element oder einer sogenannten Klasse oder wahlweise einem Bereich zugewiesen werden. Keine Angst – das klingt komplizierter, als es ist.

Einige HTML-Elemente sind relativ bekannt:

- `p` für Absätze,
- `div` für Bereiche,
- `a` für Verweise (Links),
- `img` für Grafiken und Bilder,
- `table` für Tabellen.

Daneben gibt es natürlich noch ein paar mehr, aber mit den hier vorgestellten kommen wir schon recht weit. Für jedes HTML-Element kann man die vorgegebene Formatierungsdefinition verändern. Normalerweise macht das `p`-Tag (das komplette HTML-Element wird als Tag – englisch ausgesprochen – bezeichnet) nichts weiter, als einen Absatz zu kennzeichnen. Das bedeutet, dass zwei aufeinanderfolgende Absätze im Browser mit einer Zeile dazwischen ausgegeben werden.

```
<p> Erster Absatz </p>
<p> Zweiter Absatz </p>
```

Schreiben wir nun in unserer CSS-Datei

```
p { color: blue; }
```

dann werden unsere Absätze mit blauer Schrift dargestellt.

Möchten wir einen Absatz in blauer und den anderen Absatz in roter Schrift anzeigen lassen, vergeben wir einfach zwei Klassen:

```
<p class="KlasseEins"> Erster Absatz in blauer Schrift </p>
<p class="KlasseZwei"> Zweiter Absatz in roter Schrift </p>
```

In CSS definieren wir nun für jede Klasse eine andere Schriftfarbe:

```
p.KlasseEins { color:  blue; }
p.KlasseZwei { color:  red; }
```

Eine Anmerkung zur Syntax: Klassen werden in der CSS-Datei immer mit einem Punkt vor dem Klassennamen eingeleitet. Der Punkt wird aber nur in der CSS-Datei geschrieben, in der HTML-Datei (oder der Datei *index.php* des Templates) ist dieser Punkt nicht vorhanden.

Auf diese Art sind zwei Klassen, die einem `p`-Tag zugeordnet sind, definiert. Statt die Klassen einem `p`-Tag zuzuordnen, können wir sie auch alleinstehend definieren und dann auch für andere Tags benutzen. Also:

```
.KlasseEins { color:   blue; }
```

In der Datei *index.php* des Templates kann nun diese Klasse an jeder beliebigen Stelle benutzt werden:

```
<div class="KlasseEins"> Irgendein Text der in blauer Schrift erscheint
</div>
<table class="KlasseEins">...</table>
```

Somit kann ich Klassen an bestimmte HTML-Tags binden oder für alle Tags zugänglich machen.

Statt Klassen können auch Bereiche / IDs definiert werden. Der einzige Unterschied ist zunächst, dass statt eines Punktes eine Raute die CSS-Zuweisung einleitet:

```
#MeinBereich { ... }
p#MeinBereich { ... }
```

Und im HTML:

```
<p id="MeinBereich"> ... </p>
```

Der Unterschied ist eher ein gedachter. Ein Bereich wird in der Regel zur Definition von zentralen Formaten eingesetzt und ist meist nicht an einen bestimmten Tag gebunden. Dagegen sind Klassen meist an ein oder einige wenige Tags gebunden.

Eigentlich war es das schon. Lediglich die Elemente muss man kennen und wissen, was für Werte man zuweisen kann. Da sich das aber niemand merken kann, gibt es dafür natürlich Listen und Erklärungen, wo man nachschauen kann, oder Editoren, die einem weiterhelfen. Der professionelle Web-Editor Dreamweaver bietet beispielsweise die Möglichkeit, die Anweisungen selbstständig zu schreiben, wenn man ihn aus der sehr umfangreichen Liste auswählt.

Es gibt jede Menge Fachliteratur und auch Webseiten, die eine umfangreiche Dokumentation anbieten.

11.3.1 CSS für Fortgeschrittene

Es gibt natürlich noch ein paar Tricks und Kniffe, die man mit CSS umsetzen kann. Hier ein paar interessante Beispiele:

Den `p`-Tag kennen wir schon. Der `b`-Tag gibt den so gekennzeichneten Bereich in Fettschrift aus:

```
<b> Eine fette Sache hier </b>
```

Nun kann ich aber auch sagen: Die fette Schrift soll in Grün ausgegeben werden, aber nur wenn der fette Text in einem Absatz steht. Steht die Fettausgabe nicht in einem Absatz, soll sie normal ausgegeben werden.

Im CSS löse ich das, indem ich eine Verschachtelung schreibe (der Fachmann nennt das »Kontextsensitive Selektoren«):

```
p b { color:green; }
```

Ich schreibe also erst das Tag, das erfüllt sein muss, damit das innere Tag, also das `b`-Tag, dann die grüne Schriftfarbe enthält. Ist kein `p`-Tag vorhanden, in dem das `b`-Tag liegt, wird diese Anweisung einfach ignoriert.

```
<p> Dieses ist <b>ein fetter grüner </b>Text</p>
<b> ich bin ein normaler fetter Text</b>
```

Ebenfalls ist es möglich, sowohl eine Klasse als auch eine ID einem Tag zuzuweisen. In Joomla findet man so etwas häufiger. So kann ich zum Beispiel einem Verweis generell eine grüne Schrift zuweisen und einen bestimmten davon immer in Großbuchstaben ausgeben lassen:

```
a.MeineKlasse { color:green; }
a.MeineKlasse#MeineID { text-transform:uppercase; }
```

In `MeineKlasse` ist generell die grüne Schrift für alle Verweise, die mit dieser Klasse definiert sind, zugewiesen. Und zusätzlich gibt es noch für die passende ID die Verweise in Großbuchstaben. Im HTML sieht das dann so aus:

```
<a class="MeineKlasse" id="MeineID" href="/Verweis-URL">Verweistext</a>
```

Will man mehrere Tags mit den gleichen Angaben versehen, dann kann man diese mit einem Komma trennen und braucht die CSS-Anweisung nur einmal zu schreiben:

```
p, b, div { ... }
```

Das ist keine Verschachtelung, sondern die Formatierung gilt für alle drei Tags. Eine Verschachtelung hat kein Komma.

Man kann auch Tags mehrmals definieren. Zum Beispiel kann man sie erst mit einer gemeinsamen Definition belegen, die für mehrere Tags gilt, wie eben gemacht, und danach noch mal eine gezielte Definition, die nur für ein Tag gilt. Beispielsweise kann man im nachstehenden Beispiel sowohl dem ganzen Absatz als auch der fetten Schrift oder auch einem mit `div` gekennzeichneten Bereich grüne Schrift hinzufügen, aber dem `b`-Tag noch eine Schriftgröße von 20 Punkt mitgeben, so dass sich die fette Schrift deutlichst abhebt:

```
p, b, div { color: green; }
b { font-size: 20pt; }
```

11.3.2 CSS und Farbangaben

Oben habe ich direkt die englischen Farbbezeichnungen gewählt. Als Einstieg oder so lange man die Grundfarben benutzt, funktioniert das problemlos. Im Webdesign benutzt man aber die hexadezimale Codierung für die Farbwerte. Wer schon mal in eine CSS-Datei geschaut hat, findet häufiger etwas in dieser Art:

```
color:#cecece;
```

Dabei stehen die crsten beiden Zeichen für den Anteil des roten, die mittleren beiden Zeichen für den grünen und die letzten beiden Zeichen für den blauen Farbanteil. Da die hexadezimale Codierung einen anderen Aufbau hat als unser bekanntes Dezimalsystem, mit dem wir täglich umgehen, wird ab der Zahl 10 ein »a« benutzt, für die 11 das Zeichen »b« und so weiter bis zur Zahl 15, für die im hexadezimalen Zahlensystem der Buchstabe »f« genommen wird. Es handelt sich also um ein anderes System, das zunächst sehr fremd und merkwürdig anmutet. Die Vorteile werden aber deutlich, wenn man sich mal überlegt, wie eine zweistellige Zahl in unserem Fall vom Browser interpretiert werden sollte. Ist die 13 einmal die »1« und die »3« oder die »13«? Da wir ohnehin nur sechs Stellen zur Verfügung haben, schreibe ich also für die 13 ein »d« – dann kann es keine Verwechslungen geben.

`cecece` ist übrigens ein Grauton, weil für die drei Farbbereiche (Rot, Grün, Blau; RGB) jeweils der gleiche Anteil vorhanden ist, also jeweils `ce`. Erst wenn mindestens ein Farbbereich stärker oder schwächer wird, kommt Farbe ins Spiel.

Am Grau wird der Vorteil der hexadezimalen Schreibweise deutlich: Ändert man nur eine Stelle – also beispielsweise `cfcfcf` – hat man bereits einen anderen Grauton. Mit dem Wort `gray` hat man immer denselben Grauton, den man nicht verändern kann. Mit hexadezimalen Werten ist man also wesentlich flexibler.

Häufig findet man diese beiden Angaben:

```
color:#000000;
color:#ffffff;
```

Die vielen Nullen stehen für gar keinen Farbanteil – also für Schwarz. Und die vielen `f` repräsentieren die volle Farbe – das Ergebnis ist also weiß.

Natürlich gibt's noch ein paar weitere interessante Möglichkeiten, aber zum Einstieg soll dies reichen.

11.4 Ein erstes Template

Um überhaupt etwas zur Anzeige bringen zu können, bedarf es zunächst nicht viel. Benötigt werden folgende Dateien:

- *index.php*
- *templateDetails.xml*
- *template.css*

Diese drei Dateien sind notwendig, um überhaupt ein Template installieren und benutzen zu können. Theoretisch kann man sogar auf die *template.css* verzichten. Allerdings kann man dann keinerlei Layout-Anpassungen vornehmen, die sich auf Module und Komponenten beziehen.

11.4.1 Index.php

Schauen wir uns zunächst die *index.php* etwas genauer an. Diese ist quasi das Herzstück eines Templates. Dies ist die Datei, die von Joomla direkt aufgerufen wird und deren Inhalt angezeigt wird, wenn ein User sich den Quelltext anzeigen lässt:

Am Anfang sorgt man mit diesen beiden Zeilen dafür, dass zum einen ein PHP-Block geöffnet wird und zum anderen kein Unbefugter die Datei im Joomla-Verzeichnis aufrufen darf:

```
<?php
defined('_JEXEC') or die;
```

Das schützt natürlich nicht davor, dass man den Code seines Templates einsehen kann, aber es schützt davor, dass jemand, der keine Berechtigungen hat, diese Datei editieren und schädlichen Code in ihr platzieren kann.

```
JHTML::_('behavior.mootools');
```

Diese Zeile bindet das Javascript-Framework Mootools ein. Viele Erweiterungen benutzen mittlerweise diese Web-Technik.

Verzichtet man auf diesen ersten Block, kann man diese Zeile auch in den *Head*-Bereich einbauen.

Zum Schließen des ersten PHP-Blocks verwenden wir die folgende Zeichenkombination:

```
?>
```

Joomla benutzt standardmäßig den *utf-8*-Code zur Darstellung des Zeichensatzes. Man kann aber natürlich auch davon abweichen und seinen bevorzugten Zeichensatz im Backend einstellen, der dann entsprechend von Joomla zur Laufzeit eingefügt wird.

```
<?php echo '<?'; ?>xml version="1.0" encoding="<?php echo $this->_charset
?>"?>
```

Die eingestellte Sprache wird automatisch per PHP-Code zur Laufzeit eingefügt. Die folgenden Angaben sind besonders für den Browser wichtig:

```
<!DOCTYPE html PUBLIC "-//W3C//DTD XHTML 1.0 Transitional//EN"
"http://www.w3.org/TR/xhtml1/DTD/xhtml1-transitional.dtd">
<html xmlns="http://www.w3.org/1999/xhtml" xml:lang="<?php echo $this-
>language; ?>" lang="<?php echo $this->language; ?>" dir="<?php echo $this-
>direction; ?>" >
```

Die `include`-Anweisung sorgt dafür, dass zur Laufzeit an dieser Stelle die ganzen Meta-Angaben ausgegeben werden.

```
<head>
<jdoc:include type="head" />
```

Joomla bringt bereits eine eigene CSS-Datei mit, in der einige grundlegende Dinge formatiert sind. Mit dieser Zeile wird sie in das Template geladen:

```
<link rel="stylesheet" href="<?php echo $this->baseurl
?>/templates/system/css/system.css" type="text/css" />
```

Mit dieser Zeile binden wir unsere eigene *template.css* in unser Template ein:

```
<link rel="stylesheet" href="<?php echo $this->baseurl ?>/templates/<?php
echo $this->template ?>/css/template.css" type="text/css" />
```

Mit `$this->baseurl` wird der Pfad übergeben, in dem Joomla selber installiert wurde, und `$this->template` fügt automatisch das richtige Templateverzeichnis ein. Eine Angabe wie in dieser Zeile bedeutet auch, dass das Template überall installiert werden kann – Joomla baut automatisch den richtigen Pfad zusammen.

```
<link rel="shortcut icon" href="/images/favicon.ico" />
```

Wer ein eigenes Favicon einbinden möchte, kann das mit dieser Zeile machen. *Favicons* sind die kleinen Bildchen, die in der Adresszeile des Browsers ausgegeben und auch in den einzelnen Reitern angezeigt werden. Wer viele Browserfenster offen hat, freut sich darüber, da er schneller zu Ihrer Seite zurückfinden kann.

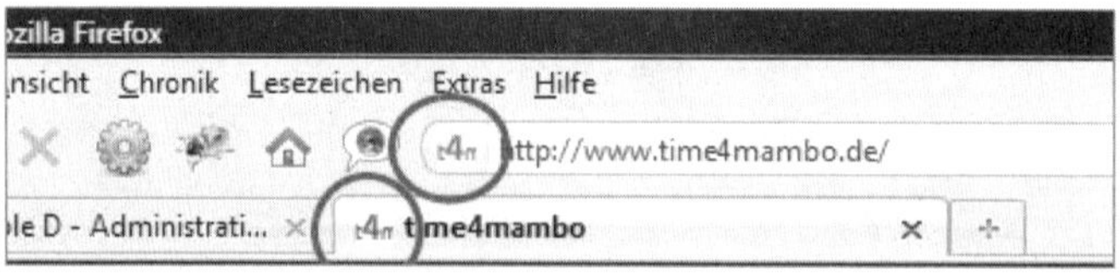

Bild 11.1: Favicon in der Adresszeile und im Browsertab

```
</head>
<body>
```

Mit `</head>` wird der obere Bereich geschlossen, und `<body>` eröffnet nun das eigentliche Layout. Das schließende `body`-Element sehen wir etwas später. Alles, was zwischen den `body`-Elementen steht, wird im Browser ausgegeben.

Zum Üben will ich ein einfaches dreispaltiges Design mit Kopf- und Fußbereich erstellen. Um die einzelnen Bereiche besser auseinanderzuhalten, mache ich alles schön bunt.

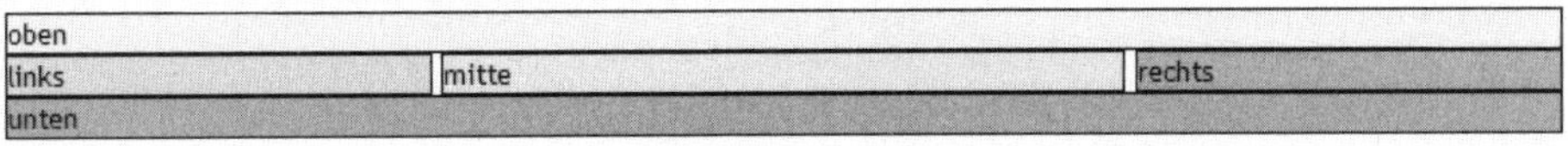

Bild 11.2: 3 Spalten, Kopf und Fuß – ein übliches dreispaltiges Standard-Template

Zunächst müssen wir in unsere *index.php* zwischen den `body`-Elementen diesen Code einfügen:

```
<div id="oben">oben</div>
<div>
<div id="links">links</div>
<div id="rechts">rechts</div>
<div id="mitte">mitte</div>
</div>
<div id="unten">unten</div>
```

Dieser Code erzeugt zunächst verschiedene Bereiche (oben, unten, rechts, links und die Mitte, wo verschiedene Inhalte ausgegeben werden sollen.)

Damit das funktioniert, müssen wir dem Template sogenannte Positionen mitgeben. Positionen sind Platzhalter, an deren Stelle zur Laufzeit der entsprechende Inhalt eingefügt wird.

So möchte ich oben mein Logo und vielleicht eine hübsche Grafik ausgeben, links ein Menü anzeigen, rechts das Login ausgeben, im Fuß das Copyright angeben und in der Mitte Beiträge veröffentlichen.

Die Inhalte selber werden im Backend erzeugt, in dem ein Menü angelegt, das Login-Modul veröffentlicht und das Logo und der Copyright-Hinweis in ein eigenes Modul eingetragen werden. Vielleicht möchten Sie im Kopfbereich einen Grafikslider veröffentlichen oder ein Video abspielen – das sind alles Module, die installiert und entsprechend positioniert werden können.

Diese Module und auch die Beiträge werden einer Position zugewiesen, und zwar der Positionen, die wir in unserem Template eintragen:

```
<jdoc:include type="modules" name="left" />
```

`jdoc:include` teilt Joomla mit, dass hier etwas inkludiert, also eingefügt werden muss, in diesem Fall ein Modul – `type="modules"` – und alles soll der Position `left` zugeordnet werden.

`left` ist eine mögliche Position, die ich einem Modul zuordnen kann.

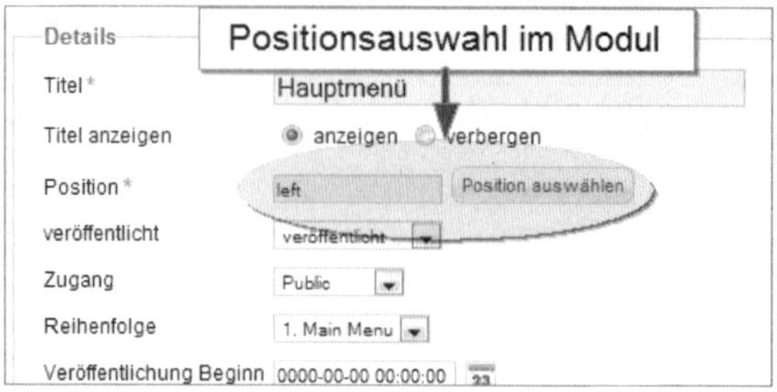

Bild 11.3: Positionsauswahl/-zuordnung im Modul

So verfahren Sie auch für die anderen Bereiche. Tragen Sie überall eine andere Position ein, damit Sie alles später sauber auseinanderhalten und Module entsprechend zuweisen können.

Vermutlich klingt das momentan für den einen oder anderen alles etwas verwirrend. Aber keine Angst, ich werde noch etwas genauer darauf eingehen. Zunächst aber der ganze Code mit den Positionen:

```
<div id="oben"><jdoc:include type="modules" name="top" />
</div>
<div>
<div id="links"><jdoc:include type="modules" name="left" />
</div>
<div id="rechts"><jdoc:include type="modules" name="right" />
</div>
<div id="mitte"><jdoc:include type="component" /></div>
</div>
<div id="unten"><jdoc:include type="modules" name="bottom" />
</div>
```

Diese `include`-Angaben sind nichts weiter als Platzhalter. An ihrer Stelle werden nach dem Start von Joomla, nach dem Aufruf der Webseite, Inhalte eingefügt. Und zwar die Inhalte, die ich diesen Platzhaltern, diesen Positionen, hinzugefügt habe.

Veröffentliche ich beispielsweise mein Hauptmenü auf der Position `left`, dann wird an Stelle dieses Platzhalters das Menü ausgegeben. Veröffentliche ich mein Login-Modul an der Position `right`, wird es in der dritten Spalte, also ganz rechts ausgegeben. Das ist eines der großen Geheimnisse von Joomla: Die Platzhalter – die Positionsangaben. Damit ist es möglich, sich ganz auf das Gestalten eines Templates zu konzentrieren, ohne dass man sich großartig Gedanken darüber machen muss, wie der eigentliche Inhalt ins Template kommt. Joomla selber kümmert sich intern darum, sofern wir Joomla lediglich die Position mitteilen. Werden mehrere Module an einer Position veröffentlicht, werden sie untereinander angezeigt.

Schaut man sich den oberen Code mit den Positionen an, dann stellt man fest, dass die Positionsangaben eigentlich immer gleich sind und sich lediglich von der direkten Position, den Namen, unterscheiden (`left`, `right`, `top`, `bottom`) und dass die Angabe für die Mitte etwas anders ausschaut als der ganze Rest.

```
<jdoc:include type="component" />
```

Es gibt grundsätzlich nur eine Ausgabestelle für den eigentlichen Content, also für die Beiträge oder für eine Bildergalerie. Da es nur einen Ort im Template für eine Komponente geben kann, entfällt eine nähere Positionsangabe. Es wird keine gebraucht. Es reicht völlig, Joomla mitzuteilen, dass hier der Ort für die Ausgabe von Komponenten ist. Und da Beiträge Bestandteil einer Komponente sind, werden sie an eben dieser Stelle ausgegeben. Jetzt brauchen wir nur noch unsere *index.php* abzuschließen:

```
</body>
</html>
```

Also den `body`-Bereich schließen und das ganze HTML-Dokument ebenfalls. Diese Datei als *index.php* speichern.

Tipp: In unserem Beispiel heißen die Positionen `left`, `right`, `top`, `bottom`. Sie können aber genauso gut *apfelkuchen*, *birnenbaum* oder *gartenzaun* heißen. Es sind nur Namen, die weiter keine Bedeutung haben. Man muss lediglich die gleichen Positionen zuweisen, also dem Modul die Position *left* (oder *apfelkuchen*) – je nachdem, welche Bezeichnung man in der *index.php* benutzt hat.

Der Platzhalter kann also auch so aussehen:

```
<jdoc:include type="modules" name="apfelkuchen" />
```

Das Modul, welches dort ausgegeben werden soll, muss natürlich der Position *apfelkuchen* zugewiesen werden.

Tipp: Man kann diese Namen auch groß schreiben – ich empfehle aber Kleinschreibung und keine Sonderzeichen zu benutzen. Damit wird eine typische Fehlerquelle von vornherein ausgeschlossen, weil manchmal außergewöhnliche Schreibweisen verwendet werden (Großbuchstaben mitten im Wort beispielsweise, aber diese Schreibweise wird dann auch prompt vergessen, und plötzlich wundert man sich, warum nichts angezeigt wird, obwohl man doch alles richtig gemacht hat).

Leerzeichen sind übrigens nicht erlaubt – die Positionsbezeichnung muss aus einem Wort bestehen.

11.4.2 Positions-Style

Man kann den Positionen auch noch einen Style mitgeben. Dazu stehen verschiedene Möglichkeiten zur Auswahl. Der `style` wird am Ende der Position angegeben. Zur Auswahl stehen nachfolgende:

```
<jdoc:include type="modules" name="left" style="xhtml" />
<jdoc:include type="modules" name="left" style="none" />
<jdoc:include type="modules" name="left" style="table" />
<jdoc:include type="modules" name="left" style="rounded" />
<jdoc:include type="modules" name="left" style="outline" />
```

xhtml

ist quasi der Normalzustand. Das Modul ist in ein DIV-Element eingebettet.

```
<div class="moduletable">
<h3>Mein Modul</h3>
--Inhalt des Moduls--
</div>
```

none

Entfernt das eingebettete DIV-Element mit der Klassenangabe zur `moduletable` und auch das `h3`-Element in den Modulen. Das Modul wird also ohne Titel (Überschrift) ausgegeben. Das gesamte Modul kann nicht per CSS-Formatierungen angesprochen werden. Lediglich CSS-Angaben, die direkt im eigentlichen Modul definiert sind, können auch weiterhin benutzt werden.

```
--Inhalt des Moduls–
```

Der Code sieht etwas »albern« aus, aber ich möchte damit deutlich machen, dass das Konstrukt `style="none"` wirklich keinen Code erzeugt, in dem das eigentliche Modul liegt.

table

Das Modul selber wird in eine Tabelle eingebettet:

```
<table class="moduletable" cellspacing="0" cellpadding="0">
<tbody>
<tr>
<th>Mein Modul</th>
</tr>
<tr>
<td>
--Inhalt des Moduls–
</td>
</tr>
</tbody>
</table>
```

rounded

Wenn man Module mit abgerundeten Ecken erzeugen möchte, dann kann man mit Hilfe dieser Einstellung die Grundlagen dafür legen. Das Modul selber liegt in mehreren DIV-Elementen. Wie man daraus abgerundete Ecken erzeugen kann, steht im Abschnitt 11.9 über abgerundete Ecken.

Die Modulklasse ändert sich bei *rounded* zu *module:*

```
<div class="module">
<div>
<div>
<div>
```

```
<h3>Modultitel</h3>
--Inhalt des Moduls–
</div>
</div>
</div>
</div>
```

outline

outline ist identisch mit der Positions-Voransicht. Der Code dafür sieht folgendermaßen aus:

```
<div class="mod-preview">
<div class="mod-preview-info">POSITIONSNAME[outline]</div>
<div class="mod-preview-wrapper">
--Inhalt des Moduls–
</div>
</div>
```

Es gibt noch einen Style, der sich `horz` nennt und eigentlich für horizontale Module gedacht ist. Allerdings unterscheidet sich der Code nicht vom *table-Style.*

Wer die mitgelieferten Templates benutzt, findet bei den Beez-Templates noch zusätzliche Styles, die aber nur in den Beez-Templates funktionieren. Daran kann man auch erkennen, dass man sich eigene Styles programmieren kann.

Mein Tipp: Die Beez-Styles einfach mal ausprobieren und schauen, was passiert.

11.4.3 template.css

Obige Datei sieht recht langweilig aus, zumal alles untereinander ausgegeben wird. Um sie etwas hübscher zu gestalten, aber auch, um die eigentliche Formatierung zu zentralisieren, legen wir uns eine Datei namens *template.css* an.

Dort schreiben wir zunächst die Angaben, die dafür sorgen, dass unsere Bereiche schön bunt werden und vor allem auch an der richtigen Stelle ausgeben werden. Denn momentan ist es noch so, dass alles untereinander stehen würde, würden wir es ohne nachfolgende CSS-Datei aufrufen.

```
#oben {
border-width:thin;
border-style:solid;
border-color:#000000;
background-color:#FFFF00;
}

#links {
width:200px;
float:left;
border-width:thin;
border-style:solid;
```

```
border-color:#000000;
background-color:#80FF80;
}

#rechts {
width:200px;
float:right;
border-width:thin;
border-style:solid;
border-color:#000000;
background-color:#00FF80;
}

#mitte {
margin: 0 15.5em;
border-width:thin;
border-style:solid;
border-color:#000000;
background-color:#80FFFF;
}

#unten {
border-width:thin;
border-style:solid;
border-color:#000000;
background-color:#FF8040;
}
```

Wer ein wenig CSS kann, weiß, dass man die einzelnen `border`-Elemente auch zusammenfassen kann. Um es überschaubarer zu machen, habe ich jede Anweisung einzeln aufgelistet.

Die *template.css* muss ins Verzeichnis *css* gespeichert werden. Also: */templates/MeinTemplate/css/template.css*

Wem die Pfade noch unklar sind – das löse ich gleich auf. Aber zunächst möchte ich noch ein Weilchen bei der *template.css* verweilen.

In die *template.css* kommen grundsätzlich alle Formatierungen, die die Website betreffen. Man kann zusätzlich noch spezielle CSS-Dateien für bestimmte Browser schreiben (was leider bei den verschiedenen Internet Explorer-Versionen von Microsoft immer wieder notwendig ist), man kann auch spezielle CSS-Dateien für die Druckerausgabe oder für andere Szenarien schreiben. Vielleicht möchte man eine bestimmte CSS-Datei in Abhängigkeit eines bestimmten Ereignisses laden oder aber einfach nur bestimmte Formatierungsangaben übersichtlicher ordnen. Gerade bei großen Seiten, wo eine CSS-Datei schnell mal aus ein paar hundert Zeilen Code bestehen kann, kann das sinnvoll sein.

Für unser Beispiel benutzen wir nur eine CSS-Datei. Sie genügt völlig für unser Anliegen. Und in den allermeisten Fällen reicht das auch in der Praxis aus.

In der *template.css* müssen nun alle Formatierungen stehen, die Joomla benötigt und die man an sein eigenes Design anpassen muss und möchte.

Dazu bitte etwas weiter unten schauen, wo ich die allermeisten CSS-Klassen aufgelistet habe.

Tipp: Fügen Sie in die CSS-Datei Kommentare (`/* ... */`) ein, dann achten Sie bitte darauf, dass in den Kommentaren keine Umlaute geschrieben werden. Ich habe festgestellt, dass CSS-Dateien, die Umlaute in den Kommentaren enthalten, sich im Templatemanager nicht editieren lassen. Solche Dateien werden dort als leer angezeigt, was sie natürlich nicht sind.

Tipp: Nur noch einmal zum Verständnis: In unserem Beispiel haben wir *links, rechts, mitte, oben* und *unten* für die CSS-Angaben definiert. Und *top, left, right, bottom* für die Platzhalter. Die Platzhalter kann man natürlich nicht mit CSS-Angaben formatieren, zumal sie ja zur Laufzeit ohnehin verschwinden und für die Komponenten und Module Platz machen.

11.4.4 templateDetails.xml

Die Datei *templateDetails.xml* dient der Installation des Templates und enthält wichtige Informationen, die teilweise in die Datenbank von Joomla übernommen werden.

Zunächst kommt die Information, dass es sich überhaupt um eine XML-Datei handelt und dass die Zeichensatzcodierung *utf-8* benutzt wird. Das *DOCTYPE* gibt noch einmal etwas genauer an, was für eine Sprache in dieser Datei (also XML) benutzt wird, in welcher Version und wie der Browser das alles zu interpretieren hat. Danach beginnt unsere eigentliche Installationsdatei.

```
<?xml version="1.0" encoding="utf-8"?>
<!DOCTYPE install PUBLIC "-//Joomla! 1.6//DTD template 1.0//EN"
"http://www.joomla.org/xml/dtd/1.6/template-install.dtd">
<install type="template" version="1.6" client="site">
```

Wichtig ist die `install`-Zeile! Zum einen muss man kundtun, dass es sich um ein `template` handelt, dass es in diesem Fall für die Joomla-Version 1.6 geschrieben ist und wer der `client` ist. Mit `client` ist gemeint, ob das Template für das Frontend (`client="site"`) oder für das Backend (`client="administrator"`) geschrieben wurde.

Nach dieser Einleitung kommen jetzt verschiedene Feldbereiche, in die Sie Ihre eigenen Angaben schreiben müssen:

```
<name>Template-Name</name>
<creationDate>01/2011</creationDate>
<author>Ihr Name</author>
```

```
<copyright>Firma/Ihr Name</copyright>
<authorEmail>name@beispiel.de</authorEmail>
<authorUrl>http://www.beispiel.de</authorUrl>
<version>0.1</version>
<description>This is a free Template! This is GNU/GPL!</description>
```

Ich denke, die einzelnen Abschnitte sprechen für sich. In `name` kommt der Templatename hinein. Wählen Sie einen Namen, der keine Sonderzeichen und Umlaute enthält. Tragen Sie Ihren Namen und Ihre E-Mail-Adresse ein, Ihre Domain, über die Sie erreichbar sind oder auf der es noch weitere Templates von Ihnen gibt, falls jemand Fragen zu Ihrem Template hat. Oder lassen Sie alles frei, wenn Sie es nur für sich benutzen. Es bleibt Ihnen überlassen. Einen Templatenamen müssen Sie aber auf jeden Fall eintragen! Die Version bezieht sich auf das Template, nicht auf die Joomla-Version. Meist hat man nur eine Version und erweitert das Template nicht mehr. Ich selber habe bisweilen modifizierte Templates und kann sie mit der Versionsnummer sehr schön auseinanderhalten. Die `description` kann einen kurzen Text enthalten, der das Template beschreibt, oder einen Hinweis, dass es sich um ein freies oder ein kommerzielles Template handelt.

Tipp: Wichtig ist, darauf zu achten, hier keine Umlaute einzutragen. Ich habe schon einige Templates erlebt, die sich nicht installieren ließen, weil der Autor oder der Name einen Umlaut hatte.

Danach wird es spannend. Denn jetzt listen wir verschiedene Daten auf, die unmittelbar zum Template gehören.

```
<files>
<folder>css</folder>
<folder>images</folder>
<filename>index.php</filename>
<filename>templateDetails.xml</filename>
</files>
```

Dateien und Verzeichnisse werden hier benannt. Wird ein `folder` angegeben, also ein ganzes Verzeichnis, werden automatisch alle darin liegenden Dateien mit installiert. Man muss also nur die Dateien auflisten, die nicht in einem Verzeichnis liegen, das direkt im Root-Verzeichnis liegt.

Tipp: Wer computertechnisch nicht so bewandert ist: Mit *Root-Verzeichnis* ist die erste Ebene gemeint, in der Dateien und Verzeichnisse liegen, die zum jeweiligen Programm gehören. Das ist normalerweise das Verzeichnis, in dem Joomla selbst liegt. Die erste Ebene ist dann das sogenannte Root oder zu Deutsch: *Wurzelverzeichnis.* Da wir hier uns aber gerade ausnahmslos mit den Templates befassen, ist das *Root-Verzeichnis* der Templates in unserem Fall das Template-Verzeichnis: */templates.* Dort drinnen liegen dann die Unterverzeichnisse.

Standardmäßig hat ein Template-Verzeichnis ein Verzeichnis namens *css* und eines namens *images*. In letzterem sind Grafiken enthalten, die direkt im Template benutzt werden. Legt man sie immer dort ab, kann man sie später in der CSS-Datei recht einfach ansprechen.

Um zum Beispiel eine Hintergrundgrafik per CSS zuzuweisen, würde der Code so aussehen:

```
body {background(url ../images/hintergrundbild.jpg) repeat;}
```

Vorausgesetzt, im *image*-Verzeichnis des Templates liegt eine Grafik namens *hintergrundgrafik.jpg*. Die zwei Punkte bedeuten, dass man zunächst ein Verzeichnis zurückgehen muss, um dann in das *images*-Verzeichnis zu springen. Eine Ebene müssen wir ja deshalb zurückgehen, weil die CSS-Datei im *css*-Verzeichnis liegt.

Nun müssen wir noch unsere Positionen, die wir im Template benutzten, angeben:

```
<positions>
      <position>top</position>
      <position>left</position>
      <position>right</position>
      <position>bottom</position>
</positions>
```

Dann gilt es, die ganze Datei noch abzuschließen:

```
</install>
```

Und speichern. Beim Speichern ist es sehr wichtig, auf die korrekte Schreibweise zu achten. Also achten Sie auf ein großes »D« in der Mitte:

```
templateDetails.xml
```

11.4.5 Das Template packen und installieren

Um das fertige Template installieren zu können, müssen wir es erst packen. Aber zuerst eine kleine Bestandsaufnahme:

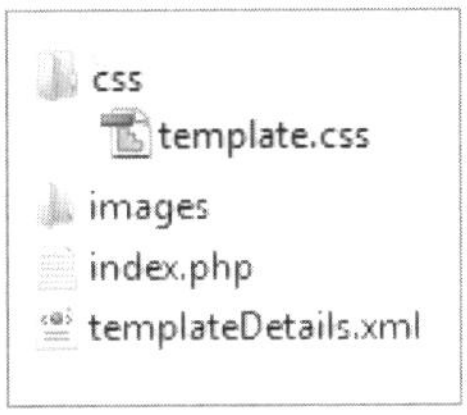

Bild 11.4: Unsere Template-Dateien

Im *image-Verzeichnis* haben wir (noch) keine Dateien liegen, installieren aber dennoch standardmäßig dieses Verzeichnis. Vielleicht haben wir später dafür Verwendung. Alle Dateien und Verzeichnisse werden nun markiert und in eine komprimierte Datei gepackt. Genauer gesagt: gezippt. Windows hat ein eigenes ZIP-Programm an Bord, ich selber benutze dafür WinRAR, und es gibt zahlreiche weitere, meist kostenlose, ZIP-Programme im Internet.

Welchen Namen man dieser ZIP-Datei gibt, ist nicht so wichtig, wichtig ist aber, dass es eine *ZIP-Datei* ist. Es gibt auch noch andere Pack-Formate, die aber bei der Joomla-Installation nicht unbedingt funktionieren. Bei der Installation selbst erhält das Template den Namen, den man in der *templateDetails.xml* vergeben hat. Es ist jedoch sinnvoll – wegen der besseren Übersicht –, das ZIP-File so zu benennen, wie das Template heißt.

Hat man die Dateien gut verpackt, kann man das Template im Backend installieren. Dazu wählen wir per Menü *Erweiterungen/Erweiterungen* aus. Man gelangt dann in den *Erweiterungen: Installieren-Modus.* Wir wählen *Paketdatei* aus und klicken auf *Durchsuchen.* Nun suchen wir auf unserer Festplatte unsere frisch verpackte Template-Datei und klicken anschließend auf *Hochladen & Installieren.* Joomla entpackt nun die Datei selbstständig, beschreibt die Datenbank mit den Templatedaten und stellt anschließend das Template im Templatemanager zur Verfügung.

Bild 11.5: ZIP installieren

11.5 Klassen und IDs in Joomla

Joomla benutzt viele interne CSS-Klassen und -IDs. Jeder Beitrag, alle Module, verschiedene Auflistungen und vielerlei mehr arbeiten mit den Joomla-CSS-Klassen und -IDs. Die nachfolgenden Grafiken zeigen die verschiedenen CSS-Klassen und -IDs:

Zunächst wird der gesamte Beitrag mit *div.item-page* angesprochen.

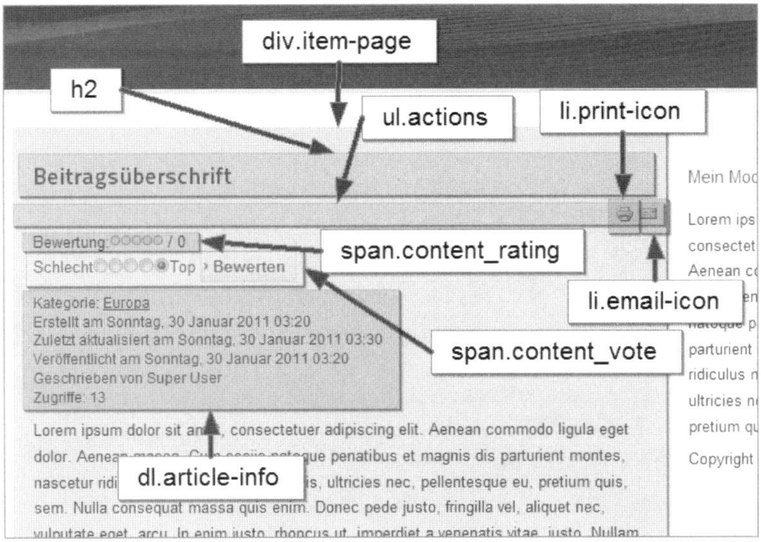

Bild 11.6: CSS-Angaben zum Beitragsbeginn

Ein paar Tipps, wie Sie an einzelne Bereiche zusätzlich herankommen:

Um die kleinen Kreise bei der Bewertung anzusprechen, verschachteln Sie entsprechend:

```
.content_rating img {…}
```

Ähnliches gilt für die Bewertung:

```
.content_vote input {…} //damit sprechen Sie die einzelnen Radio-Buttons an (also die kleinen runden Auswahlpunkte für die Bewertung).

.content_vote input.button {…} //Damit können Sie den Bewerten-Button formatieren.
```

Tipp: Bei mir waren Übersetzungsfehler in der Bewertungszeile. Trotz intensiver Suche konnte ich die richtige Datei leider nicht ermitteln und habe dann einfach ein Language-Override gemacht (Details dazu im Kapitel 5 *Globales*):

```
PLG_VOTE_POOR="Schlecht"
PLG_VOTE_BEST="Top"
PLG_VOTE_RATE="Bewerten"
```

Der gesamte Bereich des *article-info* wird wie folgt weiter aufgeschlüsselt:

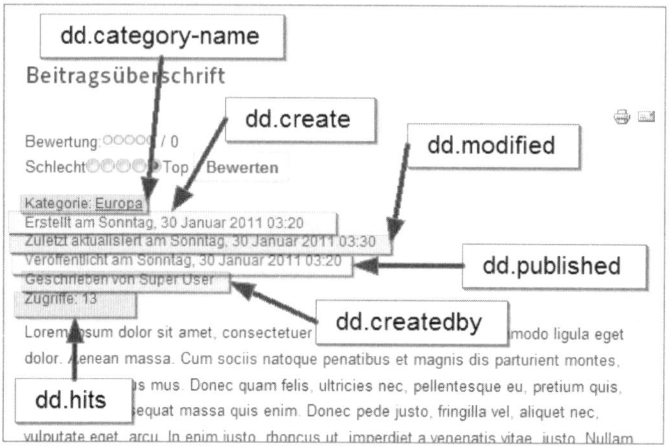

Bild 11.7: CSS-Angaben im Bereich der *article-info*

Die Module sind generell recht überschaubar gehalten. Allerdings bringt jedes Modul meist noch eigene CSS-Angaben mit. Da hilft im Endeffekt nur ein Blick in den Quellcode oder die Benutzung von entsprechenden Tools. Siehe dazu den Abschnitt *Wie finde ich CSS-Angaben?*

Bei den Breadcrumbs habe ich gleich einen Trick für alle mitdokumentiert, die ein grafisches Symbol benutzen.

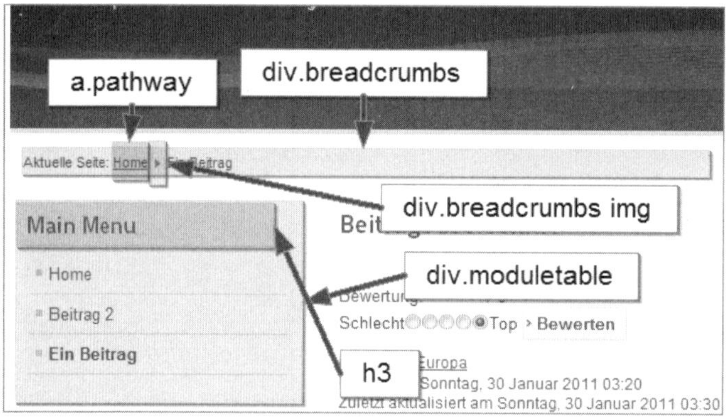

Bild 11.8: CSS-Angaben für Module und Breadcrumbs

Ich habe einige Kategorien und Beiträge erstellt und einen Menülink auf eine Hauptkategorie, die ich *Europa* genannt habe, gelegt. In den beiden nachfolgenden Grafiken kann man die Kategorieansicht und die zugehörigen CSS-Angaben sehen.

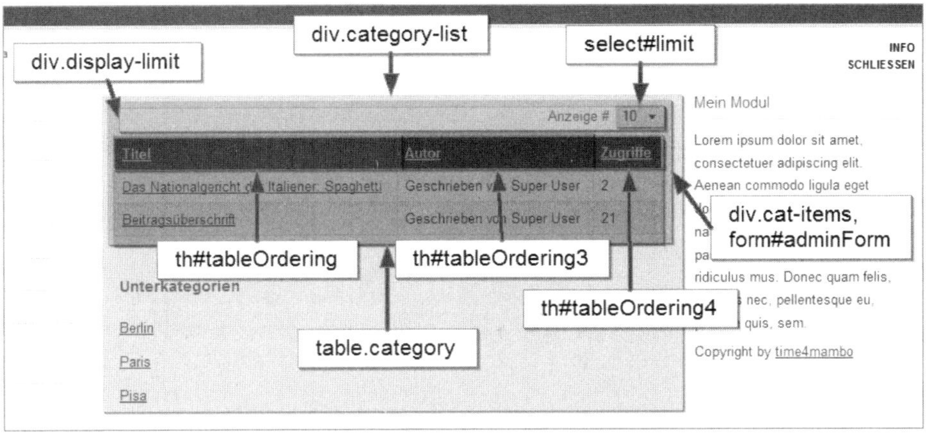

Bild 11.9: Kategorieliste und die CSS-Angaben – Teil 1

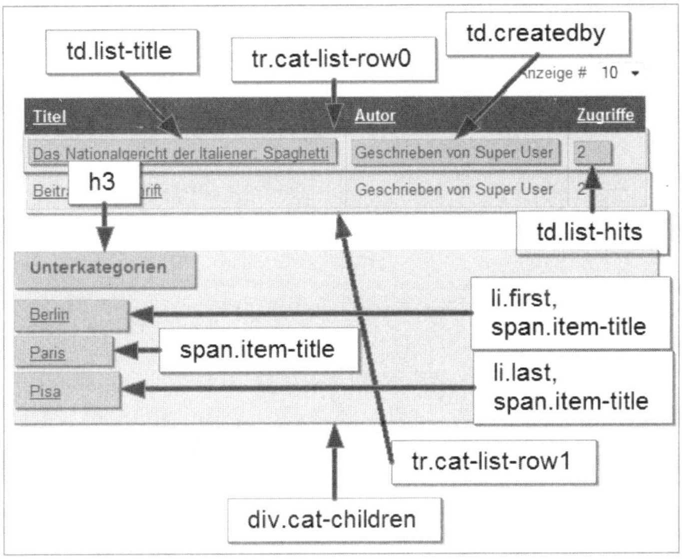

Bild 11.10: Kategorieliste und die CSS-Angaben – Teil 2

Nachfolgend die CSS-Angaben bei der Blog-Ansicht. Natürlich greifen bei den einzelnen Beiträgen wieder die CSS-Angaben von weiter oben.

Das obere `Berlin` ist die Kategoriebezeichnung, die ich hier mit ausgegeben habe. Einige Bereiche haben mehrere CSS-Angaben. Durch Verschachtelungen und das Ansprechen von Grafikelementen oder auch anderen HTML-Elementen kann man bei fast allen CSS-Bereichen weiter in die Tiefe vordringen. Dazu muss dann aber mittels unten beschriebener Tools selber nachgesehen werden, da das dann doch die Möglichkeiten dieses Buches sprengen würde.

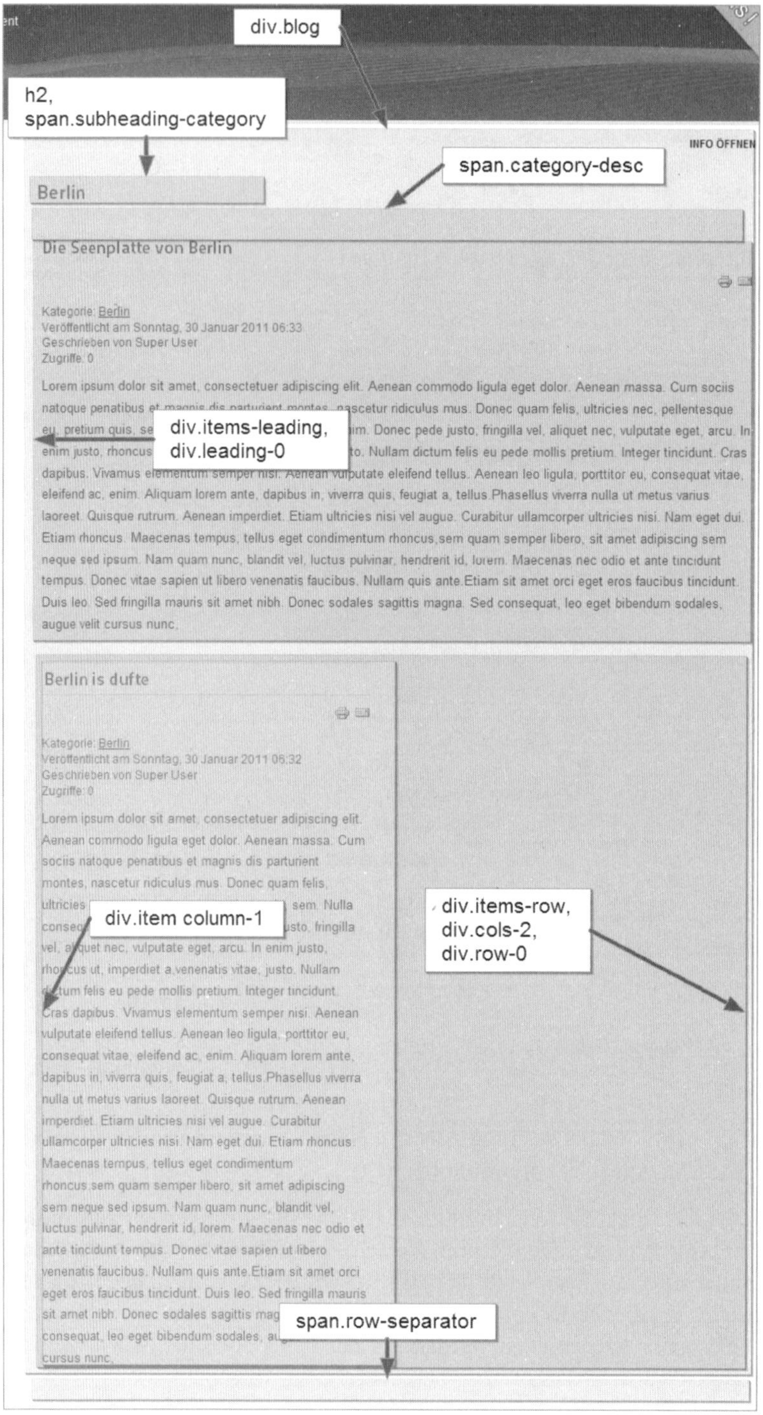

Bild 11.11: CSS-Angaben in der Bloganansicht

Die Kategorieliste ist recht überschaubar:

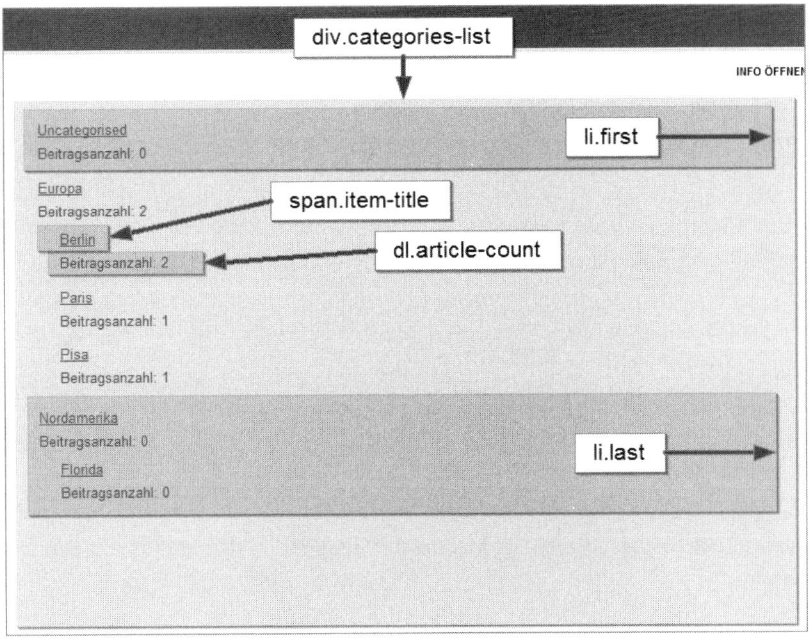

Bild 11.12: CSS in der Kategorieliste

Um den Text *Beitragsanzahl* und die Zahl dahinter anzusprechen, hilft wieder eine Verschachtelung:

```
dl.article-count dt {…} //für den Text Beitragsanzahl
dl.article-count dd {…} //für die Anzahl der Beiträge in der Kategorie
```

11.5.1 CSS fürs Menü

Ich erlaube mir, daraus einen eigenen Menüpunkt anzulegen. Zum einen, weil das Gestalten des Menüs stets eine wichtige Aufgabe ist, und zum anderen, weil das Finden der richtigen CSS-Selektoren etwas anders funktioniert als bei allen anderen Bereichen von Joomla.

Das gesamte Menü wird mit

```
Ul.menu {…}
```

angesprochen.

Der einzelne Menüpunkt wird mit

```
li.item-[MenüID] {…}
```

aufgerufen.

Was aber hat es mit der *MenüID* auf sich? Um das zu verstehen, muss man einfach mal ein Menü im Backend aufrufen. Also *Menüs/Main Menu* bei einer frischen Installation.

Dort hat man mindestens den Menüpunkt *Home*. Schaut man in der Zeile die letzte Spalte an, erhält man zu diesem Menüpunkt die *MenüID*.

Bild 11.13: MenüID ermitteln

Diese ID – in unserem Beispiel die 101 – wird hinter dem Wort `item` mit einem Bindestrich geschrieben:

```
li.item-101 {…}
```

Damit wird dieser Menüpunkt und kein anderer angesprochen. Hat man mehr Menüpunkte, wird jeder einzelne mit `.item-[seine MenüID-Nummer]` angesprochen. Dazu müssen Sie jedes Mal in das Menü schauen und die ID ermitteln.

Aktive Menüpunkte sind teilweise etwas verwirrend, da zum `active` im Quellcode noch weitere Angaben zu finden sind. Ein aktiver Menüpunkt wird zunächst einfach durch die Klasse `active` gekennzeichnet:

```
li.item-[MenüID].active {…}
li.item-101.active {…}
```

Interessant wird es, wenn man einen Untermenüpunkt hat. Dieser wird auch einfach durch die Klasse `active` gekennzeichnet, aber man kann auch noch zusätzlich den Hauptmenüpunkt ermitteln und farblich oder anderweitig formatieren.

```
li.item-107.parent {…}   //der Hauptmenüpunkt des aktiven Untermenüpunktes
```

Noch eine Besonderheit beim Menümodul, mit der man zusätzliche Formatierungen durchführen kann, ist die Möglichkeit, eine individuelle MenüID für das ganze Menü zu vergeben. Dazu muss man in das Menümodul im Backend wechseln und es editieren. Rechts unter *Erweiterte Optionen* kann man an erster Stelle eine *Menu Tag ID* vergeben.

Ich schreibe dort das Wort *meineID* hinein:

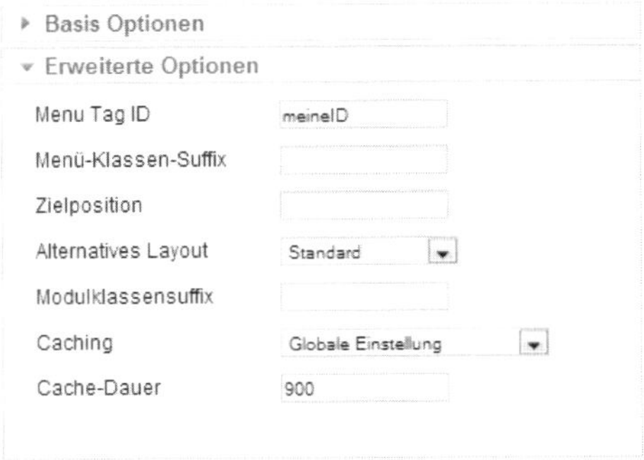

Bild 11.14: Menu Tag ID im Menümodul

Schaue ich nach dem Speichern nun im Frontend in den Quellcode, so habe ich neben der Klasse *menu* auch noch meine individuelle ID:

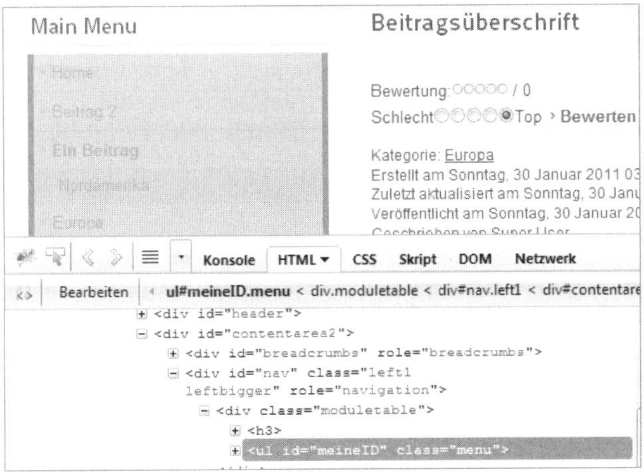

Bild 11.15: Eine eigene individuelle CSS-ID im Menümodul

Habe ich nun mehrere Menümodule, kann ich eine Formatierung für alle Menüs und zusätzliche Formatierungen für meine selbst vergebenen *Menu Tag IDs* durchführen.

Dazu kann ich noch zusätzlich ein *Modulklassensuffix* vergeben (siehe nächsten Abschnitt). Damit kann ich sehr individuelle Kombinationen für die Menüs zusammenstellen und habe vielfältige Möglichkeiten zu Formatierungen durch CSS.

11.5.2 Modulklassensuffix

Mit dem *Modulklassensuffix* können Module, die anders aussehen sollen als der Standard, individuell formatiert werden. Dazu wird eine Bezeichnung, idealerweise mit einem Unterstrich oder Bindestrich am Anfang, in das Feld eingegeben und dieses mit vorhandenen Formatierungen in der CSS-Datei verknüpft. Bestehende Formatierungen werden quasi erweitert.

Angenommen, ich schreibe `menu` bei *Modulklassensuffix*.

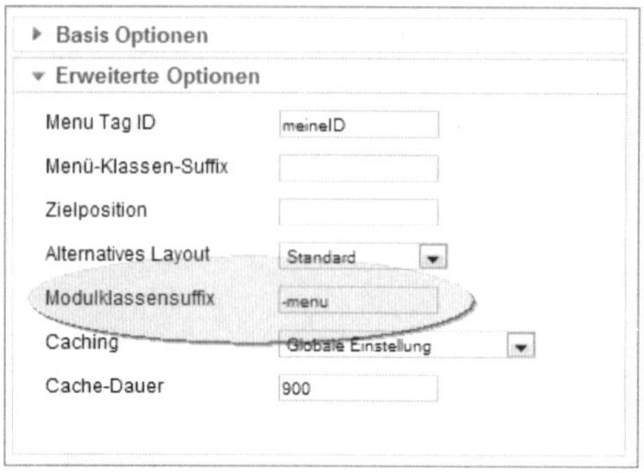

Bild 11.16: *Modulklassensuffix*

Schaue ich nun im Quellcode nach, dann hat mein Menüpunkt einen neuen Klassennamen bekommen:

```
<div class="moduletable-menu">
```

Am vorhandenen Klassennamen `moduletable` wird das von mir vergebene *Modulklassensuffix* angehängt, also im Beispiel das Wort `-menu`. Ich kann nun alle CSS-Angaben, die für Module wirken, benutzen, indem ich mein Suffix am Ende hinzufüge. Also beispielsweise kann ich so der Überschrift für ein ganz bestimmtes Modul eine andere Formatierung geben, als alle anderen Module sie haben:

```
.moduletable h3 {…} //das ist die globale Formatierung für alle Module
.moduletable-menu h3 {…} //diese Formatierung wirkt nur auf Module, die eine
entsprechende Modulklassensuffix haben.
```

Damit kann beinahe jedes Modul individuell formatiert werden. Beispielsweise kann ich verschiedenen Menümodulen unterschiedliche Hintergrundfarben geben und die einzelnen Menüpunkte farblich anpassen.

```
.moduletable-menu {
background-color: #80FF00;
}
.moduletable-menu a {
color: #EFEFEF;
text-decoration:underline;
}
```

11.5.3 Link CSS Style

Editiert man im Backend direkt einen Link, kann man rechts *Link Type Optionen* auswählen. Schreibt man im *Link CSS Style* eine eigene Bezeichnung ein, kann man seinen Menülinks eine eigene Klasse mitgeben. Im Beispiel trage ich `meinStyle` ein.

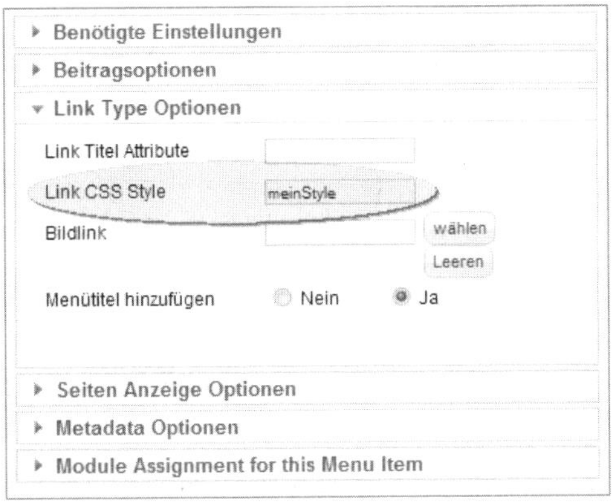

Bild 11.17: *Link CSS Style* für Verweise

Im Quellcode findet sich dann diese Angabe direkt bei dem zuvor editierten Link:

```
<a class="meinStyle" href="...">Menülink</a>
```

Damit hat man eine zusätzliche Formatierungsmöglichkeit und kann sich ein sehr individuelles Aussehen basteln.

11.5.4 Seiten Anzeige Optionen

Noch eine weitere Möglichkeit der individuellen Anpassung ist das Vergeben einer eigenen Klasse bei der Seitenanzeige pro Menüpunkt. Editiert man einen Menüpunkt, so kann man rechts die *Seiten Anzeige Optionen* auswählen und dort unter *Seitenklasse* eine eigene Klasse vergeben (der Screenshot zeigt einen kleinen Schreibfehler in der deutschen Übersetzung bei der *Seitenklasse*, den man aber sicherlich ignorieren kann). Ich habe dort das Wort `-meineSeiten` eingetragen.

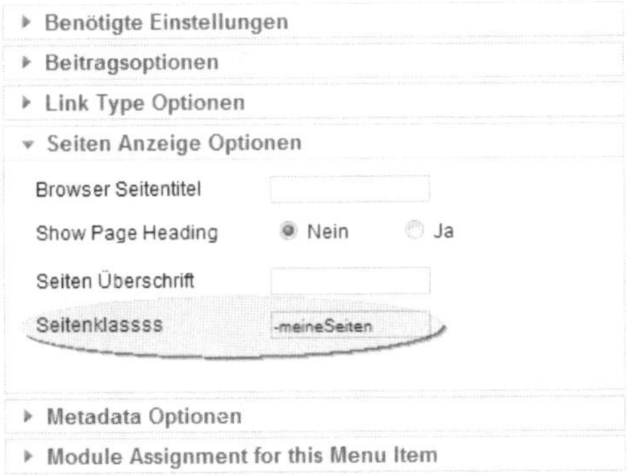

Bild 11.18: Seitenklasse beim Menüpunkt

Rufe ich nun den Quelltext im Frontend auf, finde ich dort diesen Eintrag:

```
<div class="item-page-meineSeiten">
```

Dieser DIV-Bereich ist für den einzelnen Beitrag insgesamt verantwortlich, dem ich damit ein individuelles Aussehen geben kann und vielleicht die Hintergrundfarbe ändern oder einzelne Bereiche definieren, die ich mittels einer CSS-Verschachtelung natürlich ansprechen kann.

Ein paar Beispiele dazu:

```
.item-page-meineSeite {background-color:green;} //macht einen grünen Hintergrund für diesen einen Beitrag

.item-page-meineSeite h2 {…} //spricht nur die Überschrift dieses Beitrages an

.item-page-meineSeite dl.article-info dd.category-name {font-size:12pt;} // eine lange Verschachtelung, die am Ende ein individuelles Aussehen der Kategorie-Angabe nur für diesen einen Beitrag ausgibt.
```

Es sollen nur Beispiele sein, die verdeutlichen, dass man mit spezifischen Angaben den ganzen betreffenden Bereich auch individuell gestalten kann.

11.5.5 Kleines Fazit

Es gibt an ganz vielen Stellen irgend etwas einzustellen und individuelle Angaben zu machen. Auf den ersten Blick ist das teilweise sicherlich ein wenig verwirrend. Insbesondere für den Einsteiger. Darum ein paar Anmerkungen dazu:

Für Webdesigner kann es eigentlich gar nicht genug Möglichkeiten geben, selbst irgendwo eigene Angaben machen zu können. Wenn eine Seite immer gleich aussieht, möchte man vielleicht plötzlich einen einzelnen Beitrag anders gestalten. Bislang war das eigentlich unmöglich, und oft musste man direkte Eingriffe im System vornehmen, z. B. irgendwelche Programmierungen in der *index.php* machen, um bei bestimmten Beiträgen andere CSS-Dateien zu laden.

Die Joomla-Entwickler hatten ein Einsehen und haben eine Fülle von Einstellungsmöglichkeiten mitgegeben. Leider haben sie diese aber quer im System verteilt, und man muss ein wenig auf die Suche gehen, um alle zu finden, um die ganzen Möglichkeiten überhaupt erfassen zu können.

11.6 Der Templatemanager

Der Templatemanager – über das Menü *Erweiterungen/Templates* erreichbar – besteht aus zwei Ansichten, zum einem den *Styles* und zum anderen den *Templates*.

11.6.1 Styles

In dieser Ansicht kann man in einer Liste sehen, welche Templates installiert sind, für welchen Client sie bestimmt sind und welche beiden davon jeweils als Standard dem Client *Administrator* (Backend) und dem Client *Site* (Frontend) zugewiesen sind.

Wenn Sie die Standardzuweisungen ändern möchten, genügt ein Klick in der Spalte mit den Sternchen. Wenn Sie einen grauen Stern anklicken, dann ändert sich das Standard-Template. Joomla erkennt von allein, für welchen Client das neue Standard-Template steht, und wechselt entsprechend den gelben Stern. Alternativ können Sie das Template auch markieren, indem Sie links im Kontrollkästchen einen Haken setzen und dann oben bei den großen Icons den Stern – *Standard* – auswählen.

Standard-Template bedeutet, dass dieses Template vorrangig geladen wird: Überall, wo kein anderes Template explizit zugewiesen wurde, wird das Standard-Template genommen.

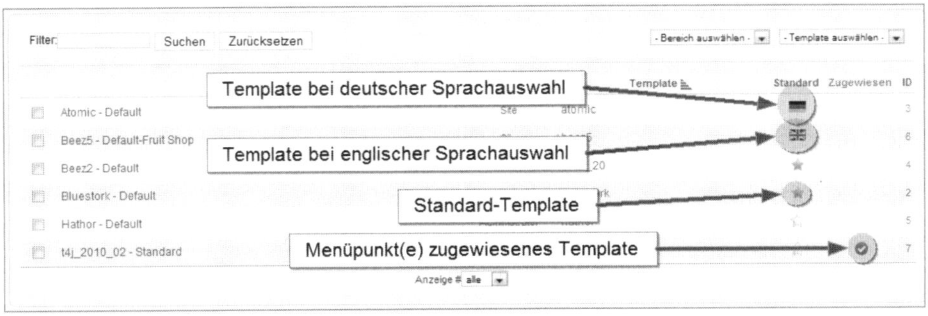

Bild 11.19: Die schnelle Übersicht über die Templates

Wenn Sie ein Template oder mehrere Templates einem Menüpunkt zugewiesen haben, dann erhalten Sie in der Spalte *Zugewiesen* einen grünen Kreis mit einem kleinen weißen Haken. Sie können zwar in dieser Ansicht nicht sehen, welchem Menüpunkt das Template zugewiesen ist, aber zumindest, dass dem so ist. Möchten Sie Genaueres wissen, müssen Sie das Template editieren, indem Sie es anklicken, also in der ersten Spalte *Style* einfach auf den Template-Namen klicken. Alternativ können Sie auch das Template markieren, indem Sie im linken Kontrollkästchen einen Haken setzen und oben das große Icon *Bearbeiten* anklicken.

Wenn Sie Templates bestimmten Sprachen zugewiesen haben, erhalten Sie eine entsprechende Information, welches Template zu welchem Land gehört. Wenn Sie ein Template nur einem Land zugewiesen haben und als zweites Template das Standard-Template benutzen, dann wird Ihnen beim Standard-Template keine Landesflagge angezeigt.

Haben Sie ein Template editiert, bekommen Sie zunächst ein paar Informationen zum Template angezeigt: den Namen, die Template-ID und eine kleine Beschreibung. Das ist übrigens die Beschreibung, die Sie in der *templateDetails.xml* unter *description* eingegeben haben.

Sie können in diesem oberen Bereich auswählen, ob das Template einer bestimmten Sprache zugeordnet werden soll. Das funktioniert natürlich nur, wenn alles für die Sprachauswahl eingestellt wurde (Näheres entnehmen Sie bitte dem Kapitel 10 *Joomla mehrsprachig*). Ist dem nicht so, verwenden Sie also keine Sprachen, dann wählen Sie am besten *Alle* oder *Nein* aus.

Unten links können Sie nun das Template bestimmten Menüpunkten zuordnen. Dabei werden zugewiesene Sprach-Templates automatisch angezeigt, wenn die entsprechende Sprache im Frontend ausgewählt wurde. Das Standard-Template wird immer angezeigt, wenn kein anderes Template explizit einem Menüpunkt zugewiesen wurde. Deswegen sollte das Standard-Template nicht unbedingt einzelnen Menüpunkten zugewiesen werden.

Rechts haben Sie bei einigen Templates noch *Erweiterte Optionen*, die aber von den jeweiligen Templates abhängig sind und auch nicht vorhanden sein müssen. Wenn sie vorhanden sind, gibt das jeweilige Template vor, was dort eingestellt werden kann.

Tipp: Um herauszubekommen, was die mitgelieferten Templates alles können, spielen Sie einfach mal beherzt mit den Einstellungen und schauen, was passiert. Gefällt es Ihnen nicht, können Sie es jederzeit wieder rückgängig machen.

11.6.2 Templates-Ansicht

Wechseln wir nun zur *Templates-Ansicht*. Hier haben wir zunächst kleinere Vorschaubilder, auf die wir klicken können, um größere Vorschaubilder des Templates zu bekommen. Sollten Sie bereits ein eigenes Template installiert haben, das keine Bilder hat, dann können Sie das wie folgt ändern:

Sie müssen zunächst einen Screenshot Ihrer Website mit Ihrem Template machen. Das kann man unter Windows ganz einfach, indem Sie einfach die Taste *Druck* oben rechts auf Ihrer Tastatur drücken. Danach öffnen Sie ein Grafikprogramm und fügen den Inhalt der Zwischenablage ein, beispielsweise mit dem Tastaturkürzel *Strg+V*. Speichern Sie das kleinere Bild in den Maßen 206px x 150px unter dem Namen *template_thumbnail.png* in das Verzeichnis des zugehörigen Templates, direkt dort in den Root, wo auch die *index.php* und *templateDetails.xml* liegen. Danach speichern Sie den gleichen Screenshot mit maximal 800px x 800px unter den Namen *template_preview.png* in das gleiche Verzeichnis. Wenn Sie jetzt die Backend-Seite auffrischen, dann haben Sie von Ihrem Template auch Vorschaubilder.

Natürlich auch alles vor der Installation direkt im Template-Ordner speichern und in der *templateDetails.xml* unter den *files* mit angeben. Dann werden die Vorschaubilder automatisch mit installiert.

Sie haben bei jedem Template (auch Ihren eigenen) eine *Detailansicht* und eine *Vorschau*.

Sie können auch hier sehen, welches Template zu welchem Client gehört, und erhalten außerdem Informationen, die in der *templateDetails.xml* stehen. Dazu gehören die Versionsnummer des Templates, das Entstehungsdatum, der Autor des Templates, seine Website und seine eMail-Adresse.

Wenn Sie die *Vorschau* anklicken, öffnet sich ein neues Browserfenster, und das Template wird mit den vorhandenen Inhalten angezeigt. Wenn Sie *Positionen anzeigen* eingestellt haben, dann werden diese mit ausgegeben, und Sie sehen auf einen Blick, wie das Template wirkt und welche Positionen sich wo befinden.

Klicken Sie auf die *template-Details*, dann kommen Sie auf eine neue Ebene, wo Sie direkte Anpassungen an das Template vornehmen können.

Auf der linken Seite können Sie die *index.php* – die *Hauptseite* – und eventuell noch weitere Dateien bearbeiten, wie die Fehlerseite oder eine Druckausgabe-Datei.

Auf der rechten Seite können Sie die verfügbaren CSS-Dateien auswählen und die Dateien so jeweils editieren und Änderungen an ihnen vornehmen.

Tipp: Ich empfehle Ihnen, zunächst das Template zu kopieren, bevor Sie Änderungen in den Dateien vornehmen. Denn hier Dinge wieder rückgängig zu machen, wenn etwas nicht wie gewünscht aussieht, könnte sich als sehr schwer erweisen.

Noch ein Tipp: Für »unterwegs« ist es sicherlich nicht schlecht, wenn man die Möglichkeit hat, die Templates direkt zu bearbeiten. Bei umfassenden Arbeiten empfehle ich aber den heimischen PC mit seinen Bearbeitungsprogrammen, die mit Sicherheit komfortabler sind. Es kann auch nicht schaden, mit einer Kopie am PC anstatt direkt online in den Originaldateien zu arbeiten.

11.7 Templates kopieren

Gehen Sie in das Menü *Erweiterungen/Templates* und die Ansicht *Styles*. Markieren Sie das Template, das Sie kopieren möchten, indem Sie links das Kontrollkästchen mit einem Haken versehen. Wählen Sie dann oben rechts bei den großen Icons *Kopieren* aus. Schon haben Sie das Template kopiert. Sie erkennen es daran, dass das kopierte Template im Namen am Ende eine »*(2)*« trägt.

Sie können alternativ auch das zu kopierende Template editieren und dann einen eigenen Namen im *Stylenamen* eingeben und oben rechts bei den großen Icons *Als Kopie speichern* anklicken.

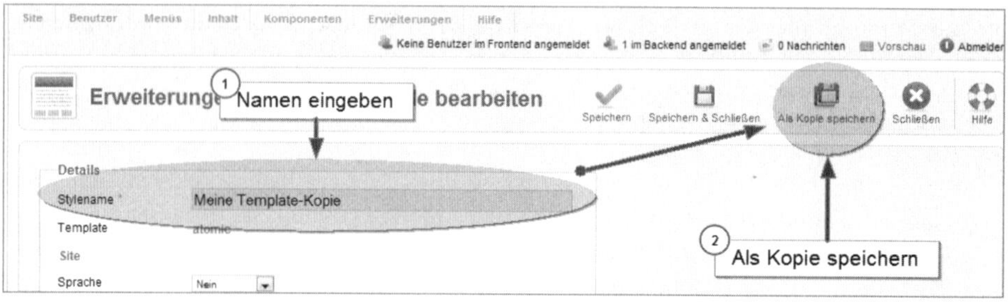

Bild 11.20: Template kopieren, Varainte 2

11.8 Mehrere Templates benutzen

Wenn man direkt den Templatemanager aufruft – *Erweiterungen/Templates*, kann man Templates einem oder mehreren Menüpunkten zuweisen. Dazu editieren Sie einfach ein Template (nicht das Default mit dem Stern!) und wählen bei der *Menüzugehörigkeit* die Menüpunkte aus, denen Sie dieses Template zuweisen möchten. Mit dem Button *Toggle Selection* kann man die Auswahl umkehren.

Das Default-Template sollten Sie deswegen nicht nehmen, weil es eigentlich immer vorrangig benutzt wird und überall dort, wo kein Template explizit einem Menüpunkt oder einer Sprachauswahl zugeordnet ist, angezeigt wird.

Wenn man das nun speichert, hat man das Default-Template, das man an dem gelben Stern bei der Spalte *Standard* erkennen kann, und mindestens ein weiteres, das mindestens einem Menüpunkt zugewiesen ist. Klickt man nun im Frontend auf diesen Menüpunkt, wird automatisch das andere Template geladen.

Der Vorteil besteht neben der rein optischen Variabilität noch in anderen Dingen: Man kann einem zweiten Template andere Positionen zuweisen und beispielsweise Content an einer Stelle ausgeben, wo er normalerweise nicht erscheint, oder bestimmte Module laden, die sonst nicht auftauchen. Man kann zwar jedes Modul auch bequem den einzelnen Menüpunkten zuweisen, aber es gibt bestimmte Konstellationen, bei denen das nicht reicht und man unbedingt eine Position an einer Stelle benötigt, an der man normalerweise keine hat. Auf der linken Seite können Sie die *index.php* – die *Hauptseite* – bearbeiten und eventuell noch weitere Dateien wie die Fehlerseite oder eine Druckausgabe-Datei. Mit einem zweiten Template, das vielleicht sogar optisch identisch mit dem ersten ist, kann man hier sehr interessante Effekte erzielen.

11.9 Abgerundete Ecken

Abgerundete Ecken sind leichter, als es den Anschein hat, denn Joomla bringt da einiges mit, was für uns Template-Bastlern die Sache etwas vereinfacht. Zusätzlich gibt es mittlerweile eine relativ einfache CSS-Möglichkeit. Betrachten wir jedoch zuerst die Joomla-eigene Variante:

Ich habe zwei Grafiken erstellt – eine für den oberen Teil des Menümoduls und eine für den unteren Teil des Moduls:

Bild 11.21: Der obere Teil

Bild 11.22: Der untere Teil

Die beiden Grafiken habe ich im *images*-Verzeichnis des verwendeten Templates gespeichert. Die obere Grafik habe ich *abgerd_oben.jpg* genannt und die untere *abgerd_unten.jpg.*

Ich habe mit Absicht zwei verschiedene Farben gewählt. Der obere Bereich soll als Überschrift, der untere als Abschluss des Moduls dienen. Dazwischen legen wir eine Farbe im Farbton der Abschlussgrafik.

Damit wir das alles in unserem Design entsprechend verarbeiten können, müssen wir zunächst in der *index.php* des betreffenden Templates die Modulpositionen mit dem Zusatz `style="rounded"` versehen:

```
<jdoc:include type="modules" name="left" style="rounded" />
```

Joomla legt jetzt um das Modul mehrere DIVs an, die wir für unser Vorhaben nutzen können.

Zur Laufzeit wird nun an der Stelle des Platzhalters für das Modul Folgendes ausgegeben:

```
<div class="module">
 <div>
 <div>
 <div>
 <h3>Modultitel</h3>
 Der eigentliche Inhalt des Moduls
 </div>
 </div>
 </div>
</div>
```

Jetzt beginnt die Arbeit an der *template.css*:

Zunächst gebe ich dem ganzen Modul erst einmal meine Hintergrundfarbe, also die des Abschlussstückes, das etwas hellere Blau:

```
.module {
background-color: #41a0d1;
}
```

Nun haben wir zwar ein blaues Modul, aber mit einer Farbe und mit sehr kantigen Ecken.

Um das Ganze etwas ansprechender zu gestalten, lege ich beim Modultitel einfach den oberen Teil der abgerundeten Ecken in den Hintergrund. Damit wird die Farbe, die bislang an dieser Stelle steht, einfach mit der Grafik überschrieben. Die Farbe verschwindet, und stattdessen taucht unsere Hintergrundgrafik auf:

```
.module div div div h3 {
 background: url(../images/abgerd_oben.jpg) no-repeat;
}
```

Wir greifen mit der Verschachtelung oben direkt auf den Titel des Moduls zu, der in `h3` formatiert ist. Durch die Verschachtelung mit den vielen DIVs wird sichergestellt, dass die obere Grafik auch wirklich nur im Titel erscheint und nicht woanders im Modul. Das `no-repeat` sorgt dafür, dass die Grafik nicht wiederholt wird, falls das Modul breiter oder länger sein sollte.

Mit weiteren Angaben wie Höhe und Abstände und der Schriftgröße kann nun eine individuelle Modul-Titelüberschrift formatiert werden.

Um den Abschluss des Moduls herzustellen, also unten auch die abgerundeten Ecken hinzubekommen, sprechen wir einfach den inneren DIV-Bereich an und platzieren unsere Abschlussgrafik ans Ende des Moduls:

```
.module div div div {
background:url(../images/abgerd_unten.jpg) no-repeat center bottom;
}
```

`center` richtet unsere Grafik horizontal in der Mitte aus und `bottom` vertikal am Fuß unseres Moduls. In unserem Fall könnten wir `center` auch weglassen.

Eigentlich war's das schon.

Die Abstände stimmen so noch nicht, und wird alles einfach so eingebaut, dann wirkt auch alles ein wenig fad und gequetscht. Es muss nun mit `padding` und `margin` gearbeitet, die Schrift muss angepasst werden, und eine Breite und Höhe kann man auch vergeben.

Der komplette CSS-Code:

```
/* Abgerundete Ecken */
.module {
background-color: #41a0d1;
width:166px;
}

.module div div div h3 {
 background: url(../images/abgerd_oben.jpg) no-repeat;
padding-left:20px;
color:white;
}

.module div div div {
```

```
background:url(../images/abgerd_unten.jpg) no-repeat center bottom;
padding-bottom:20px;
}
```

Das Ergebnis sieht dann so aus:

Bild 11.23: Modul mit abgerundeten Ecken

11.9.1 Runde Ecken mit PIE

Es gibt noch eine (fast) reine CSS-Lösung für abgerundete Ecken. Das Problem ist jedoch, dass der Internet Explorer in den Versionen 7 und 8 und mit den CSS3-Angaben nichts anfangen kann und deshalb ein Script eingebunden werden muss. Das Script nennt sich *PIE.htc*. PIE steht für *Power Internet Explorer* und können Sie hier downloaden:

http://css3pie.com

Die ZIP-Datei, die Sie dort downloaden, müssen Sie entpacken und dann nur die Datei *PIE.htc* am besten in das Verzeichnis */templates/IhrTemplate/js/* speichern.

Danach müssen Sie die CSS-Datei des verwendeten Templates editieren und die CSS-Klasse/-ID des DIVs, welches abgerundete Ecken erhalten soll, folgendermaßen formatieren:

```
div#abgerundet {
-webkit-border-radius: 10px 10px 10px 10px;
-moz-border-radius: 10px 10px 10px 10px;
border-radius: 10px 10px 10px 10px;
behavior:url(http://www.IhreDomain.de/templates/IhrTemplate/js/PIE.htc);
}
```

Wichtig ist, dass Sie bei *behavior* den ganzen – absoluten – Pfad angeben und das dieses Element als letztes in der CSS-Klasse/-ID steht.

-webkit- wird von Browsern wie Safari, iCab, Konqueror und Google Chrome interpretiert und *-moz-* von den auf Gecko-basierten Browsern wie der Firefox und Seamonkey. Und PIE.htc sorgt dafür, dass der Border-Radius auch von den Microsoft® Internet Explorern verstanden wird.

Die Zahlen im oberen Beispiel können Sie natürlich nach Belieben anpassen. Wobei Sie bei vier gleichen Zahlen auch auf eine Zahl reduzieren können. Also könnten Sie oben auch schreiben:

```
-webkit-border-radius: 10px;
-moz-border-radius:  10px;
border-radius: 10px;
```

Sie können also für jede Ecke einen anderen Radius angeben, wenn Sie möchten. Die Zahlen beginnen in der Ecke oben links und bewegen sich dann im Uhrzeigersinn. Wie man mit unterschiedlichen Radien arbeiten kann, können Sie sich auf meiner Tutorialsite anschauen, wo ich diese Technik für die Radien, aber auch für die Schatten und größtenteils für den Farbverlauf (gradient) benutzt habe:

http://www.time4joomla.de

»Größtenteils« deshalb, weil der Internet Explorer 9 an dieser Stelle leider nicht mit PIE zusammenarbeiten wollte und für den IE9 damit ein grafischer Farbverlauf mit einer eigenen CSS-Datei erforderlich wurde.

11.10 Horizontales Menü

Um ein horizontales Menü anzulegen, muss man zunächst ein Modulklassensuffix vergeben. Standardmäßig wird dafür immer `-nav` genommen. Man kann aber natürlich auch `-apfelkuchen` schreiben.

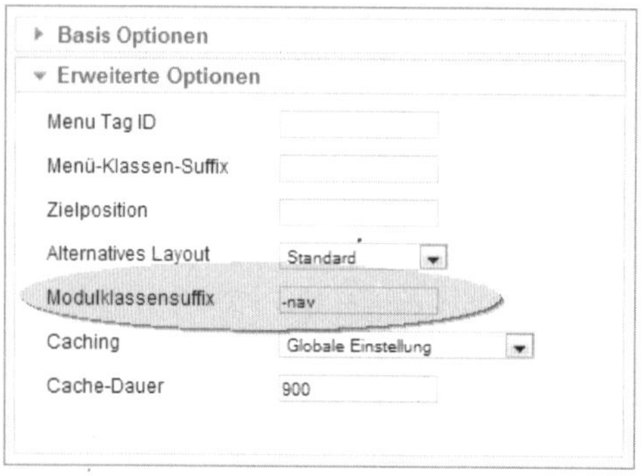

Bild 11.24: Modulklassensuffix für das horizontale Menü

Anschließend müssen zwei CSS-Formatierungen vorgenommen werden:

```
.joomla-nav {…} //Formatierungen für das ganze Menü
.joomla-nav li {
float: left;
list-style-type: none;
}
```

`float:left` ist dabei das alles entscheidende Element. Damit werden die einzelnen Menüpunkte nebeneinander geschrieben, wenn man auch noch den `list-style-type` entfernt.

11.11 Template-Migration 1.5 auf 2.5

Generell ist es möglich, ein Template, das für Joomla 1.5 geschrieben ist, auch in Joomla 2.5 einzusetzen. Die Datei *index.php* muss mit etwas Glück lediglich im Kopfbereich angepasst werden. Die *templateDetails.xml* muss überarbeitet werden, was aber auch überschaubar ist. Probleme machen jedoch die CSS-Datei(en). Da sich das gesamte CSS seit Joomla 1.6 verändert hat, ist eine Anpassung nur noch mit CSS-Kenntnissen möglich. Und man wird für die Anpassung ein wenig Zeit benötigen. Letztlich sollte man überlegen, ob man nicht gleich ein Template benutzt, das für die 2.5er-Version geschrieben wurde.

Wer es dennoch versuchen will, schaue sich bitte die Abschnitte über die *index.php* und die *template.css* an und natürlich die CSS-Angaben. Alles Nötige ist dort erklärt.

11.12 Positionen sichtbar machen

Egal, ob man fremde oder eigene Templates benutzt: Man muss nachschauen können, wo Positionen im Template liegen und vor allem auch wie sie heißen. Mit einem kleinen Trick geht das alles. Zunächst müssen wir aber eine kleine Einstellung vornehmen. Dazu in die Templateübersicht gehen (*Erweiterungen/Templates*) und dort oben rechts bei den großen Icons die *Optionen* wählen.

Bild 11.25: Icon zur Optionen-Auswahl

In dem dann erscheinenden Fenster setzen Sie im ersten Tab die Option *Vorschau Modul Positionen* auf *Angemeldet. Angemeldet* klingt ein wenig merkwürdig, weshalb ich mir gut vorstellen kann, dass das bei einem der nächsten Übersetzungs-Updates nochmal geändert wird.

Bild 11.26: Einstellung, um die Positionen im Frontend sichtbar zu machen

Für uns aber ist es letztlich egal, wie es heißt – Hauptsache, es funktioniert.

Wenn wir nun ins Frontend gehen und einmal die Seite neu laden, dann können wir in der Adresszeile des Browsers am Ende `?tp=1` eingeben:

```
http://localhost/j17/index.php/?tp=1
```

Und jetzt sehen wir die Positionen in unserem verwendeten Template. Das Ganze ist etwas schwer zur lesen, weil neben den Positionsnamen noch weitere Informationen ausgegeben werden. Das sind die Angaben zum Positionstyp. Und da das Ganze auch etwas blass in der Ausgabe ist, ist es an einigen Stellen durch Überlagerungen schwer zu entziffern. Letztlich erhalten wir aber einen Überblick über unsere Positionen.

Die Position für den Content wird übrigens nicht mit ausgegeben.

11.13 Wie finde ich CSS-Angaben?

Das Einfachste, aber auch Mühseligste ist, in den Quellcode zu schauen. Es gibt auch ein paar nützliche Helferlein, die einem das Auffinden der CSS-Angaben erleichtern. Dazu bringt jeder Browser ein Addon mit, oder es ist schon fest in ihn eingebaut.

Beim **Internet Explorer** von Microsoft (in den Versionen 8 und 9) reicht ein beherztes Drücken auf die *F12*-Taste. Dann erscheint ein Fenster mit den CSS-Angaben für die aktuell geöffnete Seite. Dort zunächst auf den kleinen weißen Pfeil oben links klicken:

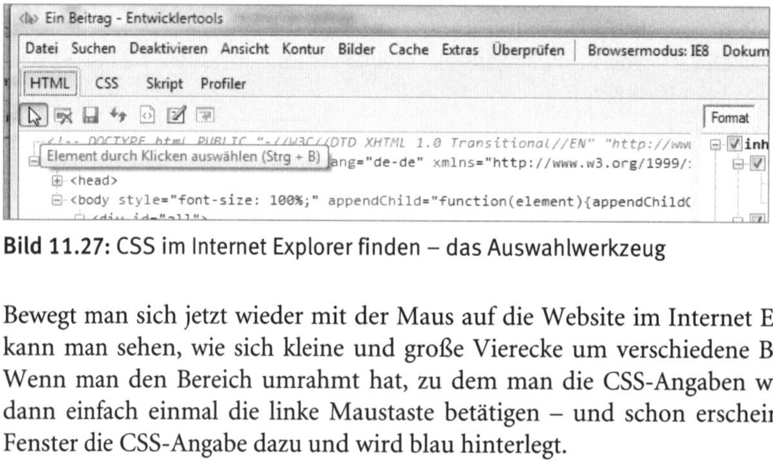

Bild 11.27: CSS im Internet Explorer finden – das Auswahlwerkzeug

Bewegt man sich jetzt wieder mit der Maus auf die Website im Internet Explorer, dann kann man sehen, wie sich kleine und große Vierecke um verschiedene Bereiche legen. Wenn man den Bereich umrahmt hat, zu dem man die CSS-Angaben wissen möchte, dann einfach einmal die linke Maustaste betätigen – und schon erscheint im zweiten Fenster die CSS-Angabe dazu und wird blau hinterlegt.

Tipp: Für die älteren Versionen 6 und 7 des Internet Explorers kann man sich dieses Tool nachträglich installieren. Dazu bitte entweder auf den Microsoft-Seiten suchen gehen oder besser gleich eine Suchmaschine Ihres Vertrauens benutzen. Beim Downloaden unbedingt auf die verwendete Browserversion achten!

Im linken Teil des Fensters ist jetzt der Code dargestellt, wie man ihn in etwa auch im Quelltext wiederfindet. Allerdings übersichtlich strukturiert. Im rechten Teil des Fensters finden sich die verwendeten CSS-Angaben. Alles, was nicht durchgestrichen ist, gilt aktuell für den markierten Bereich.

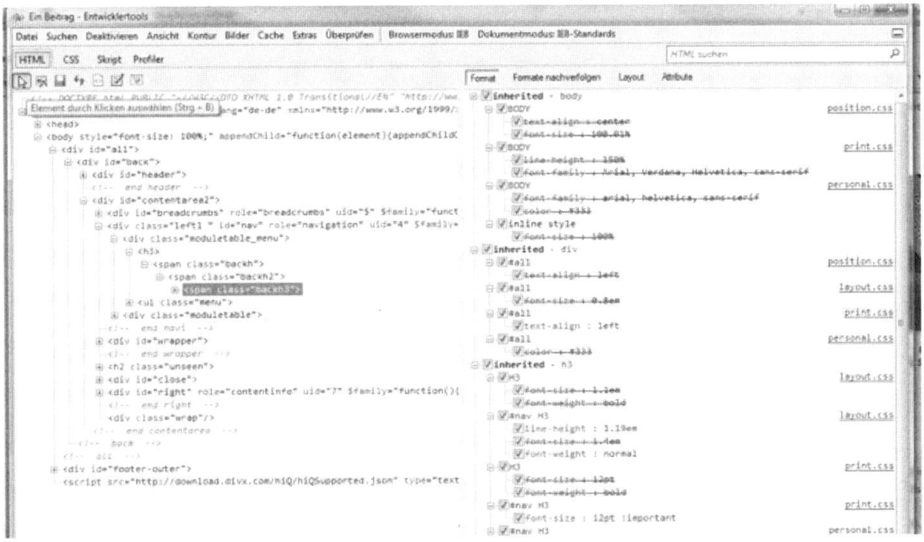

Bild 11.28: CSS im Internet Explorer finden – der Überblick

Sie können nun im rechten Bereich die Häkchen wegnehmen und wieder neu setzen und im Internet Explorer direkt sehen, ob und was sich verändert. Sie können auch im rechten Bereich des Fensters direkt in eine Zeile klicken und den CSS-Wert verändern. Nachdem Sie *ENTER* gedrückt haben, können Sie die Änderung direkt im Browser sehen.

Keine Angst, Sie verändern damit nichts Dauerhaftes. Wenn Sie die Werte dauerhaft verändern möchten, müssen Sie die zugehörige CSS-Datei editieren und mit Ihren Werten versehen. In diesem Tool können Sie lediglich ausprobieren und suchen, aber nicht speichern.

Was im Internet Explorer funktioniert, funktioniert auch im **Opera**. Auch dort ist so ein Tool fest eingebaut. Sie finden es über das Menü: *Ansicht → Entwicklerwerkzeuge → Opera Dragonfly.*

Alle diese Tools funktionieren sehr ähnlich. Hier haben Sie den Vorteil, dass das Fenster unten aufgeht und damit den Browser teilt.

Beim Opera-Browser müssen Sie den grünen Pfeil benutzen, der an dritter Stelle in der Iconleiste steht. Mit diesem suchen Sie dann im oberen Bereich den Bereich heraus, zu dem Sie nähere Informationen haben möchten, und klicken ihn an. Unten erscheinen jetzt wieder, wie im Internet Explorer auch, im linken Bereich der strukturelle Aufbau und im rechten Bereich des unteren Fensters die CSS-Angaben. Sie können rechts auch einen Haken setzen bzw. entfernen. Dazu einfach mit der Maus über die Zeile bewegen, dann erscheint ein kleines Kästchen zum Setzen des Hakens. Wenn Sie direkt in die

CSS-Zeile klicken, können Sie dort auch die Werte verändern und wesentlich komfortabler als im Internet Explorer die Veränderungen im oberen Fenster sehen.

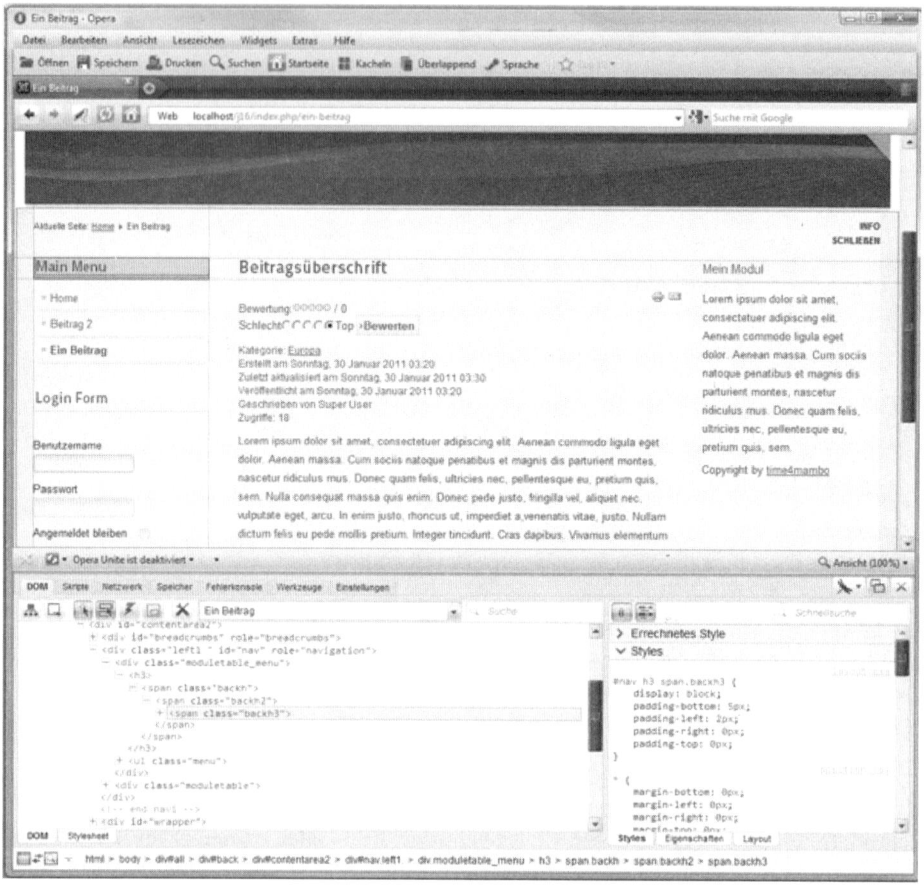

Bild 11.29: CSS in Opera finden

Was auch interessant und nur im Opera zu finden ist, sind die Hilfslinien im oberen Fenster, mit denen Sie sehr schön das Layout überprüfen können.

Aber auch hier speichern Sie nichts. Speichern müssen Sie stets direkt in der zugehörigen CSS-Datei des Templates. Auch hier können Sie nur ausprobieren und suchen.

Der Browser **Firefox** hat wohl das komfortabelste Tool dieser Art, es muss allerdings erst installiert werden. Dazu gehen Sie im Menü unter *Extras → Add-ons*. Es erscheint dann ein kleines Fenster. Dort klicken Sie bitte auf das erste Icon *Add-ons suchen* und geben dort in das Suchen-Feld (*Alle Add-ons durchsuchen*) *Firebug* ein.

Es erscheinen dann mehrere Tools, in denen das Wort *Firebug* vorkommt. Sie entscheiden sich bitte für das, welches nur diesen einen Namen hat, und klicken »*Zu Firefox hinzufügen*« an. In Ihrem Browser haben Sie nun unten rechts einen winzigen Käfer.

Wenn Sie den einmal anklicken, dann erscheint im unteren Bereich des Browsers der Firebug. Alternativ können Sie den Firebug über das Menü finden: *Extras → Firebug → Firebug öffnen*, oder Sie können die *F12*-Taste drücken.

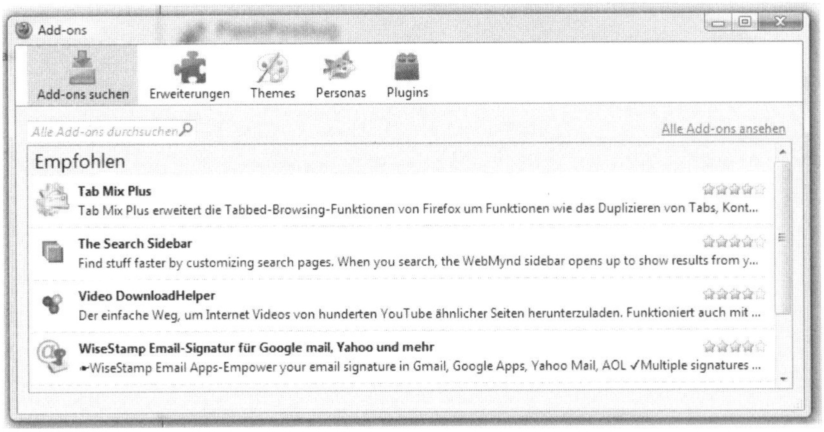

Bild 11.30: Add-on *Firebug* für den Firefox installieren

Im Endeffekt funktioniert der Firebug genauso wie die bereits vorgestellten Tools. In der Icon-Leiste des unteren Fensters haben Sie links einen weißen Pfeil, mit dem Sie oben Ihre Auswahl treffen. Im unteren Fenster haben Sie links wieder die Struktur und rechts die CSS-Angaben.

Sie können im rechten Bereich von allen genannten Tools am besten arbeiten, zumal auch eine automatische Eingabevervollständigung angeboten wird. Interessant ist auch, dass Sie nicht nur die CSS-Angaben angezeigt bekommen, sondern auch, in welchen Dateien und in welcher Zeile sich die Angaben befinden. Wenn Sie mit der Maus eine Sekunde über dem blauen Dateinamen im rechten Bereich des unteren Fensters verharren, bekommen Sie sogar den vollständigen Pfad als Tooltip angezeigt.

Die meisten Profis, die ich kenne, arbeiten mit dem Firebug für den Firefox. Aber arbeiten Sie mit dem Browser und den zugehörigen Tools, mit denen Sie sich auskennen und mit denen Sie sich wohl fühlen. Im Endeffekt sind alle sehr ähnlich und unterscheiden sich nur in Kleinigkeiten.

Bei **Chrome** gibt es ebenfalls ein fertig eingebautes Developer-Tool, das über das Tastaturkürzel *Strg+Umschalt+I* erreichbar ist.

Um direkt Bereiche in der Webseite zu markieren und sich die CSS-Angaben anzeigen zu lassen, muss man ganz unten auf das Lupensymbol klicken. Interessant ist, dass Sie direkt beim Überfahren mit der Maus Angaben zu den CSS-Elementen erhalten.

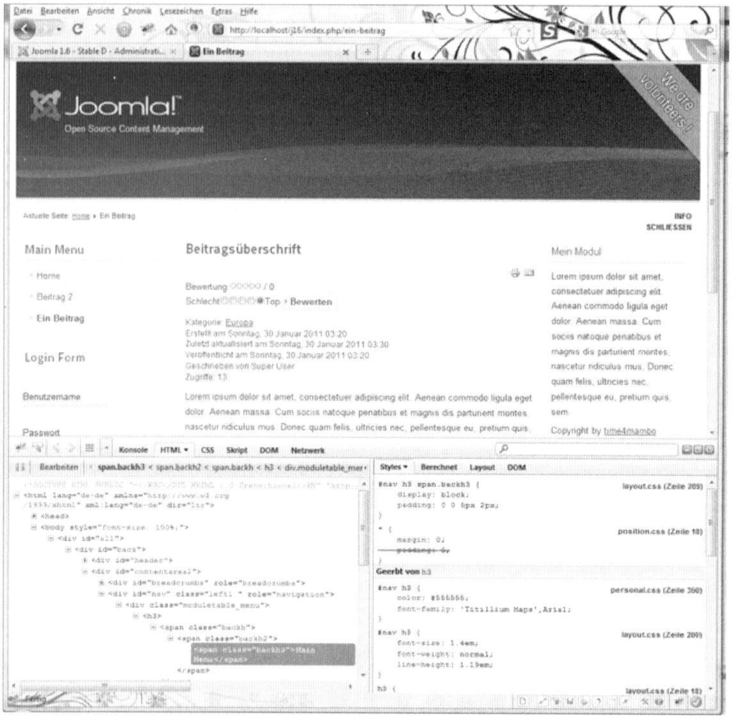

Bild 11.31: Der Firebug in seiner ganzen Pracht

Bild 11.32: Das Entwickler-Tool im Chrome

Für den Chrome gibt es noch einige weitere interessante Dinge, beispielsweise die Möglichkeit, die Seite gleich zu übersetzen, oder auch weitere verschiedene Analyse-Tools.

12 Module

Module sind sehr wichtig in einem Webauftritt, und ganz besonders bei Joomla. Jedes Menü ist ein Modul. Login und Logout werden über ein Modul erledigt und Werbebanner, Bilder, Headergrafiken, die Fußzeile und vieles mehr werden meistens über Module gesteuert. Somit ist der Modulmanager mit all seinen Möglichkeiten eine der wichtigen Schaltzentralen von Joomla.

12.1 Was ist neu?

- Ein paar neue Filterauswahlmöglichkeiten, was besonders bei großen Seiten mit vielen Modulen sinnvoll ist, um den Überblick zu behalten.
- Man kann sich Notizen zu einzelnen Modulen machen, die in der Übersicht angezeigt werden.
- *Inhalte vorbereiten* ermöglicht es, Module in Modulen anzeigen zu lassen.
- Modul-Overrides lassen sich bequemer verwalten und unterschiedliche Sichten direkt am Modul auswählen. Somit sind auch mehrere Ansichten pro Modul möglich, die wiederum bei kopierten Modulen zum Tragen kommen können.
- Module können zeitgesteuert veröffentlicht werden.
- Das Zuordnen zu verschiedenen Sprachen ist sehr einfach gelöst.
- Die neue Rechteverwaltung greift natürlich auch bei den Modulen.

12.2 Der Modulmanager

Im Modulmanager kann man zunächst alle Module sehen, die man installiert hat. Ein schneller Blick verrät alles, was wichtig zu wissen ist. Insbesondere lässt sich sofort erkennen, welche Module aktiviert sind oder eben nicht.

Ganz besonders dann, wenn man größere Websites mit vielen Modulen erstellt, ist der Modulmanager ein wichtiger Ort, der oft aufgesucht werden muss. Deshalb ist es sinnvoll, sich den Manager mal etwas genauer anzusehen, da er mehr Möglichkeiten bietet, als auf den ersten Blick erkennbar ist.

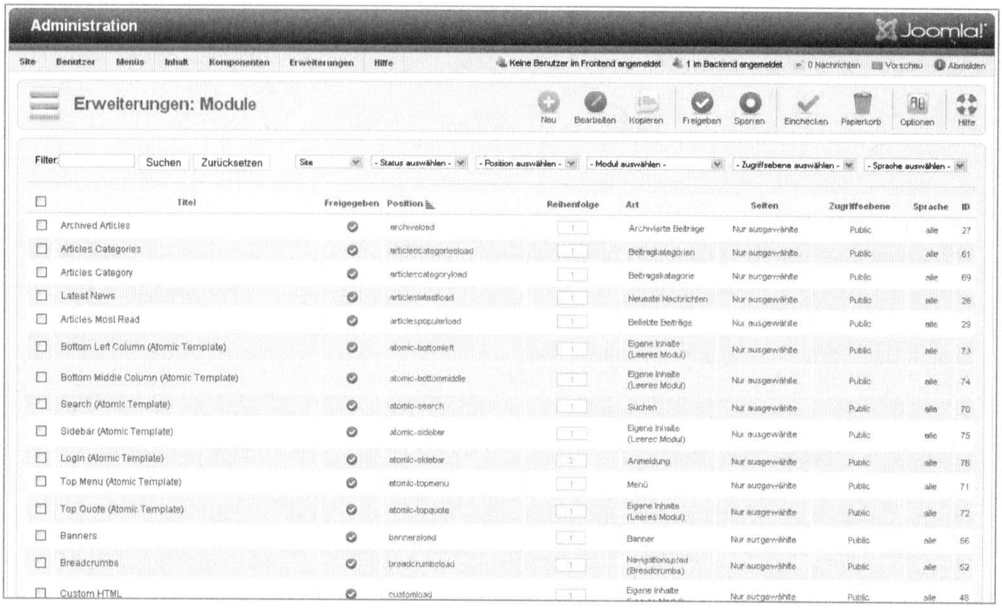

Bild 12.1: Der Modulmanager – hier noch sehr übersichtlich, relativ frisch nach der Installation

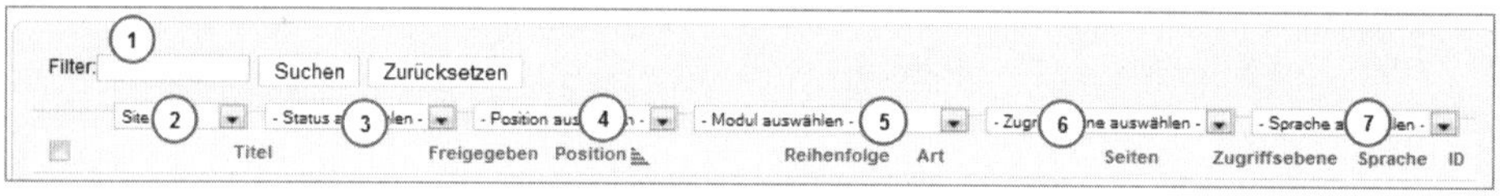

Bild 12.2: Die Filtereinstellungen im Modulmanager

1 = Wenn man den Titel des Moduls kennt, dann kann man ihn hier für die Schnellsuche eingeben. Es genügen drei Buchstaben – es werden dann alle in Frage kommenden Module angezeigt.

Will man wieder alle Module sehen, dann einfach auf *(...) auswählen* klicken. Also den Standardtext für das jeweilige Filterfeld. Der Eintrag im Suchfeld wird gelöscht, und automatisch wird wieder alles angezeigt.

2 = Anders als bei älteren Joomla-Versionen werden jetzt alle Module im Manager angezeigt, also auch die Module, die im Backend stehen. Mit diesem Filter kann die Anzeige auf eine der beiden Arten von Modulen eingeengt werden. Die Einstellung *Administrator* betrifft also die Module im Backend und *Site* die Module im Frontend.

3 = Wer schnell erfassen möchte, welche Module noch nicht aktiviert wurden, benutzt den *Status*-Schalter – dieser Filter erlaubt eine schnelle Auswahl der aktivierten beziehungsweise deaktivierten Module.

Außerdem kann man hier nachschauen, welche Module man gelöscht hat, also welche im *Papierkorb* liegen.

4 = Dieser Filter dient dazu, alle Module anzuzeigen, die an einer bestimmten Position im Template liegen.

5 = Alle Module gehören zu einem bestimmten Typ, zum Beispiel Banner, Menü, eigener Inhalt etc. Meistens ist ein Modul mit seinem Typ gleichzusetzen. Wenn man jedoch mit kopierten Modulen arbeitet oder mit mehreren Menüs, dann kann man sich alle Kopien eines Typs gezielt anzeigen lassen.

Tipp: Mehrere Menüs (nicht Menüpunkte) sind letztlich Kopien des Menümoduls. Details hierzu lesen Sie bitte im Kapitel 7 *Menüs.*

Noch ein Tipp: Mir selber passiert es immer mal wieder, dass ich vergesse, wie der Titel eines Moduls lautet oder an welcher Position es liegt. Aber ich weiß ja prinzipiell, was ich gerade für ein Modul suche, und kann somit den Typ gezielt auswählen: Banner, Menü etc. Nach diesem Typ filtere ich die Auswahl der Module und finde so mein Modul wieder.

6 = Wenn ich Module nach einem bestimmten Zugriffslevel suchen möchte, dann kann ich das über diesen Filter machen.

7 = Module können auch bestimmten Sprachen zugeordnet werden. Um Module zu einer bestimmten Sprache anzuzeigen, kann dieser Filter genutzt werden.

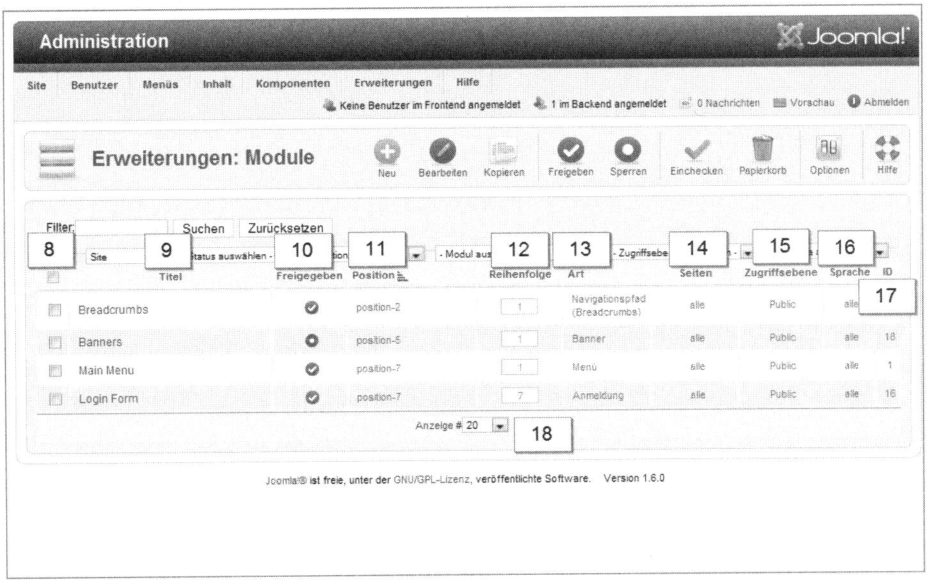

Bild 12.3: Die einzelnen Spalten des Modulmanagers im Überblick

Tipp: Man kann die Filter natürlich auch alle miteinander kombinieren. Die Filter passen sich jeweils der bereits getätigten Auswahl an und zeigen die dadurch möglichen Kombinationen an.

8 = Wenn Sie alle Module aktivieren möchten, dann klicken Sie das obere Kästchen an. Um alle zu deaktivieren, löschen Sie den Haken wieder. Es kann durchaus sinnvoll sein, den Haken zu setzen, weil man vielleicht alle ohne Ausnahme aktivieren oder deaktivieren möchte.

Tipp: Neben der Filterauswahl kann man die Spalten auch sortieren, indem man einfach direkt den Spaltentitel anklickt. Die Einträge werden dann jeweils alphabetisch auf- oder absteigend sortiert. Das kleine Dreieck neben dem Namen zeigt zum einen die Sortierrichtung an – also auf- oder absteigend – und zum anderen auch, nach welcher Spalte die Ansicht gerade sortiert ist. Standardmäßig wird nach den Positionen sortiert.

9 = Der Titel des Moduls. Entweder der vorgegebene oder der eigene Titel, den man einem Modul zugeordnet hat. Klickt man auf *Titel*, werden die Module in der Liste alphabetisch nach den Titeln auf- oder absteigend sortiert.

10 = Der grüne Haken besagt, dass ein Modul aktiviert wurde und somit sichtbar ist. Der rote Kreis zeigt an, dass das Modul deaktiviert und somit nicht sichtbar ist.

Tipp: Man kann Module direkt de-/aktivieren, in dem man einfach in der Zeile direkt auf das grüne bzw. rote Icon klickt. Man muss also das Modul nicht erst editieren, um es zu de-/aktivieren, und man muss auch nicht erst die Zeile markieren und dann eines der großen Icons aus dem oberen Menü auswählen.

11 = Die Position des Moduls, also die Stelle des Templates, an der es ausgegeben wird. Details hierzu finden sich im Kapitel 11 *Alles rund um Templates.*

12 = Die Reihenfolge der Module ist dann wichtig, wenn man mehrere Module an einer Position stehen hat. Dann werden die Module untereinander ausgegeben, und zwar in der Reihenfolge, wie sie hier vorgegeben ist.

Die Zahlen in den kleinen Kästen beziehen sich stets auf die Reihenfolge, die sie innerhalb der Position haben. Sind mehrere Module und mehrere Positionen vorhanden, steht das eine Modul an erster Stelle in der Position X und ein anderes Modul an erster Stelle in der Position Y. Die Sortierung der Reihenfolge muss also immer pro Position erfolgen.

13 = Hier steht der Typ, zu dem das Modul gehört. Benutzt man mehrere Module gleichen Typs (beispielsweise mehrere Menüs), dann kann man diese Spalte sortieren, um sich alle Kopien auf einen Blick anzeigen zu lassen.

Siehe dazu auch den Punkt 5 in diesem Abschnitt.

14 = Manche Module werden bestimmten Seiten zugeordnet. Entweder stehen sie auf allen Seiten zur Verfügung, dann lautet der entsprechende Eintrag *alle*.

Wenn manche Module dagegen nur auf bestimmten Seiten zur Verfügung stehen sollen, lautet der Eintrag *Nur ausgewählte*.

15 = Jedes Modul hat eine eigene Zugriffsebene. Man kann in dieser Spalte sehen, welches Modul welche Zugriffsebene hat, aber sie lassen sich natürlich auch entsprechend sortieren.

16 = Entweder ist das Modul allen Sprachen zugeordnet oder es steht dabei, welcher Sprache es zugeordnet ist. Und natürlich kann man auch diese Spalte nach Sprachen sortieren.

17 = Die *ID* benötigt Joomla intern. Jedem Modul ist eine eigene ID zugeordnet, anhand deren das Modul eindeutig identifizierbar ist. In URLs oder bei Programmierungen oder Plugins, die mit bestimmten Modulen umgehen, werden oft die IDs übergeben oder abgefragt.

Man kann auch diese Spalte entsprechend sortieren.

18 = Ganz unten, unter dem Modulmanager, kann man einstellen, wie viele Module in der Liste gleichzeitig angezeigt werden sollen.

Die wählbare Option *Alle* zeigt maximal 100 Module an. Hat man mehr, kann man aber weiter blättern.

Tipp: In der globalen Konfiguration kann man diesen Wert fest einstellen (bis maximal 100). Die Einstellung gilt dann allerdings in allen Listen, die im Backend benutzt werden.

12.3 Module kopieren

Manchmal braucht man ein Modul mehrmals. Sei es, weil man Text oder Bilder untereinander ausgeben möchte oder auch an verschiedenen Modulpositionen. Denkbar wären zum Beispiel mehrere Werbebanner, die an unterschiedlicher Stelle im Template ausgegeben werden sollen. Schaut man nun aber im Modulmanager nach, so findet man nur ein Modul für die Banner. Man muss das Modul also kopieren, um das Ziel zu erreichen.

Es gibt zwei Wege, ein Modul zu kopieren:

- Man klickt oben bei den großen Icons das Icon *Neu* an und wählt dann in der erscheinenden Liste das zu kopierende Modul aus. In unserem Beispiel also das Modul *Banner*. Danach hat man sofort ein zweites Banner-Modul zur Verfügung und kann damit arbeiten, wie mit jedem anderen Modul auch.

- Man markiert das Modul, das man kopieren möchte, indem man einen Haken in das kleine Kästchen am Anfang der Zeile setzt, und klickt dann oben bei den großen Icons auf *Kopieren*. Es wird dann ein neues Modul angelegt, das nicht aktiviert ist und den Titel »Kopie von ...« trägt.

Der entscheidende Unterschied liegt darin, dass bei der zweiten Methode bereits vorgenommene Einstellungen des Moduls mit übernommen werden. Meist braucht man das Modul nun nur noch zu aktivieren, vielleicht den Titel zu ändern und die Position.

12.4 Module löschen oder deinstallieren

Module, die man nicht mehr braucht, kann man auch deinstallieren. Das kann durchaus vorteilhaft sein, da Joomla dann weniger Daten laden muss, Festplattenplatz frei wird und sich eventuell sogar die Performance erhöht. Zum Deinstallieren gehen Sie in das Menü *Erweiterungen: Erweiterungsmanager / Manager*. Dort finden sich alle Erweiterungen, die Sie installiert haben. Also auch die Plugins und Komponenten. Suchen Sie das Modul heraus, das Sie deinstallieren möchten, markieren Sie es, indem Sie einen Haken in das Kästchen setzen und dann bei den großen Icons *Deinstallieren* auswählen. Es werden nun das Modul und alle Datenbankeinträge für dieses Modul entfernt.

Das Löschen ist nicht ganz so endgültig. Befindet man sich im Modulmanager und markiert das zu löschende Modul und klickt anschließend auf das große Icon *Papierkorb*, wird das Modul aus der Liste gelöscht. Es befindet sich aber dennoch weiterhin auf der Festplatte und in der Datenbank. Solche Module können jederzeit wiedergeholt werden.

12.5 Versehentlich gelöscht

Meistens ist es kein Grund zur Beunruhigung, wenn man ein Modul versehentlich löscht. Es gibt zwei Varianten: zum einen das Deinstallieren und zum anderen das Löschen eines Moduls.

Ist ein Modul deinstalliert, dann muss man es einfach nur neu installieren.

Handelt es sich dabei um eins der System-Module – also eins der Module, die bei einer frischen Installation von Joomla automatisch mit installiert werden –, dann hilft es meist, wenn man einfach die betreffenden Module aus der Installation, die man auf den Webspace hochgeladen hat, noch einmal hochlädt. Nur die Module, nicht das ganze Joomla! Die Datenbanktabellen werden in aller Regel nicht einfach mitgelöscht, und dann müsste es eigentlich wieder alles funktionieren.

Meistens braucht man das aber gar nicht zu machen, da die Module einfach über das Icon *Neu* wieder herbeigeschafft werden können.

Klickt man auf eben dieses Icon, dann erhält man eine Liste über alle Module, die man gerade installiert hat. Nun müssen Sie einfach das vermisste auswählen, und schon steht es wieder zur Verfügung.

12.6 Module für Administratoren

Module für Administratoren sind alle Module, die im Backend angezeigt werden. Dazu gehören besonders die, die direkt nach dem Einloggen angezeigt werden. Standardmäßig sind folgende Module installiert:

- *Angemeldete Nutzer*
- *Beliebt*
- *Neue Beiträge*

Man kann hier natürlich weitere Module mit entsprechenden Informationen anzeigen lassen. In meiner 1.5er Joomla-Installation hatte ich hier die *10 meisten Downloads*, und wenn ich neue Webauftritte mache, dann benutze ich auch gern ein *ToDo-Modul*, um mir ein paar Notizen zu machen.

Man sieht aber auch, dass nahezu alle Bereiche der Admin-Oberfläche Module sind. Das kann man berücksichtigen, wenn man eigene Administrator-Templates entwickelt oder eben neue Module installiert.

Es gab für die 1.5er-Version von Joomla eine Unzahl von Administrator-Modulen mit nützlichen und weniger nützlichen Informationen. Bei Interesse einfach mal beherzt auf den Downloadseiten nachschauen!

In der Handhabung unterscheiden sich Module für Administratoren nicht von den Frontend-Modulen.

12.7 Das einzelne Modul im Detail

Um ein Modul zu editieren, klicken Sie entweder auf den Modultitel oder markieren es, indem Sie im Kästchen links einen Haken setzen und dann oben bei den großen Icons den Punkt *Bearbeiten* auswählen. Beide Wege führen zum gleichen Ergebnis.

Wie ein Modul »innen« ausschaut, hängt natürlich stark vom editierten Modul ab. Viele Module haben eigene individuelle Einstellungen, die an dieser Stelle natürlich nicht alle erklärt werden können. Im Zweifelsfall sollten Sie einfach ein wenig ausprobieren.

Alle Module weisen im *Bearbeiten*-Menü zumindest die Bereiche *Details* und *Menüzuweisung* (links) auf sowie (rechts) die Modulparameter. Alles andere hängt vom editierten Modul ab. Die drei genannten Bereiche sind für sehr wichtige und detaillierte Einstellungen der Module zuständig.

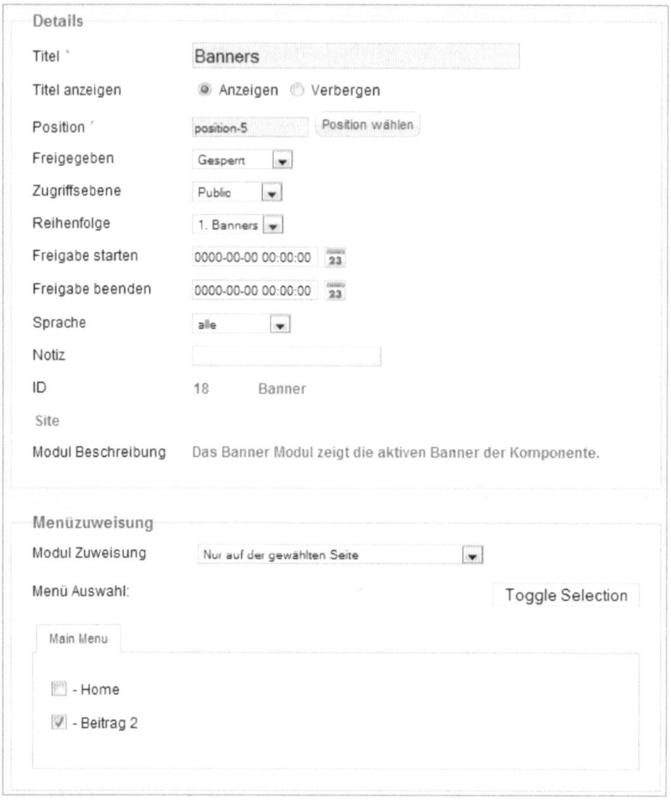

Bild 12.4: In den Bereichen *Details* und *Menüzuweisung* finden sich wichtige Einstellungen für das Modul

Ich habe im Beispiel das Banner-Modul verwendet. Dieser Grundbereich ist bei allen Modulen gleich.

Wirklich zwingend ist der *Titel*. Darin muss etwas stehen, sonst lässt sich das Modul nicht speichern. Direkt darunter kann nun ausgewählt werden, ob dieser Titel auch im Frontend angezeigt werden oder verborgen bleiben soll.

Die *Position* bezieht sich auf die Stelle des Templates, an der das Modul angezeigt werden soll. Details dazu finden sich im Kapitel 11 *Alles rund um Templates*.

Klickt man auf *Position wählen*, so erhält man eine Liste mit allen Positionen zu allen Templates, die man installiert hat. Das ist zunächst ein wenig verwirrend. Aber man kann ja durchaus auch mehrere Templates für eine Website benutzen. Und man kann somit bestimmte Positionen bestimmten Templates zuordnen, die es nur dort gibt, um gezielt bestimmte Module zur Anzeige zu bringen. Weitere Details hierzu finden Sie ebenfalls im Kapitel über Templates.

Aktiviert oder nicht aktiviert: Hier kann man gezielt im Modul direkt einstellen, ob man es aktivieren oder abschalten möchte.

Die *Zugriffsebene* sorgt dafür, dass nur der Benutzer das Modul sehen darf, der das Recht dazu hat.

In *Reihenfolge* kann man eingeben, an welcher Stelle das Modul angezeigt werden soll, wenn es mehrere für diese Position gibt. Dies funktioniert aber oft erst nach dem ersten Speichern. Also dann, wenn Joomla bekannt ist, auf welcher Position das Modul eigentlich angezeigt werden soll.

Interessant ist, dass man in einem Modul einstellen kann, von wann bis wann es angezeigt werden soll. So kann man die *Veröffentlichung* steuern. Das kann beispielsweise bei Terminen und Veranstaltungen, Geburtstagen und Feiertagen sinnvoll sein.

Soll das Modul nur bei bestimmten oder allen *Sprachen* angezeigt werden, kann dies an der entsprechenden Stelle eingetragen werden. Wer spezielle Module für bestimmte Sprachen einsetzt, kann dies hier ganz genau zuweisen.

Mit der Option *Notiz* kann man einen Untertitel in der Modulliste ausgeben, beispielsweise, dass dieses Modul für das obere Werbebanner zuständig ist oder ähnliche Angaben. Sie werden nicht im Frontend angezeigt, sondern dienen nur der eigenen besseren Übersicht.

Bild 12.5: Notiz in der Modulübersicht

Die *ID* wird von Joomla intern benutzt und wird hier lediglich zur Information angezeigt. Ebenso wie die Lokation – also ob es ein Backend- (Administrator) oder Frontend-Modul (Site) ist. Daneben wird ein kleiner Beschreibungstext ausgegeben.

Der untere Bereich wird benutzt, um das Modul bestimmten *Menüpunkten* zuzuweisen oder es immer auszugeben. Voreingestellt ist immer, dass das Modul bei allen Menüpunkten angezeigt wird. Will man das ändern, muss zuerst im Pull-down-Button eine Vorauswahl getätigt werden:

Auf allen Seiten – ist die Voreinstellung.

Keine Seiten – scheint zunächst wenig sinnvoll zu sein, zumal man das Modul ja einfach deaktivieren könnte. Aber es gibt durchaus Module, die keine direkte Ausgabe machen, aber im Hintergrund arbeiten. Die müssen dann aktiviert sein, sind aber nicht sichtbar.

Nur auf den gewählten Seiten – das Modul wird bei den Menüpunkten angezeigt, die mit einem Häkchen versehen sind.

Auf allen Seiten mit Ausnahme der gewählten – gibt die Module auf allen Seiten aus, die nicht angekreuzt sind. Also das Gegenteil von dem Punkt zuvor.

Mit dem Button *Toggle Selection* werden alle Häkchen entfernt; alle Punkte, die bisher keinen Haken hatten, bekommen einen. Die Auswahl wird also umgekehrt.

Rechts findet man die *Basis Optionen* und die *erweiterten Optionen.*

Bild 12.6: Basis Optionen des Moduls *Banners*

Diese Optionen sind bei jedem Modul anders und haben Einstellungsmöglichkeiten, die dem Modul entsprechen.

Bild 12.7: Erweiterte Optionen

Erweiterte Optionen:

Zumindest ein Teil ist bei fast allen Modulen gleich:

Alternatives Layout ist eine sehr interessante Sache, mit der man Joomla abermals völlig individuell den eigenen Bedürfnissen anpassen kann. Ein Modul hat eine Datei, die im Verzeichnis *tmpl* des jeweiligen Moduls liegt und für die direkte Ausgabe zuständig ist. Wenn man über die notwendigen PHP-Kenntnisse verfügt, dann kann man hier seine eigene Ausgabedatei erstellen.

Damit ist nicht die Formatierung durch CSS gemeint – das erfolgt nach wie vor durch die CSS-Datei (näheres dazu bitte im Kapitel 11 über Templates nachlesen), sondern quasi die Art der Ausgabe, also die View.

Wem also beispielsweise das Aussehen des Logins nicht gefällt und wer die Aufteilung der Felder anders machen oder sogar Felder hinzunehmen möchte, der kann das mit einer eigenen View programmieren.

Im Modul selbst kann man dann unter diesem Parameter seine eigene *View* auswählen. Standardmäßig ist das die Datei *default.php*, kurz mit *Standard* auswählbar. Die Dateiendung (.php) wird bei der Auswahl nicht angezeigt. Schaut man aber auf der Festplatte nach, so sieht man, dass es eine *default.php* gibt.

Für die Zukunft ist durchaus denkbar, dass es Module mit unterschiedlichen Ansichten gibt und es dem Anwender überlassen bleibt, welche Ansicht (*View*) er wählen möchte.

Modulklassensuffix: Manchmal sollen einige Module im Frontend anders formatiert werden als alle anderen. Beispielsweise soll einem Modul ein grüner Hintergrund mitgegeben werden, während alle anderen Module einen weißen Hintergrund haben. Mit Hilfe der Option *Modulklassensuffix* ist das problemlos möglich.

12.8 Eigene Module ohne Programmierung erstellen

Wenn man Texte oder Bilder irgendwo auf einer Modulposition ausgeben möchte, dann kann man das ganz einfach mit einem sogenannten *Customer-Modul.* Dazu müssen Sie einfach im Modulmanager oben auf das Icon *Neu* klicken.

Wählen Sie in der Liste *Eigene Inhalte (Leeres Modul)* aus.

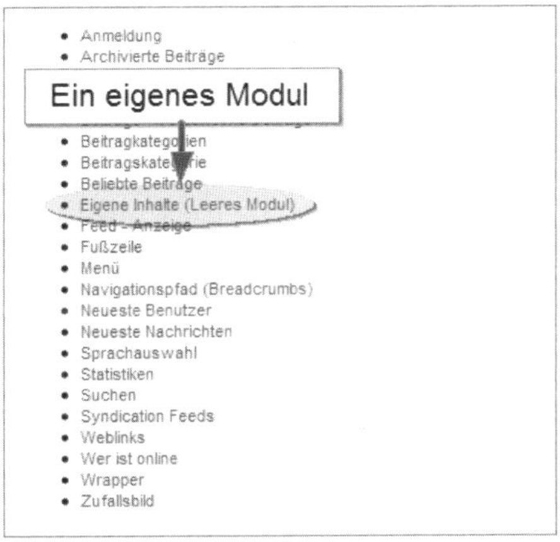

Bild 12.8: *Eigene Inhalte* auswählen, und man hat ein eigenes Modul

Man erhält jetzt ein Modul mit den Standardeinstellungsbereichen plus einem Editorfeld. In dieses Textfeld kann man nun beliebigen Text eingeben und nach den eigenen Vorstellungen formatieren. Man kann Verlinkungen und Bilder einfügen. Man kann jede Art von HTML dort einfügen und könnte sich auch Formulare auf diese Art basteln (es gibt sehr gute Formular-Komponenten für Joomla). Man kann sogar PHP-Skripte einfügen, sofern man den Editor auf die Textanzeige umschaltet – also den WYSIWYG-Editor verlässt und in die nackte Texteingabe wechselt.

Man kann aber auf diese Weise kein komplettes neues Modul programmieren. Man muss schon mit dem arbeiten, was da ist. Man hat bereits ein eigenständiges Modul, in dem man sich bewegt.

Tipp: Eine Möglichkeit besteht beispielsweise darin, Verlinkungen zu Amazon, eBay oder Google zu machen. Oder eben eigenen Text auszugeben. Ich selber benutze diese Methode auch gern, um Header-Bilder in das Template einzufügen oder im Footer Copyright-Angaben zu machen.

Bei den Basisoptionen findet sich nun eine interessante Sache:

Stellt man *Inhalte vorbereiten* auf *Ja*, dann wirken Plugins, die ihrerseits auf den Content wirken, auch auf das Modul. Beispielsweise wird eine E-Mail-Adresse per JavaScript verschlüsselt (*Cloaking*). Man kann nun auch Module in Modulen anzeigen lassen, weil die Position

```
{loadposition user1}
```

jetzt auch im Modultext benutzbar ist und über das Plugin angesprochen wird.

Stellt man hingegen *Inhalte vorbereiten* auf *Nein*, wirken die Plugins nicht.

Zu den Positionen (`loadposition`) lesen Sie bitte das Kapitel 11 über die Templates durch und den Abschnitt 12.11.4.

12.9 Standardmäßig installiert

Für das Frontend sind einige Module bereits standardmäßig installiert worden:

- *Hauptmenü*
- *Benutzermenü*
- *Login*
- *Breadcrumbs*
- *Banner*

Wenn man die Beispieldaten mitinstalliert, könnten da noch weitere Module stehen.

Haupt- und Benutzermenü sind die beiden Menümodule (Weitere Details dazu finden sich im Kapitel 7 *Menüs*). Das *Login* braucht man dann, wenn man einen nicht öffentlichen Bereich einrichten will.

Mit den *Breadcrumbs* (zu Deutsch: Brotkrumen) sind die Pfadangaben gemeint, die man sieht, wenn man einen Link aufruft, also der Weg zur gerade angezeigten Datei (*Home > Unterverzeichnis > Dateiname*). Der Begriff »Brotkrumen« ist dem Märchen »Hänsel und Gretel« entlehnt, in dem die beiden Kinder den Weg nach Hause mit Brotkrumen markieren.

Und das *Banner*-Modul arbeitet mit der Komponente *Banner* zusammen und zeigt das Werbebanner an, das man entsprechend in der Komponente eingestellt hat.

Das ist ja nicht sehr viel, was da standardmäßig mit installiert wird. Klickt man nun aber auf *Neu* bei den großen Icons, dann findet man plötzlich eine lange Liste von Modulen, die man auswählen kann.

Da gibt es einige Module zur Anzeige der Kategorien; zu den Beiträgen, etwa die am meisten gelesenen oder die neuesten Beiträge; man findet einen Sprachen-Switcher, zufällig angezeigte Bilder, Auskunft, wer online ist oder sich zuletzt registriert hat, verwandte Beiträge (Syndicate) und noch so einige mehr.

Ich denke, die meisten Module erklären sich von selbst. Ansonsten sollten Sie aber nicht davor zurückscheuen, die Module einfach mal zu aktivieren und zu schauen, was sie machen.

Klicken Sie auf einen Titel in der Liste, und schon sind Sie direkt in der Detailansicht des Moduls. Geben Sie mindestens einen Titel ein, wählen Sie eine Position aus, und Sie können sich im Frontend anschauen, was das Modul macht.

12.10 Neue Module installieren

Wer ein neues Modul benutzen möchte, braucht nur an der angegebenen Stelle das Modul herunterzuladen und über den Menüpunkt *Erweiterungen: Erweiterungsmanager* das gezippte Modul (also nicht vorher entpacken!) über die erste Zeile – *Paketdatei hochladen* – auf seiner Festplatte auszuwählen. Klicken Sie dann auf *Datei hochladen & installieren.*

Joomla macht nun alles von allein. Es werden die Datentabellen erzeugt, die notwendig sind, und das Modul wird schließlich im Modulmanager zum Gebrauch angezeigt und ist standardmäßig deaktiviert.

Tipp: Neue Module werden fast immer auf die Position *left* gesetzt und tauchen in der Liste dann an letzter Stelle unter dieser Position auf. Somit muss man nicht lange suchen, wenn man viele Module installiert hat.

12.11 Tipps & Tricks

Es kommt immer wieder vor, dass man Module in bestimmten Konstellationen anzeigen möchte oder eben nicht. Dafür gibt es ein paar Tipps und Tricks, wie man so etwas bewerkstelligen kann. Einige davon brauchen etwas Programmierung, aber auch für den, der nicht programmieren kann, ist es einfach, den entsprechenden Code zu kopieren.

12.11.1 Spalte ausblenden, wenn kein Modul vorhanden ist

Man sieht es auf manchen Webseiten, die beispielsweise ein Forum haben. Da zieht sich das Forum oft über die ganze zur Verfügung stehende Breite, wohingegen andere Menüpunkte noch Module an den Seiten haben.

Um diesen Effekt zu erreichen, muss man einfach einen PHP-Code in die Datei *index.php* des Templates schreiben, der abfragt, ob ein Modul der Position zugewiesen wurde oder nicht. Wenn ja, dann soll das Modul in der Spalte angezeigt werden. Wenn nein, dann wird die ganze Spalte versteckt.

Voraussetzung ist natürlich, dass das Template selbst ein sauberes DIV-Layout hat. Wer mit Tabellen arbeitet, kann das nicht umsetzen.

Zunächst suchen Sie die Stelle in der *index.php*, an der die Positionsangabe für die Spalte steht, die Sie ausblenden möchten.

Dort drum herum wird dann der folgende Code geschrieben:

```
<?php
if($this->countModules('right') != 0)
{
echo '<div id="rightcolumn" >
<jdoc:include type="modules" name="Name der Modulposition" style="xhtml" />
</div>';
} else {
echo '<style type="text/css" media="screen">
div#rechte_spalte { display:none; }
div#inhalt { width:800px; }
</style>';
} ?>
```

Die Zeile `countModules` fragt für die Position `right` ab, ob dieser Position mindestens ein Modul zugewiesen ist (ungleich 0). Ist das der Fall, dann wird die rechte Spalte komplett, also auch mit der Positionsangabe der Module, für die rechte Spalte, in der *index.php* ausgegeben. Bis hierhin ist es so, als würde dort überhaupt kein weiterer Code stehen. Alles ist noch wie gehabt.

Ist das aber nicht der Fall – sind also keine Module der Position zugewiesen –, dann wird zunächst ein Style-Bereich erzeugt, weil jetzt direkt vorhandene CSS-Angaben überschrieben werden. Da die Angaben direkt in der *index.php* stehen, werden sie als letztes übernommen und bereits vorhandene damit überschrieben.

Die beiden CSS-IDs

```
#rechte_spalte
#inhalt
```

müssen natürlich durch die eigenen verwendeten IDs ersetzt werden.

`display:none` bedeutet, dass die Spalte einfach nicht am Bildschirm ausgegeben wird und stattdessen der mittlere Bereich – also dort, wo der Content ausgegeben wird – um die Breite der rechten Spalte vergrößert wird.

Um es noch etwas zu verdeutlichen:

In der *template.css* könnte beispielsweise stehen:

```
div#rechte_spalte {
width:200px;
}

div#inhalt {
width:600px;
}
```

Durch den oberen Code wird nun also die rechte Spalte ausgeblendet und der Inhalt (`div#inhalt`) um die Breite der rechten Spalte vergrößert (600px + 200px = 800px).

Was für die rechte Spalte in diesem Beispiellisting steht, kann man natürlich auch auf die linke Spalte anwenden.

12.11.2 Modul nach Login ausblenden

Manche Module sind gezielt für die öffentlichen Besucher gedacht. Man braucht sie eigentlich nicht mehr, wenn man eingeloggt ist, bzw. hat man für seine registrierten Anwender andere Module, die ganz einfach für *registrierte User* angezeigt werden können.

Öffentliche Module sind aber nun mal immer da. Es gibt aber zwei Möglichkeiten, Module nach dem Login auszublenden. Die erste funktioniert mit einem kleinen PHP-Script, das direkt in die Datei *index.php* des Templates geschrieben wird. Das nachfolgende Skript fragt ab, ob für den User, der gerade die Site benutzt, eine User-ID vorhanden ist. Wenn ja, muss es ein registriertes Mitglied sein, da man sonst keine User-ID haben kann. Also wird einfach eine Abfrage erzeugt, die das Gegenteil abfragt: nämlich, ob der User keine ID hat. Wenn ja, dann soll die Modulposition in die *index.php* geschrieben werden, wenn nein, dann nicht.

```
<?php
$user = JFactory::getUser();
if (!$user->id) {
?>
<jdoc:include type="modules" name="Name der Modulposition" style="xhtml" />
<?php
}
?>
```

Wer nicht so vertraut ist mit PHP, dem erscheint die Erklärung vielleicht etwas verwirrend. Das Ausrufezeichen in der `if`-Abfrage ist dabei das entscheidende Detail:

```
if (!$user->id)
```

Das Ausrufezeichen fragt im übertragenen Sinn ab: »Wenn KEINE User-ID vorhanden ist, dann schreibe die Modulposition da hin, weil es eben kein registriertes Mitglied, sondern ein Gast ist. Und wenn der User eine ID hat – also registriert ist –, dann ignoriere einfach diese Zeilen.«

Somit wird dann keine Modulposition dort hingeschrieben. Ein registrierter User kann also nichts sehen, weil es die Position für ihn gar nicht gibt.

Im Modulmanager muss lediglich das Modul (oder deren mehrere) dieser Position zugewiesen werden, das dann dynamisch zur Laufzeit erzeugt wird – oder eben nicht.

Die zweite Variante kann man mit dem Rechtesystem lösen. Dazu legt man zuerst eine neue Benutzergruppe an – nennen wir sie »Gast« – und legt anschließend eine neue Zugriffsebene an. Ich nenne sie in diesem Beispiel auch »Gastzugriff«. Die Zugriffsebene »Gastzugriff« wird der Benutzergruppe »Gast« zugeordnet. Nun muss man in den Optionen, die sich unter dem Menü *Benutzer* finden, die *Gast Benutzergruppe* auf *Gast* stellen.

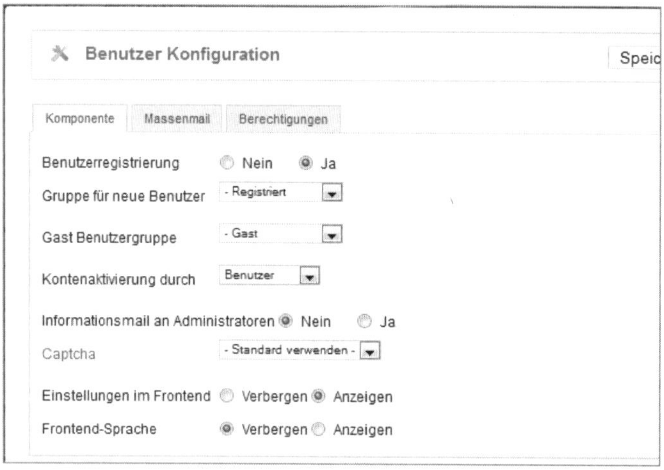

Bild 12.9: Besucher der Website erhalten die Benutzergruppe *Gast* zugewiesen

Module, die man nach dem Login nicht anzeigen möchte, weerden nun auf die Zugriffsebene *Gastzugriff* gesetzt. Besucher der Webseite werden der Benutzergruppe *Gast* zugeordnet und sehen das Modul ordnungsgemäß. Nach dem Login wird nichts mehr angezeigt, welches einer anderen Benutzergruppe als *Registriert* (und tiefer) oder *Öffentlich* zugeordnet ist. Damit kann man also sehr einfach mit dem Joomla-Rechtesystem Module nach dem Login »verstecken«.

12.11.3 Modul zur Laufzeit hinzufügen

Sicherlich ist es ein eher seltenes Szenario, dass man dynamisch einen Bereich hinzufügen möchte. Aber dennoch ist es denkbar, dass ein speziell formatierter oder gelayouteter Bereich nur angezeigt wird, wenn einem bestimmten Menüpunkt ein Modul zugeordnet ist. Sonst wird das Template eben »anders« angezeigt.

Der Code ist letztlich eine Umkehr des oberen Skripts, es wird eine Spalte versteckt:

```
<?php
if($this->countModules('top')) : ?>
<jdoc:include type="modules" name="Name der Modulposition" style="xhtml" />
<?php endif; ?>
```

Es wird abgefragt, ob der Position `top` mindestens ein Modul zugewiesen ist. Falls ja, dann soll die Position ausgegeben werden.

Zusätzlich kann natürlich mit der Position auch ein DIV-Bereich oder anderer spezieller Code mit angegeben werden.

Ist kein Modul der Position `top` zugewiesen, dann wird die Zeile einfach ignoriert.

Statt `top` kann natürlich auch jede andere x-beliebige Position verwendet werden.

12.11.4 Modul im Content-Bereich

Da der Content-Bereich keine Positionsangabe hat, die ein Modul benutzen kann, ist es zunächst nicht möglich, Module innerhalb des Contents anzeigen zu lassen.

Mit einem kleinen Trick geht das aber doch.

Dazu muss zunächst im Plugin-Manager das Plugin *Inhalt-Modul laden* aktiviert werden. (Meistens ist es das schon, aber besser noch mal nachschauen. Man kann schließlich nie wissen!)

Danach kann man direkt in einem Beitrag diese Zeile eingeben:

```
{loadposition user9}
```

Statt *user9* kann man natürlich auch jede andere beliebige Position benutzen, vorzugsweise eine, die man bislang noch nicht benutzt.

Anschließend wird im Modulmanager ein Modul einfach dieser Position zugewiesen. Taucht sie nicht in der Drop-down-Liste auf, dann können Sie die Position einfach direkt ins Feld reinschreiben.

Tipp: Ich selbst benutze laufend solche Positionen im Beitrag, zum Beispiel für gezielte Werbebanner oder um zusätzliche passende Informationen auszugeben.

12.11.5 Ein einfacher Override

Um die Sache mit dem Override und der Auswahl der verschiedenen Ansichten zu verdeutlichen, möchte ich Ihnen ein einfaches Beispiel geben. Ich wähle zunächst das Modul aus, dem ich eine andere Ausgabe als üblich zuweisen möchte. Dazu wähle ich die Option *Eigene Inhalte (Leeres Modul)* aus. Auf dem Webserver findet sich dieses Modul im Verzeichnis *modules/com_custom/tmpl*. Dort findet sich die Datei *default.php*. Diese Datei kopiere ich zunächst ganz einfach. Ich möchte nun aber dafür sorgen, dass immer am Ende ein Vermerk »Copyright by time4mambo« mit ausgegeben wird und natürlich auch ein entsprechender Verweis. Die *default.php* sieht folgendermaßen aus:

```
<?php
/**
 * @version          $Id: default.php 20196 2011-01-09 02:40:25Z ian $
 * @package          Joomla.Site
 * @subpackage mod_custom
 * @copyright  Copyright (C) 2005 - 2011 Open Source Matters, Inc. All
rights reserved.
 * @license          GNU General Public License version 2 or later; see
LICENSE.txt
 */

// no direct access
defined('_JEXEC') or die;
?>
<div class="custom<?php echo $moduleclass_sfx ?>">
        <?php echo $module->content;?>
</div>
```

Nachdem der Inhalt des Moduls ausgegeben wurde, möchte ich meinen Copyright-Hinweis ausgeben. Ich ergänze also einfach den Code um die fetten Zeilen am Ende:

```
<?php
/**
 * @version          $Id: default.php 20196 2011-01-09 02:40:25Z ian $
 * @package          Joomla.Site
 * @subpackage mod_custom
 * @copyright  Copyright (C) 2005 - 2011 Open Source Matters, Inc. All
rights reserved.
 * @license          GNU General Public License version 2 or later; see
LICENSE.txt
 */

// no direct access
defined('_JEXEC') or die;
?>
<div class="custom<?php echo $moduleclass_sfx ?>">
<?php echo $module->content;?>
<?php echo 'Copyright by <a href="http://www.time4mambo.de" target="_blank"
id="meinlink">time4mambo</a>';?>
</div>
```

Diese Datei speichere ich unter dem Namen *meineSicht.php* ab. Im Backend muss nun im neuen eigenen Modul diese Sicht ausgewählt werden:

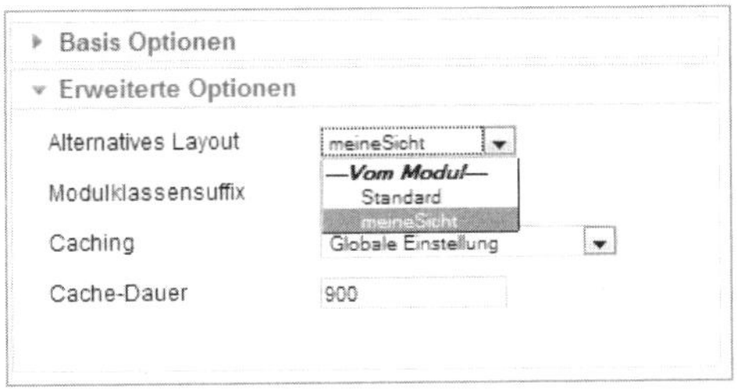

Bild 12.10: Auswahl meiner PHP-Datei im Backend

Noch eine Position auswählen und ein wenig Text eingeben. Und nun steht bei Verwendung dieses Moduls und meiner Ansicht immer ein Copyright-Vermerk darunter:

Bild 12.11: Beispielausgabe für einen einfachen Override

Je nach Modul wird diese Ausgabe natürlich aufwendiger. Manchmal möchte man lediglich die Reihenfolge von Ausgabeelementen verändern, manchmal vielleicht auch komplexe neue Ansichten programmieren. Das Prinzip ist jedoch immer das gleiche.

13 Barrierefreiheit

Barrierefreiheit – da scheiden sich die Joomla-Geister. Nicht nur die. Das ganze Internet ist in Aufruhr, sobald dieses Wort fällt. Da wurde vor einigen Jahren ganz plötzlich die gute heile Internetwelt empfindlich gestört, weil sie darauf aufmerksam gemacht wurde, dass es auch Menschen gibt, die benachteiligt sind und das Internet nicht so benutzen können wie unsereins.

Da wurde einem tatsächlich erzählt, es gäbe blinde Menschen im Internet!

Sehbehinderte. Okay. Aber Blinde? Wie soll das denn gehen? Wer nix sieht, sieht eben nix. Was interessiert mich das als Webdesigner? Schwarze Schrift auf schwarzem Grund oder was?!

Der geneigte Leser mag jetzt hoffentlich mit einem Aufschrei reagiert haben. Oder mit zustimmendem Nicken. Beides ist theoretisch möglich. Ganze Mythen ranken sich mittlerweile um das Thema Barrierefreiheit.

Einfach die Tabellen weglassen, sagen die einen und fast alle glauben, dass das auch schon reicht. Dass aber Tabellen, dort wo sie hingehören, auch benutzt werden sollen und sogar müssen, geht jetzt doch wieder so manchem zu weit. Es sind mir aber tatsächlich schon Menschen begegnet, die ernsthaft nachfragten, wie sie eine Tabelle über aktuelle Marktpreise von Äpfeln und Birnen in DIVs packen könnten.

Werfen wir zuerst einen Blick auf die Barrieren: Wir glauben ja immer, es gibt nur blinde Menschen. Es gibt auch noch welche, die im Rollstuhl sitzen. Das wissen wir auch. Aber was hat ein Rolli-Fahrer mit dem Internet zu tun? Nichts, verehrte Leserschaft – außer, das er es hin und wieder mal benutzt.

Es gibt eine Verordnung der Bundesregierung, genauer: sogar ein Gesetz(!), dass Webseiten von Behörden behindertengerecht zu sein haben! Und es war zumindest mal kurze Zeit im Gespräch, kommerzielle Seiten ebenfalls mit einer solchen Verordnung zu belegen. Allerdings ist der Kelch an den kommerziellen Webseiten vorübergegangen, und es gibt lediglich die Empfehlung, dass Firmenseiten entsprechend funktionieren sollten.

Also: Was gibt's jetzt eigentlich zu beachten?

Es gibt blinde Menschen – das wissen wir schon. Es gibt Sehbehinderte in allen Stufen. Von ganz leichter Sehbehinderung bis ganz schwerer. Es gibt Menschen, die haben keine oder kaum benutzbare Arme oder Hände. Es gibt Menschen, die sich nur mit dem Mund durch Webseiten bewegen können und andere, die nicht die Feinmotorik besitzen, mit einer Maus punktgenau zu landen. Es gibt geistig Behinderte, die die Komplexität umfangreicher Webseiten einfach nicht verstehen. Es gibt Menschen, die sind des Lesens unkundig oder tun sich einfach nur mit langen Texten schwer. Und es gibt Menschen, die haben mehrere Behinderungen und sind somit mehrfach eingeschränkt.

Bild 13.1: Mund-Computermaus – Foto mit freundlicher Genehmigung der Firma *LifeTool gemeinnützige GmbH*

Für einen Webentwickler ist das kaum noch zu bewältigen. Eine Website zu entwickeln, die für Menschen mit allen Einschränkungen benutzbar ist, ist sehr schwer!

Aber wir können bereits mit sehr einfachen Mitteln allen ein wenig entgegenkommen.

Ja aber!

Stimmt. Ein berechtigter Einwand. Gibt es eigentlich genügend Behinderte, dass sich dieser Aufwand lohnt?

Das statistische Bundesamt spricht von 8,4% Schwerbehinderten in Deutschland[24]. Menschen, die beispielsweise am grauen oder grünen Star erkrankt sind, fallen nicht unter die Behindertenquote. Wer einfach nur alt ist und neue Brillengläser braucht, eine zunehmende langsame Auffassungsgabe bekommt, aufgrund seines Alters motorische Einbußen in Kauf nehmen muss, fällt nicht unter die Gruppe der Behinderten. Zumindest nicht offiziell. Aber 8,4% bleiben offiziell. Und 8,4% von – wie hoch ist die Bevölkerungsrate Deutschlands? Europas? Der Welt?

Okay. Und was kann ich jetzt machen?

---

24 *http://www.destatis.de/jetspeed/portal/cms/Sites/destatis/Internet/DE/Navigation/Statistiken/Sozialleistungen/BehinderteKriegsopfer/BehinderteKriegsopfer.psml* [1]

DIV ist auf keinen Fall ausreichend barrierefrei. Man sollte zwar tatsächlich keine Tabellen zu Layoutzwecken einsetzen, aber überall, wo Tabellen vorgesehen sind, gehören sie auch hin. Und dann muss man sich einfach mal ein wenig bewusst machen, dass es für Behinderte eine Menge Hilfsgeräte gibt. Da gibt es die sogenannten Braille-Zeilen-Geräte – Geräte, die eine Website in Blindenschrift ausgeben, also quasi vorlesen, was wir mit viel bunter Grafik zusammengeschustert haben. Es gibt diverse Eingabehilfen, und wer mit der Maus seine Probleme hat, der benutzt gern die Tastatur und vorgegebene Tastencodes.

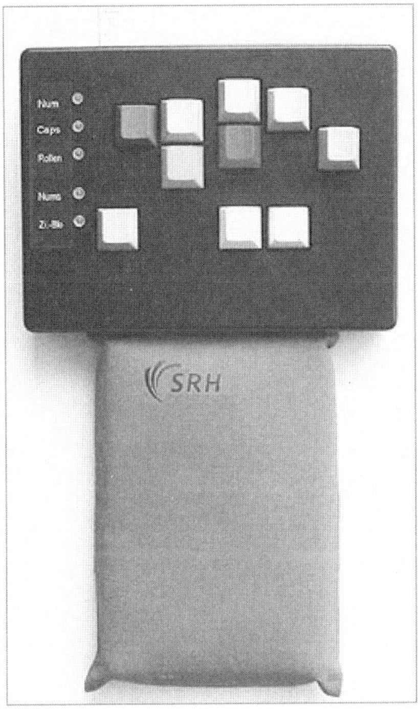

Bild 13.2: Behindertentastatur. Foto mit freundlicher Genehmigung des Heise-Verlags

Grafik, die vorgelesen wird?

Genau. Grafik kann man nicht vorlesen. Wer nicht gucken kann, kann auch keine Grafik sehen. Ergo sind Webseiten, die auf Flash und reinen Grafikelementen aufbauen, für einen nicht unerheblichen Teil der Behinderten kaum benutzbar. Das gilt ganz besonders für Verweise, die ausschließlich mit Grafikelementen arbeiten. Aber jede Grafik hat ein *ALT-Attribut*. Erstaunlich, wie wenige Webseiten das überhaupt benutzen und wie wenige davon wiederum etwas Sinnvolles hineinschreiben. Aber genau über das ALT-Attribut im *IMG-Tag* kann man schon viel machen. Bei den reinen Layout-Grafiken schreibt man einfach nichts rein. Quasi ein natürliches Aussieben der rein schmückenden Grafik, die ein Blinder nicht sieht und über die er auch keine Information benötigt. Aber die wichtige Grafik, die, die Informationen enthält oder vielleicht anklickbar ist, sollte auch einen aussagekräftigen Text enthalten. *ALT* steht schließlich für *Alternativ-Text.* Und so ganz am Rande: Sollte aus unerfindlichen Gründen die

Grafik nicht angezeigt werden können, dann wird anstelle der nicht vorhandenen Grafik der alternative Text ausgegeben. Das ist auch für Nichtbehinderte von Vorteil.

»Diese Grafik verzweigt zu einem PDF-Dokument, das eine mittelschwere Abhandlung zum Thema Joomla und Barrierefreiheit enthält.«

»Und diese Grafik zeigt Tim und Johann beim Schneemannbauen.«

Hört sich doch viel besser an als nichts. Oder?

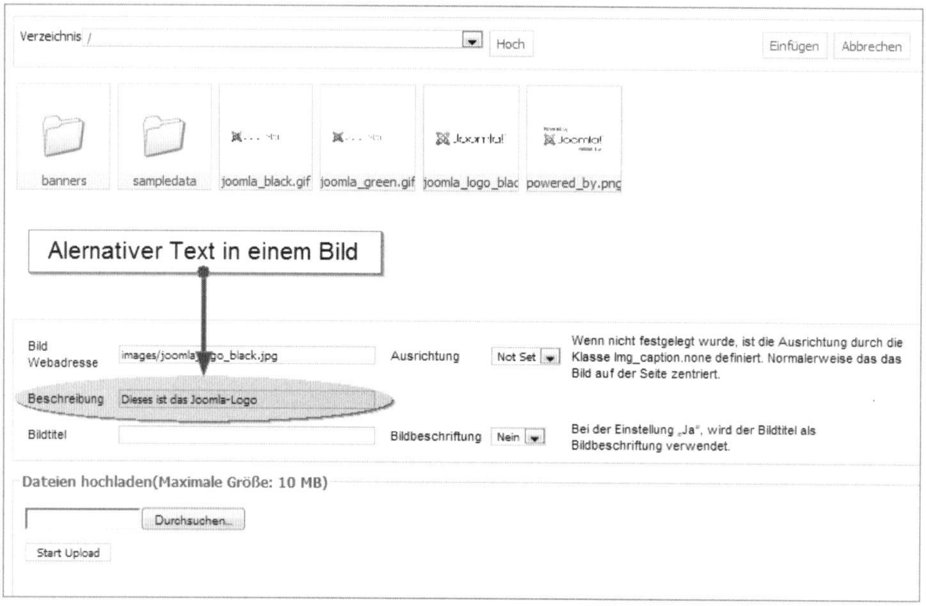

Bild 13.3: Alternativen Text in einer Grafik eingeben

Und zumindest kann sich ein sehschwacher Mensch etwas über das Motiv der Grafik vorstellen. Er weiß aber in jedem Fall, welchen Zweck die Grafik erfüllt und dass da überhaupt eine steht.

Wer validen Code in seinen Templates schreibt, kann damit schon mal locker 60% bis 70% Barrierefreiheit umsetzen. Denn sauberer Code hilft allen Hilfsgeräten und angepassten CSS-Dateien, die speziell von Menschen mit Farbsehschwäche oder Kontrastarmut eingesetzt werden. Wenn wir einen neuen Browser wie Firefox oder Opera benutzen, dann gibt es sehr einfache Möglichkeiten, von außen eine Website zu verändern. Und damit meine ich jetzt nicht die Webentwickler-Tools des Firefox. Da gibt es die Möglichkeit, grundsätzlich besondere Kontraste für Webseiten zu benutzen, da kann man die Schriftgröße problemlos verändern und vielerlei mehr. Selbst Windows bietet standardmäßig eine Lupe an. Was für uns eine nette Spielerei ist, ist für manche Menschen eine Notwendigkeit.

Da die heutigen Browser so etwas mitbringen und die allermeisten Menschen mit Beeinträchtigungen auch wissen, wie ein Browser funktioniert, sind die noch vor wenigen Jahren als Nonplusultra designten dynamischen Schriftanpasser (größer/kleiner) oder gar unterschiedliche Breitenangaben mittlerweile verpönt und nicht mehr zeitgemäß.

Eine Schrift, die für normalsichtige Menschen gut erkennbar ist, ist schon mal sehr sinnvoll. Und graue Schrift auf weißen Grund sieht zwar nett aus, weil so etwas nicht so oft vorkommt, aber selbst für mich als normalsichtigen Menschen ist das schon schwer zu lesen. Das oft benutzte Dunkelrot auf schwarzem Grund ist völlig ungeeignet, gerade weil es viele Menschen gibt, die Farbschwächen haben.

Ein wenig Überlegung beim Gestalten, sauberer valider Code, das Ausnutzen der ALT-Attribute bei den IMG-Tags und insbesondere bei langen Navigationen, das Benutzen von Tastaturkürzeln – und man hat schon eine Menge richtig gemacht. Wer mag, kann noch wichtige Inhalte per MP3 vorlesen lassen (es gibt einige Anbieter im Internet für solche Erweiterungen), sollte zumindest aber darauf achten, dass die wirklich wichtigen Texte kurz und knackig sind.

Und wer Captchas einsetzt, sollte unbedingt welche nehmen, die auch vorgelesen werden können, denn die sind wirklich verdammt schwer zu entziffern. Was bis zu einem gewissen Grade natürlich gewollt ist, kann hier sehr schnell zu einer absolut unüberwindbaren Barriere werden.

13.1 Menü-Override: Accesskey

Leider bietet Joomla noch nicht einmal die Möglichkeit, bei den einzelnen Menüpunkten ein Tastaturkürzel anzugeben.

Jeder Browser hat eine Tastenkombination, mit der er es wiederum erlaubt, ein Tastaturkürzel von Verweisen aufzurufen. Voraussetzung dafür ist, dass der Verweis das Attribut *accesskey* beinhaltet. Ein Link würde dann so aussehen:

```
<a href="/Verweis-URL" accesskey="a">Verweistext</a>
```

Drückt man nun die vorgegebene Tastaturfolge seines Browsers plus dem »a«, dann würde man direkt zu dem Verweis springen, ohne dass man die Maus benutzen muss.

Für die einzelnen Browser sind das diese Tastaturkürzel:

- Firefox und SeaMonkey: *Umschalt+ALT+[TASTE]*
- Opera: *Umschalt+ESC+[TASTE]*
- Internet Explorer: *ALT+[TASTE]+ENTER*
- Chrome: *ALT+[TASTE]*

Man kann davon ausgehen, dass derjenige, der möglichst ohne Maus arbeiten will oder muss, bei seinem Browser »sein« Tastaturkürzel kennt.

Um nun unsere Menüs mit einem *accesskey* zu versehen, müssen wir das vorhandene PHP-Skript anpassen. Am sinnvollsten machen wir das, indem wir einen Override für das Menü-Modul programmieren. Wir können dann im Backend bequem zwischen den verschiedenen Layouts auswählen, also dem Standard-Layout, so wie wir es kennen, und unserem Layout, das zu den Menüverweisen einen *accesskey* hinzufügt.

Damit das funktioniert, habe ich mir überlegt, dass man beim Eingeben des Menütitels für den einzelnen Menüpunkt einfach eine Raute (#) vor den Buchstaben schreibt, den man als Accesskey benutzen möchte.

Darüber hinaus wäre es auch sinnvoll, wenn im Menütitel des Menüpunktes der Buchstabe, der als *accesskey* fungiert, gleich automatisch unterstrichen wird.

Die Dateien, die wir anpassen müssen, liegen im Menü-Modul-Verzeichnis: */modules/mod_menu/tmpl*

In diesem Verzeichnis finden wir mehrere *Default-Dateien.* Die kopieren wir alle und ändern anschließend den Namen, indem wir aus dem *default* ein *key* machen.

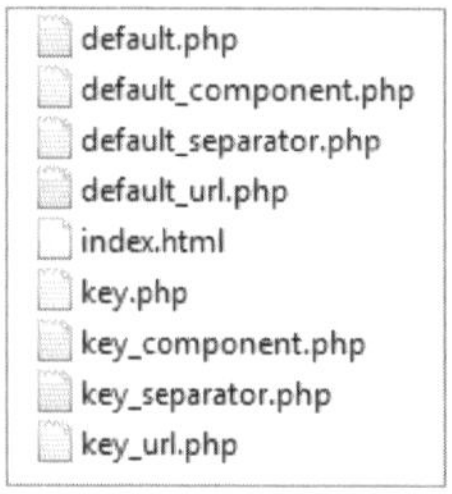

Bild 13.4: Die Default-Dateien und unsere umbenannten Dateien

Editieren wir nun die *key.php* und beginnen mit den Anpassungen.

Am Anfang ermittelt diese Datei die verschiedenen Parameter, die wir eventuell im Modul eingegeben haben, und überprüft danach den Zustand des Verweises zur Laufzeit.

In den Zeilen 49 und 53 wird es dann interessant für uns. Es wird auf Dateien verwiesen, die mit `default_` beginnen.

Da wir mittlerweile ja unsere eigenen Dateien erzeugt haben, ändern wir hier das *default* in *key:*

```
switch ($item->type) :
	case 'separator':
	case 'url':
	case 'component':
		require JModuleHelper::getLayoutPath('mod_menu',key_'.$item
		->type);
		break;
	default:
		require JModuleHelper::getLayoutPath('mod_menu', 'key_url');
		break;
endswitch;
```

Damit wird sichergestellt, dass unsere Dateien aufgerufen werden. Wir müssen für den *accesskey* eigentlich nur eine Datei verändern, wie wir gleich sehen werden. Aber da hier zu allen Dateien verwiesen wird, die mit `key_` beginnen, und die Datei, die wir verändern müssen, in diesem »Stapel« liegt, müssen wir entsprechende Anpassungen vornehmen.

Nachdem wir das gespeichert haben, beginnen wir nun mit der eigentlichen Arbeit. Dazu editieren wir die Datei *key_component.php.*

Oben werden einige Attribute und Klassen ausgelesen. In `$linktype` steht der Verweisname – also der Menüpunkttitel. Das ist also die Variable, die wir nun dahingehend untersuchen müssen, ob und wo eine Raute angegeben ist. Ab Zeile 25 gebe ich diesen Code ein:

```
$pos = strpos($linktype,"#");
$mt = str_replace("#","",$linktype);
$key = $mt[$pos];
$mbeginn = substr($mt,0,$pos);
$mtaste = '<u>' . $key . '</u>';
$mende = substr($mt,$pos+1);
$menutitel = $mbeginn . $mtaste . $mende;
```

`$pos` ermittelt die Position, an der die Raute steht. Mit `str_replace` schneide ich nun zunächst das Rautenzeichen aus dem Titel heraus, da es doch etwas merkwürdig aussähe, wenn wir es im Menü mit ausgeben würden.

In `$key` wird nun unser Accesskey gespeichert.

Danach muss ich den Menülink zusammensetzen. Ich muss zunächst den Anfang des Titels bis zum Tastaturkürzel ermitteln, danach das Kürzel unterstreichen, indem ich das HTML-Tag `u` für *underline* vergebe, und dann den Rest des Menütitels ermitteln und alles wieder zusammensetzen.

In der Variable `$menutitel` steht am Ende unser Verweistext, den wir dann auch etwas weiter unten ausgeben. In der Datei *default_component.php* ist das in Zeile 28 und 32, in unserer Datei weiter unten, da wir Code dazwischen eingefügt haben.

Dort müssen anstelle des `$linktype` nun unser `$menutitel` und der `accesskey` mit ausgegeben werden:

```
switch ($item->browserNav) :
default:
case 0:
?><a <?php echo $class; ?>href="<?php echo $item->flink; ?>" <?php echo
$title; ?> accesskey="<?php echo $key; ?>"><?php echo $menutitel;
?></a><?php
break;
case 1:
// _blank
```

```
?><a <?php echo $class; ?>href="<?php echo $item->flink; ?>" target="_blank"
<?php echo $title; ?> accesskey="<?php echo $key; ?>"><?php echo $menutitel;
?></a><?php
break;
```

Die Datei speichern, und wir sind mit der Programmierung fertig. Um das nun nutzen zu können, müssen wir in das Backend wechseln, dort unser Menü-Modul editieren und rechts unter *Erweiterte Optionen* unser *Alternatives Layout* auswählen.

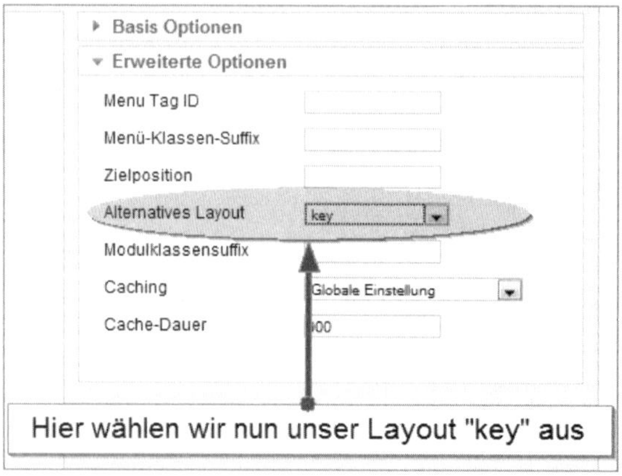

Bild 13.5: Alternatives Layout = Override

Jetzt müssen wir noch einen neuen Menüpunkt anlegen und dort im Titel eine Raute für unser Tastaturkürzel eingeben:

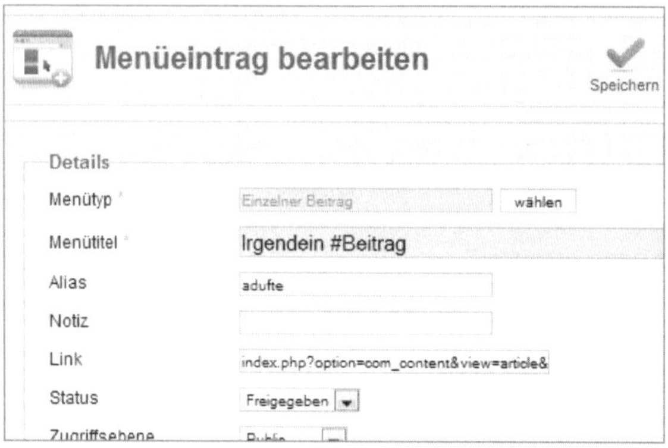

Bild 13.6: Die Raute wird zum Tastaturkürzel umgewandelt, und der nachfolgende Buchstabe im Menü unterstrichen.

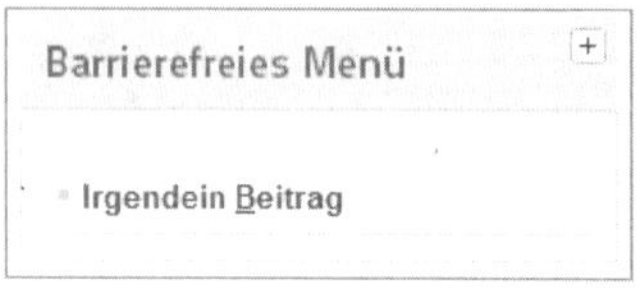

Bild 13.7: Und so sieht es im Frontend aus.

Hier noch mal der gesamte Code der *key_component.php*

```
<?php
/**
 * @version         $Id: default_url.php 20196 2011-01-09 02:40:25Z ian $
 * @package         Joomla.Site
 * @subpackage mod_menu
 * @copyright  Copyright (C) 2005 - 2011 Open Source Matters, Inc. All
rights reserved.
 * @license         GNU General Public License version 2 or later; see
LICENSE.txt
 */

// No direct access.
defined('_JEXEC') or die;

// Note. It is important to remove spaces between elements.
$class = $item->anchor_css ? 'class="'.$item->anchor_css.'" ' : '';
$title = $item->anchor_title ? 'title="'.$item->anchor_title.'" ' : '';
if ($item->menu_image) {
       $item->params->get('menu_text', 1 ) ?
       $linktype = '<img src="'.$item->menu_image.'" alt="'.$item->title.'"
/><span class="image-title">'.$item->title.'</span> ' :
       $linktype = '<img src="'.$item->menu_image.'" alt="'.$item->title.'"
/>';
}
else { $linktype = $item->title;
}
// In $linktype steht der Menuetitel.
// Durchsuchen des Titels nach einer Raute (#)
$pos = strpos($linktype,"#");
//und die # ausschneiden
$mt = str_replace("#","",$linktype);
// Tastaturkürzel zuweisen
$key = $mt[$pos];
// Den Verweistitel zusammensetzen
$mbeginn = substr($mt,0,$pos);
$mtaste =  '<u>' . $key . '</u>';
$mende = substr($mt,$pos+1);
$menutitel = $mbeginn . $mtaste . $mende;

switch ($item->browserNav) :
default:
case 0:
?><a <?php echo $class; ?>href="<?php echo $item->flink; ?>" <?php echo
$title; ?> accesskey="<?php echo $key; ?>"><?php echo $menutitel;
?></a><?php
break;
```

```
case 1:
// _blank
?><a <?php echo $class; ?>href="<?php echo $item->flink; ?>" target="_blank"
<?php echo $title; ?> accesskey="<?php echo $key; ?>"><?php echo $menutitel;
?></a><?php
break;
case 2:
// window.open
$attribs =
'toolbar=no,location=no,status=no,menubar=no,scrollbars=yes,resizable=yes,'.
$params->get('window_open');
?><a <?php echo $class; ?>href="<?php echo $item->flink; ?>"
onclick="window.open(this.href,'targetWindow','<?php echo
$attribs;?>');return false;" <?php echo $title; ?>><?php echo $linktype;
?></a><?php
break;
endswitch;
```

14 Plugins

Die Plugins erreichen Sie über das Menü: *Erweiterungen/Plugins.*

Plugins laufen fast ausschließlich im Hintergrund ab. Manche von ihnen durchsuchen Content nach bestimmten Platzhaltern, in die sie dann Inhalte schreiben, oder sie reagieren auf bestimmte Ereignisse wie das fertige Laden einer neuen Seite, bzw. bevor die Seite geladen wird. Andere reagieren darauf, dass ein Benutzer einen bestimmten Button drückt oder Ähnliches.

In dieser Auflistung beschreibe ich die wichtigsten oder interessantesten Plugins, die bei der Erstinstallation dabei sind. Einige von ihnen sind bereits in verschiedenen Kapiteln beschrieben – ich weise bei diesen Plugins lediglich auf das entsprechende Kapitel hin.

14.1 Für Umsteiger

Den *Legacy-Mode* gibt es nicht mehr. Das liegt einfach daran, dass er in der Joomla-Version 1.5 versucht hat, auf alte Joomla 1.0-Features zuzugreifen. Joomla ist aber seit der Version 1.6 von Grund auf neu programmiert, hat ein verändertes Framework (seit Joomla 1.7: platform), teilweise veränderte Datenbankstrukturen und viele neue Punkte (beispielsweise das neue Rechtesystem), was einfach nicht mehr abwärtskompatibel sein kann.

Es sind einige Plugins in der Erstinstallation dazugekommen, andere sind weggefallen, wie beispielsweise die XML-RPC-Plugins (RPC steht für Remote Procedure Calls).

14.2 Plugin-Typen

Die Plugins sind in verschiedene Typen aufgeteilt, die man über den Filter *Art auswählen* einsehen und sortieren kann. Diese Typen symbolisieren auch gleich, für welche Bereiche sie zuständig sind und wo sie sich auswirken. Ich gehe in diesem Kapitel nach dieser Typ-Reihenfolge vor.

14.2.1 Authentifikation

Diese Plugins sind dafür zuständig, dass User sich anmelden können bzw. vom System erkannt werden. Drei davon stehen bei Erstinstallation zur Auswahl, mindestens eines muss (!) aktiviert sein:

Authentifizierung – Joomla ist das Standard-Plugin.

Authentifizierung – GMail wird benötigt, wenn sich User über ein *Googlemail-Konto* oder *GMail* authentifizieren wollen. Erforderlich dafür ist eine *cURL*. Sie können dann ein paar Punkte im Plugin eintragen.

Authentifizierung – LDAP wird benötigt, wenn Sie von einem LDAP-Server kommen. Sie müssen dann im Plugin einiges zum Server eintragen.

14.2.2 Content – Inhalt

Dieser Plugin-Typ bezieht sich auf den Inhalt. Wenn Sie die Pluginnamen lesen, dann erklärt sich bei den allermeisten von selbst, was sie machen. Die Einstellungen dazu nehmen Sie u. a. im Editor beim Beitragschreiben vor. Diese Plugins sorgen dann dafür, dass das alles auch sauber zur Laufzeit angezeigt wird.

Interessant ist noch das Plugin *Inhalt – Email Ummantelung*. Damit können Sie eine E-Mail-Adresse verschleiern. Die Mail-Adresse wird mit Hilfe von Javascript so verändert, dass E-Mail-Crawler die Adresse nicht sammeln können, weil sie sie nicht lesen können. User können aber korrekt damit arbeiten, weil das Javascript die korrekte Adresse anzeigt, wenn sie auf den E-Mail-Verweis klicken.

Tipp: In seltenen Fällen kommt es vor, dass es damit Probleme gibt. Dann deaktivieren Sie dieses Plugin.

Sie können im Plugin noch einstellen, ob eine E-Mail, wie beschrieben, versteckt werden oder überhaupt nicht anklickbar sein soll.

Modulposition laden ist im Kapitel 12 *Module* erklärt.

Inhalt – Code Hervorhebung (GeSHi) – Damit können Sie Programmiercode anzeigen lassen oder HTML-Code etc. Normalerweise werden die Zeichenfolgen in spitzen Klammern als HTML- oder PHP-Code interpretiert. Wenn man aber diesen Code als Text ausgeben möchte, dann muss man die eckigen Klammern entweder mühselig mit HTML-Entities umwandeln oder mit einem Plugin arbeiten, das einem das vernünftig anzeigt. Funktionieren soll es so, dass Sie im HTML-Modus bei den Beiträgen umschalten und dann den Code, der ausgegeben werden soll, in `pre`-Elemente einfassen:

```
<pre lang="html4strict">
<body>
Hallo Welt
</body>
</pre>
```

Eigentlich müssten jetzt im Frontend sowohl die beiden `body`-Elemente als auch natürlich »Hallo Welt« ausgegeben werden. Bei mir wird aber nur »Hallo Welt« ausgegeben. Ich habe in einer älteren Joomla-Version bereits versucht, damit zu arbeiten, und muss leider gestehen, dass ich dieses Plugin noch nie wirklich zum Laufen gebracht habe. Es gibt aber bei den Downloadseiten Plugins, die besser arbeiten.

Inhalt – Joomla – wegen des etwas spartanischen Namens kann man das Plugin schnell mal übersehen. Dabei bietet es einiges Interessantes. Mit diesem Plugin kann man steuern, ob man als Administrator darüber informiert wird, wenn neue Beiträge eingereicht werden. Und hier muss eingestellt werden, ob Kategorien auch dann gelöscht werden können, wenn noch Beiträge oder andere Kategorien in ihnen liegen, oder eben nicht.

Inhalt – Seitenumbruch – da gibt es einige *Basis Optionen*, die man für den Seitenumbruch einstellen kann. Ich denke, die Tooltipps sprechen hier für sich. Näheres zum Seitenumbruch findet sich im Kapitel 6 *Beiträge und Kategorien.*

14.2.3 Editors – Editoren

Diese Plugins wirken sich auf die benutzten bzw. benutzbaren Editoren aus.

Editor – CodeMirror: Sie können auch mit einem Editor arbeiten, der Ihnen erlaubt, direkt Code einzugeben, also so, als würden Sie im HTML-Modus des WYSIWYG-Editors arbeiten. Allerdings bietet der CodeMirror eine bessere Sicht, wenn man Code schreiben möchte, da ein Syntax-Highlighting mitgegeben wird. Ein paar kleinere Einstellungen kann man noch im Plugin machen. Wenn man den Editor dann benutzen möchte, muss man ihn noch dem Benutzer zuordnen.

Bild 14.1: Der *CodeMirror* im Einsatz

Editor – TinyMCE: Das ist der Standardeditor. Man kann im Plugin einige Einstellungen betreffs des WYSIWYG-Editors vornehmen.

Interessant ist dabei gleich die erste Einstellung zur *Funktionalität.* Stellen Sie hier auf *Komplett* um, dann erhalten Sie sofort deutlich mehr Funktionalität im Editor.

Nun haben Sie auch ein Icon zur Tabelleneingabe, können sogar Datenbankabfragen machen und vielerlei mehr!

Ganz besonders hilfreich ist auch das MS-Word-Icon. Wenn Sie es anklicken, können Sie direkt aus MS-Word heraus Text in das Textfeld kopieren. Der TinyMCE bereinigt dann den MS-Word-Text. Etwas weiter oben im Kapitel 6 *Beiträge und Kategorien* hatte ich ja noch davor gewarnt, MS-Word-Text einfach so in Joomla zu kopieren. Hiermit funktioniert das aber gefahrlos.

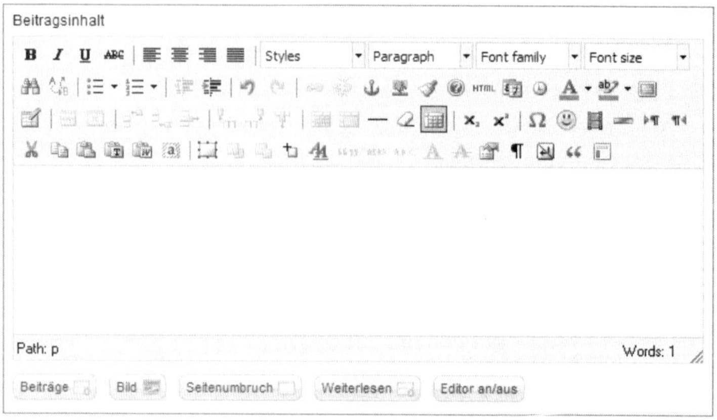

Bild 14.2: Der TinyMCE in seiner vollen Pracht!

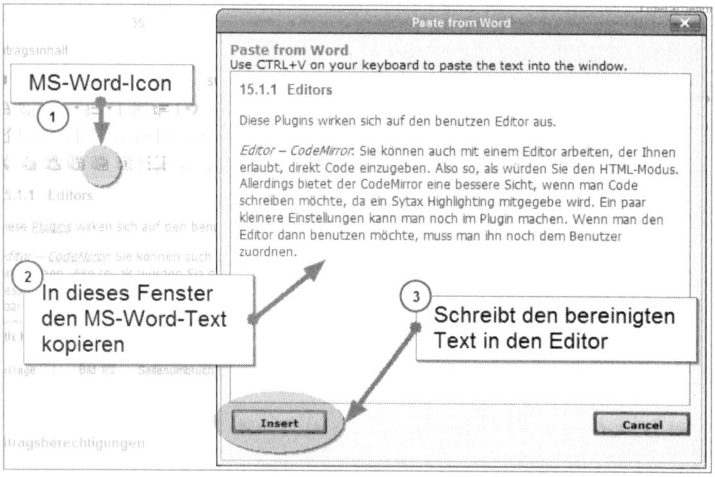

Bild 14.3: So lassen sich MS-Word-Texte mit dem TinyMCE bereinigt in die Beiträge kopieren.

Wenn Sie versuchen, Code im Beitrag einzugeben (weil Sie beispielsweise ein Flash-Object einbinden möchten), dann könnte der Code beim Speichern gelöscht werden. Sie können aber im Plugin einstellen, dass der Code beim Speichern nicht bereinigt werden soll. Weiter unten können Sie auch *verbotene Elemente* angeben bzw. löschen. Diese Elemente dürfen nicht im Beitrag geschrieben werden. Da Sie aber bei den Optionen weiße und schwarze Listen für die Benutzergruppen anlegen können, benötigen Sie diese Einstellungen im Plugin nicht unbedingt. Auf die deutsche Sprache kann man den Editor leider nicht umstellen, da (noch) keine deutsche Übersetzung vorliegt.

In den *Erweiterten Parametern* gibt es noch einmal jede Menge Einstellungen, die sich nur im *Komplett-Modus* auswirken. Ich denke, die einzelnen Punkte zusammen mit den Tooltipps sprechen für sich.

14.2.4 Editors-xtd – Editorenerweiterungen

Dahinter verbergen sich die Buttons, die in jedem Editor am unteren Rand angezeigt werden und für *Bilder*, *Seitenumbruch*, *Weiterlesen* und *Beiträge einfügen* zuständig sind. Näher erklärt sind diese Icons im Kapitel 6 *Beiträge und Kategorien.*

14.2.5 Extensions – Erweiterungen

Ein Plugin, das für die Verwaltung der Erweiterungen zuständig ist.

14.2.6 Search – Suche

Sie können für alle Bereiche einstellen, ob sie durchsuchbar sind oder nicht. Dazu müssen Sie einfach die jeweiligen Plugins aktivieren/deaktivieren. Wahlweise können Sie im Plugin einstellen, ob der jeweilige Bereich im Suchergebnis *veröffentlicht* werden soll und ob *archivierte* Bereiche in die Suche mit einbezogen werden sollen. Und die *Maximum Zahl* der *Suchergebnisse* pro Bereich legen Sie ebenfalls im Plugin fest.

Bild 14.4: Such-Optionen in den Search-Plugins

14.2.7 System

System – Sprachen Filter: Dazu bitte das Kapitel 10 *Joomla mehrsprachig* anschauen.

System – Cache: Sie können zusätzlich zu dem Joomla-Cache (siehe *Konfiguration*) auch noch dafür sorgen, dass der *Browser-Cache* des Users, der Ihre Website aufruft, zu benutzen ist. Da Sie aber nicht wissen können, wie der Browser des Users mit dem Cache umgeht, ist diese Einstellung mit einer gewissen Vorsicht zu genießen. Meines Erachtens ist das nur bei Seiten sinnvoll, die sich so gut wie nie oder sehr selten ändern.

System – Debug: Wenn Sie in der *Konfiguration* den Debug-Modus einstellen, dann können Sie mit diesem Plugin das Ganze noch etwas differenzieren.

14.2.8 User – Benutzer

Benutzer – Joomla: Mit diesem Plugin wird die User-Synchronisation gesteuert.

Benutzer – Kontakterstellung: Sie können mit diesem Plugin festlegen, dass einem neuen Benutzer automatisch ein *Kontakt* in der Kontakt-Komponente angelegt wird. Das Feld *Automatisch erstellte Kontaktwebseite* generiert eine Kontakt-Website. Geben Sie die URL zu Ihrem Kontakt an und hängen Sie ans Ende die Daten, die zur Generierung der URL benötigt werden. Bei mir ist beispielsweise der Aufruf der Kontakte diese URL:

```
http://localhost/j17/index.php/kontakte
```

Wenn ich dort die *userID* und den *namen* anhänge, erhalte ich so den direkten Aufruf zu dem Kontakt:

```
http://localhost/j17/index.php/kontakte/[userid]-[name]
http://localhost/j17/index.php/kontakte/1-Testuser
```

Diese URL wird auch in den Kontaktdetails als Website eingetragen. Die URL kann direkt aufgerufen werden und führt somit zu dem Kontakt.

Sie können den neuen Benutzer einer festen *Kontaktkategorie* zuweisen. Ich habe mir zu Testzwecken beispielsweise eine Kontaktkategorie mit dem Namen »Benutzerkontakte« angelegt. Mit *Kontakt automatisch veröffentlichen* wird der neue Benutzer automatisch der Kategorie zugewiesen und auf *Public* gesetzt. Somit kann sofort über die Kontaktliste auf ihn zugegriffen werden. Zumindest, wenn Sie einen Menüverweis angelegt haben, der auf die *Kontaktkategorie* verweist.

Tipp: Leider funktioniert das *automatische Veröffentlichen* der Kontakte nur, wenn man keine Mehrsprachigkeit benutzt. Die neuen Kontakte werden keiner Sprache zugewiesen, auch nicht *allen* Sprachen. Dadurch sind sie undefiniert und können nicht angezeigt werden. Man muss dann die Kontakte einzeln editieren und einer Sprache zuweisen.

Benutzer – Profile: Wenn Ihnen die Felder bei der Benutzerregistrierung nicht reichen und Sie mehr Informationen von Ihren Benutzern haben möchten, können Sie mit Hilfe dieses Plugins weitere Felder bei der Registrierung und im Profil des Benutzers zuordnen. Wobei Sie im oberen Bereich weitere Felder während der Registrierung dazu ordnen und im unteren Bereich die Felder auswählen, die im Nachhinein noch bearbeitet werden dürfen.

Ein kleines Beispiel dazu: Angenommen, Sie haben das Feld *Stadt* im oberen Bereich ausgewählt und auf *Benötigt* oder *Optional* gestellt, dann wird bei der Registrierung zusätzlich zu den Stammfeldern (Name, Benutzername, E-Mail, Passwort) noch das Feld *Stadt* angezeigt. Wenn der Benutzer sein Profil aufruft, und Sie haben im unteren Teil ebenfalls das Feld *Stadt* auf *benötigt* oder auf *optional* gesetzt, dann kann der Benutzer im Profil dieses Feld bearbeiten. Haben Sie hingegen *Stadt* im unteren Bereich *deaktiviert*, kann der Benutzer dieses Feld nicht mehr bearbeiten.

Mit *Benötigt* machen Sie aus dem Feld ein Pflichtfeld. *Optional* bedeutet, dass der Benutzer das Feld auch leer lassen kann, und *Deaktiviert* bedeutet, dass es nicht angezeigt wird.

Allgemeinen Nutzungsbedingungen zustimmen ist zwar ein sehr nützliches Feld, jedoch habe ich keine Möglichkeit gefunden, selbige per Verweis mit anzugeben.

15 Erweiterungen

Unter *Erweiterungen* finden sich alle nötigen Einstellungen zur Verwaltung von Erweiterungen (auch Extensions genannt). Zu den Erweiterungen gehören Komponenten, Module, Plugins, Bibliotheken, Templates und Sprachen. Zu erreichen ist dieser Bereich über das Menü *Erweiterungen/Erweiterungen.*

15.1 Für Umsteiger

Es sind einige neue Bereiche dazugekommen: das Aktualisieren von Erweiterungen, Überprüfen und Warnungen.

Die bisherige Aufteilung nach den Erweiterungstypen ist jetzt unter *Verwalten* zusammengefasst. Dort können alle Erweiterungen direkt aktiviert bzw. deaktiviert werden. In Joomla 1.5 ging das nur bei den Komponenten. Außerdem kann man jetzt *geschützte Erweiterungen verbergen.*

Es werden mehr Erweiterungen angezeigt als bisher, unter anderem auch Bibliotheken.

15.2 Erweiterungen installieren

Wenn Sie eine Erweiterung auf Ihre Festplatte gespeichert haben, dann entpacken Sie die Erweiterung nicht, sondern klicken einfach den *Durchsuchen*-Button an, wählen die ZIP-Datei aus und klicken dann auf *Hochladen & Installieren.* Joomla entpackt das Paket automatisch und installiert die Erweiterung selbstständig.

Es gibt einige wenige Ausnahmen, bei denen Sie tatsächlich das ZIP erst entpacken müssen. Allerdings nur dann, wenn in diesem ZIP weitere ZIP-Pakete liegen, die einzeln installiert werden müssen, wie eben beschrieben. Das ist manchmal bei größeren Komponenten der Fall. Manche Erweiterungen bringen eigene Module oder Plugins mit und werden dann als Gesamtpaket komprimiert. Das muss dann erstmal entpackt werden. Haben Sie so etwas, erhalten Sie in aller Regel die Mitteilung, dass Joomla keine Installationsdatei finden konnte. Dann schauen Sie am besten in das ZIP-Paket, ob sich darin noch weitere ZIP-Pakete befinden. Wenn ja, entpacken Sie die ZIP-Dateien und installieren sie wie beschrieben.

Das ist der einfachste Weg. In sehr seltenen Fällen funktioniert die Installation per ZIP nicht. Dann können Sie das ZIP-Paket auf Ihrem PC entpacken und die Dateien per FTP auf den Webserver in ein Verzeichnis laden. Vorgegeben ist das *tmp*-Verzeichnis, Sie können aber den Verzeichnispfad auch ändern. Haben Sie alle Dateien von Ihrem Rechner auf den Webserver geladen, dann klicken Sie *Installieren* an.

Sie können die Datei auch direkt von einem anderen Webserver installieren. Dazu geben Sie die URL der ZIP-Datei ein und klicken dann *Installieren* an. Der Vorteil ist natürlich, dass Sie die Datei nicht erst auf Ihrem PC zwischenspeichern müssen, sondern eben direkt aus dem Internet installieren können. Nur ist es gar nicht so einfach, die korrekte Download-URL von fremden Webseiten zu ermitteln.

15.3 Erweiterungen aktualisieren

Wenn es neue Versionen einer Erweiterung gibt und die Entwickler dieser Erweiterung eine entsprechende Überprüfung ihrer Versionen zulassen bzw. in der Erweiterung programmiert haben, finden Sie hier die entsprechenden Informationen.

15.4 Erweiterungen verwalten

Ein sehr wichtiger Ort. Auch wenn es vielleicht auf den ersten Blick so ausschaut, als wäre dies nur eine weitere Informationsliste über die vorhandenen Erweiterungen. Das ist zwar der Fall, aber man kann hier noch sehr viel mehr machen.

Zunächst aber zur Bedienung dieser Ansicht, um eventuellen Irritationen vorzubeugen.

Sie können auf die einzelnen Spaltenüberschriften klicken, um eine entsprechende Sortierung zu erreichen. Klicken Sie beispielsweise auf die Spaltenüberschrift *Typ*, werden alle Erweiterungen nach ihrem jeweiligen Typ, also nach Komponenten, Plugins, etc. aufgelistet.

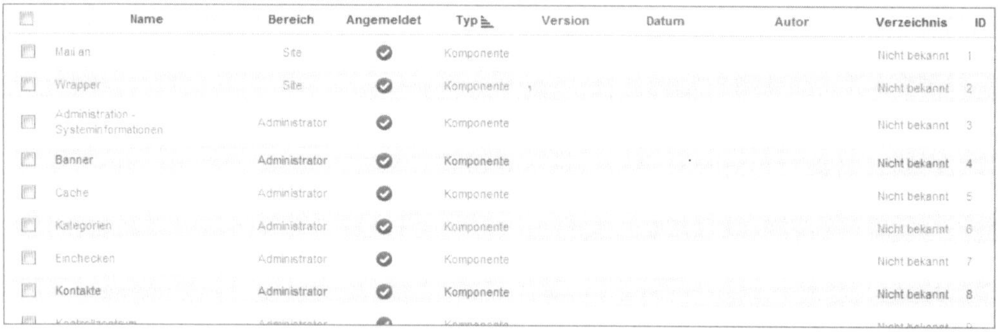

Bild 15.1: Die Verwaltung nach Typ sortiert

Oben rechts können Sie verschiedene Filter einstellen. Besonders interessant ist der Filter *Art auswählen*. Damit können Sie nur Erweiterungen eines bestimmten Typs, zum Beispiel nur Module oder nur Komponenten etc., anzeigen lassen. Der Filter *Verzeichnis auswählen* bezieht sich in erster Linie auf Plugins. Sie können hier spezielle Plugins filtern, die beispielsweise für den Inhalt (*content*) oder für das *System* zuständig sind.

In der Spalte *Angemeldet* (eine etwas unglückliche Übersetzung, wie ich finde) können Sie die einzelnen Erweiterungen deaktivieren bzw. aktivieren. Interessant ist, dass Sie das auch bei Komponenten machen können. Sie können hier also Komponenten quasi ein- und ausschalten. Das könnte sinnvoll sein, wenn Sie eine Komponente vorübergehend nicht brauchen oder wenn Sie auf Fehlersuche gehen, weil vielleicht irgendetwas nicht zusammen laufen möchte.

Tipp: Wenn Sie Komponenten deaktivieren, erhöhen Sie nicht die Performance. Denn die Komponente bleibt natürlich weiterhin installiert und muss somit auch geladen werden, wenn Joomla aufgerufen wird.

Sie haben sicherlich bereits gemerkt, dass manche Erweiterungen ausgegraut sind. Dabei handelt es sich um Erweiterungen, die von Joomla benötigt werden und nicht deinstalliert werden können. Wenn Sie diese Erweiterungen ausblenden möchten, können Sie oben bei *Geschützte Erweiterungen verbergen* einen Haken setzen. Versuchen Sie dennoch eine geschützte Erweiterung zu deinstallieren, erhalten Sie eine Fehlermeldung mit dem Hinweis, dass das nicht geht.

Wenn Sie eine Erweiterung deinstallieren möchten, machen Sie das auch in dieser Ansicht. Dazu markieren Sie einfach die Erweiterung, die Sie nicht mehr benutzen möchten, indem Sie den Haken in das zugehörige Kästchen setzen; dann wählen Sie bei den Icons *Deinstallieren* aus. Joomla löscht dann die Erweiterungen und meistens auch die zugehörigen Datenbank-Tabellen bzw. -Einträge. Meistens deswegen, weil die Entwickler einer Erweiterung entscheiden, ob das so ist oder eben nicht. Es gibt durchaus Erweiterungen, die bewusst so gehalten sind, dass vorhandene Datenbankeinträge nicht gelöscht werden. Das ist beispielsweise häufiger bei Foren-Komponenten oder generell größeren Komponenten anzutreffen.

Wenn Sie mit aktiviertem Cache arbeiten, können Sie die markierte(n) Erweiterung(en) im Cache erneuern, indem Sie das Icon *Cache erneuern* anklicken. Es handelt sich quasi um einen Refresh für Erweiterungen.

15.5 Erweiterungen überprüfen

Manchmal gibt es Probleme bei der Installation. Oft sind Dateien zu groß und das Laden nimmt mehr Zeit in Anspruch, als vom Webserver zur Verfügung gestellt wird. Oder es treten andere Probleme auf. Unter dem Reiter *Überprüfen* können Sie bei Installationsproblemen von Erweiterungen nachsehen, ob hier eine Erweiterung angezeigt wird. Markieren Sie die Erweiterung und klicken Sie oben das Icon *Überprüfen* an. Joomla versucht nun das Problem zu finden. Markieren Sie die Datei erneut und klicken Sie auf das Icon *Installieren.* Joomla wird versuchen, die Erweiterung dennoch zu installieren.

Insbesondere wenn die Erweiterungen zu groß sind, kann durch das gleichzeitige Installieren von Erweiterungen Zeit gespart werden, sodass sie sich doch noch installieren lassen.

15.6 Datenbank

Insbesondere nach einem Backup sollte man stets einen Blick in diesen Bereich werfen. Aber auch nach der Installation von Komponenten kann es theoretisch passieren, dass Fehler in der Datenbankstruktur auftreten. An dieser Stelle kann man das überprüfen oder auch sehen, was überprüft wurde. Treten Fehler auf, werden diese hier angezeigt. Mit dem Icon oben rechts – *Reparieren* – haben Sie eine große Chance, die Datenbank reparieren zu können. Wie auch schon im Kapitel 4 *Migration und Update* erwähnt, ist es beispielsweise von 1.7 auf 2.5 notwendig, die Datenbank anzupassen – zu reparieren.

15.7 Warnungen

Sollte eine Erweiterung nicht sauber laufen, erzeugt sie vielleicht eine Meldung, die dann hier ausgegeben wird. Wenn Sie Probleme im System haben, schauen Sie hier nach, ob vielleicht eine Erweiterung etwas meldet.

16 Komponenten

Joomla bringt einige Komponenten mit, die recht nützlich sind. Wenn Sie zu einer der bekannten Downloadseiten surfen, werden Sie feststellen, dass es eine Unzahl von Erweiterungen für Joomla gibt.

Hier ein kleiner Überblick der bei der Erstinstallation vorhandenen Komponenten. Neue Komponenten haben ein kleineres oder größeres Management. Das hängt ganz von der Komponente ab. Nehmen Sie sich stets ein wenig Zeit für neue Erweiterungen und spielen Sie lokal ein wenig mit den Erweiterungen, bevor Sie sie produktiv einsetzen. Und wenn das lokal nicht geht, legen Sie sich im Frontend ein Menü zur Komponente an, das nur Sie sehen können – und spielen Sie ein wenig …

16.1 Für Umsteiger

Kontakte, Banner und *Suche* haben sich im Vergleich zu den Vorgängerversionen verbessert. Es lohnt ein Blick in diese neuen alten Komponenten.

Umleitung ist neu hinzu gekommen und ist eine schöne Sache für Webseitenbetreiber, die von einem anderen System auf Joomla wechseln.

16.2 Banner

Für Webseiten, die Werbung anzeigen sollen und keine umfangreichere Werbeverwaltung benötigen, reicht die Banner-Komponente vermutlich aus. Wenn es allerdings umfangreicher wird, verschiedene Werbebereiche angelegt werden sollen und man ein wenig Überblick benötigt, wird diese Komponente vermutlich nicht mehr ausreichen. Sie bietet aber dennoch einen großen Funktionsumfang.

Beginnen Sie zunächst in der *Kategorie.* Zu Übungszwecken lege ich zwei Kategorien an. Zum einen *Header-Werbung* für Banner im oberen Bereich der Website (beim *beez2-Template* ist das *position-1*) und *Fuss-Werbung* für Werbebanner am unteren Ende der Website (im *beez2-Template* sind das die Positionen *position-9* bis *position-11*).

Als Nächstes benötigen wir *Kunden.* Nachdem Sie *Neu* gedrückt haben, geben Sie einen Kundennamen ein, darunter *Kontaktperson* und *E-Mail*-Adresse des Kunden. *Status* kennen Sie mittlerweile. Es empfiehlt sich, die *Zahlungsweise* pro Kunde einzustellen, es sei denn, alle Ihre Kunden zahlen im gleichen Turnus. *Aufzeichnung der Auflage* gibt täglich an, wie oft das Banner erschienen ist. Haben Sie mehrere Werbebanner, dann rotieren sie. Angaben dazu machen Sie im zugehörigen Modul. Doch dazu gleich.

Die *Aufzeichnung der Klicks* gibt Ihnen eine tägliche Statistik, wie oft auf das Banner geklickt wurde.

Bild 16.1: Neuer Kunde in der Banner-Komponente

Nun wechseln Sie in die Ansicht *Banner* und klicken dort auf *Neu*. Oben geben Sie einen Namen für das Banner ein. Beispielsweise *Top-Banner*. Wählen Sie danach die *Kategorie* aus. *Header-Werbung* würde sich anbieten. Bei der *Art* geben Sie an, ob Sie ein fertiges Banner-Bild benutzen möchten oder Code eingeben wollen, der auf ein Bild verweist. Weiter unten erkläre ich die beiden Möglichkeiten.

Sie können eine *Beschreibung* eingeben, die nur für Sie sichtbar ist, um den Überblick zu behalten. Danach wählen Sie aus, für welche *Sprache* dieses Banner gilt. So können Sie auch gezielt Werbeplätze für verschiedene Sprachen verkaufen bzw. einrichten. Die *ID* benutzt Joomla intern zur einwandfreien Identifizierung dieses Banners.

Auf der rechten Seite stellen Sie in den *Veröffentlichungsoptionen* ein, wann das Banner veröffentlicht werden soll und wann es endet. Lassen Sie die Felder leer, läuft es ab sofort und unbegrenzt.

Der Tooltip für *Wichtig* ist ein wenig verwirrend. Dahinter verbirgt sich, dass Sie Banner als *Wichtig* kennzeichnen können. *Wichtige* Banner werden gegenüber den nicht als *Wichtig* gekennzeichneten Bannern bevorzugt dargestellt. Sie werden einfach öfter eingeblendet als andere. In den Modulen werden wir das gleich genauer sehen.

In *Maximale Aufrufe* können Sie mit einer Zahl vorgeben, wie oft das Banner maximal angezeigt werden soll. Geben Sie beispielsweise die Zahl 1000 ein, wird das Banner nach 1000 Anzeigen nicht mehr angezeigt. Wobei es um die Anzeige geht und nicht um die Klicks. Darunter sehen Sie auch, wie oft das Banner bereits angezeigt wurde und wie oft auf es geklickt wurde.

Weisen Sie dem Banner einen *Kunden* zu. Sollte die *Zahlungsweise* für dieses Banner von der eingestellten *Zahlungsweise* beim Kunden abweichen, können Sie das hier entsprechend vermerken. Außerdem können Sie hier noch mal für dieses Banner angeben, ob in der Statistik aufgezeichnet werden soll, wie oft es *angezeigt* wurde und wie oft es *angeklickt* wurde.

Die *Metadata Optionen* bieten einige interessante Möglichkeiten. Man kann in den *Schlüsselworten* eigene Metawörter eingeben, nach denen in den Meta-Schlüsselwörtern der Beiträge gesucht wird. Haben Sie also einen Beitrag geschrieben, der das Schlüsselwort »Berlin« enthält, wird das Banner nur bei diesem Beitrag angezeigt (vorausgesetzt, das Modul ist entsprechend eingestellt. Dazu etwas mehr weiter unten). Mit dem *Meta Schlüsselwort Prefix* wird dabei nach allen Schlüsselwörtern gesucht, die mit dem Wort (um im Beispiel zu bleiben) »Berlin« beginnen (wenn Sie das Wort in das Feld eintragen). Dann werden auch Beiträge berücksichtigt, die beispielsweise diese Wörter enthalten: »Berliner Bär«, »Berlinale«, »Berlin-Airport«, »Berliner Zoo« etc.

16.2.1 Bild

Bei *Bild* wählen Sie das Banner aus. Klicken Sie auf *Wählen*, um Ihre Festplatte oder den Mediamanager zu durchforsten. Wollen Sie auf Ihre Festplatte zugreifen, müssen Sie im Mediamanager unten auf *Durchsuchen* klicken und zunächst Ihr Banner *uploaden*. Danach wählen Sie es aus dem Verzeichnis aus und *fügen es ein*.

Sie können nun noch die *Breite* und *Höhe* explizit angeben. Machen Sie das nicht, werden die Originalmaße genommen. Da es sich um ein Bild handelt, muss und sollte man auch einen *Alternativ Text* angeben. Im Kapitel 13 *Barrierefreiheit* können Sie nachlesen, warum das wichtig ist. Danach dann die *Webadresse* angeben, auf die das Banner verweist.

16.2.2 Benutzerdefiniert

Den Code, den Sie haben, geben Sie in das Feld *Benutzerdefinierter Code* ein. Innerhalb des Bannercodes ist auch stets die Zieladresse enthalten.

16.2.3 Banner-Modul

Damit etwas angezeigt wird, müssen Sie in den Modulmanager wechseln (*Erweiterungen/Module*). Dort klicken Sie auf *Neu* und wählen aus der Modulliste das dritte Modul *Banner* aus.

In den *Basis Parametern* haben Sie einige Möglichkeiten, die sich auf das Banner beziehen. Zunächst können Sie auswählen, wie das Bannerziel geöffnet werden soll: im gleichen Fenster, in einem neuen oder als Popup. Wenn Sie mehrere Banner für diese Modulposition haben, geben Sie ein, wieviele Banner insgesamt angezeigt werden sollen. Die Banner rotieren nach Kriterien, die Sie in dem Feld *Zufällig* einstellen können: *Wichtig, Reihenfolge* zeigt die Banner, die auf *Wichtig* eingestellt sind, häufiger an und ansonsten in der Reihenfolge, die Sie in der Komponente vorgegeben haben. *Wichtig, Zufällig* zeigt die *wichtigen* Banner ebenfalls häufiger an und wählt ansonsten eine zufällige Reihenfolge aus. Und in der *Anzahl* stellen Sie ein, wieviele Banner maximal auf dieser Position angezeigt werden sollen (das setzt natürlich voraus, dass Sie mehr als ein

Banner angelegt haben). Möchten Sie nur die Banner eines bestimmten *Kunden* anzeigen, dann wählen Sie diesen aus. Möchten Sie nur eine bestimmte *Kategorie* anzeigen, wählen Sie diese aus oder wählen Sie *Alle Kategorien.*

Tipp: Leider wurde bei Auswahl *Alle Kategorien* bei mir kein Banner mehr angezeigt. Also muss man offenbar eine bestimmte Kategorie auswählen.

Wenn Sie einen Bannerblog haben, zu dem Sie zusätzlichen Text ausgeben möchten, dann können Sie entsprechenden Text in der *Kopfzeile* (sie wird vor dem Banner ausgegeben) und/oder in der *Fußzeile* (sie wird nach dem Banner ausgegeben) eingeben. Beispielsweise könnte man den Text »Beachten Sie die Werbung unserer Partner« eingeben.

Search by Tag wäre eine super Sache, wenn es denn funktionieren würde. Zumindest tat es das bei mir nicht. Ich habe nur Warnhinweise, aber keine Banneranzeige bekommen. Gedacht ist hier, dass Sie bei Stellung *Ja* die Banner nach den Meta-Schlüsselwörtern anzeigen.

16.2.4 Zusammenfassung

Die Bannerkomponente bietet bereits eine ganze Menge, und man kann sich wirklich mehrere Kategorien anlegen, die entweder themenorientiert oder nach Kunden kategorisiert sind. Wenn das mit dem *Search by Tag* funktioniert (und ich vermute, einer der nächsten Patches wird bestimmt dafür sorgen), dann hat man eine sehr starke Komponente für die eigene Werbung. Hier noch einmal eine kleine Zusammenfassung der notwendigen Schritte:

1. Kategorie anlegen
2. Kunden anlegen (wobei man diese beiden Punkte in der Reihenfolge austauschen kann)
3. Banner anlegen (dafür benötigen Sie eine Kategorie und einen Kunden)
4. Banner-Modul anlegen (dazu benötigen Sie ein Banner aus der Komponente (also muss Punkt 3 abgeschlossen sein)

16.3 Kontakte

Tipp: Ich musste leider feststellen, dass es in Joomla einen gewaltigen Unterschied ausmacht, ob man die *Beispieldaten* bei der Installation mit installiert oder nicht. Einige Einstellungen bei der *Kontakte-Komponente* funktionieren nicht, wenn man die Beispieldaten nicht installiert hat.

Warum das so ist, kann ich Ihnen leider auch nicht sagen. Aber man kann die Beispieldaten, die nicht benötigt werden, leicht deinstallieren bzw. löschen.

Die *Kontakte-Komponente* ist sehr gut geeignet, um den Besuchern der Website eine schnelle und problemlose Kontaktaufnahme zu ermöglichen. Da es Kategorien bei den Kontakten gibt, kann man auch sehr schön verschiedene Verantwortungsbereiche schaffen.

Gehen Sie also zunächst in die *Kategorien* und legen Sie dort eine neue Kategorie an, beispielsweise: »Webmaster«.

Anschließend wechseln Sie die Sicht auf den Reiter *Kontakte.* Hier auch wieder beherzt *Neu* drücken. Tragen Sie den Kontaktnamen ein. Sie können den Kontakt mit einem Benutzer aus der Benutzerliste verknüpfen, indem Sie bei *Linked User* auf *Benutzer wählen* klicken. Darunter wählen Sie die *Kontaktkategorie.*

Die ganzen Einstellungen auf der rechten Seite erkläre ich gleich näher unter den *Optionen.* Allerdings können Sie ein paar Einstellungen ausschließlich im Kontakt vornehmen. In *Anzeige Optionen* haben Sie ganz unten einige *Label*-Felder. Sie können in den *Optionen* den *Label-Feldern* globale Namen geben, aber nur hier Werte vergeben. Zusätzlich können Sie aber auch die globalen Namen an dieser Stelle überschreiben und dem Kontakt individuelle *Labelnamen* geben.

16.3.1 Optionen

Hier gibt es einiges für die Kontakte einzustellen. Sie können aber jede einzelne globale Einstellung im Kontakt selber wieder überschreiben, indem Sie dort individuelle Einstellungen vornehmen. In den Menüs können Sie diese Einstellungen abermals überschreiben. Somit sind sehr individuelle Kategorien und Einzelkontakte mit vielfältigen Möglichkeiten umsetzbar.

Kontakt

Dieser Bereich ist dafür verantwortlich, was man alles sehen kann, wenn man den Kontakt direkt aufruft.

Ich denke, die allermeisten Felder sprechen für sich und bedürfen keiner weiteren Erklärung. Ein paar interessante Felder gibt es aber noch. So können Sie bestimmen, ob die *Kontakt-Kategorie* im Einzelkontakt mit angezeigt wird oder nicht. Und wenn ja, ob sie verlinkt ist oder nur als Text angezeigt wird.

Spannend ist auch *Kontaktliste anzeigen.* Stellen Sie hier auf *Anzeigen* um, dann erhalten Sie am Anfang des Einzelkontakts einen Drop-down-Button mit den weiteren Kontakten in der ausgewählten Kategorie. So kann man also schnell zwischen mehreren Kontakten wechseln. Möchten Sie das nicht oder haben Sie nur einen Kontakt in der Kategorie, stellen Sie das Feld auf *Verbergen.*

Tipp: Die *Kontaktliste* ist nur mit installierten Beispieldaten benutzbar!

Bild 16.2: *Kontaktliste anzeigen*

Unter *Display format* können Sie das äußere Erscheinungsbild im Einzelkontakt einstellen:

Bild 16.3: Display format: Sliders

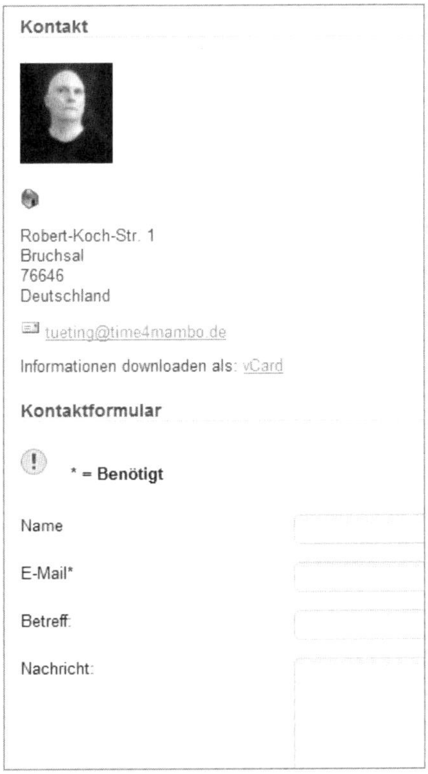

Bild 16.4: Display format: Plain

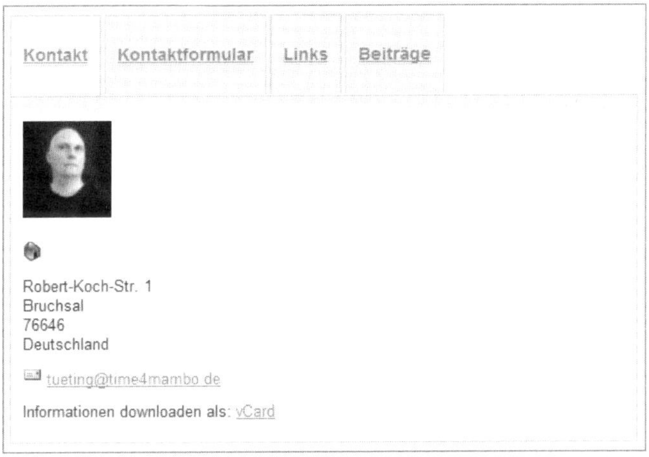

Bild 16.5: Display format: Tabs

Tipp: Insbesondere bei den Tabs bitte immer daran denken, dass ich hier mit den mitgelieferten Beispieldaten arbeite. Sie können mittels CSS jederzeit das Aussehen selber ändern und bestimmen!

In den Optionen können Sie ein *Bild* vorgeben. Bei mir wurde das aber nirgends angezeigt.

vCard bereitet die eingegebenen Kontaktdaten so auf, dass sie direkt in ein Kontaktprogramm wie beispielsweise *MS-Outlook* gespeichert werden können.

Benutzer Beiträge anzeigen ist interessant für Autoren. Sie können an dieser Stelle ausgeben, welche Beiträge die Kontaktperson verfasst hat.

Show Profile – ich habe leider nicht herausfinden können, was diese Einstellung bewirkt.

Show Links veröffentlicht die Verweise, die Sie in den *Labelfeldern* einstellen können. Wenn Sie hier *Verbergen* einstellen, aber im Kontakt ein Labelfeld mit eigenen Text bzw. URL versehen, wird es dennoch automatisch angezeigt.

Sie können jedem Kontakt zusätzliche Verweise zufügen. Leider allerdings nur Verweise, keine freien Textfelder mit eigenem Label. Im Kontakt wird dann der Labelname angezeigt und beim Anklicken wird die URL aufgerufen, die Sie im Kontakt vergeben. Wie bereits erwähnt, können Sie im Kontakt auch den Labelfeldnamen überschreiben und somit dem Kontakt ein indivuelles Verweisfeld geben.

Beispiel: Sie vergeben in *Link A Label* den Namen »Private Homepage«, dann können Sie im Kontakt in den *Anzeige Optionen* eine URL in *Link A Webadresse* eingeben. Diese wird dann im Kontakt mit dem Verweistext »Private Homepage« angezeigt. Sie können aber auch das Feld *Link A Label* im Kontakt mit einem anderen Text versehen. Zum Beispiel mit »Tütings private Seite«. Dann überschreibt dieser Text den globalen Text.

Bild 16.6: Label mit globalen Text

Bild 16.7: Label mit Kontakttext

Symbole Einstellungen

Sie haben für einige Felder Symbole – kleine Icons –, die vor den Informationen stehen. Sie können sie ändern und durch eigene Symbole ersetzen. Sie können aber stattdessen auch *Text* ausgeben oder überhaupt nichts (*keine*).

Kategorie, Kategorien und Listen Layout

Die Einstellungen sind weitgehend identisch mit den Beitragsoptionen zu den Kategorien. Bitte nachlesen im Kapitel 6 *Beiträge und Kategorien.*

Lediglich ein paar Bezeichnungen, die sich auf die Kontakte beziehen, haben einen anderen Namen – inhaltlich gibt es keinen Unterschied.

Formular

Was wäre ein Kontakt, wenn man ihm nicht eine E-Mail schicken könnte? Im Reiter *Formular* können Sie dazu einiges einstellen.

Zuallererst, ob dieser Bereich überhaupt angezeigt werden soll. Denn alternativ können Sie ja auch die E-Mail-Adresse des Kontaktes veröffentlichen, oder Sie möchten generell keine E-Mail-Daten anzeigen. Auch nicht in der Form, dass man eine E-Mail versenden kann.

Sie können einen Auswahlknopf einblenden, der es dem Benutzer ermöglicht, an sich selber eine Kopie der Mail zu senden, indem Sie *Send Copy to Submitter* auf *Anzeigen* setzen. Ich bin mir sicher, dass die deutsche Übersetzung in absehbarer Zeit auch diesen Begriff übersetzen wird.

Wenn Sie Benutzer haben, deren Mails unerwünscht sind, dann können Sie sie *blockieren.*

Verbotene Betreffzeilen könnten welche sein, in denen Wörter wie »Sex« oder Ähnliches vorkommen.

Gleiches gilt für *Verbotenen Text.*

Session-Prüfung: Spam-Crawler haben in aller Regel keine Session-ID. Die Einstellung auf *Ja* zu setzen, könnte ein guter Schutz gegen Spam-Mails sein.

Für die *Benutzerdefinierte Antwort* benötigen Sie ein Plugin und die Benutzung eines anderen E-Mail-Systems. Denkbar sind beispielsweise PM-Systeme, die Entsprechendes ermöglichen.

In *Kontakt Weiterleitung* können Sie eine Seite eingeben, zu der der User nach dem Versenden weitergeleitet wird. So können Sie beispielsweise einen Beitrag mit einem Dankeschön fürs Feedback erstellen.

16.4 Nachrichten

Die *Nachrichten* sind fast identisch mit den *Massenmails.* Zum einen können Sie eben diese oder Systemnachrichten hier lesen. Und Sie können auch Nachrichten an Ihre Benutzer schreiben. Wenn Sie schreiben möchten, *wählen* Sie den Benutzer aus. Sie bekommen dazu die Benutzerliste angezeigt, auf der Sie den entsprechenden Benutzer einfach anklicken. *Senden* funktioniert über die großen Icons oben rechts.

Hinweis: Da diese Funktion nur im Backend benutzbar ist, kann man auch nur Benutzer auswählen, die einen Backend-Zugriff haben. Obwohl in den Auswahlmöglichkeiten auch andere Zugriffsrechte auswählbar sind, funktionieren nur die Backend-Zugriffsrechte. User ohne Backend-Zugriff werden gar nicht erst angezeigt.

Sie haben Sie hier eigene Optionen – *meine Einstellungen*. Dort können Sie den Posteingang komplett sperren und einstellen, nach wievielen Tagen Post automatisch gelöscht werden soll.

Sie können übrigens im Backend sehen, ob Sie neue Nachrichten bekommen haben. Oben rechts, ganz in der Nähe des *Abmelden-Buttons*, haben Sie einen Hinweis auf die Anzahl der Nachrichten. Unter anderem erhalten Sie hier Systemnachrichten.

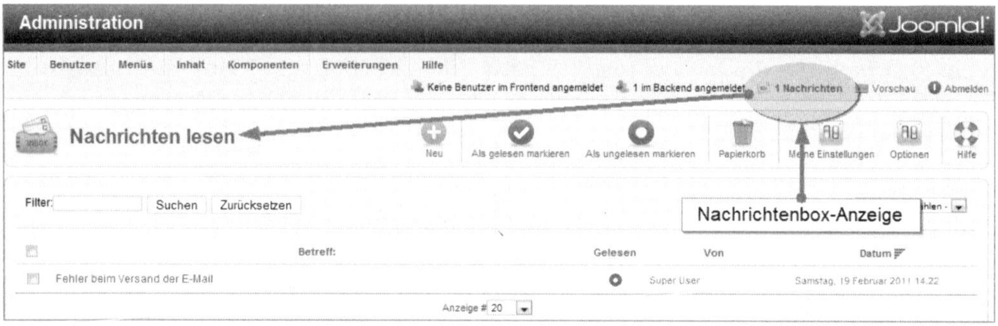

Bild 16.8: Habe ich Post bekommen?

16.5 Newsfeed

Was genau *Feeds* sind, können Sie im Kapitel 5 *Globales* und dort bei der *Konfiguration* nachlesen.

Sie können Feeds anderer Webseiten bei sich anzeigen lassen. Als Erstes legen Sie eine *Kategorie* an (Sie können natürlich auch die immer präsente *Uncategorised* nehmen. Aber der Übersicht wegen sollten Sie stets eigene Kategorien verwenden).

Danach gehen Sie in die *Newsfeed-Ansicht* und wählen *Neu* aus. Sie benötigen die URL des Feeds der anderen Seite. Meistens steht sie nicht offen dabei, und ein Klick auf das Feed-Symbol kopiert den Link in den Newsfeed-Reader, den Sie benutzen. Bei Windows-Rechnern wird dafür oft *MS-Outlook* genommen. Sie können aber bei den Seiten, deren Feed Sie abonnieren möchten, auch die rechte Maustaste auf dem Symbol drücken und dann *Linkadresse kopieren* auswählen. In jedem Browser mag der Menüpunkt etwas anders heißen, aber es funktioniert in allen Browsern. Diesen Link kopieren Sie dann in das Feld *Link*.

Nun geht es weiter zu den *Menüs*. Legen Sie ein neues Menü an, wählen Sie im *Menütyp: Einzelner Newsfeed* aus und wählen Sie rechts unter den *Benötigten Einstellungen* Ihren Feed aus. Klicken Sie auf *Feed wählen*, und Sie erhalten eine Liste Ihrer angelegten Feeds aus der Komponente.

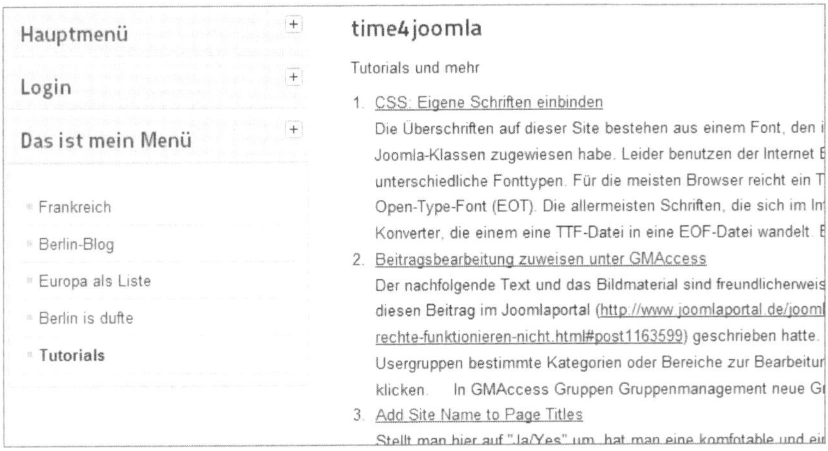

Bild 16.9: Newsfeeds von *time4joomla* per Menü eingebunden

16.5.1 Optionen

In den *Feed-Anzeige Optionen* können Sie angeben, ob Bilder in Feeds, ob eine Beschreibung des Feeds und ob der Inhalt von Feeds (wenn nein, wird einfach nur der Feed-Titel ausgegeben) angezeigt werden sollen. Sie können vorgeben, wieviele Zeichen im Feed ausgegeben werden sollen (das ergibt natürlich nur Sinn, wenn Sie Feed-Inhalt zulassen).

Alle anderen Tabs sind im Kapitel 6 *Beiträge und Kategorien* erklärt.

16.5.2 Newsfeed-Modul

Alternativ oder zusätzlich zu der genannten Methode können Sie Newsfeeds über ein Modul einbinden.

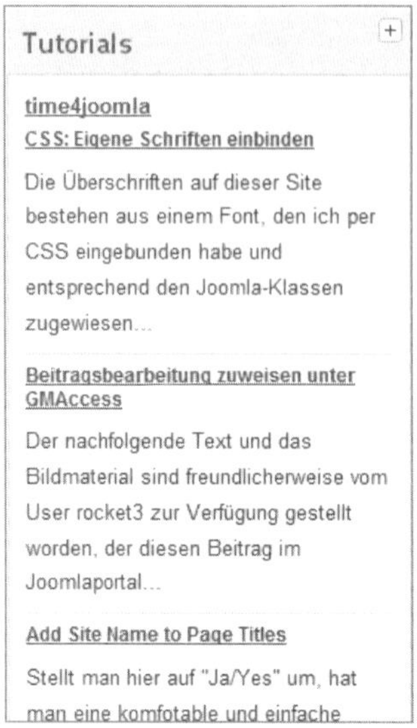

Bild 16.10: Newsfeed-Modul

Gehen Sie in die Modulübersicht (*Erweiterungen/Module*) und klicken Sie *Neu* an. In der Modulliste wählen Sie *Feed-Anzeige* aus.

Bild 16.11: Das Modul auswählen

Unter den *Basis Optionen* tragen Sie zunächst die *Feed-Url* ein. *RnL-Feed* bedeutet, »Rechts nach Links«. Falls Sie also Feeds auf Ihrer Website anzeigen, die beispielsweise aus arabischen Ländern oder aus Israel kommen, müssen Sie eventuell die Schreib- bzw. Leserichtung ändern.

Der *Feed-Titel* steht ganz am Anfang der Feeds und zeigt die Website an, von der der Feed kommt. Schalten Sie ihn aus, werden direkt die Feeds angezeigt.

Die *Feed-Beschreibung* gibt am Angang des Feed-Blocks eine Beschreibung der Website aus, deren Feed Sie hier verlinken.

Schalten Sie die *Beitragsbeschreibung* aus, werden die Feeds ohne Beschreibung als Liste mit den Feed-Überschriften ausgegeben. Haben Sie die *Beitragsbeschreibung* eingeschaltet, dann können Sie die *Wortanzahl* vorgeben. 0 bedeutet, dass der ganze Feed-Beschreibungstext angezeigt wird. Jede andere Zahl gibt die maximale Zahl der Wörter an.

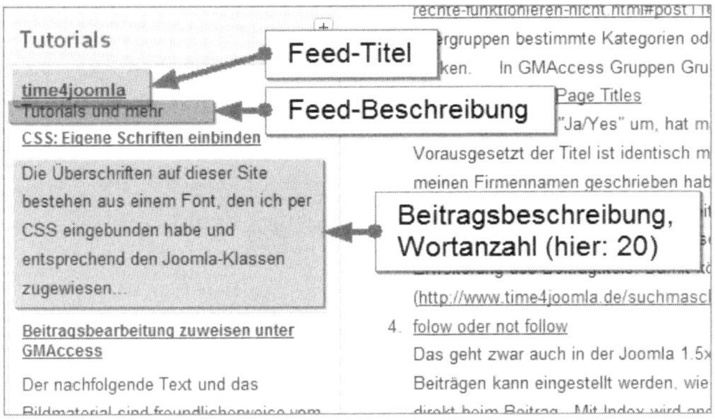

Bild 16.12: Feeds im Modul

16.6 Suche

Details zur Such-Komponente (einschließlich Modul und Menüverlinkung) entnehmen Sie bitte dem Kapitel 7 *Menüs* und dort dem Abschnitt *Menütypen*.

16.7 Suchindex

Auch diese Komponente wurde im Kapitel *Menüs-Menütypen* mit Beispiel erklärt.

16.8 Umleitungen

Wer eine bestehende Website, die mit einem anderen System erstellt wurde, auf Joomla aufbauen möchte, hat oft das Problem, dass Suchmaschinen die alten URL-Strukturen indiziert haben, Joomla aber andere URLs verwendet. Um dieses Problem zu lösen und trotz eines neuen Systems keine Verluste bei den Suchmaschinen hinnehmen zu müssen, gibt es diese Komponente. Hier wird einfach die alte URL des alten Systems eingetragen und durch die neue, jetzt durch Joomla generierte Seite ersetzt.

Bislang musste man für diesen Vorgang die Datei *.htaccess* mittels *Rewrite* beschreiben. Die Komponente nimmt einem diese Arbeit auf sehr angenehme Art ab.

Wenn Sie solch einen Umzug bzw. Systemwechsel gemacht haben, dann klicken Sie *Neu* an, tragen zuerst die alte URL ein und anschließend die neue von Joomla. Machen Sie einen Kommentar, damit Sie im Blick behalten, was das genau für eine URL ist.

Rechts noch den *Status* auswählen. Sie können auch zuerst alle URLs eintragen, wenn Sie noch an der Site arbeiten und den Status jeweils auf *Gesperrt* setzen, zu einem späteren Zeitpunkt auf *Angemeldet* umstellen und somit die Umleitung freigeben.

Das Ganze funktioniert natürlich nur auf der gleichen Domain. Es geht lediglich darum, dass Endungen der alten URL in die neuen Strukturen übertragen werden. Haben Sie beispielsweise vorher alle Ihre Seiten in einem Verzeichnis namens *html* gehabt, also einen Aufruf wie *http://www.IhreDomain.de/html/index.html*, dann können Sie diese URL jetzt mittels dieser Komponente auf die neue Joomla-URL umleiten. In Joomla lautet die Entsprechung nun: *http://www.IhreDomain.de/index.php*

Ein User, der über eine Suchmaschine zu der alten Seite gefunden hat, wird mittels dieser Umleitung automatisch zur jetzt richtigen Seite transportiert. So wird vermieden, dass er eine Fehlermeldung mit dem für ihn kryptischen Hinweis: *404-Objekt nicht gefunden* erhält.

16.9 Weblinks

Mit dieser Komponente können Sie Weblinks zu anderen Webseiten mit Beschreibung und Zugriffsstatistik anlegen bzw. ausgeben.

Legen Sie zunächst eine *Kategorie* an, nach der Sie Ihre Weblinks sortieren möchten.

Anschließend wechseln Sie in die *Weblink-Ansicht* und klicken hier *Neu* an. Neben den mittlerweile sicherlich bekannten Eingabefeldern finden Sie oben links auch eines für die *Webadresse*, auf die Sie verlinken möchten. Alles *speichern* und dann zur Menüansicht wechseln und die Komponente wie gewünscht im Menü verlinken. Näheres dazu finden Sie im Kapitel 7 *Menüs*.

16.10 Fazit zu den Komponenten

Sie sehen bereits an diesen wenigen standardmäßig mitgelieferten Komponenten, dass man damit vielfältige Möglichkeiten hat, die Website zu gestalten. Zumindest für die Joomla-Version 1.5 gibt es Tausende von Erweiterungen, und es wird mit dieser Version in absehbarer Zeit vermutlich genauso sein. Damit haben Sie fast unbegrenzte Möglichkeiten, Ihre Website zu gestalten und durch zusätzliche Funktionen zu erweitern.

17 Anhang A – Ressourcen

17.1 Erweiterungen

Joomla.org hat sicherlich die am besten sortierte Seite zu Erweiterungen. Leider ist die Seite in englischer Sprache, aber mit etwas guten Willen finden sich auch die der englischen Sprache nicht so Mächtigen dort zurecht. Die Kategorien sind meist leicht verständlich, und bei sehr vielen Erweiterungen gibt es Demos. Und manches muss man einfach mal ausprobieren.

http://extensions.joomla.org

Eine sehr gut sortierte deutsche Downloadseite ist die von *Joomlaportal.* Dennoch ist sie nicht so umfangreich wie die von *Joomla.org.*

http://www.joomlaos.de

Zwar mit kleinerer Auswahl, dafür aber mit kommentierten Download-Empfehlungen:

http://www.joomla-downloads.de

Einen sehr schönen Überblick über einige Galerien, die man in Joomla benutzen kann, findet man auf dieser Seite:

http://www.joomla-galerien.de/

17.2 Support

Mich selber findet man unter meinem Firmennamen *time4mambo* und in diesem kostenlosen Supportforum, wo ich supporte und moderiere:

http://www.joomlaportal.de

Weitere Supportforen:

http://www.joomla-downloads.de

17.3 Joomla-Informationen

Joomla Deutschland:

http://www.joomla.de

Übersetzungen und mehr beim Joomla!German-Team:

http://www.jgerman.de

Wenn Sie einen Profi suchen, weil Sie selber nicht mehr weiterkommen:

http://www.joomlajobs.de

17.4 CSS, HTML & Co.

SelfHTML – Eine DER Seiten über HTML und CSS:

http://de.selfhtml.org/

css4you – Eine sehr gute Site zum Thema CSS:

http://www.css4you.de/

Dr. Web – Rund um Webdesign, HTML, CSS und alles, was damit zu tun hat.

http://www.drweb.de/

Was man alles so machen kann mit *robots.txt*:

http://de.wikipedia.org/wiki/Robots_Exclusion_Standard

17.5 Developer

Nafu ist ein deutsches Projekt mit einer Wikipedia für Entwickler. Dort werden im übrigen stets eifrige Helfer gesucht!

http://wiki.joomla-nafu.de

Die offizielle Dokumentationsseite Seite von Joomla. Leider aber komplett in Englisch:

http://docs.joomla.org

Die Joomla-API:

http://api.joomla.org

17.6 Barrierefreies Internet

Gesetze, Technik und auch ein Verzeichnis über barrierefreie Firmen im Internet: *http://www.barrierefreiesinternet.de*

Die Initiative *Aktion Mensch*. Unter anderem gibt es hier auch Informationen zu *BIENE – Wettbewerb Barrierefreies Internet*

http://www.einfach-fuer-alle.de

17.7 Rechtliche Fragen

Disclaimer werden gern auf der Webseite und anderen Orten eingesetzt. Juristisch mehr als fragwürdig, sind sie zu allem Überfluss auch noch meist falsch. Hier gibt es ein sehr gutes Podcast dazu:

http://www.law-podcasting.de/der-disclaimer-10-jahre-unausrottbarer-schwachsinn

Die Podcasts sind insgesamt wirklich sehr gut und beschäftigen sich mit sehr vielen Fragen rund ums Internet

Zum Thema *Impressum* gibt es hier recht gute Informationen:

http://www.impressum-recht.de

Wer einen *Jugendschutzbeauftragten* sucht, kann sich hier informieren:

http://www.fsm.de/de/Jugendschutzbeauftragter

Über sehr viele Themen rund ums Internetrecht wird hier informiert:

http://www.e-recht24.de/

Das Urheberrecht ist stets wichtig. Bei Wikipedia gibt es weitere Informationen dazu:

http://de.wikipedia.org/wiki/Urheberrecht

ICRA ist ein Jugendschutz, der sich einfach in Webseiten integrieren lässt und auch anerkannt ist:

http://www.fosi.org/icra/

17.8 Und mehr ...

Auf meiner Tutorial-Seite gibt es noch jede Menge nützlicher Links. Zum Beispiel wenn Sie kostenloses Bildmaterial suchen oder Schriften oder …

http://www.time4joomla.de

18 Anhang B – Dateiberechtigungen unter Linux

Nach dem Upload von Joomla auf unseren Webhost sind die Kürzel für die Dateiberechtigungen aufgefallen. Was bedeuten sie?

r	– das *r* steht für ***read*** – also lesen
w	– das *w* steht für ***write*** – also schreiben
x	– das *x* steht für ***execute*** – also ausführen
-	– der – steht für ***nopermission*** – keine Berechtigung

Dazu gesellen sich noch der *Eigentümer*, die *Gruppe* sowie *Andere*. Die jeweiligen Berechtigungen lassen sich anhand von Zahlen wiedergeben. Diese werden z. B. oftmals in FTP-Programmen erfragt.

	Eigentümer	*Gruppe*	*Andere*
r – lesen	4	4	4
w – schreiben	2	2	2
x – ausführen	1	1	1
Ergebnis	7	7	7

Zählen wir also die jeweiligen Berechtigungen zusammen, erhalten wir letztlich für alle jeweils die 7 als Ergebnis. Dies ergibt dann die Berechtigung von 777, jeder darf alles tun. Dass dies unter Sicherheitsaspekten nicht gerade hilfreich ist, versteht sich von selbst.

Eine typische Dateiberechtigung unter Linux, so wie wir sie auch auf unserem Host vorfinden, sieht vereinfacht folgendermaßen aus:

```
Berechtigung          Erstelldatum          Dateiname
-rw-r--r--            1813Feb 13 02:17      configuration.php
```

Die Berechtigung lässt sich folgendermaßen entschlüsseln:

Der Eigentümer darf lesen und schreiben: 2 (Schreiben) + 4 (Lesen) = 6
Die Gruppe darf nur lesen: 4
Die anderen dürfen ebenfalls nur lesen: 4
Ergebnis: 644 (Besitzer, Gruppe, Andere)

Eine typische Ordnerberechtigung unter Linux, so wie wir sie auch auf unserem Host vorfinden, sieht vereinfacht folgendermaßen aus:

```
Berechtigung          Erstelldatum         Ordnername
rwxr-xr-x             Feb 12 12:43         templates
```

Der Eigentümer darf lesen, schreiben und ausführen: 2 (Schreiben) + 4 (Lesen) + 1 (Ausführen) = 7
Die Gruppe darf lesen und ausführen: 4 (Lesen) + 1 (Ausführen) = 5
Die Anderen dürfen ebenfalls nur lesen und ausführen: 4 (Lesen) + 1(Ausführen) = 5
Ergebnis: 755 (Besitzer, Gruppe, Andere)

Als globale Richtwerte sollten Dateiberechtigungen den Wert 644 und Ordnerberechtigungen den Wert 755 erhalten.

Stichwortverzeichnis

P

R

S